U0506691

“十四五”时期国家重点
出版物出版专项规划项目

“中国近代经济地理研究”丛书
吴松弟 主编

吴松弟 樊如森 方书生 著

港口—腹地与中国近代经济地理格局的变迁

山东画报出版社
济南

图书在版编目（CIP）数据

港口—腹地与中国近代经济地理格局的变迁/吴松弟，樊如森，方书生著.—济南：山东画报出版社，2023.1
（“中国近代经济地理研究”丛书 / 吴松弟主编）
ISBN 978-7-5474-4065-0

Ⅰ.①港… Ⅱ.①吴… ②樊… ③方… Ⅲ.①沿海经济–经济史–中国–近代 Ⅳ.①F129.5

中国版本图书馆CIP数据核字(2021)第235667号

GANGKOU—FUDI YU ZHONGGUO JINDAI JINGJIDILI GEJU DE BIANQIAN
港口—腹地与中国近代经济地理格局的变迁
吴松弟　樊如森　方书生 著

项目策划　赵发国
责任编辑　梁培培
装帧设计　王　芳　公冶繁省

主管单位　山东出版传媒股份有限公司
出版发行　山东画报出版社
社　址　济南市市中区舜耕路517号　邮编 250003
电　话　总编室（0531）82098472
市场部（0531）82098479
网　址　http://www.hbcbs.com.cn
电子信箱　hbcb@sdpress.com.cn
印　刷　青岛国彩印刷股份有限公司
规　格　160毫米×230毫米　32开
12.625印张　380千字
版　次　2023年1月第1版
印　次　2023年1月第1次印刷
书　号　ISBN 978-7-5474-4065-0
审 图 号　GS（2022）1992号
定　价　126.00元

序：中国近代经济地理研究的新进展

吴松弟

在正式开展中国近代经济地理研究之前，我们从2000年左右开始，用约十年的时间，大体上完成了东北、华北、华东、华中、西南、华南等区域的二十余个口岸城市及其腹地的研究，形成了一系列论著，其中广被引用的《中国百年经济拼图：港口城市及其腹地与中国现代化》一书，即由山东画报出版社于2006年出版。

在近代“港口—腹地”研究的基础上，2008年，我们联合二十五位学者开始撰写九卷本的《中国近代经济地理》，由华东师范大学出版社于2014年至2017年陆续出版。该丛书共分为九卷，第一卷《绪论和全国概况》为总论卷，从全国层面分别讨论了近代中国贸易和商业、人口、农业、工矿业、交通、金融业、城市的发展及其空间分布；第二卷至第九卷为大区域卷，较为详细地探究了全国八大区域的近代经济地理状况，各卷关注近代经济变迁的空间过程，三次产业、人口、城市等部门的经济地理及其变迁。《中国近代经济地理》出版之后，在学术界和社会上产生了重要的影响，并获得多种奖项。2018年5月，荣获第十五届上海图书奖一等奖；2018年10月，荣获上海市第十四届哲学社会科学优秀成果奖学科学术奖著作类一等奖；2020年获教育部第八届高等学校科学研究优秀成果奖（人文社会科学）著作类一等奖。

中国经济地理研究的历史时段，尤其是最为重要的近代时期，具有非常重要的理论与学术意义，已成为学界的共识。在九卷本《中国近代经济地理》写作的后期，我们对哈佛大学图书馆、中国海关总署档案馆中收藏的旧海关内部出版物进行了整理、出版工作，进入了收官阶段。我们发现，中国近代经济地理在很多方面仍有待研究，大量的旧海关史料尚未得到充分利用。因此，我们决定拓宽或深化近代经济地理的研究范围，在港口—腹地、区域经济转型、城市空间演化、经济区形成、自由港和边疆贸易、贸易网络、进口替代等问题上进一步研究，这些成果被收入“港口—腹地与近代中国经济转型研究”丛书，被列入“十三五”国家重点图书出版规划项目并获得国家出版基金资助，由齐鲁书社于2020年出版。

本次出版的“中国近代经济地理研究”丛书七种，从不同的角度进一步深化了中国近代经济地理研究，具有重要的学术价值，获得了学术界的认可，获得国家出版基金资助，并被列入“十四五”时期国家重点出版物出版专项规划项目。本七卷本丛书是华东师范大学出版社九卷本的新推进，囊括了中国近代经济地理研究理论与实证方面的新进展。如果说2014—2017年完成的九卷本是一项结构严谨的近代经济地理研究尝试，是一项弥补空白的学术研究，那么，本七卷本丛书则着力于推进近代经济地理研究的新拓展，深化近代经济地理领域一些重要的理论与学术问题，遵循由浅及深、由表及里的学术思路，这是中国近代经济地理研究的新推进。

本七卷本丛书富有理论与实证的新意，深化了中国近代经济地理研究，相关内容囊括了中国近代经济地理格局、近代典型城市与区域（上海、长三角）、近代中国口岸与城市、近代中国常关贸易、近代上海外贸埠际转运、近代中国地域经济（温州及东南地区）、抗战时期边疆经济等方面最新的探索。这些研究成果，或对已有的相关研究作了进一步的探索与归纳，或弥补了之前相关议题研究的不足，或对近代中国区域经济地理与地域经济进行了跨学科的新解析和新探索。

1993年，我和邹逸麟先生撰文呼吁历史地理工作者“尤其要注重研究与经济建设有关的重大课题”，建议“历史地理学研究的历史时代应尽量后移，尤其要加强对明清乃至民国时期历史地理的研究”时，并没有想到近代经济地理会成为中国历史地理学新的学科生长点，经过近三十年的发展，取得今日之成绩，在学术界和社会上产生了广泛的影响。值此丛书出版之际，谨对山东画报出版社的大力支持表示衷心的感谢！对协助我出版“港口—腹地与近代中国经济转型研究”丛书九种的樊如森教授、对协助我出版“中国近代经济地理研究”丛书七种的方书生副教授，以及参与两套书写作的同学们(他们几乎都成长为教授、副教授)，表示我本人的感谢和祝贺。值得一提的是，2012年，我申报的国家社科基金重大项目“中国旧海关内部出版物的整理与研究”开题，樊如森教授的“大阪产业部近代中国及‘海上丝路’沿线调查资料整理与研究”和王列辉教授的“21世纪海上丝绸之路的港口供需演化与均衡状态研究”，分别在2018年、2020年获批国家社科基金重大项目。这两个重大项目以及山东画报出版社等出版的两套书，不仅对历史研究，而且对国际贸易、海上航线和经济建设，都具有重大意义，作为导师，我自然为学生的成功和进步而高兴。

2021年10月

目　录

绪 论

中国有着悠久的文明历史，宋代达到了文明的鼎盛阶段。自明代以来，由于高度发育的君主专制政治阻碍了社会的进步，束缚了人们的思想，中国文明发展趋于迟缓，和同一时期欧洲文明的突飞猛进形成了鲜明的对照。

当1840年鸦片战争的炮声轰响时，英国、法国、美国这些西方大国早已确立了资本主义的政治经济制度，并完成了以蒸汽机和机器生产为标志的工业革命，生产力突飞猛进，海洋航行能力和海上武力日趋强大。而中国却仍然停留在高度发育的封建君主专制时代，农业为基本经济部门，生产劳动依靠人力和畜力，手工业除满足朝廷需要的官手工业和制盐、矿山等家庭无法进行的部门之外，大多是建立在农业基础之上，为了自身需要而生产的家庭手工业。商品交换虽然广泛存在，交换货物除了食盐、铁器以及矿山产品一类，主要是农民家庭自给有余的产品，交换范围大体限制在较小的空间。进出口贸易保持在相当小的规模，且往往因政局与朝廷政策的变动而处于时开时闭的状态。可以说，如果没有强大的西方资本主义力量的冲击，中国自身要走上资本主义的道路、形成并发展资本主义的生产力，仍要经历漫长的发展路程。总之，商品经济虽然比以前有所发展，但仍然是建立在个体农民和手工业者小私有制的简单商品生产的基础上，没有、也不可能在整个社会经济中占统治地位。[①]

第一节　中国被迫卷入全球化和现代化进程

西方列强为了自己的经济政治利益来到东亚，武力侵略和各种不平等条约是实现这种利益少不了的手段。另一方面，在大举进入东亚以前，他们早已建成并习惯了资本主义社会的政治经济文化，在进入东亚以后自然要在自己的生活区域实行这种政治经济文化。他们在东亚极力推销的产品，除早期的鸦片等毒品之外，大部分都是资本主义生产力生产出来的商品。因此，西方列强在中国充当侵略者的同时，又不自觉地充当了现代化老师的角色。现代化老师同时又是侵略者，导致东亚各国的现代化过程注定是一个艰难、痛苦、社会动荡的过程，而所经历的艰难、痛苦和社会动荡的程度和持续时间的长短，又取决于各国内部的历史传统和受此控制下的时人的认识和应对。

近代西方列强的东来，对于中国而言，既是挑战，也是机遇。日本就是在挑战面前顺势应变，顺利地走上了现代化道路，一洗列强凌侮，成为东方的强国。然而中国不同于日本，由于一向居东亚文明的中心，视周边国家为比自己落后野蛮的“蛮夷戎狄”，并且由于中国和欧亚大陆另一端的西欧文明相距遥远，对这一同样高度发育却异质的文明了解甚少，因而鸦片战争之前的清朝皇帝充满了“天朝上国”的自豪和虚骄，无形中养成自满、自足和惰性的观念，广大的精英阶层也在这样的思想基础上形成个人的世界观。对于清朝皇帝和高官要员而言，不消说没有做好现代化的任何准备，甚至难以用平视的眼光来看待不远万里来到东方的欧美列强。

---

①刘佛丁主编：《中国近代经济发展史》，高等教育出版社1999年版，第28～35页。

另一方面，列强不是为了帮助中国走上现代化之路而来到东方，而是基于对自己巨大利益的追求，用枪炮轰开中国的大门，迫使清朝签订各种丧权辱国的条约，无奈地打开大门。尽管极少数有识之士很快便对西方的兵器、工业品乃至政治、经济制度有了一定的认识，但社会总体的认识相当缓慢。

中国自秦始皇统一以来建立并不断强化的两千余年的封建专制，到了清朝中叶，在不断东来的西方列强和日渐尖锐的国内矛盾面前，面临着数千年未有的局面。负责处理内政外交的大臣李鸿章指出："历代备边，多在西北。其强弱之势、客主之形，皆适相埒，且犹有中外界限。今则东南海疆万余里，各国通商传教，来往自如，麇集京师及各省腹地，阳托和好之名，阴怀吞噬之计，一国生事，诸国构煽，实为数千年来未有之变局！轮船电报之速，瞬息千里；军器机事之精，工力百倍；炮弹所到，无坚不摧，水陆关隘，不足限制，又为数千年来未有之强敌。外患之乘，变幻如此，而我犹欲以成法制之，譬如医者疗疾不问何症，概投之以古方，诚未见其效也。庚申（案指：咸丰十年，1860年）以后，夷势骎骎内向，薄海冠带之伦，莫不发愤慷慨，争言驱逐。局外之訾议，既不悉局中之艰难；及询以自强何术，御侮何能，则茫然靡所依据。自古用兵未有不知己知彼而能决胜者，若彼之所长己之所短尚未探讨明白，但欲逞意气于孤注之掷，岂非视国事如儿戏耶！"一副强敌当前，清朝局势危急而又苦无良策的窘态，跃然笔下。

面对大清帝国的窘态，回忆汉唐的强盛和两宋的文明，满朝文武大臣和朝野有识之士不得不发出种种感叹和疑惑。致力于中国早期现代化研究的学者，免不了不由地发问："曾经高度发达的农业和手工业生产，以及悠久灿烂的古代文明，此时为何不能直接发挥作用？""理由很简单，在社会演化的每一个阶段上，首先直接作用于现实的，乃是最切近的前一阶段的条件基础和运动惯性。对于当时的中国，要克服沉沦的惯性，改变僵固的定势，显然要花一定的时间，要付出巨大的代价和努力。”①

长期以来，中国一方面饱受帝国主义列强的凌侮，另一方面封建王朝高度专制下的腐败统治也使得广大民众和清政府的重大冲突，每过若干年便席卷全国的重要区域。中国的现代化进程因外患和内乱而时快时慢，乃至多次中断。

按照经济史家的意见，在通常所说的中国近代社会的一百多年中，近代经济较为正常的发展时期，只有19世纪80年代至20世纪30年代这五十年左右的时间，尽管期间外国入侵和国内战争仍然相当频繁。②如果将考察的时段向后延伸，甚至可以说，直到1978年改革开放以后，我们才迎来了至今四十多年的快速现代化的难得的局面。然而，毋庸讳言，我国的现代化任务直到现在还没有全面完成。就此而言，改革开放以来的快速发展、和平发展实在难能可贵，值得百倍珍惜。

后发展国家现代化的启动，一般是国家的内部因素和外部世界的外部因素共同作用的结果，外因只能通过内因才会起作用。诚如章开沅、罗福惠等专家指出的：“挑战来自外部，如何回应挑战则多取决于内部。而各种回应方式的效果如何，又是内因和外因共同作用所致。消极的回应会越来越受制于外部因素，积极的回应却能较多地抵制或克服外部因素的不利影响。”他们认为，讨论中国早期的现代化状况，必须从外因和内因两个方面着手。他们不同意中国“早期现代化迟滞或受挫的主要原因在于内部”的观点，而同意“中国早期现代化的有效动力在于内部”。③

证之以近代各地经济的发展过程，我们同意上述观点。各地民众对外来生产方式和生活方式的接触、了解和适应，与清统治者基于维持自

①章开沅、罗福惠主编：《比较中的审视：中国早期现代化研究》，浙江人民出版社1993年版，第65页。

②刘佛丁主编：《中国近代经济发展史》，高等教育出版社1999年版，第74页。

③章开沅、罗福惠主编：《比较中的审视：中国早期现代化研究》，浙江人民出版社1993年版，第36页。

己专制统治的需要，对外来挑战采取犹豫、彷徨或盲目排斥的态度，形成鲜明的对比。甚至可以说，绝大部分的中国民众一旦对先进文明有所了解，一般都有主动适应的一面，这一点就是中国早期现代化的有效动力。

外因要通过内因起作用，民众对外来生产方式和生活方式在接触以后的主动了解和适应，无疑是近代经济变迁的内因，即根本原因。例如进口商品，一般认为19世纪60年代才大规模涌入中国各地，其中的日常生活类商品，由于比之于中国的传统用品具有物美价廉、便于使用的优点，仅仅十余年，便已为中国百姓所接受。另外，各地进出口贸易的剧增，商人利用新时期的新契机发展自己的工商业，工场棉织业采用外国机器零部件和进口原料进行生产，民族企业的缓慢发展，都表明人民的守旧习惯逐渐破除。

中国民众迎合新经济因素的动力，更多的来自新格局形势下的利益驱动。利益驱动的最大得益者是外资，但绝大多数的人也有不同程度的得益。在近代对外开放、市场化、外向化、半工业化和工业化成为不可逆转的趋势的背景下，中国人的利益驱动有了更多的可能。

随着进出口贸易的发展，各地民众本能地意识到了传统产业在增加自己收入方面的局限，看到了为市场和出口而生产能够带来的明显实惠。对农民而言，种植棉花比种植谷物能够获得更多的经济收入。对牧民而言，进行羊毛、羊皮出口和加工，要比单纯地养羊吃肉获取更多的经济收入。因此，农民主动调整种植结构，牧民主动地从事农畜产品的市场化、外向化生产，有的农牧民还通过半工业化手段进行出口产品的加工，利用或现代或传统的交通工具以适应远方市场的需要。而市场化、外向化、半工业化的扩大，势必又促进交通、商业、城镇以及加工业的发生，反过来又促进农牧业的发展。

综上所述，可以说1840年以后中国社会所发生的激烈的冲击、震荡和变迁，主要因西方列强的东来而形成，而这种冲击、震荡和变迁，绝不仅限于帝国主义侵略和中国人民反侵略，更包括席卷全球的现代化浪潮。侵略与反侵略和现代化浪潮，是西方列强东来以后影响中国的两个主要方面，但对后世社会的巨大影响而言，可以说现代化浪潮对中国的影响远远超出侵略与反侵略。现代化浪潮代表了中国的发展趋势，反侵略以及必须同时进行的反封建，是在中国这样的国度实现现代化必不可少的前提和手段。如果我们只强调反侵略、反封建而忽略了现代化的第一等重要性，势必会只看到手段而忽略了目的。

尽管进展艰难，中国的现代化潮流百余年来始终在顽强地向前推进。在1949年10月1日中华人民共和国成立以前，中国与1840年前的传统时代相比，已发生了巨大的变化。许涤新、吴承明先生认为："如果没有资本主义的一定的发展，没有中国资产阶级和中国无产阶级，就不会有鸦片战争以来资产阶级领导的旧民主主义革命，也不会有五四运动以来无产阶级领导的新民主主义革命。""没有资本主义所创造的社会化大生产，向社会主义过渡是不可能的。同时，如果中国原来是个发达的资本主义社会，过渡又将是另一种道路、另一种方式了。"①这些话，从资本主义的发展和不发展的角度，充分说明了中国现代化艰难曲折的历程及其取得的进步；也清楚地表明，现代中国直接建立在近代中国而不是古代中国的基础上。

本书由绪论和七章构成，绪论着重阐释港口—腹地和中国现代化进程的相关问题；第一章论述全球化下近代中国经济地理的早期演化；第二章论述作为区域经济中心的城市的成长；第三章论述经济区成型中的市场化、外向化和工业化；第四章论述经济区域的形成与发展；第五章以浙江泰顺县为例，探讨小区域近代经济地理；第六章论述区域经济空间循环的脉络；第七章论述近代经济地理格局的形成与变迁。本书由吴松弟策划，吴松弟、樊如森、方书生分别撰写，其中：吴松弟撰写绪

①许涤新、吴承明主编:《中国资本主义发展史》第一卷，"总序"，人民出版社2003年版，第6页。

论、第二章、第五章、第七章（除第二节“一”的全部与“二”的部分）；樊如森撰写第三章、第四章；方书生撰写第一章、第六章、第七章第二节“一”的全部与“二”的部分。

第二节　口岸—腹地：基于近代经济变迁空间进程的总结

一、口岸—腹地研究小史

近代以来，中国有识之士最大的理想就是国家迅速地步入现代化，而参照现代文明的基本标准，沿海开埠口岸城市无疑是近代中国的先行区域，沿海与内地、城市与乡村也就成了审视近代中国的一个观察站。20世纪初，长期在中国海关工作的美国人马士（H. B. Morse）出版了他的著名著作*The Trade and Administration of China*，这本被译为《中朝制度考》的著作，描绘了从广州十三行制度到近代条约口岸的粗略过程。到了20世纪中叶，罗兹·墨菲（R. Murphey）的《上海——现代中国的钥匙》（*Shanghai*：*Key to Modern China*），费正清（J. K. Fairbank）的《中国沿海的贸易与外交：通商口岸的开埠（1842—1854）》（*Trade and Diplomacy on the China Coast*：*The Opening of the Treaty Ports 1842—1854*），在他们的著作中都分析了口岸贸易、商埠城市与近代中国经济的变迁。

20世纪70年代至90年代，滨下武志、刘翠溶、林满红等人，对港市经济活动的地域网络以及这种对外交易的网络构造性，以及口岸与腹地的贸易进程、商品流通、市场结构等问题进行了比较深入的讨论。

由于长期以来中国学者和国外学者的历史学术交流几乎处于隔绝的

状态，当国外学者对近代中国一些港口的进出口贸易开展深入研究，试图探讨口岸与腹地的一些问题时，我们对他们的研究几乎毫无所知。吴松弟1983年撰写硕士论文《宋代东南沿海丘陵地区的经济开发》，提出这一区域尤其是福建商品经济的发展为泉州港成长为全国最大的贸易港奠定了基础，认识到港口—腹地的重要性。1993年，吴松弟与戴鞍钢合作，申报项目“近七百年来东南沿海主要港口经济腹地的变迁”获国家教委项目支持，开始将港口—腹地的研究从宋代下延到近代，空间范围扩大到东南沿海。1997年，戴鞍钢在邹逸麟教授的指导下完成博士学位论文，不久改为学术著作《港口·城市·腹地——上海与长江流域经济关系的历史考察（1843—1913）》，从历史地理角度出发，细致探讨了上海与腹地的关系，出版后产生了很好的影响，获教育部百篇优秀博士论文。

1999年，吴松弟开始指导博士生和硕士生研究中国近代经济地理，考虑到中国近代经济变迁是外因通过内因作用的结果，先进生产力在沿海口岸登陆之后沿着交通路线向广大腹地伸展，导致相关区域发生经济转型，有必要深入探讨沿海港口城市与其腹地的关系。因此，他安排博士生、硕士生各以一个口岸城市及其腹地为研究对象，探讨港口城市及其腹地的双向互动关系。在团队连续五年的研究基础上，2004年吴松弟正式提出“港口—腹地与中国现代化的空间进程”这一观点，强调它是我们以前几年和今后研究的切入点。论文一发表，便为《高等学校文科学术文摘》《人大复印报刊资料·地理学》详载或全文转载，产生了一定的影响。

2006年，吴松弟、戴鞍钢、林满红合作主编《中国百年经济拼图——港口城市及其腹地与中国现代化》，该书从全球现代化浪潮和中国面积广袤区域差异大的情况出发，采用比较实证的方法，从地理的视角，论述了中国近代的经济转型和现代化，从沿海沿江的港口城市开始，沿着重要的交通路线往广大的内陆延伸的过程，以及表现出来的港口城市及其腹地的关系。如果说《港口—腹地与中国现代化的空间进程》只是提出“港口—腹地与中国现代化的空间进程”的理论和研究方法的话，吴松弟、樊如森、陈为忠等人合著的《港口—腹地与北方的经济变迁（1840—1949）》，则通过对全国几个主要区域的初步研究和对北方区域的深入研究，展示了《港口—腹地与中国现代化的空间进程》中所提出的理论和研究方法的具体运用。

迄今为止，吴松弟指导的博士论文已接近三十篇，硕士论文也达到二十余篇。2009年组织团队撰写《中国近代经济地理》，各位作者都接受“港口—腹地”的概念，在研究中将其贯穿于全国卷和八大区域卷的写作。然而，有关“口岸（港口）—腹地”概念的阐释，仍感有所不够，故有必要在绪论部分对此予以补充。

二、近代经济变迁的简略过程

第一次鸦片战争以后，清朝被迫开放广州、厦门、福州、宁波、上海五个沿海城市为通商口岸，并同意英国占领香港。此后，通商口岸不断增多，口岸城市的分布从沿海地带深入沿江（尤其是长江和珠江）地带，直至广大内陆地区和沿边地带。到20世纪30年代，我国通过条约开放的口岸和朝廷同意地方自开的口岸达到114个。中国绝大部分的省份都有了多个通商口岸，形成了全方位开放的态势，各地区都卷入了国际市场。开埠通商一方面使中国融入世界经济体系，另一方面也使得国外的先进生产力在各口岸登陆并壮大，并通过各种政治、经济、文化的途径全面扩大影响，使中国在被迫卷入全球化的同时，也逐渐接受现代化的生产方式。

各个通商口岸都在不同地区扮演了重要的角色，就全国而言，最重要的是分布在沿海、沿江（长江、珠江）的港口城市，特别是沿海口岸城市。沿海口岸是我国和国外以及我国沿海各地区之间交通和贸易联系的主要枢纽。我国地域广大，在铁路、公路、航空等新式交通兴起以前，水运是最便捷的交通方式。中国河流大多是东西走向，在沿海口岸城市附近注入大海。近代交通兴起以后，铁路、公路、轮船航运仍以东部最发达，沿海港口城市大多还是重要铁路和公路的起点，河运、海运航线也在此相交。因此，各港口城市一方面通过密切的海上联系，形成繁荣的埠际贸易，我国南北向的沿海物资交流和东西向的沿海与内地的物资交流更加频繁。另一方面，我国的出口物资通过这些港口输往世界各国，各国的进口物资通过这些港口输入中国。这些港口城市在中国的经济发展中，便成为国际、国内两个扇面联结的枢纽，它们通过进出口贸易，联结着中国通往外国的这一个扇面，又通过港口和其腹地的物资输送，联结着国外通往中国的另一个扇面。

近代中国设立海关总税务司署，管理全国各海关的进出口贸易。表0.1表明，在1882年、1912年和1931年三个年度的全国进出口贸易总值中，沿海海关分别占了73.5%、64.6%和81.6%，内地海关分别占了26.5%、30.4%和17.4%，沿边海关1882年无数据，后两个年度分别占了5.0%和1.0%。可见，中国很大部分进出口贸易都通过沿海海关，内地海关在全国贸易总额中占一定的份额，而沿边海关占比重较小。①如果我们考虑到香港和澳门当时属于外国统治，其巨大的贸易额并不列入中国的统计这一点，则沿海港口所占的百分比还要提高很多。不可否认，沿边商埠和长江、珠江流域以外的内地商埠对于所在区域走向现代化起了巨大作用，但它们在全国的作用远不能和沿海沿江的商埠相比。

---

①中国海关总税务司署的统计数据不包括新疆、西藏和甘肃的通商口岸的数据，但这些口岸的贸易数据肯定不会多。这一点，只要分析西南的重庆、蒙自、思茅、腾越四个海关的情况即可清楚。据《中华民国元年通商各关华洋贸易总册》的数据，重庆等四海关1912年贸易额总值只占全国进出口总值的4%，这些地方的人口数倍于新疆、西藏和甘肃，故新、藏、甘的口岸贸易量所占比重不大自是情理之中。

表0.1 各地带海关贸易总值及占全国百分比

	1882年		1912年		1931年	
	贸易总值	占全国百分比（%）	贸易总值	占全国百分比（%）	贸易总值	占全国百分比（%）
沿海海关	185461660	73.5	789093596	64.6	3212687879	81.6
沿边海关	—	—	61618815	5.0	39422959	1.0
内地海关	66837827	26.5	371536156	30.4	683327317	17.4
（长江沿岸）	66837827	26.5	277275742	22.7	504190015	12.8

资料来源：《光绪八年通商各关华洋贸易总册》，第六款；《中华民国元年通商各关华洋贸易总册》，第八款；《民国二十年海关中外贸易统计年刊·统计辑要》《民国十八年至二十年海关贸易货值按关全数》，均载京华出版社影印《中国旧海关史料（1859—1948）》。

注：贸易总值包括洋货进口净值、土货进口净值和土货出口总数三项。1882年和1912年单位为两，1931年为关平两。

清朝政府在历次战败之后和外国签订了一系列不平等条约，条约中规定的内容，除了开埠通商和割地赔款，还有进出口货税必须同外国商议的“协定关税”，外国侨民犯罪应交外国领事依照外国法律处理的治外法权，外国商轮的沿海贸易权，等等。在上海、天津等口岸，还出现供外国人居住，由外国人管理行政、税收、警察和司法的租界。这些条约严重损害了中国的主权，外国势力在中国政治、经济、文化各方面的影响越来越大。尽管如此，通商口岸和租界对中国的影响，并非全是负面的、消极的，客观上带来许多积极的作用，需要进行实事求是的分析。

通商口岸城市大致可分两类，一类是具有一定的基础，例如上海、广州、天津等城市，原先分别担任县城（上海）、省城（广州）或府城（天津），均有一定的人口数量和城市基础。尽管如此，开放以前，这些城市的贸易量，除广州外都只面对购买力比较低的国内市场，都停留在较低的水平上。开埠通商以后，各国商人接踵而至，这些城市的市场便由以前的有限的国内市场，扩大到广阔的国外市场。市场的扩大，为这些城市走以港兴市、商贸兴市准备了良好的基础，极有利于工业和金融业发展。还有一些城市，如青岛、大连，原先只是人口不多的渔乡农村，后来之所以成长为一个城市，完全是开埠以后飞速发展所致。

大多数沿海口岸城市，可以说是近代工商业经济发展最快、城市迅速成长、现代化气息最浓厚的地区。这些沿海口岸城市不仅是我国对外贸易的枢纽，也是国内贸易的中心、中国近代工业最为集中的地带。商业贸易的繁荣，工业的增长和集中，又必然促使大量的农村人口向这里迁移，导致城市的迅速成长。因此，沿海口岸城市也是中国近代城市成长最快、城市化水平最高的地带。近代的上海、天津、汉口、厦门、镇江、九江、广州等城市都设有租界，这些租界所在的城市往往成为现代化的窗口。

沿海口岸城市作为先进生产力率先形成、工商业经济集中之地和人口众多的大型聚落、现代化的窗口，与广大传统城市的停滞不前、经济衰微和管理的混乱，形成巨大的对比。口岸城市必然要成为区域经济的增长极，并对其他区域扩散先进生产力的影响，推动它们的工商业经济发展和区域的现代化。总的看来，我国近代先进生产力首先在沿海港口城市形成，在推动所在区域经济发展的基础上，进一步沿着主要的交通道路向广大的内陆地区即港口城市的腹地推进，从而波及全国的绝大部分地区，促进了这些地区的经济转型和发展。因此，沿海通商口岸城市既是各区域最早兴起近代工商业的地方，又是各区域现代化的始发地和辐射源。

吴松弟与樊如森、陈为忠、姚永超、戴鞍钢等人所著的《港口—腹地与北方的经济变迁（1840—1949）》一书的实证研究，已充分表明：北方的沿海口岸城市，无不通过日趋繁忙的交通路线，与自己的腹地保持着密切的经济联系，没有腹地的经济往来，就很难有口岸城市的繁荣；洋货不仅供口岸城市消费，同样供腹地地区消费；口岸城市固然与国外保持较为密切的联系，但同时保持与腹地和沿海其他口岸城市两个方向联系的强度与密度，并不弱于与国外的联系，甚至可能还有所超过。当时的口岸城市，并没有像今天那种可以大体脱离腹地，主要依靠外来原材料进行加工、装配，并以输出国外市场为主的“三来一补”式的产业。当时口岸城市的繁荣，建立在广大腹地农副产品的出口以及为出口而配套的商业和加工业的基础上，而进口商品输入内地也是口岸城市繁荣的另一个基础。所以说没有广大腹地的支撑，就没有口岸城市的繁荣。

上海是中国最大的口岸城市，其繁荣同样离不开广阔腹地的支撑。第二次鸦片战争以后，北方和长江流域口岸的相继开放，使得上海外贸埠际转运（指上海与各口岸之间开展的与对外进出口相关的贸易往来）的规模和范围有了极大的发展。据英国领事贸易报告的观察，“在外国货船运载的商品中，多数是转口的进口商品，以及从内地口岸装来供出口的土产”。1863年上海进口商品（不包括鸦片）中留存本地消费的不到1/3，其余2/3均转运其他口岸，“表明了上海作为扬子江和沿海各口岸的商业中心的程度”。[①]汉口位居华中水陆交通要冲，自古以来就是长江腹地辐射南北各地的交通枢纽和货物集散地，更是上海全国外贸埠际转运最重要的对象口岸，1864—1930年汉口直接对外贸易能力虽然有所增长，对上海洋货外贸埠际转运依赖性相应降低，但直接出口能力始终未见明显增长，仍以经上海土货外贸埠际转运为主。可见汉口尽管在贸易上的进口能力增强了，但作为内河口岸，发展直接对外贸易始终不像海港那样方便，在航运上仍要受内河口岸的局限。

香港是中国南部的贸易大港、重要城市，香港的繁荣同样离不开腹地的支撑。研究表明，香港与广东、广西、云南、贵州、台湾、福建

---

①李必樟编译：《上海近代贸易经济发展概况：1854—1898年英国驻上海领事贸易报告汇编》，“参赞威妥玛附于1864年度上海贸易统计表的备忘录”“领事巴夏礼附于1863年度上海贸易统计表的备忘录”，上海社会科学院出版社1993年版。

等省保持着频繁的转口贸易联系，刺激了各个口岸城市外向型经济的兴起，香港则在与国内诸港口的贸易往来中发挥了一些共同的功能。第一，香港很早就发展成为大宗消费品等输出地和特殊贸易的交易所。大批鸦片、盐、军火从香港走私到沿海各地，华南沿海的一些城市又通过沙船将大量供外国消费的产品运入香港。第二，香港是内地初级产品的精加工中心。无论是云南的锡、广西的锑矿，广东的土糖、腌姜、蜜饯、禽毛、鲜蛋，甚至北方的皮毛，都有必要先运往香港作进一步精加工，使之达到国际市场的要求。第三，香港是小额进口特货及出口杂货的重组港。诸如军火、机械、铁路器材等进口货大多采取先出口到香港，再由专门经营沿海航运业的轮船公司将其与其他出口商品重新拼装后沿固定的航线运至最终消费地。第四，香港是国内大宗工业原材料、燃料的消费地。第五，香港是内地受灾地区及缺粮省份进口南洋大米的集中转口港之一。广东由于大面积种植经济作物，经常要通过香港进口西贡米。长江下游地区也不例外，必要时也会通过香港进口大量洋米运到产丝区交换蚕丝。第六，香港还在转口港的贸易、航运、金融、保险等相关的领域，发挥了船舶修造、航运保险、金融汇兑等方面的功能。

诚然，口岸城市与腹地的现代化程度的差距，仍然明显存在，但我们不应看到这一方面的事实，便抹杀另一方面的事实，即腹地的巨大变化以及口岸与腹地的联系。依我们看来，口岸城市与腹地在经济上的差别，在于口岸城市包括其所在的沿海地带，已步上发展现代工业之路，口岸城市周边农村经济的市场化、外向化程度已相当高，而腹地的广大地区大体上还没有走上现代工业之路，经济的变化主要体现在外向化与市场化，而两化的程度也不如沿海地带。因此，我们在研究近代经济变迁和经济地理时，不仅要重视位于港口城市背后的广大腹地地区的近代经济变迁，还要注意腹地对口岸城市的影响。

中国是地域广袤的国家，历代都存在着明显的区域经济、文化发展不平衡的状态。近代经济同样如此，着重体现在经济的变迁首先开始于沿海口岸城市，经济发展以沿海口岸地带最快，水平也以沿海地带为发达。先进的经济文化在沿海形成以后，再沿着交通路线往广大的内陆地区扩展，全国除了有自己口岸的沿边地带，各地区无不受到沿海经济文化的辐射，受空间衰减规律的作用，必然表现出离口岸越远，强度越弱的特点。

广大内陆地区的现代化，除了自身有通商口岸的边疆地区，起步一般都要晚于沿海地区，并多是受到沿海辐射的结果。随着通商口岸的不断增多和国外商品销售的扩大，中国各区域的农副产品通过沿海通商口岸，出口规模也相应扩大，内陆腹地越来越深地卷入国际市场。与此同时，内陆地区和沿海口岸地区的经济联系也空前扩大，国际资本和国内资本对内陆地区工农业的控制不断加强。沿海口岸城市与自己腹地的关系，逐渐成为区域之间经济联系的主要表现。

受其控制，全国和地区间物流的主要流向，由古代的主要流向各级行政中心，到近代逐渐改为口岸城市和近代交通中心。在物流流向改变的同时，人员流和资金流也发生了同样的改变，从而影响了全国交通布局的改变。港口所在的沿海区域成为我国铁路兴建最早、分布最密的地带。甚至可以认为，中国的新式交通，大多或以港口城市为指向，或与通往港口城市的道路相联结。由于发生这种重大变化，近代以前以首都和各省省会为中心的交通体系，便转化为以港口城市和省会为中心的新格局。交通格局的改变，又对我国城市的分布产生重大影响，一方面，城市主要分布在东部沿海省份的特点更加突出，另一方面，那些位于港口连接腹地的重要道路上的近代交通中心以及重要矿山，成为城市的另一个分布地带。①

按经济地理学的表述，经济区是在一定空间范围内经济活动相互关联的客观存在的空间组织。它以某个城市或城市群作为经济中心，经济中心对经济区内的其他地方产生辐射作用，又依托次一级的经济中心把各地区连成一体，并通过各种交通、通信和商业系统构成复杂的经济网

---

①吴松弟：《中国近代经济地理格局形成的机制与表现》，载《史学月刊》2009年第8期。

络，各地的经济活动有一定的相互联系和相互依赖。近代以来，中国广袤的空间，除边疆可以通过沿边口岸发展对外贸易的区域形成自成一体的沿边经济区之外，其余地区几乎都成为沿海各口岸城市的腹地，并在此基础上形成经济区。估计在20世纪的头20年，以沿海主要口岸城市或城市群为中心，以它们的腹地为空间范围，口岸城市与其腹地通过主要交通道路保持密切联系的经济区，实际上已经形成。根据港口—腹地的状况，大体上可划为以沈阳—大连为中心的东北经济区，以天津—北京为中心的北方经济区，以青岛—济南为中心的山东经济区，以上海为中心的华中经济区，以厦门—福州为中心的福建经济区，以香港—广州为中心的华南经济区。①

三、进出口贸易和口岸—腹地问题的重要性

长期以来，学术界对近代中国的进出口贸易多持负面的看法。近一二十年来，近代经济史学者通过实事求是的研究，已开始改变看法，认为进出口贸易对中国经济发展的促进效果要远远大于破坏效果。吴承明先生的研究表明，在中国32个传统的手工业行业中，鸦片战争后衰落的只有7个，继续维持的有10个，有较大发展并向机制工业过渡的则有15个，另外还产生了新兴的手工行业11个。而少数手工行业的衰落，并不全是进口洋货造成，而是中国本土新兴的机制产品竞争的结果。②吴松弟和戴鞍钢、樊如森以及其他从港口—腹地入手研究近代经济变迁的各学者的论著，都已表明近代中国进出口贸易的积极作用。

近代经济的变迁，首先从港口城市开始，而港口城市无不以港（航运业）兴商（商业和服务业），以商兴产（工业、农业等产业）、兴金（金

①吴松弟：《中国近代经济地理格局形成的机制与表现》，载《史学月刊》2009年第8期。

②吴承明：《中国资本主义与国内市场》，中国社会科学出版社1985年版，第105、170～180页。

融业），受此影响，港口城市与腹地的经济变迁，也具有贸易与商业先行的特点，从而带动出口农业和近代工业、金融业的发展。

中国近代的进出口贸易颇不同于古代，除古代进出口贸易的规模较小、市场规模的扩展极其缓慢之外，主要在于贸易对象国及其所能提供的产品的极大不同。中国在古代与比自己落后的国家发生贸易关系，所能进口的是初级农林产品，而近代的主要贸易国家都是比中国发达的资本主义国家，进口产品是机器生产的工业产品。发达国家既采用机器生产，又采用先进的资本主义管理制度，其产品质量之优、价格之便宜，无疑为中国手工产品所望尘莫及。因此，一旦展开正常的贸易，洋货对中国市场的冲击在所难免。19世纪70年代中外贸易开始进入正常状态并迅速增长，此后各地区都卷入国际市场，中国不仅进口剧增，出口增长也相当惊人，反映出中国百姓具有较好的市场应对的本领。

《比较中的审视：中国早期现代化研究》一书，总结了进出口贸易对中国早期现代化发展的作用：

第一，对外贸易的发展，西方工业品的输入，是促使中国小农业和家庭手工业顽固结合的自然经济逐渐解体的主要因素。

第二，对外贸易的发展使中国自然经济逐渐解体，同时又促进了中国农产品商品化的发展和农产品加工业的发展，这对于早期的现代化也有一定的积极影响。

第三，对外贸易引进国外先进装备产品，对于中国早期工业化的发展也有所裨益。其他非生产资料的普通产品，包括消费品和原材料的输入，有些也产生了一定的技术引进作用。

第四，对外贸易的发展，还促使近代中国出现了许多新的商业行业，同时推动了中国原有的旧式商业向资本主义商业转化。

第五，对外贸易的另一个重要作用，是推动中国具有早期现代化特征的大都市的兴起。凡是对外贸易比较发达的城市，尽管也有一些畸形发展的特征，但其城市化的发展进程较诸其他非通商口岸都要迅速得多，这表明对外贸易推动早期现代化都市形成和发展的作用具有一定的普遍性。[①]

如上所述，在中国近代经济的变迁过程中，口岸城市是先进生产力首先形成的地方，其经济总量和生产生活水平又高于其他地区，成为中国现代化的发源地与窗口。口岸城市将自己的影响通过主要交通路线送达自己的腹地区域，从而带动腹地近代经济的变迁。另一方面，腹地也并非被动地接受口岸的经济辐射，而是通过各种贸易、生产、金融、人力、文化、政治的形式，影响着特定的口岸—腹地范围内口岸城市的发展。因此，在口岸城市与腹地之间存在着双向互动作用。不过，在口岸城市与腹地的双向互动作用中，何者明显居于主导地位，何者居于被动地位，要依地依时依物而言，不同的口岸—腹地会有不同的表现形式。因此，口岸—腹地是近代先进生产力空间扩散和区域之间经济联系的主要途径。

四、“口岸—腹地”专有名词阐释

本书所说的“港口”，指位于我国东部的丹东、大连、营口、秦皇岛、天津、烟台、青岛、连云港、上海、宁波、温州、福州、厦门、广州、香港等沿海主要港口城市，以及镇江、南京、九江、汉口、宜昌、万县（今万州）、重庆等长江沿岸的主要港口城市。因此，它并非仅指承担客货运输任务的港口部门，而是包括港口部门和它所在的城市。

“通商口岸”，简称“口岸”，指对外通商的沿海沿江港口，以及位于边境或内陆交通要道的通商处所，近代开放的方式包括中外条约开放和各地经过中央政府批准的自行开放两种。大部分重要的沿海沿江港口，都是口岸城市。

---

①章开沅、罗福惠主编：《比较中的审视：中国早期现代化研究》，浙江人民出版社1993年版，第297页。

“腹地”是政府和学术界使用较多的一个概念，但不同环境下使用的“腹地”的概念往往不尽相同。按照地理学的解释和中国国土广袤、海岸线漫长的特点，加上我们从港口贸易入手研究的需要，本书所述“腹地”大多数情况下都指位于港口城市背后的港口吞吐货物和旅客集散所及的地区范围，通常情况下这一范围内的客货经由该港进出比较经济与便捷。①另外，依照人文地理学的普遍规律，除非有高大的山脉阻碍两侧的气流、物资、人员的流通和交换，边界两侧人文现象的差异都不是“一刀切”、泾渭分明的，而是具有一定的过渡性，因此不同的腹地之间往往存在着交叉现象。

依据与港口城市的空间位置和商业联系程度、互动关系强度，腹地可分为核心、边缘两大层次。“核心腹地”是指地理上与港口城市相连接，在进出口贸易与市场网络中，对于口岸城市具有决定意义的区域；“边缘腹地”是指地理上与港口城市不相连接，对口岸城市的港口繁荣和经济发展不具有重要作用的区域。当某个区域同时是几个港口的腹地时，这一区域便是几个港口城市的混合腹地。

“空间进程”指中国近代的先进生产力主要自沿海口岸城市向广大腹地推进的过程。这种过程是港口城市与腹地之间，在经济发展过程中所形成的互相依赖、互相作用的过程。港口城市是其腹地联结国际市场和国内沿海市场的枢纽、区域现代化的窗口和近代经济变迁的原动力，而腹地范围的大小、人口数量、商品经济的规模，以及近代经济的成长速度和发育程度，又影响着港口城市的贸易、经济、人口、文化诸方面的发展。因此，除了看到港口城市对其腹地的巨大推动作用，同样要看到腹地对港口城市经济的巨大影响。

---

①这种腹地的概念，乃针对大陆港口而言，并非适用于陆地面积有限的岛屿上的港口，也不包括沿海港口面向海洋的一面即“海向腹地”。此外，“位于港口城市背后”和“客货经由该港进出比较经济与便捷”，是本文的“腹地”必须具备的两个前提条件，故并非任何一个与港口发生客货联系的地区都可以称为“腹地”。

五、山河大势与港口—腹地网络的形成

中国居欧亚大陆东部、濒临太平洋的地理位置，具有自己的地理特点。我国地貌的总轮廓是西高东低，构成巨大的阶梯状斜面，导致长江、黄河、珠江、淮河等主要大河均发育于此斜面，然后自西向东流，汇入太平洋。在古代以水上交通最为方便的条件下，河流构成的水上交通成为东西向交通的干线。位于河口附近的城市大多是河流和海洋的交汇点，由河流和海洋携带的泥土沉积而成的三角洲，往往成为河流下游的主要农耕地带。

阅读中国地图，不难发现，我国自古至今最主要的河流交通是东西向的长江航线，位于长江和东海相交处的宋明的华亭（今上海松江）、清代的上海（今上海老城区），都相继成为长江三角洲最大的水上交通枢纽。如果将长江中下游平原以南北向山脉为界进行分割的话，位于上海背后的长江三角洲无疑是南方面积最大的平原，而且又是热量、降水最为优越的地区。我国的经济重心，自唐安史之乱以后南迁至以长江三角洲为中心的南方地区，此后便稳定在这一区域，既未北返，也未南下。该地区拥有优越的土壤、水热、光照、地理位置诸条件应是主要原因。

鸦片战争以后的五口通商，很快改变了清乾隆以后形成的我国出口物资主产地在长江三角洲，出口港却在广州的不合理状态。上海利用其位于海口、背靠发达的长江三角洲，所在地区既是外国进口商品的主要消费地又是我国出口商品的主要产地的优越条件，迅速发展为中国最大的贸易港，并将长江流域纳为自己的腹地。此后经过几十年的发展，上海又成为中国最大的经济中心，而且这一格局直到今天仍未发生根本性的改变。

上海如此，长江三角洲地区如此，其他沿海区域何尝不是如此？接近珠江口的广州是珠江流域的贸易中心，珠江三角洲地区成为广州的直

接腹地，而全珠江流域均被广州所收纳，此后位于珠江口的香港超越广州，成为我国最重要的埠际贸易港和工商城市之一，香港、广州组合成华南地区的双核城市。福建南部的闽南的发展离不开厦门的开港，北部的闽北的发展离不开福州的开埠。自福建北上直到钱塘江的闽浙地区，那一条条冲破“井”字形山河结构的独流入海小水系，其河口港，其河口三角洲，其河谷平原，对于这一区域的开发作用，差不多都具有港粤对于珠江流域的作用，珠江三角洲对于港粤的直接腹地的作用，以及全珠江流域均成为港粤腹地的作用。

长江以北的一些河流，因滨海浅滩、河流含沙量、河口深度，以及经济落后和市场经济不够发达等方面的原因，长期未能得到很好的开发利用。但海河之于天津，辽河之于营口，都在这些重要港口发展的初期阶段，甚至其后更长的时期，发挥过重要的作用。烟台、青岛、大连的优良港湾，则为这些港口发展为北方优良的港市准备了良好的天然条件。此外，北方沿海相对平坦的平原地形，既便于普遍地利用畜力，也便于较早进行铁路、公路建设，一定程度上抵消了缺少河流给当地交通带来的不便。

基于上述原因，我们在分析北方的港口—腹地状况时，既要看到沿海存在着一些良港，又要看到其分布的不均衡；既要看到有一些自腹地流到海口入海的河流，又要看到河流通航长度有限，须补以铁路和公路。德国占领青岛之后将码头建设和胶济铁路建设齐头并进，青岛迅速取代了没有铁路的烟台港；日俄战争以后日本夺走沙俄所建中东铁路的长春至大连段，并将战时所修的窄轨轨距改为标准轨距，使依靠辽河的营口港走向衰落，都是因地制宜、扬长避短建设港口—腹地的例证。

在分析中国的港口—腹地系统时，不仅要注意以上提到的源头、流域、河口都在中国的国内型港口—腹地，还须注意源头在中国国内，流域部分或大部在国外，河口在国外的国际型港口—腹地网络。

云南偏居我国大西南，与国家的几何中心和政治、经济、文化中心均相距遥远，在传统的交通条件下和内地的沟通极为不便。另一方面，因地势向南倾斜，云南境内河流除长江上游金沙江折向东北流之外，其他几条大河均南向流入东南亚诸国。其中，怒江流入缅甸，改称萨尔温江，于毛淡棉附近注入安达曼海。毛淡棉1852年之前为缅甸最大海港，之后因仰光港兴起而退居次要。澜沧江南流至中国、缅甸边境改称湄公河，蜿蜒老挝、泰国、柬埔寨于越南胡志明市附近的湄公河三角洲注入南海。胡志明市为越南最大港口。元江发源于哀牢山东麓，上源礼社江与绿汁江汇合后称元江，进入越南后称红河，于海防以南注入北部湾。海防为越南北部主要港口城市。

1889年蒙自开埠，不久思茅、腾越（今腾冲）相继开关，云南形成蒙自为主，三关并立的局面。蒙自的主要贸易对象是香港，出口物资先经过越南的红河到港口海防，再转香港。由于香港是中国南部贸易中心，这一路线不仅将香港、越南、云南连接起来，也将云南和世界各地连接起来。由于借助红河水运，沿途需时约一个月，比其他道路省时省钱，这一路线成为滇越铁路未通以前蒙自进出口贸易最主要的商道。1910年滇越铁路通车以后可从海防直达昆明，全程仅四日，以海防为出海口，中转香港的商道在云南对外贸易的交通中地位更加突出。

早在腾越开埠之前，缅甸已建起以仰光为起点，内通国内各枢纽，外与印度、新加坡等处连接起来的现代化交通网。仰光成为缅甸的贸易中心和水陆交通中心。开埠之后，腾越可通过伊洛瓦底江和铁路便利地到达仰光，从而成为仰光贸易网络在云南境内的一个重要节点。思茅本是一个偏僻的小镇，清代随着茶叶贸易的兴起，商业开始兴盛。从贸易联系的角度看，思茅也应视作仰光贸易网络在云南境内的另一个节点。

综上所述，可以看出云南的大部分地区及相邻的境外，实际存在着两个以境外国家为主，延伸到中国边疆的国际港口—腹地系统。其一是以越南海防为起点，以中国蒙自及其腹地为终点，通过红河或滇越铁路联结的港口—腹地系统；其二是以缅甸仰光为起点，以中国腾越与思茅两口岸的腹地为终点，通过伊洛瓦底江或缅甸南北铁路联结的港口—腹地系统。对于蒙自、腾越、思茅三个中国的沿边口岸而言，它们所在的港口—腹地系统的大部分空间在国外，进出口物资的主要部分通过作为起点的外国港口城市吐纳或中转。从区域联系的角度看，它们自然属于国际港口—腹地网络的一部分。最新的研究表明，甚至国内与云南的贸易，由于道路较近、交通相对通畅的原因，主要经过香港—海防—滇越铁路（修成之前是红河河谷），而不是溯长江由川入滇或由桂入滇。①

不仅云南如此，其他边疆地区同样如此。例如西藏的进出口贸易，大约80%经主要口岸亚东。亚东距拉萨约460公里，离印度噶伦堡只有约80公里，距印度沿海大城市加尔各答约400公里。据对亚东外商的调查，他们在西藏以外设店的地区，以加尔各答、噶伦堡最多。国外的商品经香港运抵加尔各答等地，然后经西藏的中外商人运入西藏。②

东北的港口—腹地系统与云南、西藏不一样，既存在着源头、流域、河口都在中国境内的国内型港口—腹地，也存在着源头在中国国内，流域部分或大部在国外，河口在国外的国际型港口—腹地。东北在1898年至1935年的38年间，南部的营口、大连、安东（今丹东）三港完全属于国内的港口—腹地系统，而作为东北北部物资主要输出入港的俄罗斯海参崴及其联结腹地的中东铁路—乌苏里铁路，则属于由境外延伸进来的国际港口—腹地系统。1935年苏联将中东铁路出售给日本，东北北部进出口不再经过海参崴，才结束了两种“港口—腹地”系统并存的局面。

①张永帅：《空间视角下的近代云南口岸贸易研究（1889—1937）》，中国社会科学出版社2017年版；张永帅、胡一帆：《香港贸易网络与近代滇粤贸易关系研究（1840—1937）》，载《历史地理》2017年第2辑。

②李坚尚：《西藏的商业和贸易》，见中国社会科学院民族研究所、中国藏学研究中心社会经济所合编：《西藏的商业与手工业调查研究》，中国藏学出版社2000年版，第92～104页。

第三节　港口—腹地结构与区域经济发展

一、港口—腹地结构与口岸城市的极化效应

每个港口都有自己的港口—腹地，纵横交错的港口—腹地结成复杂的网络。由于我国国土广袤，不少港口的港口—腹地具有极大的空间范围，根据距口岸城市的远近，其内部又可分成门户港口城市、核心区、中位区、边缘区四个部分。因受到地理位置、交通、经济、历史诸多方面的制约，同一港口城市的港口—腹地结构中，各个部分的交通、经济、文化、城市的发展都具有较大的差异性。（参见图0.1和表0.2）[①]

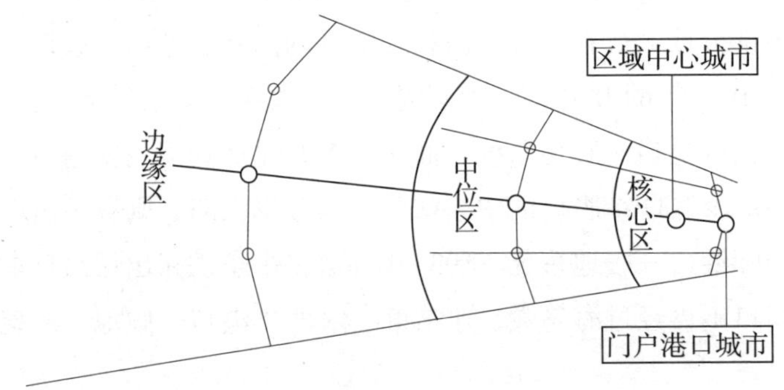

图0.1　港口—腹地空间结构示意图

①吴松弟等：《港口—腹地与北方的经济变迁（1840—1949）》，浙江大学出版社2011年版，第372～373页。

表0.2 同一港口—腹地内部经济关联表

	口岸城市	核心区	中位区	边缘区
空间位置	滨海城市	离口岸最近	离口岸距离居中	离口岸最远
空间范围	城市	小区域	较大区域	最大区域
增长极的极化效应	增长极	向增长极输出能量最大	向增长极输出能量居中	向增长极输出能量最小
增长极的扩散效应	扩散源	接收扩散最多	接收扩散居中	接收扩散最小
市场经济发育程度	最高	次高	居中	最低
中心城市规模	最大	最大或次大	较大	不大
中心城市的交通地位	全区域门户和交通中心	全区域和核心区的交通中心	全区域和中位区的交通中心	边缘区交通中心
道路和城镇的密度	最密	最密	次密	不密
工业发展阶段	现代工业为主	半工业化	半工业化	传统工业为主
对口岸城市经济的影响	接受各腹地的经济影响	对口岸城市影响力最大	对口岸城市影响力居中	对口岸城市影响力最小
国内外相邻的港口—腹地对各区域的影响	没有	没有	不大	很大

门户港口城市（以下简称“口岸城市”）位于大陆和海洋连接部，是外来先进生产力进入腹地、腹地联系世界的主要门户，随着国内外贸易、海陆交通、进出口加工业、修船业和服务业的发展，率先得到发展

的人口众多、经济发达的城市，是所在的港口—腹地区域的经济中心。按照经济地理学解释区域经济增长过程和机制的区域增长极理论，它是区域经济的增长极，具有技术和经济方面的先进性，城市产业和人口数量率先得到成长。

天津在开埠前城市规模和人口数量根本无法与北京相比，1860年开埠后进出口贸易量激增，海河河道得到整修和疏浚，城市得到扩展，天津由旧式商业中心演变为华北的经济中心。天津的城市人口1840年不足20万，1906年达到42万，1936年猛增到125万，1973年达到近178万，开始超过北京而居北方第一位、全国第二位。[①]

口岸城市不仅能够通过要素流动关系和商品供求关系，对周围地区的经济活动产生支配作用以及示范、组织和带动的作用，而且能够形成极化效应和扩散效应。近代是北方城市化得到较快推进的时期，开埠通商以后发展起来的新兴工商业城市秦皇岛，随着北方铁路网的建设而兴起的石家庄、郑县（今郑州）、包头、唐山等内地交通型和矿业型城市，便都不同程度上受到天津的极化效应和扩散效应影响。[②]

核心区是离口岸最近的区域，空间范围不算很大，由于紧靠口岸城市这一增长极，它向增长极输出的能量在各区域中最大，接收增长极的扩散最多。核心区市场经济的发育程度仅次于口岸城市，整个港口—腹地区域的中心城市位于核心区的中心，其城市规模在四个区域中或最大，或次大。在北方，长期担任首都的北京，20世纪30年代城市人口被天津超过，但仍居区域次大。而在长江流域，明初担任过首都，后为陪都的南京曾是全国人口最多的城市，近代上海成长为全国人口最多的大都市，南京仍是长江流域较大的城市。

作为天津“港口—腹地”核心区中心城市的北京，以及作为上海

---

①吴松弟等：《港口—腹地与北方的经济变迁（1840—1949）》，第五章第四节，浙江大学出版社2011年版。

②吴松弟：《市的兴起与近代中国区域经济的不平衡发展》，载《云南大学学报（社会科学版）》2006年第5期。

“港口—腹地”核心区中心城市的南京，近代地位虽有所下降，但仍是区域重要城市，说明往日的首都或区域行政中心的影响还在，它们与附近的口岸城市天津、上海结成双核结构，亦容易接受增长极的扩散。

据表0.2，除了以上方面，在中心城市的交通地位、道路和城镇的密度、工业发展阶段以及对口岸城市经济的影响力等方面，各区域的指标都是口岸城市最高、核心区次之、中位区又次之，而边缘区最低。例如，在工业发展阶段方面，口岸城市以现代工业为主，核心区和中位区以半工业化为主，而边缘区则以传统工业为主。各区域在增长极的极化效应和扩散效应方面，也有着极不同的表现：口岸城市既是增长极，又是扩散源；核心区向增长极输出能量最大，接受增长极的扩散最多；中位区向增长极输出能量和接受增长极的扩散均居中，边缘区则都是最小。

以上表明，受空间距离衰减规律的支配，在同一个港口—腹地区域，大体上表现出各地距增长极（区域经济中心城市）的空间距离越小，向增长极输出能量和接收增长极的扩散就越大；反之，距增长极的空间距离越大，向增长极输出能量和接收增长极的扩散就越小，呈反相关关系。口岸以外各地区之所以经济发展程度低于口岸城市，在经济发展水平上大致出现越往西水平越低，口岸城市经济、文化、政治对各区域的影响也大致表现出越往西越低的区域差异，除受到地理条件和历史基础的影响之外，主要是增长极的极化效应和扩散效应有所不同造成的。

九卷本《中国近代经济地理》相关内容的研究表明，其他口岸城市的港口—腹地的空间关系与对内部各区域经济的影响，与图0.1、表0.2所示相比，虽然一些区域具有自己的特色，值得认真研究，但目前看来还是大同小异，体现了山河格局、地理地貌、交通道路、人文现象等方面的制约作用。

二、港口—腹地与交通、城市和贸易体系

(一)交通

在港口—腹地的体系中，港口的确定、腹地的形成、交通都是重要因素。交通的发展促进港口—腹地的推进，而港口—腹地的推进又促进交通体系的发展和改变。我国古代交通向以人力和畜力为动力的短途陆路运输为主，以人力和风力为动力的内河和沿海航运为辅。开埠通商以后，以蒸汽机为动力的外国轮船来到中国，接着，火车、汽车、飞机等现代交通工具也传入中国，并逐渐得到推广使用。这些现代交通工具，具有传统的交通工具所没有的速度快、运输方便、运量大的优势，成为改变中国经济面貌的一个重要因素。

尽管各区域的开埠通商为先进生产力的进入和发展提供了方便，但近代经济发生变迁的时间的早晚和力度，仍有一定的差距，由此导致中国交通和城市分布重心的改变。

鸦片战争以后发生的进出口贸易，绝大部分通过沿海口岸进行，沿边和内地口岸所占比重甚低。20世纪以后沿海口岸还成为广大内陆地区所用的国产工业品的主要供应地。受此两个因素的控制，全国物流轴改为以沿海重要港口城市为主要指向。以1936年各地的埠际贸易为例，在全国最大的40个海关的输出入总额中，输入总额的66.6%和输出总额的72%，集中在上海、天津、青岛、广州四个城市。其中，上海一地便集中了输入总额的36.3%和输出总额的39.1%。[①]

就各港口—腹地内部的物资流动而言，首先流向沿海、沿江的口岸城市，或者虽非口岸，但在近代贸易网络中居转运枢纽地位的交通中心城市，这两类城市和各地之间的物流构成区域内规模最大的物流轴。那些既非口岸，又非交通中心的城市，无论其原先的行政中心的级别有多

①吴承明:《中国资本主义与国内市场》，中国社会科学出版社1985年版，第269页。

高，在区域物流方面的重要性一般说来已不如以上两类城市。北京不如天津，呼和浩特不如包头，开封不如郑州，南京不如上海，成都不如重庆，都是证明。

表0.2表明，在同一个港口—腹地的内部，各区域中心城市的交通地位，一般以口岸城市为全区域门户和交通中心，核心区的中心城市为全区域和核心区的交通中心，中位区的中心城市为全区域和中位区的交通中心，而边缘区的中心城市仅仅是边缘区的交通中心。至于道路和城镇的密度，口岸城市和核心区均是最密，中位区次密，边缘区则不密。

翻开当时的中国铁路分布图，可以看出，无论是东西向还是南北向的铁路，必有一端通向某个沿海或沿江的港口城市，由此导致港口所在的沿海区域成为我国铁路兴建最早、分布最密的地带。此外，港口通往腹地的重要交通线以及新兴的工矿中心，也是铁路建设需要兼顾的地方。不仅铁路，甚至可以认为，中国的新式交通，无论轮船、主要公路还是航空，大多或以港口城市为起讫点，或与通往港口城市的道路相联结。交通是现代工业的先行官，交通分布的不均衡导致了近代的现代工业偏集于东部狭长的沿海地带，辽阔的中西部普遍薄弱。

港口—腹地的交通建设，有同一个港口—腹地区域的建设和跨区域的建设两种。一般说来，区域内部的建设往往受到重视，跨区域间的建设则时有忽略。几年前，樊如森在探讨“环渤海经济圈”问题时注意到这一现象。他认为环渤海的地理状况与内部联系颇不同于长三角和珠三角。长三角或珠三角本身都是地域相连的完整的自然地理单元，区域内部完成开发的时间、所能达到的开发程度大体一致，且各个小区域之间有着较为密切的经济联系；而环渤海被渤海湾分割，分别分布在面积巨大的海湾的东北面、西面和南面，三大区域之间除了各个港口的腹地之间的交通联系，还依赖港口之间繁忙的埠际贸易以及围绕渤海湾的沿岸交通，才能建立起区域之间密切的联系。开埠之前以政治中心城市北京、济南、奉天（今沈阳）为核心，以传统陆路和内河（含运河）运输为主导的国内贸易区域，这一带既非海洋经济区，而且环渤海各口岸间的埠际贸易也相当衰弱。

进入20世纪以后，随着以京津等地为中心的现代化铁路运输网的构建和北方各口岸港势地位的变化，该区域的港口由原来以天津、营口、烟台三港为主导，演变为以天津、大连、青岛为核心。在各口岸的腹地逐渐形成的过程中，北方的交通得到了发展。然而，由于北方各区域的现代化是从口岸起步，再向自己的腹地扩展，北方近代的交通发展体现出主要连接口岸与腹地这样的特点。受此影响，在各个口岸—腹地内部的交通体系得到发展的同时，不同的口岸—腹地之间的交通联系进展相对缓慢，成了制约环渤海经济圈形成的另一个重要因素。自口岸通往腹地交通的网络如同一棵大树，只向上（自己的腹地）分枝，而不往两侧（另一口岸城市及其腹地）伸展，在各个口岸—腹地之间，不仅缺乏从一个口岸直接通往另一个口岸的便捷的交通联系，不同腹地之间的交通网络也不发达。因此，直至20世纪30年代，环渤海的广大的北方地区还没有出现一个完整的经济区域，而是以天津、大连、青岛三个港口城市为龙头，分别连接自己的腹地，形成华北和西北大部、东北大部和内蒙古东部、山东和河南东部的三大扇形经济带。这种状况，与区域市场高度整合，以上海为龙头的长三角经济区，以及以香港为龙头的珠三角经济区的情况有所不同。[①]

（二）城市

我国的城市分布历来呈不均衡状态，到了近代，城市主要分布在东部沿海省份的特点更加突出。民国时期设立的151个市中，人口规模200万以上的第一大城市上海以及8个50万～200万的特大城市，除了汉口位于内地省份，其余均分布在沿海省份。在人口居中小规模的城市中，人口20万～50万的18个城市，8个位于内地省份，10个位于沿海省份；人口10万～20万的33个城市，14个位于内地省份，19个位于沿海

①吴松弟等：《港口—腹地与北方的经济变迁（1840—1949）》，第八章第三节，浙江大学出版社2011年版。

省份；人口5万～10 万的30个城市，15个位于内地省份，15个位于沿海省份。人口居中小规模的城市数量沿海省份仍然多过内陆地区。[①]总之，民国的市，无论人口规模处于何种等级，都以沿海省份占较大的比重，而且人口规模的等级越高，沿海省份所占的比重也就越高，至于人口数量众多的大城市，可以说绝大多数都集中在沿海省份。

通商口岸城市在不同时期设立的市中所占的比重，有助于说明其在推动设市中所起的作用。通商口岸城市在不同时期设立的市中所占的比重，明显具有时间越早比重越高的特点：抗战全面爆发以前高达62.5%，抗战时期达到46.3%，只有在抗战以后才下降到21.4%。可以说，通商口岸城市是推动市的兴起并成为重要的行政区划单位的主要动力。

民国时期各省省城设市的进程，还说明在推动建市的过程中，港口—腹地的作用远远超过行政区划制度。总的说来，较早设市的省城，不仅大多位于发达的沿海省份，也是近代经济发展较快，集省内经济、行政两中心于一体的城市；凡是设市较晚的省城，大部分位于生产力发展缓慢的西部和边疆地区。还有一部分虽然位于经济相对发达的地区，但因经济发展慢于其他城市，省城仅仅是行政中心，并未同时成为经济中心，影响了设市的进度；有的虽然设市，最终还将行政中心让给了新兴的经济中心城市。省会市建立的早晚及其城市行政等级与人口等级的大体一致，反映了近代生产力从沿海口岸城市向内陆推进过程中产生的地区经济差距，又反映了经济发展速度差异对行政区划制度的影响。

观察民国地图并与明清时期比较，可知近代沿海、沿长江都是我国重要的城市分布带，且沿海地带的城市分布范围和密集程度远远超过明清，沿铁路地带（大致包括滨洲线、滨大线、京沈线、津浦线、京汉线、粤汉线、胶济线所经地带）成为另一条重要的城市分布带。而明清时期

①吴松弟主编：《中国近代经济地理》第一卷《绪论和全国概况》，华东师范大学出版社2015年版，第411页。

兴盛的沿运河城市带除长江以南依然兴盛不衰以外，长江以北沿河地带只有少数通铁路的城市尚能保持一定的繁荣，其余都已走向衰微。

表0.2表明，在同一个港口—腹地的内部，各区域中心城市的规模亦有较大的差别：口岸城市作为增长极和扩散源，是全区域规模最大的城市。核心区中心城市是全区域规模最大或次大的城市，有的原是某一行政区域的行政中心，具有一定的人口数量和经济规模；有的随着现代交通业的发展成为口岸城市连接腹地的转运中心，人口数量和经济规模有所增长。中位区中心城市是规模较大的城市，而边缘区的中心城市的规模则不大。

19世纪二三十年代的人口数据与城市地位，表明表0.2所示乃当时真实的反映。北方地区城市人口以口岸城市天津最大，中心城市北京次之，中位城市（如郑州、西安）又次之，而边缘区城市兰州、乌鲁木齐等可能又次之。长江流域地区城市人口规模以口岸城市上海最大，中心城市南京次之，中位城市（如汉口、南昌）又次之，而边缘区城市昆明、拉萨等显然都不大。

在近代以前，清代首都北京、明前期首都南京，都是北方、南方规模最大的城市，天津、上海的规模远逊之，这几个城市的地位在近代的易位显然是开埠通商之后经济和人口发展的速度差异造成的。

20世纪前后，在主要口岸城市成为各块港口—腹地的增长极的同时，口岸城市与其腹地的区域政治中心城市也形成特定的双核结构。例如，天津的港口—腹地的双核是天津—北京；山东的港口—腹地的双核先是烟台—济南，后是青岛—济南；东北的港口—腹地的双核先是营口—沈阳，后是大连—沈阳；上海的港口—腹地的双核是上海—南京。自香港的贸易地位超过广州之后，珠江三角洲的港口—腹地的双核是香港—广州。

20世纪以后，现代交通发达的沿线地区成长为各港口—腹地内部的增长轴，原先极核式的空间结构逐渐演变为点轴式空间结构。在北方，天津的港口—腹地增长轴，大致从天津出发，东经北宁线，南经津浦线，西南经京广铁路，西北经京绥铁路，西经正太铁路，将唐山、秦皇岛、北京、张家口、保定、石家庄、焦作、郑州等城市串连成线。山东的港口—腹地增长轴，大致从青岛出发，沿胶济铁路向西延伸，将潍坊、益都、博山、周村、济南等城镇连成线，并在潍坊通过传统的烟潍大道及公路连接柳疃、掖县、龙口、烟台、威海等城镇，而自青岛也有公路通往烟台与威海。东北的港口—腹地增长轴，大致从大连出发，沿沈大、沈滨两铁路，将营口、辽阳、沈阳、铁岭、四平、长春、哈尔滨等城市连成线，并通过连接沈大、沈滨两干线的其他铁路，连接本溪、安东、抚顺、吉林、齐齐哈尔等城市。

近代城市的发展离不开工业，尤其是口岸城市。天津是北方最大口岸，开埠后受到西方现代工业冲击最大、最直接。1867年清政府创立天津机器局，1873年设立官督商办的轮船招商局天津分局，1878年又在天津设立开平矿务局。此外，在天津附近的唐山还有启新洋灰公司、华新纺织厂等大型近代企业，外资和官僚军阀也在天津建立了多种工业。1947年天津的工厂数目、工人人数和工业用电数均居全国第二。北方的其他城市如北京、太原、焦作、西安的工业，也有一定的成长。总的说来，除天津之外，甲午战争之前北方各口岸的现代工业发展缓慢，此后才有较快的发展，20世纪以后开始扩散到内陆的一些城市。受此影响，天津腹地各区域的工业发展阶段颇不相同。大致上，口岸城市以现代工业为主，核心区和中位区进入半工业化阶段，而边缘区仍然以传统工业为主。

美国学者弗里德曼（J.R.Friedman）在《区域发展政策》一书中，将区域空间结构的演变划分为四个阶段。对照他所说的不同阶段的区域空间结构的形式，可以发现同一港口—腹地的不同地区，工业发展水平差异颇大。就北方而言，对照弗里德曼所说，近代经济发展最快的东北很可能已进入第三阶段即工业化阶段。除了大连—沈阳这一经济中心，东北的其他地方，例如长春、哈尔滨，在20世纪二三十年代也已成为新的经济中心。这些新中心和原来的经济中心，在经济发展和空间组合上形成区域的经济中心体系，并导致出现若干规模不等的中心—外围结构，使区域空间结构趋向复杂化和有序化。而在地域广袤的天津的港口—腹地，当其东部的核心区与中位区进入空间结构演变的第二阶段时，西部的边缘区的空间结构还停留在前工业阶段。前工业阶段空间结构的基本特征是区域空间均质无序，尽管有若干个地方中心存在，但它们之间没有等级结构差异，因经济极不发达，总体上处于低水平的均衡状态。

（三）贸易体系

经过长期的发展，沿海沿江的各个口岸在经济规律的作用下，通过埠际贸易形成井然有序、等级分明的港口—贸易体系。在这一体系中，上海、香港两个全国性的港口位居第一级，广州、厦门、宁波、汉口、重庆、青岛、天津、大连等规模较大的重要的区域性港口位居第二级，其他规模较小的区域性港口位居第三级甚至第四级。上海和香港不仅以贸易量大而凌驾于诸港之上，而且通过各港口之间的埠际转口贸易对其他港口产生重大影响。

在很长的时间中，从浙江以北直到东北以及长江流域的各港口，主要是通过上海的中转和国外发生贸易联系的，而福建、广东、广西、海南以及江西、湖南两省的南部和早期的台湾的港口，则主要通过香港和国外发生联系。上海、香港在埠际贸易的过程中加强了与各个港口城市之间的航运、邮政、金融、信息等方面的联系，将自己的影响输送到这些港口城市，再通过这些港口城市的港口—腹地系统到达它们腹地的深处。上海、香港可以说是整个中国的现代化的北南两只领头羊，在它们之下的广州、汉口、青岛、天津、大连等重要的港口城市，也按照同样的方式将自己的影响送达相关的港口及它们的腹地。①

以上所说的交通和商业网络的重要性和复杂性，港口体系的多层次性和转口贸易的重要性，都提醒我们在研究现代化进程和近代经济地理时，一定要注意研究口岸城市和广大腹地的联系环节。在一般情况下，

①吴松弟主编：《中国百年经济拼图——港口城市及其腹地与中国现代化》，第九章、第十章，山东画报出版社2006年版。

口岸城市的影响并不是一下子直接送达广大农村地区的，而是首先沿着主要交通路线送达位于交通路口的城市或集镇，再通过这些城市或集镇沿着次要的交通路线送到下面的农村。这种港口城市、腹地内交通路口城市或集镇、广大农村的几个层次，不仅体现了同一腹地内交通和商业网络的层次性，也体现了现代化进程的层次性，必然也对区域经济差异产生影响。此外，还要注意上海和香港在中国现代化进程中的特殊作用，分析近代史的各种现象时首先要将观察的眼光投放到上海和香港。

三、港口—腹地与经济区形成和东西差异的扩大化

尽管各区域的开埠通商为先进生产力的进入和发展提供了方便，但近代经济发生变迁的时间的早晚和力度，仍有所不同。近代经济变迁的这种空间进程，或曰主要方向，可以用“自东向西、由边向内”八字加以概括。所谓的“自东向西”，是指变迁从东部沿海口岸开始，然后沿着主要交通路线，向中部和西部的腹地延伸。而“由边向内”，则指在边疆地区，由沿边口岸开始，向边疆的内部延伸。

发生在1860年前，主要因第一次、第二次鸦片战争而分别开埠的口岸，无疑是近代经济变迁较早开始的地方。它们的分布，即体现了“自东向西、由边向内”的特点。广州、厦门、福州、宁波、上海、潮州、琼州（今海口）、淡水、鸡笼（今基隆）、打狗（今高雄）、台湾府（今台南）、天津、登州（今烟台）、牛庄等口岸都位于东部沿海，镇江、九江、汉口、江宁（因故1899年才开埠）4个口岸，则已位于连接东部沿海和中部的万里长江的下游和中游了。1852年伊犁、塔尔巴哈台（今新疆塔城）开埠，第二次鸦片战争期间俄国不但攫取我国黑龙江以北、乌苏里江以东，包括库页岛在内的大片领土，还获得在喀什噶尔、库伦的免税贸易权。可以说，在欧美帝国主义国家启动强迫中国沿海开埠的“自东向西”进程后不久，北面的强邻俄国也启动了强迫中国沿边开埠的“由边向内”的进程。

然而，就全国的近代经济变迁或早期现代化进程而言，沿海口岸在全国的影响远远超过沿边口岸。无论受到影响的空间范围的大小，还是区域人口的多少，“自东向西”都是主要的方向，“由边向内”则是次要的方向。首先，1930年的112个口岸，37个分布在沿海地带，19个分布在沿边地带，沿边口岸的数量约占沿海口岸的一半。由于交通不便、人口较少等原因，沿边口岸的腹地范围一般说来也相对有限。另有56个分布在内陆地带的口岸，实际只有库伦、科布多、乌里雅苏台、江孜、噶大克、昆明以及宁古塔7个口岸属于沿边口岸通往自己腹地的中转地，其余的49个口岸（不排除其中的少量口岸位于沿海、沿边口岸的交叉腹地）都属于沿海口岸通往自己腹地的中转地。①

毫无疑问，沿边各口岸的腹地区域大多不出所在省区的范围，且往往只占有小部分地区。而沿海有的口岸的腹地范围，已覆盖数省，沿海口岸的空间范围合而计之已包罗中国的绝大部分区域。还必须看到，中国的现代化，主要是在东部沿海港口登陆，然后渐次向西部扩张，受广阔的空间距离和交通的影响，其在西部扩张的时间、速度和深度，不仅弱于东部沿海地区，而且弱于中部地区。西部通商口岸设置之晚、之少，从一个侧面为此提供了证明。这种现代化程度随空间距离的加大而相应弱化的现象，不仅出现在东部、中部、西部三大区域之间，甚至出现在西部内部，如果将沿边口岸附近地区略而不计，在西部地区同样存在着离东部沿海距离越远，现代化程度越低的现象 。②

吴松弟多次指出，中国的近代经济地理格局，在20世纪的二三十年代已经形成，其表现大致有八个方面：③

第一，全国和地区间的物流轴主要指向东部的沿海口岸城市和近代

---

①吴松弟主编：《中国近代经济地理》第一卷《绪论和全国概况》，华东师范大学出版社2015年版，第120～124页。约开、自开共114个口岸，除去香港、澳门为112个。

②吴松弟：《中国近代经济地理格局形成的机制与表现》，载《史学月刊》2009年第8期。

③吴松弟主编：《中国近代经济地理》第一卷《绪论和全国概况》，华东师范大学出版社2015年版，第473～477页。

交通中心。沿海港口城市不仅是国内出口物流的主要流出地和进口物流的主要流入地，20世纪以后也成为广大内陆地区所用的国产工业品的主要供应地。

第二，全国交通布局发生重大改变。全国的新式交通，无论轮船、主要公路还是航空，大多或以港口城市为起讫点，或与通往港口城市的道路相连接。受此影响，以前以首都和各省省会为中心的交通体系，转化为以沿海沿江港口城市或省会为中心的新格局。

第三，现代工业主要分布在东部沿海。1949年的全国工业总产值中，中西部地区只占全国的29.8%，东部沿海占70.2%，其中辽宁、天津、山东、上海、江苏、广东6个省市又占了全国的58.3%。

第四，沿海沿江沿铁路成为城市主要分布地带，城市主要分布在东部沿海省份的特点更加突出。

第五，一些区域的经济中心，由传统的行政中心城市转移到开埠通商之后才发展起来的重要的口岸城市和交通中心城市。它们有的经济地位甚至超越长期以来集行政中心与经济中心于一体的传统城市。

第六，形成近代经济区。这里所说的经济区，是在一定空间范围内经济活动相互关联的客观存在的空间组织，是经济发展时自然而然形成的产物。近代中国广袤的空间，除边疆可以通过沿边口岸发展对外贸易的区域形成自成一体的沿边经济区之外，其余地区几乎都成为沿海各口岸城市的腹地，并在此基础上形成经济区。

第七，上海、香港成为中国近代经济发展的两只带头羊。在全国沿海沿江各口岸通过埠际贸易形成的港口贸易体系中，沪、港两个全国性的港口位居第一级，区域性港口则位居第二级直至第四级。沪、港通过埠际转口贸易加强了与各个港口城市之间的联系，将自己的影响输送到这些港口城市，直至其腹地的深处。

第八，中国大的区域经济差异从南北差异为主转化为东西差异为主。

如上所述，近代中国的进出口贸易主要通过东部沿海口岸吞吐，近代工业主要集中在东部沿海地带，近代城市的数量尤其是人口规模较大的城市的数量也以沿海地带居多。近代的金融业、教育、科研和外向型农业也主要集中在东部沿海，东部沿海是近代生产力最发达、现代化程度最高的区域。自港口城市西行，近代生产力水平和现代化程度随地理距离的加大而不断下降，大体上形成“西部不如中部，中部不如东部”这种明显的区域经济差距。

我国大的区域经济差距，一向有南北、东西之分。古代以南北差距为主，东西差距次之。经过近代的变迁，变为东西差距为主、南北差距为次。东部一向是我国经济发展程度较高和人口密度较大的区域，近代尤其如此。除地理条件与历史基础之外，主要在于港口—腹地这一中国现代化空间进程的特点和东部优越的地理位置。近代虽然务农人数仍占中国人口的绝大多数，但工商业在国民经济中占有越来越重要的地位。中国已纳入世界经济体系，在相当多的地区，农业和手工业中市场化、外向化部门已占相当重要的地位。

沿海是中国联系世界的主要通道，是先进生产力首先形成的地区，港口—腹地既是先进生产力扩散的主要方向，也是全国各区域经济联系的主要途径。是否位于或靠近东部沿海，甚至是否在通往东部口岸城市的重要交通线上，便成为近代区域经济能否较早兴起并具有较高水平的关键因素。如果不计自然条件特别差的地方，一般说来，在同一个口岸的腹地的内部，各地区的经济水平和现代化程度，与到达港口城市的距离往往呈负相关的关系，距离越远、交通越不方便的区域现代化程度越低，反之则越高。

四、港口—腹地作用总结

总的说来，港口—腹地是考察港口城市如何与其所密切联系的地区经济互动的一种研究视角。由于近代经济的变迁是无法避免的空间扩大的过程，会导致经济变迁从一个港口—腹地区域扩大到以外的地区，并和另一个港口—腹地区域相连接，导致全国各地发生全面性的经济变迁，故就此而言，港口—腹地实际是考察全国经济变迁的研究视角。可以说，以港口—腹地互动关系所划定的区域，是至今为止论述口岸城市与腹地经济互动的最大的空间范围。在这一空间范围内，经济地理学关于区域空间结构的各种理论和模式都得到了淋漓尽致的表现。

《历史与现代的对接：中国历史地理学最新研究进展》一书，总结历史经济地理的学科贡献的三个方面，其一便是“港口—腹地空间模式”：“80年代，港口—腹地问题在历史经济地理研究中提出时，它只是被当作一个单纯的空间经济关系。经过近30年的不断深化，这一概念已经从经济层面上升到整个社会人文层面。”它解释说：“港口城市不仅是我国近代以来沿海贸易和国际贸易的主要通道，也是各种新式生产力和新文化首先发育壮大的核心。新技术和新文化首先在港口城市及其附近发育成长，然后顺着交通路线往内地渗透，同样具有随距离衰减的趋势。因此，港口—腹地之间的关系不仅是一种经济关系，更有着社会文化方面的丰富内涵。”“从这一意义而言，港口—腹地空间关系可谓是理解近代以来中国社会经济文化的一个关键。”①

本书有关港口—腹地的理论及其包含的种种空间关系的论述，无不建立在30多年的研究基础之上对规律进行探讨，而不是先创造理论，再填补事实。此外，越来越多的研究表明，类似于港口—腹地的表现，尽管在各地有所不同，在市场经济的作用下却又有不少共同的特点，例如，海洋地带在当今世界经济中占优势地位，距海岸线100公里以内的沿海地带，人口约占全球的49.9%，GDP约占67.7%；而纽约、上海等各国主要口岸城市崛起为世界重要城市，都自有其共同具备的优势。历史经济地理的研究并非仅仅是讲故事，同样能够为现实提供有益的镜鉴。因此，要探讨我国近代经济地理变迁过程中的港口—腹地问题，有待于近代经济地理、现代地理学和经济学者的共同探讨。

①张伟然等：《历史与现代的对接：中国历史地理学最新研究进展》，商务印书馆2016年版，第98~99、102~103页。

第四节　自东向西、由边向内的区域经济联系方向的形成

近代经济地理研究的一个重要任务，是弄清先进生产力主要是从什么方向进入并影响中国，使外来的现代化因素与中国自身的因素相结合，从而形成并推动中国现代化的早期进程。由于第一次、第二次鸦片战争以及相伴随的开埠通商主要发生在东部沿海地区，学者一般认为中国的经济变迁进程首先始于东部沿海。毫无疑问，这一结论本身并无问题，然而仅仅认识这一点，还不能说已全面概括了中国近代经济变迁的空间进程，还需要从更大的空间范围进行探讨。

一、中国近代经济变迁的空间进程为“自东向西、由边向内”

我国东邻太平洋，大陆海岸线长达1.8万多千米。在漫长的海岸线上，有许许多多的优良海港。我国还有更为漫长的陆上国境线。陆上与10余个国家为邻，众多的边境城镇可供进行国际贸易。近代以来，在外来力量的冲击下，中外之间开始了与以往截然不同的条约制度规定之下的商务交往。在外力的压迫下，清政府通过签订一个又一个不平等条约开放了大量的通商口岸。到了19世纪末，许多地方也形成了自开口岸的浪潮。

尽管各区域的开埠通商为先进生产力的进入和发展提供了方便，但在近代经济发生变迁的时间的早晚和力度方面，仍有一定的差距。近代经济变迁的这种空间进程即“自东向西、由边向内”。

1842年，清朝被迫与英国签订《南京条约》，分布在东部沿海地带的广州、厦门、福州、宁波、上海成为我国第一批开埠的口岸。1856年

英、法两国发动第二次鸦片战争，并强迫清政府签订《天津条约》《北京条约》，形成第二批口岸开放的浪潮。

从18世纪末开始，俄国随着经济发展和在中亚地区军事上的节节推进，不断谋求扩大对华陆路通商范围，图谋“在英人不易到达而距俄国较近”的中国的西北和蒙古地区获得利益。1851年俄国使节与清朝代表签订《中俄伊犁塔尔巴哈台通商章程》，清朝准开伊犁、塔尔巴哈台，第二年两地开埠。这一开埠时间，比第一次鸦片战争后开埠的广州、上海等五口只晚近10年，比第二次鸦片战争后开埠的沿海港口还早了近7年。第二次鸦片战争期间，俄国以武力迫使清朝签订《瑷珲条约》和《中俄北京条约》，攫取我国黑龙江以北、乌苏里江以东，包括库页岛在内的约100万平方千米的大片领土。

19世纪70年代以后，英国、法国、俄国加紧了迫使中国进一步开埠的步伐。日本自19世纪60年代以来开始利用开放口岸谋求商业利益，1894年甲午战争以后更成为迫使中国，尤其是东北的沿边和腹心地区开埠的急先锋。与此同时，清廷为保护本国利益也支持各地自开商埠。到1930年5月10日中山港开埠时止，中国大地上共出现了108个开放商埠、4个租借地，再加上香港、澳门，可供外国人贸易的口岸达到114个。今天的省份除山西、贵州、陕西、青海、宁夏，绝大部分的省份都有了多个通商口岸。

有关沿海口岸在近代经济变迁进程中的作用，很早就引起了人们的注意，至今仍然是一大研究热点。与之形成鲜明对比的是，沿边口岸还没有引起学术界足够的重视，其研究从时间和空间而言都显得相当单薄。近年一些学者对沿边口岸研究的重要性有所认识，并逐渐展开对沿边口岸及其在区域经济变迁中的作用的研究，一定程度上揭开了沿边经济的面貌。

以云南而言，1889年以前，虽然全国已形成以沿海沿江口岸为连接点，以各区域间交通为骨架的对外贸易格局，云南与邻近国家也有着长期的以民间贸易为主的经济往来，但由于没有开放，仍处于我国对外贸易格局的边缘位置。1889年蒙自开埠，云南开始步入口岸贸易的新阶段。随着思茅、腾越的相继开关，1902年起，云南形成了三关并立发展的新局面。三个口岸实际上起着连接内（腹地）外（外部市场）两个扇面的节点的作用，云南的对外贸易开始处于全国对外贸易格局中前沿的位置，对外贸易有了较大的发展。此外，开埠以前云南对外贸易以滇缅为主要走向，以邻国为主要贸易地区，开埠以后改变为以滇港（香港）为主要走向，邻国贸易也向全球贸易转变。云南对外贸易的重心，相应地由云南西部地区转移到了东部地区，最大对外贸易商品集散地由腾越转移到蒙自和昆明，从而对云南的近代经济变迁起到较大的促进作用。

新疆近代的对外贸易分东、西、北三个主要方向，主体是向西、向北两个方向的对俄贸易，以及在南部喀什噶尔展开的对印度、阿富汗的贸易。这些对外贸易，最早是通过伊犁、塔城两口岸，19世纪80年代又增加了喀什噶尔、迪化及天山南北的3个口岸。民国时期，新疆的对俄贸易依然保持增长的趋势。1912年，在新疆的俄国人为11912人，65%从事畜产品等对俄出口和加工业，新疆畜牧业的外向化程度进一步提高。到1917年新疆对区外的贸易，十之八九已为俄国人所操控。新疆绝大部分的原料、半成品以及日用工业制成品的输出入对象都是俄国。新疆每年向包头方面输出的仅为皮毛、干果等；由包头输入的只是少量杂色布匹。此后至1925年，因苏联政局不稳，经济衰退，除新疆棉花的一部分转输天津出口之外，新疆的棉花、生丝、羊毛、皮张的输出均以俄国市场为主，以天津等内地市场为辅；所输入的货物，除茶叶与丝货主要由中国内地各省运来之外，糖、棉布、毛绒布、铁器、熟革等主要是由俄国运来。①

西藏在近代以前长期处于自给自足的自然经济之下，同时西藏的不

---

①樊如森有关新疆经济的论述，参见《中国近代经济地理》第八卷《西北近代经济地理》，华东师范大学出版社2015年版。

同区域之间、西藏及其周边地区之间，存在着形成已久的物物交换的商品交换形式。到了近代，随着亚东、江孜、噶大克等口岸的开放，西藏的商业得到了提高，藏、甘、青、川、滇和印度之间的商业往来有较大发展。西藏商人把那里的土特产中的羊毛、牛尾之类输往印度，再从印度购回棉布和呢绒等各类工业品或换回印度货币卢比等行销西藏，随后又连同西藏的虫草、皮张、麝香等土特产品运往甘、川、滇等地行销，再从上述地区购买茶叶、丝绸和日用杂货运回西藏。

在我国广大的边疆，相当广袤的区域离东部沿海有着遥远的距离，而距邻国只是咫尺之遥。由于空间距离以及自然地理、民族分布、历史文化等方面的原因，这些沿边地区对国外的经济往来，要方便于对国内其他地区尤其是东部沿海。近代沿边开埠口岸之所以能够得到发展，并能够促进所在边疆地区的经济变迁，显然有其无法被否定的多方面的原因。换言之，类似的沿边口岸在边疆进出口贸易和经济发展中的作用，是远离沿边的其他口岸难以代替的。如果看不到这种沿边口岸的作用，不仅难以解释其所在的边疆地区经济上的外向性的要求，也难以解释在离东部发达地区如此遥远的边陲，会出现一定数量的洋货、洋楼，甚至发电机、电灯的使用时间并不比东部晚多少，少数地方的经济文化甚至不比东部沿海落后多少。

还有必要分析沿海、沿边两个地带口岸的开埠时间。吴松弟主编《中国近代经济地理》第一卷《绪论和全国概况》附表1–1所列的37个沿海口岸、19个沿边口岸，最早的自然是第一次鸦片战争以后开埠的广州、上海、厦门、福州、宁波。沿边19个口岸以伊犁、塔尔巴哈台开埠较早。然而，沿海全部37个口岸的平均开埠时间是一千八百九十二年，沿边全部19个口岸的平均开埠时间是一千八百九十五年。[①]尽管沿海口岸的平均开埠时间稍早于沿边口岸，但差距有限。据此可见，导致双方

---

①据吴松弟统计，37个沿海口岸的开埠年度合计为70023年，平均开埠时间是1892.5年；19个沿边口岸的开埠年度合计为36009年，平均开埠时间是1895.2年。

差距不大的主要原因，是后期大量涌现的自开商埠的开埠时间一般都比较晚。因此，只能说在早期开埠的沿海、沿边两大区域的口岸中，沿海口岸开埠时间大多早于沿边口岸，但到了中后期，沿边口岸的开埠时间已不比沿海口岸晚多少。

吴松弟在《河北学刊》2004年第3期发表《港口—腹地与中国现代化的空间进程》一文，提出如下观点："1840年以来，中国现代经济的空间扩展模式，大体是首先形成于沿海港口城市及其附近地区，而后再沿着交通路线往内地扩展，而港口城市及其腹地之间的物流关系，是沿海地带和内地经济联系的最主要表现方式之一，对双方的经济发展产生不可忽视的影响。除此之外，在长江一线也有不少开放港口，在流域的现代化过程中同样发挥了重要作用。"2006年，吴松弟又提出："由于与多个国家交界，西部促进现代化的动力，并非仅仅来自遥远的东部沿海。"然而因学界对西部沿边近代经济地理的研究尚处于起步阶段，未能就此观点展开讨论。

可以说，中国存在着起点在国内的一种港口—腹地系统和起点在国外的另一种港口—腹地系统。后者主要分布在边疆地区。如果我们将视野放大，还会发现，在西藏、新疆和东北等地也会有类似的起点在国外的港口—腹地系统，只是其起点可能是港口，也可能是另外类型的交通枢纽，而联结港口—腹地的可能是河流，也可能是铁路。

二、"自东向西"为主要方向，"由边向内"为次要方向

就全国的近代经济变迁或早期现代化进程而言，沿海口岸在全国的影响远远超过沿边口岸。无论受到影响的空间范围的大小，还是区域人口的多少，"自东向西"都是主要的方向，"由边向内"则是次要的方向。

首先，吴松弟主编《中国近代经济地理》第一卷《绪论和全国概况》附表1–1所列的112个口岸，沿边口岸的数量只有沿海口岸的一半。

而且，由于交通不便、人口较少等原因，沿边口岸的腹地范围一般也相对有限。另有56个分布在内陆地带，既非沿海也非沿边的口岸。由于位于内陆的这些口岸的商品大部分要通过沿海或沿边口岸进出口，它们实质上不过是沿海或沿边口岸通往自己的腹地的中转中心，而且这些内陆口岸自身也是沿海或沿边口岸的腹地的构成部分。因此，分析这56个内陆地区口岸货物进出口的方向，无疑可以分析在广阔的内陆地带，沿海口岸和沿边口岸何者占有更广阔的空间和重要的地位。

仅仅比较口岸数量和腹地范围以及开埠早晚，尚不足以说明近代经济中诸多方面的内容，例如要了解极其重要的对外贸易的状况和开放程度，还需要依据贸易数据进行分析。不妨以沿边口岸稍多、贸易量相对较大的西南地区为例：

表0.3　西南地区主要口岸进出口贸易额及占全国百分比

	1912年进出口贸易额	占全国百分比（%）	1931年进出口贸易额	占全国百分比（%）
蒙自	19569689	1.6044	26402306	0.6709
思茅	262801	0.0215	232879	0.006
腾越	2506905	0.2055	2962629	0.0753
重庆	26870867	2.203	75302847	1.9135
万县	—	—	17066384	0.4337
合计	49210262	4.0344	121967045	3.0992

资料来源：《中华民国元年通商各关华洋贸易总册》，第八款；《民国二十年海关中外贸易统计年刊·统计辑要》《民国十八年至二十年海关贸易货值按关全数》。

注：进出口贸易额包括洋货进口净值、土货进口净值和土货出口总数三项。1912年单位为两，1931年为关平两。

近代贵州没有设立海关，因此以上五关的进出口贸易量，实际上代表了今天四川、云南、贵州以及西藏西南四省区在民国时期的贸易量的绝大部分。然而，它们不过只占1912年和1931年这两年全国对外贸易总额的4%和3%。另外，我们也看到中国海关总税务司署的统计数据均不包括新疆、甘肃以及分别在英国和葡萄牙统治下的香港、澳门，而西藏沿边口岸只有部分年度有数据，如果考虑到这些因素，则西南在全国进出口贸易总额中所占的比重应低于上述两年的4%和3%。西部的各个通商口岸在全国对外贸易总额中所占的比重，实在是微乎其微，根本无法和东部沿海地区相比较。

第一章

全球化下近代中国经济地理的早期演化

古代中国历史上出现过地方或区域性的经济差异现象，无论是《史记·货殖列传》中的描述，还是后来不同时期关于"苏湖熟，天下足""湖广熟，天下足"的说法，或者冀朝鼎提出的古代中国基本经济区的概念，所呈现的均为农业经济主导下，跨区域间的生产与贸易状态。从中国长时段的经济演化来看，近代中国是农业文明向工业文明发展的转折点，也是中国经济史上的低谷。时人李大钊从生产关系的角度也注意到近代生产形式与组织方式的变化："我们可以晓得中国今日在世界经济上，实立于将为世界的无产阶级的地位。我们应该研究如何使世界的生产手段和生产机关同中国劳工发生关系。"①

近代中国从农业经济向工商业经济的转变中，在逐渐深入参与国际劳动分工之下，首次出现"地域化"的经济现象。也就是说，在不同自然地理禀赋下，在特定的地域内，形成以工商城市为中心，以腹地为外围的流通、生产系统，则该地域具有一些明显的特征：对外相对独立、内部联系密切、具有一定的层级结构，一般作为一个整体参与外部区域（以至于全球）的分工体系。从生产、流通与地理的角度，也许正如巴恩斯与谢泼德等所认为的那样：全球化是一种地理现象，传统的经济地理学有关流动空间、控制与生产地方的观点仍然是理解全球化的关键。

①李大钊：《由经济上解释中国近代思想变动的原因》，载《新青年》1920年第7卷第2号。

第一节　经济地理转向：东西差异的来源

在近代前后，中国的经济地理格局产生了一个历史性的转折，从以前的南北差异，逐渐转变为东西差异，最大的一个表现即为全国的经济重心转移到东部，尤其是以长江三角洲与珠江三角洲地区为代表的沿海地带。

笔者通过对两宋以来中国南部外贸港口偏移中三个关键因素（地理、市场、规制）的追踪与分析，探讨10世纪以来，贸易经济下东南“海洋中国”的演进轨迹、趋势性方向、动力来源，寻找中国经济长期表现的历史轨迹与内在的必然趋向。两宋以降，海上丝绸之路渐次勃兴，东南“海洋中国”浮现。在宋元、明至清中叶、晚清民国不同阶段，中国南部沿海外贸港口的选址、功能、贸易方式、空间形态等均持续变动，其中，地理、规制、市场三大驱动因子的权重此消彼长，成为观测中世纪以来中国长期经济变革趋向的一个窗口。

从长时段、大跨度视角关注中国沿海经济长期变迁的特点，正成为学界的一种趋势性研究，例如近年来学者围绕东亚海域的讨论，[①]均涉及中国南部沿海港口贸易及相关问题，虽然已有的讨论颇多，但从长时段、大跨度分析外贸港口的偏移与兴替依旧从缺，这是古代以来中国长期经济内生的趋势，还是外部力量赋予的？这是具有既定的方向，还是处在变化调整之中？依然不甚清晰。这不仅关乎外贸港口变迁，更关系

---

①例如，法国国家科学研究中心联合中国、日本、韩国及欧美诸国学者，2013年至2016年对前近代以来东亚的商业网络、经济制度演变进行了大跨度研究。此类中较有代表性的研究：［法］弗朗索瓦·吉普鲁著，龚华燕、龙雪飞译：《亚洲的地中海：13—21世纪中国、日本、东南亚商埠与贸易圈》，新世纪出版社2014年版；［日］滨下武志著，王玉茹等译：《中国、东亚与全球经济：区域和历史的视角》，社会科学文献出版社2009年版。

到中世纪以来中国南部沿海丝路经济发展的动力源与趋势。

一般而言，就外贸港口的偏移与兴替而言，我们首先看到的是一个空间现象，因为经济资源的配置一定与地理环境、经济区位密切相关。我们知道，两宋时期中国的经济重心自陆徂海、由西北向东南的位移初步完成，于是海上丝绸之路渐次勃兴、东南“海洋中国”浮现，及至19世纪末晚清沿海新月形经济增长带的雏形出现，这是一种空间经济上的趋势。如果加入时间、制度等因素，就经济增长的动力来源而言，自由市场与政府规制都不可或缺，[①]他们之间以及与地理空间又存在什么关系？两宋以来中国南部外贸港口的偏移提供了一个要素齐备的案例，有助于我们在长时段、大范围的时空框架中，探寻中世纪以来外贸港口偏移的轨迹，以及自然地理、经济区位、市场范围、市场配置、官方规制等要素的相互关系。这不仅有助于揭示中世纪以来中国南部沿海外向型经济发展的动力来源与趋向，也有助于重新评估沿海丝绸之路经济发展的绩效。

一、地理优先：宋元时沿海散布的外贸港

入宋以后，西北陆上丝绸之路基本被阻隔，出于扩大财政收入、获取海外奢侈品等动因，朝廷开始注重市舶之利。对于那些能招徕外国商船、增加市舶收入的市舶官吏与番舶纲首“补官有差”，一时间舶计骤增，于是中国南部沿海涌现了更多的外贸港口。

（一）自然散布以及新的调整

中古历史上的港口有些不同于近现代意义上的概念，一般是基于地方私人贸易而形成，大多是一个时盛时衰、此起彼伏的港口群，而后在

---

①G.L. Clark，M.P. Feldman，M.S. Gertler汇编了经济与地理学界代表性讨论（*The Oxford Handbook of Economic Geography*，Oxford University Press，2003）。

官府逐渐介入、规制下，逐渐转向公共性的大中型港口与口岸。[①]北宋时在广州、杭州、明州设立市舶司，南宋时在华亭、泉州、密州、秀州、温州以及江阴设置。宋元期间中国南部主要的外贸港口是广州、泉州、明州，呈现自然散布的状态。[②]

广州：江南与长江中下游的外贸物资可以水路、陆路运抵广州，南洋进口的各类奢侈品可以从广州流通到全国各地，例如：（1）海南、广州、福建间的香药—粮食—丝绸贸易三角；（2）广州与杭州的竹、布和丝绸贸易，并转运明州、江宁、镇江、密州等地；（3）广州与四川的香药、丝绸贸易。广州港在外贸中的优势地位一直维持到南宋中后期。

明州：在上海未兴以前，明州（元时称为庆元）港溯浙东运河至杭州与江南运河相连，成为大运河的南端延伸。此外，明州是对高丽、日本外贸的重要港口。不过，明州的腹地经济与外向市场相关度不高，与闽南、潮汕等地的瓷器出口情形不同。[③]

泉州：随着青瓷的制造中心由明州、越州一带转移到龙泉，青瓷主要通过南面泉州出海，[④]而且，长沙与景德镇的瓷器通过湘赣与长江水运到泉州，比通过陆路到广州便利。随着瓷器取代丝绸成为最大宗的外贸出口商品，泉州港兴起。此外，在宋元时期，东南地区外贸经济从一般的辅助性的商品化形式，转变为普遍性的外向化形式。泉州港的腹地经济形态由农耕转向陶瓷、纺织、金属制作等手工业，且其经济腹地从潮汕平原一直延伸到长江流域，于是，泉州港成为亚洲海域远洋贸易的一个商品集散中心。

---

①陈支平：《明清港口变迁史的重新解读——以泉州沿海港口为例》，载《中国经济史研究》2012年第2期。

②黄纯艳：《宋代海外贸易》，社会科学文献出版社2003年版；胡沧泽：《宋代福建海外贸易的管理》，载《福建师范大学学报（哲学社会科学版）》1995年第1期。

③苏基朗：《两宋闽南、广东、浙东外贸瓷产业空间模式的一个比较分析》，见李伯重等主编：《江南的城市工业与地方文化（960—1850）》，清华大学出版社2004年版，第142页。

④本可通过瓯江运至温州港，但该港市舶司存在时间很短。虞浩旭：《试论唐宋元时期明州港的瓷器外销及地位》，载《景德镇陶瓷》1999年第4期。

宋元年间，东南沿海外贸港口的调整中，最为瞩目的是11世纪末泉州的脱颖而出。如果说明州是当时东洋贸易的专港，广州是存在已久的国际性商港，泉州则是后来追上的南北洋外贸港。在东南沿海自然散布的港口队列中，不仅港口密度增加，位序也出现微调。

（二）新外贸港口兴起的含义

在宋元时期东南沿海外贸港口的微调中，泉州港的涌现有何缘由与新的含义？

一般认为“中世纪经济变革”主要表现为农业、手工业的新技术应用、经济产量的增加、国内外贸易规模与范围的扩大、商业化与城市化程度的提高，泉州港的兴起也与此相契合。10—11世纪之交引入的占城稻，大幅度地提高了东南地区米谷的供应与稳定，于是，农业盈余流入其他经济部门，随着经济作物的广泛出现，增强了农业与手工业的交易属性，促成了生产与内外贸的一体化。

克拉克（Clark）认为泉州港的贸易属于转运的性质，外来奢侈品在本地鲜有市场，大部分转向长江下游、华北、朝鲜、日本等地，但他同时也认为，海上贸易的进一步发展，形成了劳动力的区域分工与专业化发展。①苏基朗考察了闽南各地的瓷器、窑址，论证了外来因素刺激下当地的劳动力分工，以及闽南地区贸易与出口工业之间的相互促进作用，证明泉州并不仅仅是一个转运港口。这些论点看起来似乎略有矛盾，但实际上是一脉相承的，这也是泉州不同于广州、明州，并能快速崛起之原因。

如果参考藤田昌久等对于新城市在何地出现的理论推导（图1.1、图1.2），可以较好地解释其时泉州港的出现。图1.1首先假设在$-S$到S这一段农民均匀分布，人口密度为d，所有的制造厂商都集中在区域的中心（0位置）。假设农业人口密度不变的前提下，人口开始增长，必然使

①H. R. Clark. *Community, Trade, and Networks: Southern Fujian Province from the Third to the Thirteenth Century*. Cambridge University Press, 1991.

得农业区边界外移，为了减少工业品运往农业区腹地的成本，应该在哪里新建工厂？本来城市东面0到S间的农村市场全部由现存的工厂提供，如果选择在s处新建工厂，那么$s/2$至S之间则由新工厂供给，如此，新工厂东边（$S-s$）的农民距离工厂的平均距离为（$S-s$）/2，依据市场潜力函数的最大值，运输成本最小化的工厂应该设在$s=2S/3$处。①

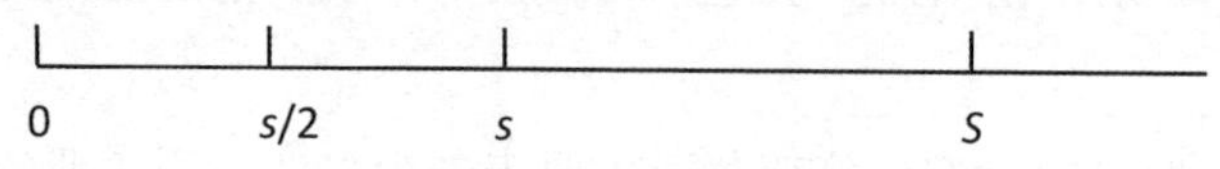

图1.1　人口增长与新工厂设立

如图1.2所示，假设经济体就是一条直线，该直线在b点出现分岔，各S到0点的距离相等，假设0点已经有一个城市，那么当人口增加时，新的城市会出现在哪里？类似于图1.1的推导，当由0点向东位移时，将商品运往0点西部的成本上升，而运往东部的成本在下降。当工厂在分岔点b时，总运输成本最低。根据运输成本函数，如果分岔点与城市的距离小于从城市到边界距离的80%，那么在分岔点建立工厂将会成本最小化。②

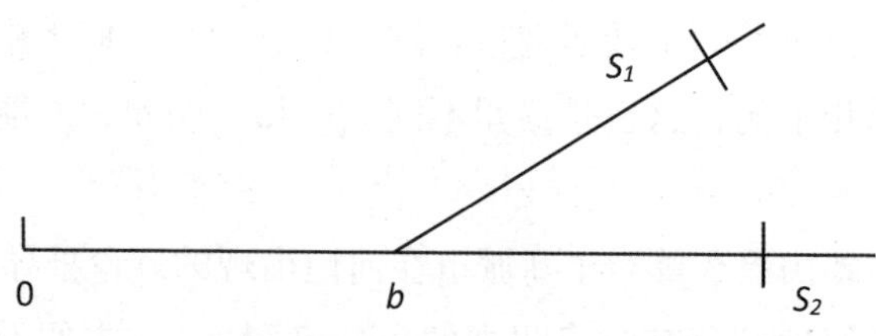

图1.2　单一港口与运输中心

①［日］藤田昌久等：《空间经济学——城市、区域与国际贸易》，中国人民大学出版社2005年版，第147～150页。

②除非分岔点位于已经开发区域的边缘，或者，除非分岔点非常接近S，该点才失去成本最小优势。

如果将经济体其他参数设为常数，仅考虑一个变量，即分岔点b的区位，理论上存在三种情况，第一，b点出现新的港口（城市或枢纽）；第二，b点没有出现新的港口；第三，其他地方出现新的港口，但b点可能没有。市场潜力函数总是在城市集聚处取得最大值，图1.1与图1.2的$2S/3$处与b点，如果出现新的区位（常常是运输枢纽或中心），那么将出现新的港口。在地理因素的作用下，处在广州与明州之间的泉州，在11世纪迅速成长为一个新的转口贸易口岸，并逐渐占据重要的位置，一直持续到14世纪初。泉州港的兴起是宋元时期中国南部沿海外贸港口演化的显著特征，也是其时外向市场经济成长在空间上的一个回应。

二、规制主导：明清时官私贸易港的分离

中国南部沿海地带与亚洲各国间的经济联系，不同于一国之内地域之间基于经济上的联系，这种经济联系也常常成为国家规制的对象，尤其是当贸易数量与规模足够显著之时。宋元时期，国家已经介入外贸规制，进入明代以后规制逐渐强化，并产生逆转性的结果，暂时抑制并改变了宋元时期中国南部外贸港口的偏移方向。

（一）官方选定与私下安排

简而言之，15世纪以后，当以东南沿海为据点的海商逐渐控制了中国海上贸易活动之时，明清中央朝廷的策略是实行有限度、低强度、可控制的对外贸易。

明初原本计划在太仓、黄渡设市舶司，后来出于政治军事安全考虑，改在广州、泉州、宁波等地，并分工如下："在广东者，专为占城、暹罗诸番而设；在福建者，专为琉球而设；在浙江者，专为日本而设。其来也，许带方物，官设牙行，与民贸易，谓之互市。"[①]实行招徕海外诸国免税贡贸易的制度，旨在加强朝廷对海外贸易的规制与垄断，即

①郑若曾撰，李致忠点校：《筹海图编》卷十二下，中华书局2007年版，第852页。

“惟不通商而只通贡”，并且在人数、日期、船数等方面作了严格的规定。后来，闽浙各港因为受到倭寇战祸影响，施行海禁政策，独留广州一口。清初大体继承了明后期的限制海外贸易策略，虽然康熙年间一度开放漳州、澳门、宁波等港口，嘉庆年间又重新将海外贸易限于广州一隅。官府制定了一整套规制内商与外商贸易的措施，实行官设行商垄断外贸，并通过行商管理外商的公行制度，严禁外商与中国人私相交接。

同时，我们知道，明中期以后，随着国内工商业的发展，开拓海外市场已日益成为不可遏制的客观需求，东南沿海部分岛屿、港口已经卷入葡萄牙等欧洲人主导的世界贸易体系。在严重的倭患之下，朝廷实行了闭关禁海的政策，最终演化为更大规模的走私贩海活动。在贸易规制的条件下，私人从事贸易的权利被国家剥夺，私人总是会利用监管的不足获取贸易权利，这使得正式制度在边际上被实际调整。[①]闽粤商人私下积极与澳门的葡萄牙人串通，源源不断地从中国贩卖商品至海外。[②]隆庆年间，朝廷选择自然条件并不优越的漳州月港作为商人出洋贸易港，本意在于实现有限度开放。[③]清初，民间海商潜往澳门出洋贸易，往来于澳门与沿海各地的私人贸易时有发生，及至中叶，在官府的监督之下，澳门逐渐成为广州的外港、各国商人对华贸易的桥头堡。当时的对外贸易有两种形式，一种是通过市舶司进行的贡舶贸易，一种是不经过市舶司的私人海上贸易。明清时期时断时续，利用行政权力，以禁为主的海外贸易规制政策，抑制了东南沿海港口的外贸，促成了官方之外群众性的

①郭艳茹：《明代海外贸易管制中的寻租、暴力冲突与国家权力流失：一个产权经济学的视角》，载《世界经济》2008年第2期。

②李金明：《十六世纪中国海外贸易的发展与漳州月港的崛起》，载《南洋问题研究》1999年第4期。

③嘉靖四十五年（1566）在月港所在地设立海澄县，以为规制。双屿、浯屿、南澳等地，也一度成为对外贸易据点。参见郑有国、苏文菁：《明代中后期中国东南沿海与世界贸易体系——兼论月港“准贩东西洋”的意义》，载《福州大学学报（哲学社会科学版）》2009年第1期。

走私贸易，形成了东南沿海地区的海洋经济模式。[①]

在官府“逆选择”禁止了正常的海外贸易之后，民间性的走私暗潮渐次成为主流。由于江南地区是明清时期进出口商品的重地，并有着发展对外贸易良好的港口条件、经济区位，明代以来中国最主要的外贸港口，开始出现由福建向浙江沿海转移的趋势。近代前夕的江南已成为全国最富庶的地区，江南的丝织品与棉织品发展起来，得益于家庭手工棉纺织业与沙船运输业两大支柱产业，上海逐渐成为东部沿海的内贸枢纽港口。此外，明清以来珠江三角洲地区，也已经完成了早期的经济开发，在广州的官方贸易之外，华南同样存在一个有效的民间贸易网络。其时广州的三个同业公会中，除从事西洋贸易的十三公行之外，从事南洋（东南亚）贸易的本港行、与福州潮州贸易的福潮行，以广州、厦门、福州、潮州为中心，一方面与南洋贸易，一方面从事广东至天津的南北沿海贸易。

如上所述，明清时期，在名义上，海外贸易的重心从宋元时期的泉州、广州完全位移到广州，一个显性可见的事实是对外贸易限于广州港，但在实际上，隐性存在一个向江南偏移的过程，只是不显著而已。如果从宋元以来外贸港口偏移的历史来看，更多地表现为规制的失效，以及中国南部沿海港口的内贸超过外贸。在内外贸一体化的推动下，外贸港口的重心从沿海丘陵地区向南北河口三角洲偏移，尤其是向长江三角洲地区移动。

（二）规制的极限与突变

一般而言，规制包括正式的法律以及约定的规范，规制的存在可能会降低交易成本，也可能会提高交易成本，有效的制度一般会降低成本，促成人力、资源流向具有增长潜力的经济部门，推动经济增长。但是，在15世纪以后，当国内工商业，特别是沿海地区工商业逐步有所发

①王日根、李娜：《试论明清东南沿海海洋经济模式的演迁》，载《社会科学辑刊》2001年第6期。

展，海商逐渐控制了以东南沿海为据点的海上活动，明清朝廷却试图通过规制性的对外贸易政策，锁定沿海地区的对外贸易，并维持在一个远远低下的水准，这样的规制注定效率低下，甚至起反作用。

即便在规制的朝贡贸易体系下，互惠贸易也具有内在的动力。鸦片战争之前，清廷的贸易政策已经部分转向重商主义，例如嘉庆道光年间中英贸易关系呈现紧张局面之际，清廷最关心的问题是英国贸易所提供的税收占粤海关税收的比例，以及停止英国贸易所出现的经济困难。不过，其时的贸易政策依然是将商业利益置于国家政治利益之下。

由于规制的锁定效应只能在一定的范围内发挥作用，超出这个范围，参数的改变将会引起突变，产生断续均衡。承接图1.2的推导，当出现斧形分岔时（一般是中心与外围的分岔），在向心力与离心力的平衡中会出现两个临界点，在突变点对称均衡是不稳定的，打破均衡的离心力比维持不对称均衡的向心力更强，实际情形倾向于发生变化，产生非连续的变化（图1.3）。明清时期中国南部沿海港口的经验事实，支持了这一推导。

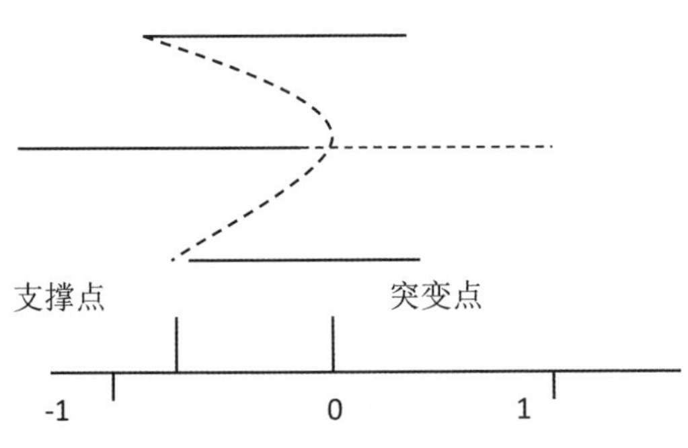

图1.3　斧形分岔点

承前所述，明清时期中国南部沿海贸易港口出现实际上的向北偏移，上海开始显示其潜在的能量。清康熙二十四年（1685）江海关在上海成立，“帆船从沿海各地开到上海来，不仅来自南方各省，而且还有从山东和北直隶来的；每年还有相当数量的帆船，从新加坡和马来群岛开来此地”。类似的记述在五口通商之前就已经显著可见，不仅在国人的方志、文集、日记中多有显示，也出现在西人东来的调查中，故而有人认为：近代前夕的中国，如果以对外贸易而言，广州绝对还是当时中国最大、最重要的对外贸易口岸，但是，如果以国内贸易而言，近代之前的上海实际上已经成为当时中国最重要的国内贸易口岸。不仅仅是南北洋贸易的枢纽、长江流域的门户，也是江南地区与东亚重要的商业贸易中心之一。类似的情形也出现在华南地区，在1842年广州开埠以前，珠江三角洲地区生产的手工业品约占整个岭南市场主要产品产值的33.4%，逐渐压倒了过去占首位的岭北入粤的中原产品，以大庾岭道为标志的南北官运，实际上已经不是最主要的商业路线。①

明清时期的经验表明，官府严格规制、非经济性的低水平、可控制的对外贸易，已经失去支撑点，由于其时国内大区域的分工与长距离内贸，以及东南沿海民间性的私人海外贸易的活跃，突破点已然出现，国内外贸易已经融合并一体化，沿海对外贸易港口向长江、珠江三角洲地区的偏移已经基本完成，只待规制的解除。

三、市场原则：近代外贸港口体系形成

与朝贡贸易时代不同，在1842年后的条约通商口岸话语中，晚清朝廷的规制式微，外贸大体上遵循市场交换的一些基本逻辑。以上海与香港为中心，包括宁波、温州、福州、厦门、汕头、广州等条约口岸所组成的外贸网络，大体上继承了明清体制外海上私人贸易的基本遗产。在相对自由的贸易框架之内，中国南部两大河口三角洲（长江、珠江）的资源与区位优势初步凸显，沿海外贸港口体系快速形成。

①梁钊、陈甲优主编：《珠江流域经济社会发展概论》，广东人民出版社1997年版，第168～170页。

（一）背景变化及港口体系形成

通过口岸贸易，近代中国逐渐融入全球化经济，这与前近代有限度的中外经济接触有着质的差别，同时，中国在全球经济中的位序发生了变化。从两宋到晚清，在国际经济秩序中，中国经历了从中心位置到边陲的互换，在外贸结构中，也从进口天然产品（香料、硫黄、珍珠、犀角等奢侈品）、出口制成品（瓷器、漆器、五金、布帛），转换为进口机器、棉布等制成品，出口丝、茶等原材料。

第一次全球化以来，随着全球分工的深入与扩大，全世界范围内的商品、资金、技术、信息等流动范围扩大，强度提升，厂商在全世界范围内寻找最佳的产品生产点与销售点，越来越多的地方将逐渐融入超越本地、本区域甚至国家尺度的经济过程之中。

表1.1　近代中国地理、产业与相互关系

区域	主导产业	主要交通方式	活动半径	制约要素				
				习惯	知识	技术	信息	资本
乡村	传统农业、手工业	步行、马车、木船	15千米—25千米	*	*	–	+	–
市镇	外向化农业、手工业、低端服务业	马车、电船、小轮	25千米—100千米	–	+	*	*	+
城市	制造业、服务业	轮船、汽车、火车	100千米—1000千米	–	+	+	*	*

注：*代表强，+代表较强，–代表弱。

表1.1解析了近代中国三种空间尺度上的产业分布，由于习惯、知识、技术、信息、资本等要素在不同空间尺度上准入度、作用力的差异，全球化的地方性生产通过层级式传递，从而形成了近代中国的地方

经济成长模式，推动了城市经济集聚，同时再次扩大了市场容量，推动外贸港口的迅速成长。

随着沿海港口之间、沿海港口与内陆腹地间、沿海港口与国际间交通线的纵深延伸，原先两点之间单一的交通线，开始相互连接起来，形成了回路网络。20世纪30年代张其昀、黄秉维关注当时中国经济地理格局的变化时，已经强烈感受到晚清以来港口城市突出发展的现象。一系列具有良好区位的开放口岸，从沿海到内陆，通过海运、内河、铁路等交通线，以腹地为依托，以国内农畜产品、手工业产品和国外工业制成品对流为内容，形成了近代外贸港口体系。

图1.4标识了近代中国南部的贸易港口体系，以及港口的贸易集聚度，大体上形成了以上海与香港为中心的南北两大“T”字形贸易港口圈，形成了近代中国沿海新月弧形发展地带，并具有从东南沿海向内地推进的趋势，这正是前述明清以来，沿海外贸港口向长江、珠江三角洲地区偏移演进的表现与延展。

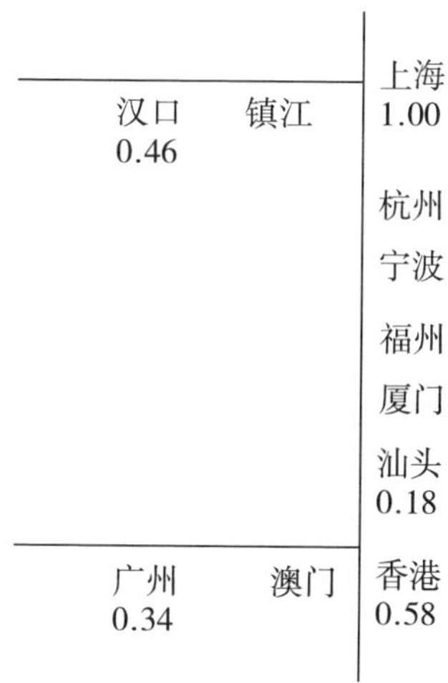

图1.4 近代中国南部港口体系示意[①]

① 图中数值为1890—1920年年均贸易量与上海的比值，0.10以下的标识从略。

在近代外贸港口体系中，长三角、珠三角之间，尤其是厦门与杭州之间的一系列港口，则成为反向的案例。例如，在日本占据琉球、台湾后，福州失去了历史上与海洋亚洲联结的关键点，港口的外向功能与南北中转功能大大弱化，主要参与近海贸易，变为普通港口；泉州于12世纪达到极盛，明代开始转移到漳州，明末清初转到厦门，但转口贸易已不再显著。

（二）市场配置的微观基础

前近代中国南部沿海的外贸港口，从功能上而言多以转运为主，对于港口毗邻腹地的依存度相对并不高，这是受限于其时的市场与分工条件。亚当·斯密认为市场范围的大小决定分工与专业化的程度，阿林·杨格进一步认定分工与专业化制约市场范围的大小，分工强度与市场范围之间存有显著的正相关。随着近代分工、技术进步的变化，中国南部沿海市场容量的扩大，产生了一系列新的变化。

从资本的形成而言，随着市场容量的扩大，商业资本开始向产业资本转化。商业资本具有两种次级形态：商品经营资本与货币经营资本，彼此之间是可以互相转换的。商人不生产商品，经由货币资本在市场上转化为商品，进而实现资本循环，在流通中获得增值。前近代传统商业资本是独立于生产之外的，用于交换与流通环节，局限于流通领域，但在近代准资本主义的生产方式下，商业资本的位置发生改变，逐渐从属于生产资本，成为产业资本再生产的一个职能资本与组成部分。

从产业的成长而言，随着市场容量的扩大，产业地方化与地方经济成长逐渐形成。马歇尔认为产业区源自三种力量：知识溢出、为专业技能创造固定市场的优势、与巨大的本地市场相关的前后向关联。生产者希望选择接近大的需求市场，以及大的生产资料与消费品的供给市场。这一区位优势一旦形成就很容易延续下去，如果两个地区除最初的经济规模有微小差别外，其他地方完全相同，那么这种差别也会在这些关联作用下，随着时间的推移而不断增大。

根据前述模型的推导，可以看到，如果一个厂商能够从国外市场获得大部分投入品，并将其大部分产品销往国外，那么他就没有必要将企业建在国内的中心地区，此时，向本国中心地区集聚的成本大于关联效应所带来的收益。故此，近代中国南部外贸港口的集聚，以及重心向“海洋中国”的偏移，直至近代港口体系的形成，也就是理所当然的。从图1.2单一港口线性关系下，可以推导出图1.5多港口集聚情形下的空间关系图。当b''点、b'点、b点均形成新的港口后，从S_1、S_2、S_3、S'_1到分岔点b''、b'、b的运输成本，直接影响到各枢纽点的集聚力。如果代入上述案例，即与图1.5相耦合。

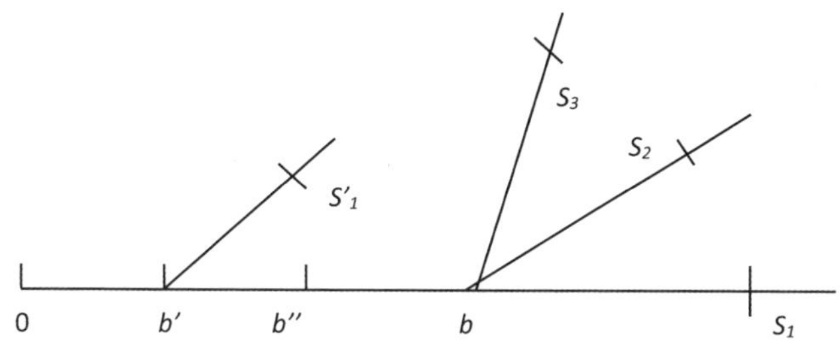

图1.5　多港口与运输中心

四、简评：长时段地理偏移的逻辑

通过以上对两宋以降中国南部外贸港口偏移的分析，可以归纳出表1.2，在宋元、明至清中叶、晚清民国三个不同的时段，在局部开放或封闭的经济环境下，在产业由传统向现代的演进中，港口的功能从原始形态演化到近代形态，出现过转口、经销、加工等不同的贸易形式以及线性、离散、集聚等空间形态，并在地理区位、政府规制、市场原则等不同主导因子的制约下，组成了一幅完整的演进路线图（表1.2）。①

① 如果将历史延续到当前，将需要增加两个时段：1953—1978年与1979年以来。尽管有明显的差异，但更多的是某种程度类似的循环。

表1.2 两宋以降中国南部外贸港口的演进

时段	经济环境	贸易形式	港口功能	空间形态	主导因子
两宋与元时期	开放优先	转口贸易	原始	线性	地理区位
明至清中叶	封闭优先	转口+经销贸易	原始+商业	离散	规制与分工
晚清民国时期	开放优先	经销+加工贸易	商业+工业	集聚	市场配置

就港口功能演进而言，存在三个阶段：（1）初始形态。货物装卸与转运；（2）商业贸易。通过货物的集散、存储、转运，形成商品流通与内外贸易，“以港兴市”；（3）生产服务。随着市场的发展，在港口临近区域，形成临港工业，进口工业原料，出口制成品。[①]两宋以降，广州、泉州、明州、上海、香港分别从原始转运港口，逐渐增加其商业功能，特别是产业功能。凡是具有快速的商业与产业成长能力的外贸港口，则会迅速地成长为其时中国南部沿海重要的外贸港口。广州、泉州、上海、香港的成长史莫不如此，尤其在市场原则支配下表现更为明显，例如，近代上海曾一度占有全国半数的外贸额，香港紧随其后。

从这个层面上看，中世纪以来中国南部外贸港口的成长有其内在的规律性，在宋元、明至清中叶、晚清民国这三个阶段，中国南部外贸港口的偏移、重组、集聚，是一个层层递进的演化过程：单一外贸港口—内外贸一体化下的外贸港口—贸易中心港口。但也需要看到，在明清相对封闭的外部经济环境下，在相对非经济性的规制下，中国南部沿海外贸港口的离散化及其效用的丧失，表明即便该港口拥有良好的区位、有效的市场，其应有的潜能也可能无法释放出来。前近代上海则是一个典

①如果论及现代港口，尚且需要增加一种：（4）资源配置功能。占有产业链的高端，通过平台经济、流量经济，成为创新型知识枢纽型港口。

型的案例。

因此，在地理、市场、规制的多元测度下，两宋以降中国南部沿海外贸港口的偏移过程，一方面表明了中世纪以来中国南部外贸港口历史演进中的一般性经济规律，实现了港口从原始到现代的新陈代谢，即从单一外贸到内外贸一体以及贸易驱动下的经济集聚，从而显示出古代、近代以来中国沿海经济成长与演化的内在衔接性，以及历史上中国经济长期表现之必然趋向；反向阶段性的暗流也表明，不适宜的规制一度延缓经济发展内在的进程。当前正在拓展中的海上丝路，也是对历史上海上经济走廊长期趋势的一个回应。

第二节　近代新经济地理图景的浮现

在《史记·货殖列传》中，司马迁在言及商业交换时如是说："由是观之，富无经业，则货无常主，能者辐凑，不肖者瓦解。"在第一次全球化时代，各商业活动的主体在全世界范围内寻找最佳的产品生产点与销售点，随着全世界范围内商品、信息，以及资金、技术等要素流动的扩大，越来越多的地方将逐渐融入超越本地、本区域，甚至国家尺度的经济过程之中。当历史突然切换进入近代之际，当近代中国的商业革命即将来临之际，经济资源配置的空间旧格局逐渐被打破，在这样一个需要对经济活动的运行尺度进行再构建的时代，中国（此处以华南地区为例）的经济形态将会发生怎样的变化？这一变化在空间上有什么回响？一幅新的经济地理图景如何浮现？

一、自然隐喻与历史遗产

自然禀赋是地区经济发展的初始要素与基础，从地理的视角，学者观察到经济产出与地理特征有着密切的相关性，即通过对产出密度（每平方公里国内生产总值）地理变量的简单回归分析，涵盖了经济生产密度中91%的变化。[①]在近代中国的早期，河流、山川、地貌、农耕条件、经济区位等地理环境的自然性或“第一性”，是决定其时经济地理格局的主导因素；此后，第二自然的比较优势逐渐显现，并逐渐成为新的制约因素。一般而言，自然地理、历史遗产之类的因素，是区域经济变革的基础与背景，一般会潜在地且持续地制约着或影响着变革的方向与强度，直到新的因素出现并替代之。

（一）一般意义上的自然地理

克罗农（Cronon）将区域内在的原料、气候特征、地表崎岖程度、天然的运输方式等方面的天生差异，称之为“第一天性”。兰德斯（Landes）则认为：地理学告诉我们的是很不愉快的事实，即像生命这种天性是不公平、不平衡的；而且，天生的不公平是不容易补救的。一般意义上的自然地理，犹如人之体格与质地基础，虽不必然决定什么，但作为一种属性如影相随。

华南地区位于我国南部，面临广阔的海洋，深受海洋暖湿气流的影响，属于南亚热带与热带季风气候区，热量丰富，雨量充沛，无霜期长，是我国农业资源条件优越的地区，但同时处于冷暖气流交汇带，多旱涝和台风。从地形情况来看，华南地区陆地大体由西北向东南倾斜，山地丘陵面积广大，台地、平原相对较狭小，其中山地占陆地面积的46%，丘陵占18%，台地与平原分别占13%、23%。粤北、粤东北、粤西北、桂东南、桂西北、桂东北、桂西南、桂西等地区山地、丘陵分布广泛，地形比较破碎，农业生产局限于狭窄的山间河谷盆地与沿海岸一带，特别是粤西南部多高平台地，冲积平原与宽谷平原（珠江、韩江三角洲和浔江平原）地势平坦，土地肥沃，河川纵横，拥有发展农业生产

①其中包括年平均温度、年平均降水量、平均海拔、地势起伏程度、土壤类型、河流、海岸线的距离等。

的较佳的自然条件。

其中，广东省处在中国的低纬度沿海地区，除北部极少数地区外，皆在副热带、热带范围。在农业发达的平原、河流两岸与沿海地区，集中了众多的人口，形成了工商业经济城市。便捷的航运，有利于本省沿海港口的对外经济联络。广东的产业不平衡，工业、商业、运输活动皆集中在沿海地区。同时，广东处于重要的海上交通要冲，是从海洋方向进入中国的门户，故而是对外贸易的门户。广西地处云贵高原的东南边缘，地势由西北向东南倾斜，西北高、东南低，山地高原环绕四周，中间盆地边缘多缺口，河流大都顺地势从西北流向东南，干流横贯其中，支流分布两侧，河流分属珠江、长江、红河、滨海四大流域，其中以珠江水系为主，形成了以梧州为出口的树状水系。山地、丘陵、石山等占63.3%，耕地面积少，平原少且狭小，没有集中连片的大平原，可谓“八山一水一分田”。

简而言之，华南经济地理的第一层隐喻如下：（1）河口、海洋指向：从地形上看，华南地区基本向东南倾斜，以山地丘陵为主，农业生产区主要在河口冲积平原与内陆丘陵中的盆地；（2）沿海、沿江成为经济活动带：华南地区海岸线基本上为岩基，绵长弯曲，形成一系列优良的港湾，与海外联系便捷，有利于参与海外的市场分工与交易；（3）区内交通干线的走向：近代时期，华南地区区内交通以水路为主，珠江水系中东江、北江中下游、西江干支流，以及韩江、廉江中下游均可通航，加上粤东至粤西沿海航线，形成了区域内最经济的交通走廊。所以，就华南自然地理的暗示，以及物流趋向而引发的成本效用来看，近代华南经济的起飞点将在河口或沿海港湾城市。

自然资源是最基本的生产要素，自然资源的经济地理及其生产地与消费地，与其他生产要素的经济地理有着本质的区别。自然资源与劳动力，以及商品生产和服务中的其他资本形式一起，共同发挥作用。自然禀赋的差异是商业交易活动的基础，尤其在经济发展的早期，第一次全球化基于自然禀赋差异的产业间贸易。

自明清以来，广东、广西两省，尤其是珠江三角洲地区，成长为人口密集、经济繁荣的区域，首先是基于优越的自然禀赋。适宜的农业条件、密集的人口、可利用率高的圩田，促成了高效的农业生产与土地利用方式。高度商品化、外向化的农业，又为国内外贸易提供可依赖的基本资源。在前工业化时代，农业经济是区域发展的主体部分。近代华南的米谷主要产于珠江、韩江三角洲和浔江河谷地带，薯类主要产于广东中南部、广西东南部，蔗糖、茶叶产于珠三角、粤东、粤西沿海、海南岛等地。一度占有对外出口总值一半以上的桑蚕业，则集中在小珠三角地区。华南其他地区，所能提供参与世界经济分工交易的产品，不管是数量还是价值，相对而言都比较低。所以，从要素禀赋而言，河口三角洲、沿海地带将成为近代华南卷入世界分工的窗口，并优先获得技术进步与产业升级。

例如，蚕桑业主要集中在南海县的九江乡和顺德县的龙山乡、龙江乡，以及鹤山县的坡山乡，后来又扩展到南部的香山县小榄乡，西部的高明县、高要县，南海、番禺县南部的沙湾、市桥等处，以前从没有蚕桑的东莞县，在同、光年间也开始出现。东江、北江和南路蚕桑较少，96%以上的蚕桑业还是集中在珠江三角洲，尤其是顺德、南海两县。

茶叶产地主要在鹤山县，西江的罗定州、封川县，东江的河源县、和平县、陆丰县，北江的始兴县、仁化县、清远县、乐昌县，雷州半岛的遂溪县等地。出口的工夫茶和珠兰香茶等，大多来自肇庆和贺县等地区，西江、江谷和贺县等地。蔗糖生产集中在番禺、东莞、增城三县。草席、爆竹制造业主要集中在东莞、新安、番禺、香山等珠江口沿岸各县。蒲葵业集中在新会。肉桂等桂类产品，除了产于肇庆高要县、罗定州，基本来自广西东南的浔州府。烟叶主要来自鹤山、雄州、清远、新会。甘蔗主要产于东江、韩江流域、番禺、东莞、增城、阳春、雷州等地。竹木基本上来自东江、北江的中上游和西江两侧的山区。广西各类资源十分丰富，经济农作物如甘蔗、橡胶、剑麻、烤烟、香蕉、八角、茴油、桐油、松香、淮山、半夏、金银花、田七、罗汉果等，矿产资源如锡、锰、磷、压电水晶、黏土等。

粤海关出口贸易统计表明，出口结构中大宗的物资为：生丝、茶叶、糖、草席、桂皮、爆竹、烟叶等手工业品与初级原料，其中生丝类在1930年前平均占有50%至70%的份额，茶叶和糖类自19世纪80年代开始下落，其他的手工制品与原材料代之兴起，但一般份额只有2%至3%。整体而言，出口资源绝大多数集中在珠江三角洲，其余的以西江沿岸、东江下游，以及北江的下游、上游地区为多（除了潮汕平原及其他沿海地区）。

然而，地区的产业布局并非一成不变的，存在着扩展、收缩与转型的可能。例如，在近代珠江三角洲地区，这种改变主要体现在咸、同年间以后，蚕桑区的扩大、茶叶区与蔗糖区的缩小，以及晚清以后内地新型出口产品的出现。就部门而言，空间布局变化比较多的是手工业，例如草席、爆竹等产业，为了获得就近出口，逐渐向东莞、番禺、新会等县偏移。

简而言之，华南经济地理的第二层隐喻如下：华南地区的自然地理，暗示着区域经济的独立性与外向性。本区域与外区域的“触点”，将成为区域经济的成长起点，但是支撑经济起飞的动力则在于内地的资源储备，因为珠江三角洲、韩江三角洲的自然资源与半成品，将优先参与全球市场经济。

一般而言，在经济发展的早期，第一自然的影响更加明显。当运输成本不断下降，区域的同质性增强以后，区域经济的差异则更多地源于第二自然。

（二）第二自然下的比较优势

一般而言，“自然资源不是预先给定的、社会生产进程得以形成的自然因素，更准确地说，其有用性是以文化的、历史的、技术的（和其他知识）和地理环境为条件的”①。自然资源有着技术与文化背景，因为自然资源具有的价值是基于特定的技术、社会与文化背景，在不同的背景下

① [美]埃里克·谢泼德等主编：《经济地理学指南》，商务印书馆2009年版，第275页。

具有不同的使用价值。所以，自然资源的价格是变化的，在不同的时间、不同的情形下，价格是不同的，受到技术进步、外部市场等多方面的影响。自然资源如何转变为可使用、可拥有、可交易的产品，也就是说自然是如何被商品化为经济的一部分，比自然资源本身的价值要重要很多。

本地资源的高速开发抬高了成本，降低了收益，促进了地方的技术进步，也促成了自然资源从中心向外围地区的空间扩展。近代中国处于经济全球化的初期阶段，自然资源从中心区开始向外围地区扩展。由于技术进步、管制的减少，进一步加速了经济发展的同时，也促成了区域经济地理格局的变迁，图1.6表示了供需关系下区位价值的改变。

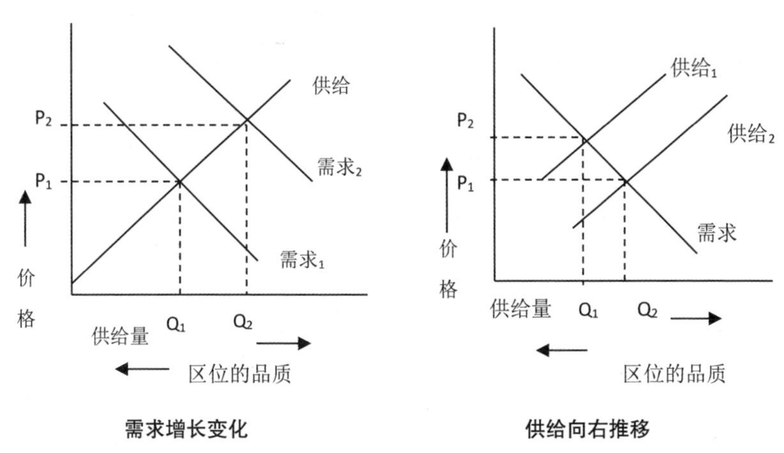

图1.6 需求增长与供给关系示意图

在经济地理的视野中，一般性的资源要素往往不是城市或口岸发展的最终决定性要素，良好的区位条件常常可以发挥更大的作用，往往是决定港口前景的首要地理要素。口岸的自然资源与经济区位，①都有实体与潜在两种形态，所以也会受到来自人为的影响与改造。但是，随着以港兴市努力的逐步展开，绝对的地理区位可能会发生相对的改变。口岸

①克鲁格曼提出了两种决定空间城市发育的力量，即区域的资源要素与经济区位。

港口区位势能的提升，带动了口岸中心功能的提升，进而扩大口岸的腹地范围，加强口岸与内地的经济联系。

从港口的经济区位上来看，香港位于珠江口的顶点，中国南海的北岸。北与广东省陆地相连，东、西、南三面环海。这一经济区位，对于华南区域而言，临近广州、澳门和三角洲地区众多的市镇；对于外部世界而言，则处于中国南洋航线的终点，东南亚、东北亚大区域航道的中继点。因此，香港具备对华南和东亚独有的中转优势。从香港到广州的船只，经过内伶仃洋可以进入珠江口，迅速到达虎门，再上抵黄埔和广州，甚至三水、梧州等地，从广州、梧州等内地出洋或北上的船只，基本上要经过香港；从澳门、琼州、北海出洋或北上的船艇将会经过香港；往返广东沿海、南北洋的外国商船，一般都要经过香港，进行必要的物资补给、船只维修。

与此相对的是，从广州、梧州等内地出洋或北上的船只，基本要经过香港，南下的船只大多经过澳门周围。汕头的北上航道和出洋航道基本独立，但是广州、梧州基本没有这种独立的区位，琼州、北海、澳门由于腹地的微弱，不足以形成独立的区位，广州中心腹地能量的逐步积累必然首先在国内土货进口上打破对香港的依附。这是相对区位潜在的调整。

尽管如此，广州、汕头、澳门大体上还是具有自己相对独立的区位。广州是珠江三角洲的顶水点，对于珠江三角洲与岭南陆向腹地的区位优势是香港所无法比拟的。在珠三角地区以至华南地区的经济地理格局中，香港、澳门是窗口，广州是腹地的龙头。澳门陆向腹地的区位远不及广州，但毕竟还是具有独立的海向区位。江门、三水由于腹地的微弱，不足以形成独立的区位。汕头位于韩江流域的出入口，是该流域的门户，具有完全独立的经济区位，因而在华南经济地理中，汕头及其所在的韩江流域是自成体系。

在近代南方水运优先和沿江沿海贸易的原则下，以上基本的自然地理要素暗示着，在珠江、韩江流域和独流水系，依托一片平原或内陆，将会形成一个个独立的流域经济区；珠江三角洲河网纵横、港埠林立，会形成一个复杂的港埠腹地结构；西江中下游将会成为重要的经济轴心。在口岸区位格局中，由于香港相对优势的不断集聚，成为首要的经济窗口，但是经济区位本身也处于一个动态调整之中。

当香港被设定为自由港之后，港口建设与转口贸易随之兴起。由于外洋和沿海的货物首先集中到香港，再分拨至广州、澳门、北海等港埠，香港开始承担起华南的保税仓库、物资转运港的角色。尤其在1870年后，港口设施进一步完善，建立起与上海、纽约等国际商业都市的海底电缆，强化了香港潜在的区位优势，最终取代广州成为华南进出口货物的分配中心。[①]但是，作为陆地中心城市的广州，能量的逐步积累必然首先在国内土货进口上打破对香港的依附，形成港埠相对区位潜在调整的可能。广州背后的大片内陆腹地，则成为民国时期城市重新崛起的基础。

简而言之，第二自然是人类活动改变第一自然后的差异，主要表现在两个方面：第一，技术影响经济地租，进而影响自然资源的供给。第二，地理经济条件改变引发的区位价值变动，从而修改或转变了第一自然的先天属性。

从某种意义上看，华南经济地理的第二层隐喻是对第一层隐喻的修正：随着新的技术进步和交通便捷程度的提高，对自然资源的获取方式、类别、位置，会产生新的影响或逆转，以前无法获得的资源在新技术下可以获得，以前被忽略或无视的资源重新被发现新的价值，以前在内陆因交通等限制的资源也可以容易地获得，从而改变了自然地理的参数，改变了经济地理格局。此外，随着外部市场的范围的变化、港口河流的承载力等方面的改变，纯粹自然地理景观上的景象将会出现修正或改变，经济地理的自然属性将会有所减弱，人文社会属性将会相对增强。

---

①余绳武、刘存宽主编：《十九世纪的香港》，中华书局1994年版，第289～290页。

（三）前近代的经济地理遗产

1775年通商开放的决议，使得广州成为在朝贡贸易体制下国家对外贸易的总汇，成为唯一合法的官方贸易之所。于是，举国的对外贸易资源，便从江南、内陆经由三条交通干线[1]汇集于此，广州在全国的对外贸易中长期处于垄断的、出超的有利地位。由广州北上的大庾岭与骑田岭商路，成为当时最瞩目、繁忙的贸易通道。[2]在华中、华北各地，由于过去所谓的用品很多来自广东，百货店被称为“广货店”。

其实，在朝贡贸易经济的背后，一直存在着一个内向的、国内的商业流通网络。处于西、北江之交的佛山，自清初以来，以其优越的地理环境、发达的手工业基础，从一个村庄迅速崛起为具有“天下四聚”之誉的手工业巨市。广、佛近在咫尺，在朝贡与国内长距离贸易体制的支配下，共同组成了岭南区域经济与国家外贸的中心。以政治中心（广州）、经济中心（佛山）、外贸关口（澳门）为特色的城镇格局的巩固，打破了内地普遍的政治城市泛化的单调格局，这也是前近代以来广东地域经济的一大特色。在广、佛中心之外，还存在韶关、梧州、桂林等次中心，以南北商路与西江黄金水道为大动脉，再通过澳门作为对外商务交割的窗口，将外贸、内贸融合起来。

此外，自明清以来，珠江三角洲单一的稻作农业，逐步转变为桑基鱼塘（以及果、蔗）式的经济形态，农业的商业化进程加速。[3]同时，珠江三角洲地区迅速成为海内外著名的手工业之乡，例如，佛山从一个村庄集镇变为“天下四聚”之一的手工业中心，其冶炼、铁制、陶瓷等产品大量运销国内各地与外洋。随着越来越多的农业剩余商品化、手工业的专业化，以及商贸经济的发展，珠江三角洲与华南地区成为全国区域分工与长距离贸易的一个重要组成部分。

---

①三条交通干线：广州—北江—韶关—大庾岭—赣江；广州—北江—韶关乐昌—骑田岭—宜章—郴州衡阳—长沙岳阳；广州—高要—德庆—西江—桂江。

②《广东公路交通史》第一册，人民交通出版社1989年版，第119页。

③叶显恩：《略论珠江三角洲的农业商业化》，载《中国社会经济史研究》1986年第2期。

有评论认为，前近代时期受内向型社会生产、商品流通结构的制约，广东省内珠江三角洲地区与珠江中下游地区之间缺乏直接、密切的交往，整个珠江流域各地方市场呈现出相对隔离、联系单薄的基本格局，直到近代开埠通商以后，才逐渐在商品、资金、技术等方面产生对流，形成直接密切的联系。[①]其实，如果放在近代前后的产业与区域经济的历史性转折层面来看，这种评论是不无道理的，但是，如果将比较的对象更换为珠江流域内部与外部的经济联系，梁钊等人的判断更接近实情。

据梁钊、陈甲优的分析，前近代珠江流域经济呈现出三个特点：(1)沿珠江水系东西走向的物资交流获得最大的发展，并成为流域地区内陆物资交流的新主流；(2)传统的北南走向物资外流继续大获发展，达到了历史的新水平；(3)海外走向的物资交流全面兴盛。[②]在鸦片战争之前，珠江三角洲地区生产的手工业品，已经约占整个岭南市场主要产品产值的33.4%，其商品生产总量不仅已经超过了原先发达的粤北地区，也逐渐压倒过去占首位的岭北入粤的中原产品的数量，这就决定了流域内物资交流的主要方向转变为东西走向，而非以往的南北走向。清前期珠江三角洲地区的主要手工业品，例如土布、丝绸以及海盐等大宗产品，都是上溯西江输入广西、云南、贵州，少量运销江西、湖南、福建，而西江中上游的米谷、农副产品等也顺流大量输入广东。这也表明，早在近代广州开埠以前，华南地区的区域市场结构已经获得广泛性的成长，以大庾岭道为标志的南北官运，实际上已经不是最主要的商业路线，相反，基于西江得天独厚的航运优势，大量民生物资的交流成为区内最重要的商业循环形式。

罗一星通过对前近代岭南五类大宗商品流动的梳理，还原了其时华南区内的商业地理格局：(1)生活类的粮食流动方面。由于珠江三角洲

---

①韦国友、陈炜：《近代珠江流域区域经济发展进程中的分工与互补——以两广为中心的考察》，载《广西民族研究》2008年第4期。

②梁钊、陈甲优主编：《珠江流域经济社会发展概论》，广东人民出版社1997年版，第159～174页。

地区严重缺粮，粮食主要来自西江流域的西米、湖南的湖米、东南亚的洋米；韩江三角洲地区的缺米程度仅次于珠三角地区，除从广州、肇庆与南路的高州、廉州进口外，大多依赖于从东南亚进口；（2）日用类的棉与布方面。来自外省的大多为江苏松江与湖广，或走陆路或走海路，其他少量自印度、英国进口。流入广州、佛山的棉、布，有部分通过西江运往广西，沿着桂江到阳朔、桂林，沿着容江到藤县、玉林，沿着浔江到桂平、柳州，沿着郁江到贵县、南宁，以至崇左、百色，覆盖整个广西；（3）手工业类的铁制品方面。当时佛山的铁器加工全国著名，官府规定两广的生铁都必须运到佛山发卖，“皆输佛山一埠”，大抵沿着河流顺流直下。粤东的潮州、嘉应之铁，通过韩江、梅江转入东江，形成了“佛山之冶遍天下”的局面。

概而言之，由于良好的资源禀赋，华南地区尤其是珠江三角洲地区，在前近代时期，小农经济与商品经济的结合，使得农业、手工业和商业得到迅速发展，桑基鱼塘、果基鱼塘、蔗基鱼塘形成了地域化和专业化生产的萌芽，其中以经济作物为主的农业商品性生产迅猛发展起来，清初以来逐渐形成了大小不等的农业商品性专业种植区，例如桑、麻、甘蔗、水果、蔬菜、茶叶、棉花等。由于农业商品化、外向化的程度很高，与市场联系密切，与区外经济联系密切，手工业与商业的结合以及相互促进，有助于区域内外商品流通与市场规模的扩大。明清以来，随着岭南地域开发的基本完成，岭南区域内部产业经济与商品贸易已经初步形成一个较完整的区域市场体系。

就广西内部而言，经济发展情形也趋向于增长。明清时期梧州成为当时广西最为重要的城市，它直接冲击了桂林长久以来的政治与经济中心的地位。其他诸如柳州、南宁等一直延续着前代的发展，这些府所属的州县发展比较引人注意，如桂林府所属全州、南宁府所属横州，都是堪比府城的重要城市。即便一向发展滞后的桂西地区，在明清时期也出现了一些圩市，如武靖州（今百色）等。不过，就总体而言，以商业和经济发展而论，仍以桂东北和桂东南为发达区域。据清嘉庆二十年

（1815）平乐县重修粤东会馆并戏台碑记，捐资修馆的各江行商水客达203家，捐修戏台的水客达335家。从碑记注明来看，有来自广东境内的新会、番禺、佛山、顺德等，以及广西境内的桂林、荔浦、阳朔、梧州等，包括城市附近的各小圩镇，如大扒、莲花、白沙等。这些粤商水客沿水路抵平乐贩运，人数往往多于在本埠坐肆的粤商人数。

表1.3中所列的是前近代华南市场流通中，价值百万两以上商品数量的估计。首先需要说明的是，由于清代前期广州一口对外通商，各省商品集中于广州一地，故而丝、丝织品、铁器、瓦瓷器类商品的比率大于100%。

表1.3　前近代华南市场主要商品量估计

商品名称	商品量	商品值		来自本地比率（%）
		银（万两）	占比（%）	
粮食	17.8亿斤	1725.898	28.7	12.8
茶叶	64万担	1095.7	18.2	—
棉花	71.3万担	674.3	11.2	—
棉布	193.12万匹	579.14	9.7	52
盐	280万担	560	9.3	85.1
丝	2.63万担	391.03	6.5	144.5
丝织品	1.07万担	385.2	6.4	133.8
瓦瓷器	8万担	273.6	4.6	106.7
铁器	132.6万担	198.46	3.3	101.9
糖	47.8万担	125.4	2.1	95.6

资料来源：罗一星：《清代前期岭南市场的商品流通》，见明清广东省社会经济研究会编：《十四世纪以来广东社会经济的发展》，广东高等教育出版社1992年版。

从数据上来看，粮食类商品占比28.7%，经济作物（棉、丝、茶、糖）占比38%，手工业品（布、盐、丝织品、铁器、瓦瓷器）占比33.3%（其中布盐类19%），打破了此前粮、布、盐三大传统商品鼎足而立的垄断局面。经济类作物的商品化产品快速上升，手工商品的种类与产值增加，单纯的农业经济格局已经出现了微调。区域的市场分工、市场容量、商品结构、经济结构正在发生变化，区域内部与区域之间的分工与交换正在进一步扩大，外向化商品经济的发展更加显著可见，传统农业经济文明下农耕与商业的均衡状态，正在趋向于新的不平衡发展。

在前近代的历史上，华南地区基于区内、区外（包括中国北方及南洋）已经形成的经济秩序，一部分将被纳入新的口岸秩序中，一部分将被遗弃或再建，这与滨下武志所发现的亚洲历史上的朝贡贸易体系与近代口岸体系自身的相关关系是一致的。①

二、非均衡外部性与变迁的启动

虽然内在的变革一直试图打破原有的平衡，但从这种意义上讲，前近代的华南经济是均衡的，内在的革新尚且难以打破已有的路径，在一系列条约口岸开放之后，变革才普遍出现。随着诸多港埠的对外通商，区域内部已有的均衡格局渐渐被打破，华南与国内其他区域、与国外的经济联系也发生了显著的变化。伴随着商品流动方向与数量的变化，近代中国某种意义上的“商业革命”已经出现，新的市场体系被重建，华南的经济空间被重塑。在外部性因素的介入下，在内外力量的互动之下，华南地区进入了一个新的时代。这与明清国内的长距离贸易有着质的区别，不光表现在贸易的商品量上，而是贸易的组织方式、商品结构发生了变化，最根本的原因在于推动商业变化的生产方式正在改变。

---

①［日］滨下武志著，王玉茹等译：《中国、东亚与全球经济：区域和历史的视角》，社会科学文献出版社2009年版，第109～116页。

(一)开埠通商的外部性激励

一百多年来，关于近代中国开埠通商的变化，学界已经获得很多的事实与经验。柳诒徵即如是总结："经济之变迁无他，吸收散殊之各点，集中于新辟之地。……集中之法，第一在通商市埠。商埠之开，始多迫于条约，继则自保利权，轮舶走集，物货填委，其附近各地及与之关连者，罔不仰通商大埠之鼻息。而此通商大埠，又听命于世界各大商场，铜山东崩，洛钟西应，牵连钩贯，而盈亏消息，恒多不能自主。此数十年间经济变迁之主因也。"①

广州、香港、澳门、汕头、琼州、北海、龙州、三水、梧州、江门、南宁，华南地区是近代中国沿海开放口岸最密集的地区。

本区域主要的口岸为香港、广州、汕头，其中最重要的是香港。英国东印度公司与中国协会当时向英国政府提出了一项建议方案："我们可以占据大潭湾及邻近岛屿(指香港)，此地如作为港口，基础条件比澳门更好。海水既深，海峡可成天然良港，常年可用，并易于军事防守；尽管海港边几乎全是山地，但可开垦，食物上可自给自足。同时，海港边亦可开发街区用地，譬如岛的西南方有一处山腰坡地，可建足够规模的储货仓库，这片海湾还是从北方来的船只汇集的水域。事实上，中国政府无法全面干涉它的民船将茶、丝运到这里与我们进行交易。"尤其是《中英北京条约》将九龙之一部分及香港的附属地割让英国管辖，英国在九龙建设道路、船坞、住宅等，进一步扩大香港的势力，直接改变了华南经济地理的位序。这一过程最后完成于1903年的新界租借(借口香港防卫、香港商业地域等理由)。新租借的九龙半岛、附属岛屿等陆地面积大约为香港本岛的8倍，此后英国政府进一步的扩张及企图就再也没有获得成功。

香港成为华南的外向窗口，广州成为珠江流域的中心口岸，汕头成为韩江流域的中心口岸，北海、琼州等成为沿海次级中心。形成了以香

---

①柳诒徵编著:《中国文化史》上册，中国大百科全书出版社1988年版，第845页。

港为龙头的港口体系，其他港口的国内外贸易大多要通过香港的转口来进行。香港的海向腹地包括海南、台湾，以及东南亚诸国。这样的新变革与外部环境，是近代开埠通商以前所无法预见的，对区域内部、区域之间要素流通的改变也是革命性的。

同时，我们还知道，当时广东、广西两省组成的华南区域，与全国其他区域相比，在自然地理与经济地理上都具有一定的相对独立性。在近代时期，如果将华南地区与整个中国进行类比，华南则是一个缩小版的中国。华南地区有一个外向型经济中心——香港，有内向的陆上腹地、水上交通路线（西江、北江等），以及其他相对独立的区域：韩江流域、粤西南、海南等地。而这一切，均被整合为以香港、广州为中心的经济系统，其中的关键脉络是一系列的口岸城市（图1.7）。

近代华南一系列口岸的对外开放，使得岭南地区区内市场结构的转向，在清中叶以来的基础上，获得了一个加速的进程，促成了区域要素禀赋流动趋向的改变，激发了区域经济地理格局的改变，此即一般意义上的开埠通商的激活与影响。

1.北南走向的物资交流呈现停滞和缓慢下滑的趋向

太平天国运动的兴起，彻底地打乱了原来南北通行的商路，1853年后岭外的商路就分别向上海、闽浙等地转移。咸丰八年（1858），五口通商大臣由广州移迁上海。传统的北南走向物资流动日趋衰落，但并非人们想象的那样：韶关、英德的太平桥等关就已征收不到税额。就粤省而言，三大厘金征收点依次是佛山、韶关、肇庆。19世纪70年代沿海贸易兴起以后，南北商道才最终趋于凋零。粤赣、粤湘等北南物资流通故道的物流规模也日减，一般只限于湘桂之间、湘赣与粤省之间部分地区的一般流量的商品交换，保持较大宗流通的仅仅是粤盐北济湘南、赣南。20世纪40年代，经济地理学家张先辰即指出：广西在商业上“与长江流域及中原之隔膜，无殊异国”。

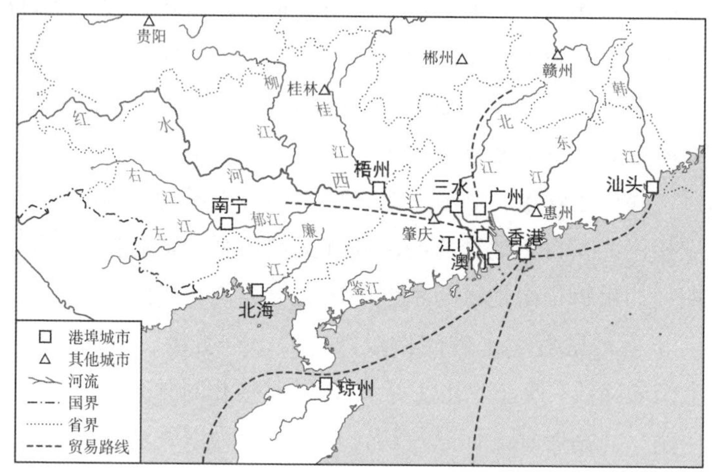

图1.7　港埠开放后市场空间的转向

资料来源：谭其骧主编：《中国历史地图集》第八册，中国地图出版社1987年版。转引自吴松弟主编：《中国近代经济地理》第五卷，华东师范大学出版社2015年版，第38页。

2.东西走向的物资交流获得大幅增长

珠江流域中上游地区的土特产如木材、柴梓、花生油、山货、药材等，本来主要就是顺西江经梧州流向广东，近代口岸开放后，沿西江水系东西走向的物资流动获得了更大的发展，并且成为流域地区内物资流动的主要通道。就流动商品的内容与性质而言，主要是一般民生物品的民间私营流通。如果考虑到华南地区的内贸因素，东西向内部贸易已经成为区内经济活动的主流。这一过程从明代以来就在缓慢地滋长，表现为桂省东向门户城市梧州的兴起，在经济地位上逐渐地超过了东北角的省会桂林。但是，梧州开埠通商加速了这一进程，西江航道也成为流域内最主要的动脉，在对外贸易的刺激下，以往沿西江水系、以一般的民生物品为主的东西向物资流动显著提升。

3.沿海、外洋贸易的增加

19世纪60年代，广州对外贸易规模逐渐超过以往的十三行贸易（没有计入一直存在于珠三角地区频繁的走私行为），海洋贸易的发展势头已经初露端倪。正如众多研究一再强调的，上海等口岸的开放更多地扩展了对外贸易的规模，而不仅仅是抢占了广州原有的份额，广州的海外贸易一直处于平稳增长态势。此外，沿海口岸之间的横向联系也在不断地增强，1853年太平军占据湖北以下的长江下游地区，广东的漕粮通过"招商贩米，赴上海收兑"。该年年底，广东歉收，粮价骤升，"粤西谷米亦未能运东接济。现在外洋米船到粤者，均囤聚香山澳门"。①

正如道格拉斯·诺斯所论述，经济发展方向的扭转，往往要借助于外部效应，引入外生变量或依靠政权本身的变化。随着外部势力的介入，华南地区原有的以内生演化力量为主的发展模式被打破，逐渐演化为以外力为主导的发展模式，这一切推动了晚清华南地区的经济变迁。例如，位于北江上游的乐昌县，地方志的实业志中论该县商业时，感叹海禁开通后边境地区商业一落千丈，繁华烟消云散，惋惜之情溢于言表，殊不知这正是近代中国开埠通商以后，区域经济地理重新排列组合的结果。

（二）新的市场与地方经济

近代华南地区新经济地理图景形成的进程，包括对外贸易、金融、国内市场、商品流动、资本流动等方面的变化。其中，最令人注目的是新市场结构的形成、商品贸易的增加、相关组织方式的形成，进而地方经济自我增长成为可能。

1.贸易增长的方向

承接上述对开埠通商的评述，新的变化主要体现在新市场结构的形成以及贸易的增长。随着沿海港口之间、与内陆腹地间、与国际间交通线的纵深延伸，原先两点之间单一的交通线开始相互连接起来，形成了回路网络。20世纪30年代，中国经济地理格局的变化中，晚清以来

---

①广东省地方史志编委会办公室、广州市地方志编委会办公室编：《清实录广东史料》四，广东省地图出版社1995年版，第528、531页。

港口城市突出发展的现象已经愈加明显。一系列具有良好区位的开放口岸，从沿海到内陆，通过海运、内河、铁路等交通线，以腹地经济为依托，以国内农畜产品、手工业产品和国外工业制成品对流为内容，形成了近代外贸港口体系。

历史事实表明，当太平天国运动直接终止了广州与岭外的长距离丝茶贸易之后，开埠通商则迅速激发了西江沿线、东北江下游贸易的潜在能量，促进了岭南区内市场和外洋市场的繁荣。在口岸开放以前，华南地区的贸易对象主要是区内与沿海（包括东南亚）地区，晚清扩展到全国以至全球尺度。大约在1895年以后，华南地区传统的商品流通渠道逐渐改变，形成了一个以香港等通商口岸城市为中心，从通商口岸到内地和农村的商业网。市场交易的扩大与商业资本的发展，使城乡之间形成了工业制成品与农副产品的劳动分工体系，乡村被纳入城市经济体系中，市场的容量与规模迅速扩大，故而郝延平称之为近代的“商业革命”。

当国外的工业品通过口岸城市行销内地，国内的农副产品也经口岸城市集中出口国外，以口岸城市为中心的外向化市场流通体系，逐步取代了明清时期形成的国内内向化市场体系。由于市场的扩大与商品化、外向化程度的提高，中国的对外贸易大幅度增长，尤其是香港成为中国南方最大的口岸城市。经由香港进出口贸易的商品特征比较明显——即外国机制工业品与中国农副手工业产品之间的交换，出口的茶大部分来自珠江流域地区，尤其是珠江下游的三角洲地区。

近代中国南部的贸易港口体系，以及港口的贸易集聚度，大体上形成了以上海与香港为中心的南北两大“T”字贸易港口圈，形成了近代中国沿海新月弧形发展地带，并具有从东南沿海向内地推进的趋势。对于华南而言，新贸易的增长点依次为香港、广州、汕头，区域贸易增长的方向发生改变，从陆地移到海洋。在商品生产地之外，形成了新的交易市场与交易中心。

2.地方经济的萌生

近代产业革命促进了生产力的发展，进入市场的商品数量与种类大幅度增加。及至19世纪前半叶，铁路、轮船、电报等近代交通、通信工具的出现，加强了世界各地的联系，推动了世界市场的形成。在1880年至1914年，在标准金本位与以伦敦为中心的全球金融市场引领下，世界经济不断发展，华南地区也不无例外地卷入这一进程，从中心城市到穷乡僻壤，概莫能外。

中国的资本主义商业最早依附在外国产业资本之上，是当时外国在华商业资本的补充，虽然外国商业资本在中国也设立了不少的商业机构，但如果没有中国本地的商业资本作为补充，就无法顺利地进行商品流通。①在这一依附与合作的进程中，关于近代中国先进地区与后进地区之间的贸易，专家已经获得了比较中肯的看法：帝国主义的开放口岸与对中国的经济侵略，客观上促进了中国近代经济的发展，口岸城市与先进地区成为后进地区与内陆“成长的引擎”。

同时我们也知道，贸易的增长必然会刺激创新，同时也带来更激烈的竞争，尽管贸易与经济增长之间存在正相关关系，一国开放以后能否继续保持经济增长仍然是未知的，这取决于制度的创新。在近代华南地区，经济增长主要通过两种方式来实现，第一，通过交通运输方面的变革，缩短了原有的经济距离；第二，在相关条约的规制下，通过租界（自由港）洋行推行的贸易活动，促成了要素流动与地方经济发展。

近代商品经济与对外贸易的发展，对交通运输提出了新的要求。铁路通车后一度吸收了一些水路运输业务，对传统运力、运道产生了一定的影响，并形成新的货流趋向，促使传统货流改道。公路兴起始于清代末期，开始有计划的筹备建设是在民国之后，但影响较小。不过，由于水运成本的低廉，在近代华南地区，水运仍然占有绝对优势地位，铁

①杜恂诚：《民族资本主义与旧中国政府（1840—1937）》，上海社会科学院出版社1991年版，第6～7页。

路、公路在客运方面一度存在优势，但覆盖面很小。

西人来华约开口岸，首先考虑打开中国的市场倾销机器制成品，随着贸易、市场的扩大，分工与专业化随之而来。近代商品性农业、手工业、城市工业之间的专业化分工加强，同时，全球化、市场化的力量使得区域的经济活力得到了空前的释放，促进了人流、物流、资金流、信息流等经济要素的自由流动，促进了要素流向口岸地区、沿海沿江地带，在这一全球性的生产分工的演进过程中，近代经济形态逐渐在华南局部地区形成，并呈现扩大化的态势。

（三）新产业经济形态的植根

随着沿海口岸的对外开放，对外贸易的数量与规模逐渐增加，近代中国经济的重心逐渐从中部内陆地区转向沿海、沿江地区，参与到全球性的交换与生产，融入程度也在不断加深，这一进程促成了国内社会经济结构的重大变化。伴随着华南地区卷入世界市场，并扩大与外部世界的交易与分工，外国机制工业品与中国农副手工业产品之间的交换更加密切，内部经济结构的改变也逐渐明显。经济要素的生产与流通的变革，必然会映射到空间上并在经济地理上有所反映，即近代中国空间经济的大格局，从前近代的南北差异迅速转变为近代的东西差异。

故而晚清时期华南地区经济地理变迁的背景主要有三：口岸开放、对外贸易与要素流动；交通运输条件与方式的改善；近代生产性产业（主要是工业，包括乡村工业）的兴起，其中最主要的因素是新产业经济的形成并蔚为壮大。

1.从贸易到生产性产业

进入近代以后，华南地区原有的手工业品相继失去优势，乃至逐渐消失，导致对外贸易由出超变成入超。从各资本主义国家进口的商品，除各色洋布、棉纺品以外，还有毛制品、人造丝、机器及工具、车辆和船艇、金属制品、酒类、颜料、油漆、书籍、燃料等。相反，输出品从过去的以手工业产品为主，转换为以量大而价值低的农林矿副业原料产品为主，一开始主要是生丝与茶叶，以后种类、数量与日俱增。

随着生产性产业发展，近代口岸城市不仅是中国商业和交通最发达的地带，也是近代工业最集中的地带。由于口岸城市贸易中心地位的确立，也诱导了资本与企业的集中，一些外国资本与民族资本开始在口岸城市建立近代工业，利用当地原料与劳动力生产工业制成品，就近销往内地。农业与手工业者中大量剩余劳动力的出现，为资本主义的发展提供了充足的人力资源。国外先进技术装备的传入，推动了中国资本主义工业的兴起，城市新兴工业有所发展，工业部门开始增多，结构也日趋复杂。于是，华南地区的近代经济变革得到启动，与世界经济体系发生了前所未有的联系，一些城市逐渐发展成中国近代工业的主要聚集地，城市结构和功能也随之改变。

众所周知，晚清时期近代工业的发展大致以1894年甲午战争为界，分为前后两个阶段。据统计资料，1862—1894年，洋务派官僚在各地共创办19家军事工业；1872—1894年，共创办民用工业27家；1872—1894年，中国第一批民族资本家创办了72家工矿企业，资本总额达2100万元。在现代工业兴起之前，在贸易经济发展的基础上，华南地区其他的生产性产业逐渐发展起来，不仅仅包括新式交通与通信、商品性农业、乡村工业等方面，也包括官府对经济发展认识的变化，例如，提倡商战、发掘矿藏、兴办实业，社会风气正在发生变化，为近代中国从农业经济形态向工业经济的过渡准备了一些基础条件。

2.市场扩大与地方经济成长

胡焕庸曾评论道："我国以农立国，农民成数约占全国总人口之百分之七十五，各地经济，大多以自足自给为主，因此国内外商业活动，殊不若欧西诸国之繁盛，试以民国二十三年为例，我国对外贸易仅占全世界国际贸易总额之百分之二，不特英美德法诸国，均在我国之上，即如比利时荷兰意大利等，我国视之亦有逊色焉。"①就全国而言基本

①胡焕庸:《中国商业地理大纲》，载《地理学报》1936年第2期。

属实，但就华南地区观之，不仅洋货（即外国工业机制品）为区域内流通的最大宗商品，而且，国内的农副产品贸易也主要流向海外，各色商人的主要活动是推销洋货、为洋行收购土货，故而华南地区能量最大的广东商人集团，被冠名为“洋广商”。

以1935年海关所统计的直接对外贸易数据来看，广州九龙在全国占比约5%，居于第4位，汕头与汉口以3%并列第5位（上海占比53%、天津12%、青岛7%）。据英国外交部报告中的估计，20世纪早期，35%—50%的进口商品是被通商口岸居民消费的，尽管他们只是中国人口中很小的一部分。

通过口岸贸易，在贸易与劳动分工的带动下，近代中国尤其是沿海省份，正逐渐融入全球化经济。在第一次全球化时代，近代中国扩大中的市场，依附于西方的市场分工，服从于西方厂商的生产与销售网络。随着华南沿海口岸、腹地（以至中国沿海、腹地）越来越多地卷入这一进程，区域内部、与外区域之间的经济联系与关系正在重组之中。

三、简评：变动的起点与方向

从整体上看，前近代中国社会经济在生产领域中基本上是以个体家庭作为社会基本经济单位的小生产的生产方式，“从宏观看，明清时期商业贸易的市场结构仍然是一种以粮食为基础，以盐（布）为主要对象的小生产者之间交换的模式”[①]。由于商人资本的运动，存在地方市场、区域市场，以及国内大市场共存的大流通的流通方式，“小生产，大流通”并存构成了前近代中国社会再生产中最基本的生产流通模式，是为前近代中国社会再生产的最基本、最重要的特点。[②]该发现为理解前近代

①黄启臣：《明清时期两广的商业贸易》，载《中国社会经济史研究》1989年第4期。

②张忠民：《“小生产，大流通”——前近代中国社会再生产的基本模式》，载《中国经济史研究》1996年第2期。

中国的市场与经济成长提供了一把钥匙。

在一般的经验中，近代中国的口岸开放带动了沿海沿江地区的外向化经济发展，如果将中国内地比作一个巨大的扇面，将国外比作更为巨大的另一个扇面的话，沿海口岸就是连接这两个扇面的枢纽。故而言之，无论是对于华南，还是近代中国而言，(条约)口岸开放是近代变革的起点。无论是费正清闻名遐迩的"冲击—反应"论，还是樊卫国所释的"激活—生长"论，都认可近代变革的起点，至于口岸是不是理解近代中国的一把钥匙，则可以直接、简单地否定之。王尔敏认为，五口通商为近代中国都市的发展创造了一个新的方向，形成了近代口岸都市，口岸通商并不仅仅是商业贸易，更多的是一种中外经济关系的开端、中外经济互动的开端。就区域经济而言，近代开港以后，主要的口岸城市实际上逐渐成为所在区域的中心城市，引领区域经济空间的新陈代谢，成为近代区域经济变革的"发动机"。

前近代华南沿海的外贸港口，从功能上而言多以转运为主，对于港口毗邻腹地的依存度相对并不高，这受限于其时的市场与分工条件。随着近代分工、技术进步的变化，华南沿海市场容量的扩大，产生了一系列新的变化。

从资本的形成而言，随着市场容量的扩大，商业资本开始向产业资本转化。商业资本具有两种次级形态：商品经营资本与货币经营资本。它们彼此之间是可以互相转换的，商人不生产商品，经由货币资本在市场上转化为商品，进而实现资本循环，在流通中获得增值。前近代传统商业资本是独立于生产之外的，用于交换与流通环节，局限于流通流域，但在近代准资本主义的生产方式下，商业资本的位置发生改变，逐渐从属于生产资本，成为产业资本再生产的一个职能资本与组成部分。

从产业的成长而言，随着市场容量的扩大，产业地方化与地方经济成长逐渐形成。马歇尔认为产业区源于三种力量：知识溢出、为专业技能创造固定市场的优势、与巨大的本地市场相关的前后向关联。生产者希望选择接近大的需求市场，以及大的生产资料与消费品的供给市场。

这一区位优势一旦形成就很容易延续下去。如果两个地区除了最初的经济规模有微小差别，其他地方完全相同，那么这种差别也会在这些关联作用下，随着时间的推移而不断增大。

随着世界一体化程度的加深，世界市场对于区域的发展超过国内市场的影响，近代市场潜力的提高归功于贸易的迅速增长，近代华南地区的变革即肇始于此。通过参与世界贸易与分工，改变了社会资源的配置方式，同时通过对外交流获取知识、资源、资本（内陆地区通过口岸获取），并形成了区域之间的激励、学习机制。这一过程推动了区域城乡之间的产业演进，打破了前近代小农经济下的均衡状态，这一演进在产业内部与区域之间是不均衡的，存在空间与发展级差，这也是经济发展过程中不可逾越的过程。

第三节　早期经济地理演化及其逻辑

传统中国“百业以农为首”，自秦汉以来的小农经济延至康乾盛世，渐显落日辉煌之态。当西方工业革命初步完成之后，伴随着近代产业的发展，对海外市场的拓展以至于武装殖民日甚一日，中国从沿海到内陆逐渐被卷入这一新的全球分工生产体系之中。这是中国千年来未有之变局，新的历史大幕徐徐拉开。随着中国东部沿海、沿江众多的口岸逐渐被迫对外开放，传统经济生态下的中国，自东向西、自海徂陆，正逐步参与到全球化的生产与交换之中。

一、经济空间变革的背景

近代商品性农业、手工业、城市工业之间的专业化分工加强，同时，全球化、市场化的力量使得区域的经济活力得到了空前的释放，促进了人流、物流、资金流、信息流等经济要素的自由流动，促进了要素向口岸地区、沿海沿江地带，尤其是长江三角洲地区迁移，这一切引发了晚清长三角地区的经济地理变迁。

（一）口岸开放与经济变革

18世纪60年代后产业革命促进了生产力的发展，资本主义开始向全球各地寻找市场与原料。

1840年鸦片战争以后，清廷先后开放长江三角洲地区的上海、宁波、镇江、芜湖、苏州、杭州、吴淞、南京、浦口等对外贸易口岸，并在上海、苏州、杭州等众多口岸设立外国租界。随着沿海口岸对外开放，中国从内陆转向海洋，开始参与全球性的国际贸易，这一进程促成了国内社会经济结构的重大变化，尤其在长江三角洲地区表现最为明显。

国外工业品通过口岸城市行销内地，国内的农副产品也经口岸城市集中出口国外，以口岸城市为中心的外向化市场流通体系，逐步取代了明清时期形成的国内内向化市场体系。由于市场的扩大与商品化外向化程度的提高，中国的对外贸易大幅度增长，上海逐渐成为中国最大的口岸城市。经由上海港进出口贸易的商品特征比较明显——即外国机制工业品与中国农副手工业产品之间的交换，出口的丝、茶大部分来自长江流域，尤其是长江下游的三角洲地区。伴随着长三角地区卷入世界市场进程的加深，外国机制工业品与中国农副手工业产品之间的交换更加密切，促成了国内经济结构的改变。同时，也促成了区域经济空间的变革，中国空间经济的大格局，从前近代的南北差异迅速转变为近代的东西差异。

口岸开放带动了沿海沿江地区的外向化经济发展，口岸城市不仅是中国商业和交通最发达的地带，也是近代工业最集中的地带。口岸城市贸易中心地位的确立，也诱导了资本与企业的集中，一些外国资本与民族资本开始在口岸城市建立近代工业，利用当地原料与劳动力生产工业制成品，就近销往内地。长三角地区的近代变革得到启动，与世界经济体系发生了前所未有的联系，推动了近代工业的产生和发展，推动了城市结构和功能的改变。

此外，在这一轮口岸开放与经济变革中，出现了新的口岸型中心城市——上海，引导区域的经济变革。上海开埠以后，来中国中部、北部的外轮，不论其最终的目的地是哪儿，都要先开到上海；来自南部的外轮，除了部分停靠香港，大多依然往来上海。据1867—1894年上海海关统计资料显示，上海港平均约有71%的进口商品转运到其他口岸，54%的出口商品来自其他口岸，其中主要为长江流域。当时的海关报告中曾经这样概括对外贸易的情形："上海差不多是全国（广州除外）的生丝出口商业中心，但上海本地并不出任何种丝。"[①]这是晚清时期口岸开放以后，经济变革与经济地理调整的新趋势。

从某种意义上而言，近代对外开放口岸的意义，尤其对于非沿海地区而言，有利于获取联系市场的通道，同时会推动地区基础设施的投资与改良。随着外部势力的介入，长三角地区原有的以内生演化力量为主的发展模式被打破，逐渐演化为以外力为主导的发展模式，这一切推动了晚清长江三角洲地区经济变迁，推动了区域经济空间的新调整。

（二）交通运输的改进

由于对外开放、商品经济与国际贸易的发展，推动了交通运输的新变化。就历史经验而言，南船北马，长江三角洲地区的商货运输向来以水运为主，有水则水，无水则陆。晚清时期，水运交通中最大的技术性变化是轮船运输的出现与快速发展，即由单一的木船运输进入轮木船并举的新阶段，轮机取代木桨，机器代替人力，而且随着时间的推移，轮船运输的范围与比重逐渐扩大。

1861年外国商轮首次进入长江航道，1865年2月太平天国运动结束后，清廷宣布不准外轮驶入通商口岸以外的中国内河，并于1873年成立轮船招商局，开辟了长江航线和一些沿海航线。1895年《马关条约》中

---

①姚贤镐编：《中国近代对外贸易史资料（1840—1895）》，中华书局1962年版，第96页。

正式准许外国船只“从上海驶进吴淞口及运河以至苏州府、杭州府”，在对外开放内河轮船的同时，对内也开放了华商的内河轮运业。至1898年，“通商省份所有内河，无论华、洋商均可行驶小轮船，以扩充商务，增加税厘”。伴随着对外贸易的持续发展，以上海为中心，专营内河航线的外国轮船公司相继设立，民营小轮运公司快速增长，长江三角洲地区的内河航运业加速发展起来。以轮船招商局为例，1902年组建内河轮船公司，拥有小轮7艘、拖船6条，先期驶往苏州、杭州，后航线伸展至南浔、湖州、宜兴、溧阳、江阴，从苏州经无锡、常州至镇江，过长江抵扬州、清江，又从清江越宿迁至窑湾，溯淮河至正阳关，形成一个覆盖苏南浙北、江苏中北部、安徽东北部的内河航运网，轮船数量也从最初的7艘增加到1911年的近30艘，成为上海乃至全国规模最大的内河轮运企业。招商内河轮船公司总部在上海，分公司设于苏州、杭州、湖州、嘉兴、常州、无锡、镇江、扬州、清江、杨庄、临淮关、正阳关等处。[①]以民营轮运公司为例，至1912年，在江苏登记经营的内河航运企业有52家，拥有内河小轮101艘（不包括招商内河轮船公司小轮36艘），一共经营内河航线45条，大多集中在苏南内河水网地区；浙江兴办的中型轮船企业（资本额在1万元以上）有15家左右，加上小轮公司达50多家。民营轮船航运企业规模不大、轮船不多，主要航行于内河，外轮控制着沿海沿长江的干道运输。

至晚清末期，在长江三角洲地区形成了以上海为龙头的港口体系，其他港口的国内外贸易大多要通过上海转口来进行。在52条通往长江三角洲地区江浙两省各地的内河轮运航线中，有47条以上海为始发港，投入运营的轮船总计有79艘。此外，长江三角洲地区的苏州、杭州、无锡、常州、南京等城市，因江河海航运的衔接，与宁波、南通、镇江等构成以上海为中心的江河海航运体系的主要支点，成为上承下达的地方

① 聂宝璋、朱荫贵编：《中国近代航运史资料》第二辑，中国社会科学出版社2002年版，第1132页。

性客货集散输运体系。

由于江南地区水运发达，铁路、公路相对不重要，沪宁铁路1908年建成通车；沪杭甬铁路沪杭段1908年建成。沪宁铁路通车运营时，列车时速只有每小时40公里，上海到南京单程仍需要10个小时。至1927年，沪宁、沪杭两条铁路全年货运量129万吨，而同一年上海海运河运的货运总量为1082万吨，铁路货运量只是后者的约12%。概而言之，以轮运为中心的近代长三角地区交通运输方面的变革，缩短了区域内部原有的经济距离。

（三）商业、手工业与工业

以上海口岸为枢纽的初级生产原材料大量输出国外，同时从海外进口工业品，改变了明清时期发展起来的依赖传统手工业、自给自足的自然经济体系。面对洋货倾销，中国城乡手工业的分化组合也趋明显，表现为兴衰存废并现的局面。以近代中国手工棉纺织业为例，通商口岸附近，出现以“耕织结合”为主要特征的小农家庭手工棉纺织业。由于洋纱比土纱便宜，于是绝大多数农户将自产的棉花销售，改用进口洋纱织布，继续维持生产，有的还呈现出新的发展。其他的产业，诸如陶瓷业、竹器业、漆器业、草编业等，都有一定的生产规模与增长。

农业与手工业者中大量剩余劳动力的出现，为资本主义的发展提供了充足的人力资源。同时，国外先进技术装备的传入，推动了中国资本主义工业的兴起，城市新兴工业有所发展，工业部门开始增多，结构也日趋复杂，长三角地区的一些城市逐渐发展成中国近代工业的主要聚集地。

近代中国工业萌芽于洋务运动，成长于甲午战后及清末民初，发展于民国时期，大体上与近代中国商战立国、实业计划、工业立国一脉相承。以工业为主体的近代产业发展，是近代中国经济转变的关键要素之一。晚清时期近代工业的发展大致以1894年甲午战争为界，分为前后两个阶段。1901年后清廷开始推行新政，除了继续创办官办企业，还奖励民间投资工业。1895年中国资本主义工矿企业的资本总额为2421万元，到1911年则增至10434万元。

1900年前后上海开始从贸易中心向工业中心转变，尤其是轻工业中心。1902—1911年的海关报告认为“近几年来上海的特征有了相当大的变化。以前它几乎只是一个贸易场所，现在它成为一个大的制造业中心”[①]。学界主流的观点认为在20世纪20—30年代，上海已经成为中国的工业中心，同时，也出现了较具规模的杨树浦、闸北、沪南、沪西四大工业区。据不完全统计，1901—1911年，杭州、宁波、温州、绍兴、湖州新建近代工厂31家以上，其中可查资本在1万元以上的有18家；1895—1911年，江苏先后开办了140多家工矿企业，主要分布在长江沿线和沪宁沿线。晚清时期，商业贸易等流通领域的资本积累，推动了近代工业、手工业的兴起，促成了生产部门发展，启动了空间经济的变革。

二、要素流动与路径

在近代中国，船运是将商品运往国内外市场最经济的方式，沿海与可以通航的流域是经济高密度区。随着技术的进步与通信交通成本的下降，经济密度的走势被重新塑造。1840—1914年运输成本的快速下降，促成了世界范围内贸易的大规模展开。

（一）交通成本与效率——船运、铁路、公路

1895年后，内河轮运业开始扩大到货运范围，渐次形成了“内河小火轮船，上海为苏、杭之归宿，镇江为苏、宁、镇江之枢纽”的格局。

由于轮船交通的原因，苏州成为苏南浙北的中心枢纽口岸。“浙江北境产丝各处沿河口至本口一带，地方不靖，若民船装丝由湖州、菱

①徐雪筠等译编：《上海近代社会经济发展概况（1882—1931）——〈海关十年报告〉译编》，上海社会科学院出版社1985年版，第158页。

湖、南浔、震泽等处径达上海，深恐不甚稳妥，因此丝商不得已将丝改用小轮先运至本口，再由本口转运上海。当时，各丝商反觉由小轮经苏至沪非但较为安全，抑且更形迅速，故产丝各处宁静之后，仍由本口转运，并不径运上海。”[①]1908年沪宁铁路通车以后，全部的缫丝产品交纳厘金之后通过铁路运往上海。清末地方社会不靖，轮船屡被打劫，于是丝商用汽船从南浔及其周围地区运往苏州报关，交纳了特别厘金证明后，转运上海出口。

往来苏州内港的小轮有十余只，所形成的道路主要有三条：南路往盛泽、湖州；西北路往无锡、常州、镇江；北路往常熟。这三路中，以西北路船只最多，竞争也最激烈。1901年，开辟了一条新的航线：苏州—南浔—湖州—菱湖—杭州。

上海与内地的交通联系便捷，有航行北洋的沙船，航行南洋的南船，往来宁波的宁船，行驶长江的鸭尾船，无锡的快船，江北的快船等。国内轮船分为沿海、沿江、内河三种类型。其中内河轮船又分为黄浦、吴淞（俗称苏州河）两类，从吴淞江可至苏州，以及常熟、无锡，或者南下南浔、湖州；从黄浦江可到达杭州，或者沿黄浦到达平湖，或者转入新场、大团、南汇、川沙，这些正是之前航船的改良形式。

关于长三角内河轮船的行驶情形，可参见聂宝璋等编的《中国近代航运史资料》中的详细记录。地区枢纽性的中心港口主要有上海、苏州、镇江，西北至扬州、镇江，东到海门、南通，南到杭州、绍兴，这样一片区域中，密迩的河网轮船纵横，构成区域经济联系的基础，这样的物流空间促成并强化了长三角经济区的形成，并不断演化出层级分明的亚区。

例如，1901年上海广生公司发布广告，备有轮船往来上海、吴淞、浒浦、通州。1908年东清轮船沪局发布广告，称有小轮船等并公司船数艘，专走常熟、荡口、宝山、南桥、湘城、太仓、巴城等埠。1903年上

①陆允昌编：《苏州洋关史料（1896—1945）》，南京大学出版社1991年版，第225页。

海招商轮船公司，在江苏宜兴分设招商内河轮船公司，北沿河航线自宜兴至常州、无锡、溧阳，逐日分班。

1898年，苏州、常州、镇江内河创设鸿安嘉记公司，来往于苏州、常州、无锡江阴一带，行驶于南京六合十二圩等处。1905年，镇江华商张克生等创设华通公司，置备小轮拖船，搭客运货，一开行通州、崇明、任家港等处，一来往扬州、清江等处。

1910年清廷邮传部建议开列4条水陆联运路线，其中之一是由上海陆运至镇江、南京，再水路转运汉口。

1897—1898年吴淞铁路再度建成，促成了上海城区向江湾的扩展。沪宁铁路，自上海北站至南京下关车站，1908年通车，主要经由上海、昆山、苏州、无锡、常州、丹阳、镇江、龙潭、南京等站，大大便利了长江南岸沿途的客货运输，尤其是客运。沪杭铁路1909年全线通车。“自沪杭铁路开车，小轮船之往来松沪者无法营业”；[①]“旅行者率贪铁路便捷，轮船所载，货多客少”，[②]铁路等基础设施的改良，改变了口岸与腹地的经济联通效率。

铁路运货量当时还比较有限，主要转运蚕茧、生丝，“各货装运铁路，所有的运费既较轮船水脚为轻，而所完厘金亦较海关税项为省”“贵重货物，多由沪宁火车运沪”，从上海经铁路运往内地，“海关准许通行的唯一货物是运往沿线条约口岸的已付关税而获得免税证明的外国商品”。[③]因为铁路运输不受海关管辖征收厘金，在苏州除丝绸以外，很少有货物从本地铁路运出，在厘金等问题缓解后，丹阳的牛羊，无锡的米、麦、豆、茧等通过铁路运到上海。

运输成本的下降促成了远距离贸易的可能，随着成本的进一步下降，相近地区之间的贸易成为主导，促成了生产向区域中心城市的集中。

---

①《松江志料》，“交通类”，民国抄本。

②《杭州府志》，卷一七五“交通·轮船”，民国十五年刊本。

③徐雪筠等译编：《上海近代社会经济发展概况（1882—1931）——〈海关十年报告〉译编》，上海社会科学院出版社1985年版，第162页。

（二）市场流动

随着生产技术的进步，自然条件的影响逐渐减弱，但是分工与交换的发展，使得社会关系对于经济的影响逐渐增强。

近代企业绝大部分建立在通商口岸或靠近通商口岸的地方，其中以上海为最多。就外资企业而言，甲午战争前的在华投资主要服务于其商品输出，侧重于船舶修造业、出口加工业等工业部门。外资企业除矿场外，规模较大的工厂都集中在上海和少数几个通商口岸，如机器造船厂和纺纱厂，全都集中开设在上海；水、电、煤气工业和烟草工业，也都首先在上海创办。外资企业之所以集中于少数通商口岸，除了利用租界的各项特权，还因为上海等通商口岸作为中国最早一批近代城市，提供了创办大工业所必需的现代金融、交通、动力等方面的有利条件。国内的近代企业，绝大部分也集中在通商口岸地区，除了便于机器和技术的输入，还在于大部分企业是为了原料出口加工而创设，如缫丝、制茶、轧棉等，有些企业则是附属于各口岸的航运业需求而存在，如船舶修造和机器修理厂。此外，很多企业设立在通商口岸，或是托庇于租界，以减轻封建守旧势力的阻挠和敲诈，谋求企业的发展。

资本与劳动力等生产要素会流向报酬最高的地区，因为这些地区生产要素稀缺。早期的移民理论是建立在剩余劳动力、固定“外生”增长率、创造工作机会的基础上。

同时，市场发育的滞后，无疑不利于地方贸易与产业的发展。地方货币的紊乱、税收的无章，乃至苛压将会极大地抬高交易成本。英国在同中国签订的通商条约中要求中国采用一种统一的全国通用的货币，因为“一个地方的‘两’，无论是在重量上还是在‘成色’上，很少和另一个地方的‘两’相同，结果是产生无休止的、巧妙的兑换交易”[①]。

此外，影响市场流通方式与经济区物流的主要要素为税收。例

①广州市地方志编纂委员会办公室、广州海关志编纂委员会编译：《近代广州口岸经济社会概况——粤海关报告汇集》，暨南大学出版社1995年版，第964页。

如，在太平天国运动前，徽茶是顺钱塘江而下被运到杭州，再由运河经嘉兴、松江，最后运抵上海，自从开征海塘捐后，凡经过杭州的各种茶叶必须缴纳每担1两关平银的海塘捐，吸引徽茶从宁波由汽轮运上海。[①]1896年杭州开埠，杭州湾北岸地区嘉兴、湖州所产大宗生丝，不像茶叶，没有限制，都是直接运去上海出口。

领事认为中国大部分人的极端贫穷制约了外国商品在内地的销售，但他同时认为，洋货进入内地过程中，不正常的税收是一个重要的阻碍原因。“自从镇压太平军叛乱以来，不断发展的贸易就成了征收战时税的对象，其税额几乎完全足以扼杀其增长”，各种厘金关卡没有明确的征额，“使商人心灰意懒的是：在任何关卡，他都可能被官员们任意扣留多少天，……从而使他的货物加上许多沿途费用后还只好低价出售。奇怪的是，北京的中央政府竟然会忍受这种不仅妨碍国家恢复繁荣，而且还使国库承受严重损失的私下征税制度”“其次还流行一种代税制度，这使富裕的中国商行，每月缴纳国家税额就可以把产品随意运入内地，从而使他们能够以低于小商人们的售价出售产品”。[②]

杭嘉湖等地从一开始就从上海那里获得大部分的进口洋货。到1913年左右，甚至宁波附近的余姚、百官、上浦及邻近市镇，也都由上海港直接供应苏门答腊煤油。1869年6月2日的《北华捷报》形容上海在全国港口城市中的地位时认为：“对外贸易的心脏就是上海，而其他口岸不过只是血管罢了。”

三、从贸易到地方性生产

历经14年（1851—1864）的太平天国运动，使清朝国家的权力结构

①李必樟编译：《上海近代贸易经济发展概况：1854—1898年英国驻上海领事贸易报告汇编》，上海社会科学院出版社1993年版，第157页。

②李必樟编译：《上海近代贸易经济发展概况：1854—1898年英国驻上海领事贸易报告汇编》，上海社会科学院出版社1993年版，第417～418页。

由高度中央集权体制转变为中央与地方二元权力结构体制，权力重心也逐渐由中央下移至地方，一直持续到清亡，并影响到民国初年。这促进了区域经济的离散，地方化经济的形成，地方激励效应的产生。

专业化与分工是古典经济学研究的关键，但如果考虑到成本因素，则需要考虑政治经济体制。新制度经济学认为，制度变革决定交易成本，有效的制度变革促进经济的发展，反之阻碍经济的发展。

1860—1894年洋务派努力建设一个政府投资或政府控制的西方式密集型的工厂来实现军事现代化，而不是鼓励发展私营企业；政府反对私人对现代化各个部门的公共性投资，例如铁路、内河轮船运输。尽管中国农业的商业化程度有所提高，但并没有真正的技术进步。清廷所创办的工业的溢出效应也微乎其微。

与清廷所统治的上海华界相比，工部局领导的租界在提供公共或半公共产品方面要更加有效率，例如维护与改善港口设施、公共道路与运输、照明、水电供应等。甲午战争后，清政府允许外国人在条约口岸投资建立工厂，从而使得外资纷纷进入上海。辛亥革命期间，上海租界区逐渐成为一个事实上的自治市。

当时政治革命的主要内容还是为了解决民生问题，就当时的农业而言，粗放型产品不能适应市场需求，迫切需要发展工业，否则面对工业发达国家的经济扩展潮流，社会经济方面的权益都将被掠夺，在清末新政以前，晚清的政体阻碍工业发展，阻碍产业革命。

维新思想家薛福成《论公司不举之病》通过对其时中外公司得失的对比，指出要仿效西方资本主义国家，由民间资本集股成立公司，谋求富强，同时要求政府采取相应的改革政策，维护公司的权益，推动公司的发展。如果公司不能兴起，工商各业就不振兴，没有工商业的振兴，国家就不能富强。陈炽在其代表作《续国富策》一书中，提出改变中国传统农业生产方式，采用西方农业经营方式与生产技术，实现集约化的经营方式，精耕细作，获取更大的经济效益。

在国家的微弱推动下，地方产业获得了相对有效的发展，尤其在无锡、南通、江阴、常州等地，从传统中孕育的现代工商业、现代农业获得了发展的机会。

南通现代工业的兴起，主要依赖张謇个人的积极开拓。1900年由于义和团运动而使洋纱进口锐减，开张不久的大生纱厂产品在市场畅销，张謇从而考虑到急需解决纱厂的原料问题，遂决意“仿泰西公司集资”开垦荒滩，1901年秋正式集资建立通海垦牧公司，走上了废灶兴垦、发展近代农业的道路。这是中国第一家新式农垦企业。经过10年的努力，直到1910年通海垦牧公司才显现出了投资的效益。该年，垦区佃户增至5000多户，耕种面积从1904年的8104亩增至30413亩。①从1911年开始，垦牧公司获利渐增，概念纯利润达到了38040两，资本总额也增至40万两。于是，继通海垦牧公司之后，张謇又开办的垦牧公司有大有晋、大豫、中孚、大丰、通兴等。

在苏南，苏州商人朱文翰等集股2万元，1908年在浒墅关创办永利垦牧公司；同年，又有绅商筹股16万元，购地3.3万余亩，组织垦牧公司，并附设蚕事实验场。②在松江，商会议员姜望溪等集股创办兴纶蚕桑公司，开垦城内外闲荒，种桑养蚕。③1871年，“苏松太道归安沈秉成捐廉购买柔桑数万株，谕城董设局分给乡民种植，并刊发《蚕桑辑要》一书，规条精细，图说详明，种桑养蚕之家咸取法焉。后两江总督左宗棠亦购桑分给，今法华、徐家汇、小闸、漕河泾一带已蔚。当急图改良，以求进步”。④

商业经济的制度规范，必然对交易行为的成本产生或正或负的影响，在追求交易成本最小化、市场收益最大化的基本原则下，经济资源配置的空间结构自然会相应有所调整。

---

①李文治编：《中国近代农业史资料》第一辑，生活·读书·新知三联书店1957年版，第704～705页。

②《申报》，光绪三十四年四月十五日。

③《东方杂志》，光绪三十二年十一月。

④《法华镇志》，卷三“土产”，嘉庆十八年编，光绪末年增补抄本。

清政府的产业意识比较迟缓，同时动荡的社会环境难以保证产业的持续发展。在一个市场与产业发展逐渐起飞的地区与阶段，资源的配置显然不够合理。

四、简评：近代早期空间经济的演化

历史的经验说明，对于区域经济地理的变迁以及经济发展的水平，需要从演化的角度来衡量，并加入变迁过程中的社会要素。

通常，会有一个空间价值度量等式，如下：

$Q=F(l)+G(k)+\sum F$

其中$F=Fout+Fin$，同时，$F=a\cdot k\cdot e^{-bxy}$

l——自然资源禀赋价值

$F(l)$——自然禀赋带来的成本节约

k——追加要素资本所带来的价值

$G(k)$——追加要素资本所带来的成本节约

F——与外部性密切相关的经济空间的价值

$Fout$——影响价值

Fin——获益价值

b——斜率因子

x——半径长度

y——市场开放度（不完全竞争）

结合沈汝生统计的长三角地区10万以上人口的都市，我们选择表1.4中的城市比较其空间价值。[①]

①沈汝生：《中国都市之分布》，载《地理学报》1937年第4卷第1期。

表1.4 长三角地区经济空间形成因子（晚清时期）

城市	区位	自然禀赋	要素资本投入（基础设施）	影响价值（溢出效应）	获益价值（规模效益）	市场规模/准入度
上海	●	◎	●	●	●	●
南京	◎	◎	●	○	◎	◎
苏州	◎	●	◎	○	◎	○
无锡	◎	●	●	○	●	●
镇江	●◎	◎	◎	○	◎	◎
扬州	◎	◎	○	○	◎	○
南通	◎	●	○	○	●	○
杭州	◎	●	◎	○	●	◎
宁波	●	○	◎	○	◎	◎
绍兴	◎	◎	◎	○	◎	○
嘉兴	◎	◎	◎	○	◎	○
芜湖	●	◎	●	○	◎	◎
蚌埠	◎	○	●	○	◎	○

注：●表示该要素对该城市空间价值形成，有显著的正相关关系；◎表示该要素对该城市空间价值形成，存在正相关关系；○表示该要素对该城市空间价值形成，存在负相关关系。

表1.4表述了晚清长江三角洲地区13个主要城市经济空间形成因子中的区位、自然禀赋、要素资本投入等相关因素在经济空间结构形成中起着正向或负向的作用。

在晚清经济发展的早期阶段，最具有市场准入潜力和经济密度潜力的地区常常处于主导地位，例如环太湖地区的苏州、无锡、杭州等城市拥有最好的自然禀赋，远离经济密集区的内地通常发展迟缓。只有到发展的晚期，落后地区才能分享更多的发展利益。

除有限的工商业外，农业占有绝对主要的地位，在农业经济的资源配置已经接近最优的情况下，通过改善配置所获得的收益非常有限，只有一些外生的冲力才能提高经济的发展水平，晚清的口岸开放引发了这一进程。上海、宁波在不具有最佳资源禀赋的情况下，获得了良好的区位优势，迅速成为大区域或亚区域的中心城市。

大约在1895年以后，长江三角洲地区传统的商品流通渠道逐渐改变，形成了一个以上海等通商口岸城市为中心，从口岸到内地和农村的商业网。随着市场交易的扩大与商业资本的发展，城乡之间形成了工业制成品与农副产品的劳动分工体系，乡村被纳入城市经济体系中。相对获取更多要素的上海、无锡、芜湖等发生“商业革命”，并促成了区域性的近代“工业成长”，成为空间经济结构演变中的枢纽城市，获得更良好的市场规模与准入度，成为区域经济成长的原动力。

近代对外开放逐渐改变了传统中国的社会生产模式，从字面上而言，口岸的意义，对于内地腹地而言，将有利于获取联系市场的通道，同时会推动地区基础设施的投资与改良；对于中心城市而言，将有助于增强经济集聚优势，成为区域经济成长与变革的发动机。但实际上，它改变了旧有的社会生产模式，近代口岸商埠的成功模式可以概括如下：（1）口岸城市与内部市场联系密切，进一步推动市场分工与经济发展；（2）口岸形成“现代”的功能性城市，提高资源配置的效率。

第二章

作为区域经济中心的城市的成长

城市是与农村异质的大型聚落，不仅是人口的集中居住区，也是物质文明、精神文明集中的区域。近代是我国城市得到较快发展的时期，中国历史上从来没有过的资本主义工商业城市在沿海沿江口岸地带成批出现，并促使传统的行政中心型城市通过发展工商业向近代城市转型。在经济、政治发生巨大变化的背景下，延续几千年的传统城市向以资本主义文明为指向的近代城市转变，并导致相当多的城市在行政体制、领导阶层、城市空间等方面都发生了影响深远的变迁。近代城市的发展成为我国走向现代化的重要内容，深刻地影响着中国社会。

第一节　条约口岸城市的兴起

从1842年开放广州、厦门、福州、宁波、上海为通商口岸开始，到20世纪30年代开放广东中山港止，通过签订条约被迫开放的口岸有79个，是自行开放口岸的2倍多。而且，条约口岸的开放比自开口岸的开放早了半个多世纪。尽管各个通商口岸都在不同地区的经济发展中扮演了重要的角色，但就全国而言，最重要的仍是条约口岸，尤其是分布在沿海、沿长江的条约口岸。

我们不妨以天津、营口、烟台这三个北方最早开埠的口岸的成长，看看开埠通商对进出口贸易的促进作用。这三个港口早在开埠之前已有一定规模的沿海贸易量，与北方和南方的沿海地区保持着密切的海上交通和贸易联系。外国列强之所以选择三港开埠，显然也是基于历史的原因。然而，这些港口的大发展，仍是在开埠之后。

表2.1　1875—1904年北方三口岸进出口贸易净值的增长

（单位：海关两）

年份	天津	增长率（%）	烟台	增长率（%）	营口	增长率（%）
1875	17058711	100	7786786	100	5513055	100
1880	21668434	127	9905815	127	6725036	122
1885	26242763	154	10583486	136	8298116	151
1890	34133168	200	12862382	165	14448281	262
1895	50175806	294	17495041	225	9353705	170
1900	31920658	187	27058328	347	22024643	399
1904	68954694	404	34255175	440	41517878	753

资料来源：交通部烟台港务管理局编：《近代山东沿海通商口岸贸易统计资料（1859—1949）》，表1、附表3，对外贸易教育出版社1986年版。

由于在最初的数年中各海关的统计报告只有进出口商品的一些单项数据，缺乏商品合计的总值，难以进行各年度贸易增长情况的比较，因此表2.1的数据只能从1875年开始。即便如此，北方最早开埠的天津、烟台、营口三口岸贸易净值的增长已相当快速。在表中所列的以大致5年为一个统计单位的数据中，按时间看，各港除1900年前后的一个统计单位有所减少之外，各统计单位都呈增长态势。因此，1904年各口岸的贸易净值，均相当于1875年的400%以上，增长最快的营口口岸相当于1875年的753%。简言之，各口岸在30年中均增长了3到6倍，速度不可谓不快。

市场的扩大无疑是进出口贸易数倍增加的主要原因。开放以前，这些口岸的贸易量，由于只面对购买力比较低的国内市场，都停留在较低的水平上。开埠以后，各国商人接踵而至，这些口岸的市场由以前有限的国内市场，扩大到广阔的国外市场。市场扩大了，贸易量自然翻倍增长。进出口贸易的发展，为各沿海城市走以港兴市、商贸兴市的发展道路提供了良好的基础。

近代的上海、天津、汉口、厦门、九江、广州等城市，都设有供外国人居住，由外国人管理行政、税收、警察和司法的租界，还有一些沿海地区沦为列强的租借地，被迫设立租界，严重损害了中国的主权。然而租界对中国的影响并非全是负面的、消极的，客观上也有许多积极的作用，突出地表现在租界对所在城市发展的推动作用。

其中，建设最早、规模最大的是上海的租界。自1863年以来，上海租界日趋繁荣，上海的对外贸易主要通过租界进行，租界内出现数以万计的洋行、商店。20世纪初期，界内又建成先施公司、永安公司等当时中国第一流的百货商场，商店林立的南京路和霞飞路（今淮海路）是全国最繁盛的商业街道。上海租界是中国近代航运的枢纽、金融业的中心，也是中国近代工厂最集中的地方，实际上是近代上海真正的经济中心，并逐渐成长为上海最主要的人口聚居区，1942年曾占上海市人口的62%。

租界在各个城市，几乎都成为城市现代化的一个窗口。在上海，按照西方的生活要求和科学规划建设起来的新式马路、城市垃圾处理系统，以及煤气、电灯、电话、自来水、大口径砖砌下水道、公共交通这些中国以前没有的新鲜事物，都相继出现在租界。中国最早的西医、西药和西式医院、新式报刊，非常不同于新式学堂，以及出版机构和新式的演出舞台，也大多首先出现在各口岸城市的租界，并在口岸城市获得发展，再影响到全国。到了20世纪20年代，凡是西方大都市兴建的近代化市政建设，上海租界已全部仿行，城市管理也日趋制度化。

“十里洋场”迥然不同的城市面貌，与华界的拥挤、肮脏、混乱、破败形成鲜明的对比。南市位于华界区，北市位于租界区，虽然南市的房价只是北市的约四分之一，而上海人“皆乐于舍贱而就贵”，愿意生活在租界。路过上海的外省人更对租界啧啧称羡，留下深刻的印象。甚至到了20世纪30年代，人们还认为上海“市中繁盛区域，首推特别区（作者按：以公共租界、法租界设置），马路修广，廛区整齐，为全市精华所萃”；当然，作为中国人也感受到租界“一切行政管理之权，悉据外人，反客为主”的耻辱。

其他口岸的租界，尽管规模大小、现代化水平有所不同，都出现类似上海的现象。例如天津的租界区，1883年已成了天津的贸易、航运中心，1895年以后租界面积是县城的3倍，天津的贸易、航运、工业、金融无不云集于此，实际上是天津真正的经济中心。

沿海条约口岸城市不仅是中国商业和交通最发达的地带，也是近代工业最集中的地带。1933年，我国除东北、台湾以外的广大地区工业最发达的12个城市中，上海、天津、青岛、广州、福州、汕头6个沿海条约口岸城市，占了全国工人总数的72%和生产净值的85%；其次是沿长江的南京、汉口、重庆3个条约口岸城市，占了全国工人总数的10%和生产净值的5%。[①]可以说我国的现代工业主要分布在沿海沿江的条约口岸城市，而近代工业的迅速发展，则是上海、天津、武汉、重庆、广州等沿海沿江城市从中等城市扩大为特大城市的关键原因。

何一民在探讨上海、天津、武汉、广州、重庆等由中等城市发展为百万人口以上的特大城市时，高度重视工业发展对城市规模扩大的作

①严中平等编：《中国近代经济史统计资料选辑》，表8“上海等十二个城市的工业”，科学出版社1955年版，第106页。

用。以上海为例，他认为："工业的发展确实成为上海城市发展的重要推动力。大量劳动密集型工厂的建立，产生了巨大的拉力，吸引着为数众多的外地人口到上海来谋生，其结果是一方面使城市人口迅猛增加，另一方面也导致了城市用地规模扩大。同时，上海城市飞速发展的制造业也直接推动了城市商业的进一步发展，使商业、金融业及其他各种服务业和文化娱乐业变得活跃。可以说，没有工业的飞跃发展，上海仅靠商业贸易不可能在较短时期内形成世界级的特大城市。"何一民对天津也进行了同样的分析，并指出工业的发展使天津由一个单纯的商业贸易城市发展成为以工业为基础，以商业、金融为主导，具有先进的交通通信设施的多功能的经济中心城市。①

近代城市经济发展史表明，商业贸易的繁荣、工业的增长和集中、城市文化的发达，以及较高的管理水平，必然吸引大量的农村人口向城市迁移。工商业发展迅速的上海，自然成为吸收外来移民最多的城市。1852年，上海只有54万人，1949年达到546万人。上海的人口增长基本来自外地移民，其中大部分来自江苏和浙江，1935年上海约有37%的人原籍浙江，53%的人原籍江苏，总共占上海总人口的90%。②不仅上海如此，其他工商业发达的口岸城市无不如此。天津在进入20世纪以后现代工业迅速发展，外来移民迁入较多。1906年天津城市人口42万，1910年达到60万，1925年为107万，1936年已达到125万，③超过北京成为全国第二大城市。

近代获得较快发展的条约口岸城市，有的原先因担任不同级别的行政中心而已有一定的人口数量和经济基础。例如，在被列入特别市和院辖市的10个条约口岸城市中，鸦片战争前南京、广州已经是有一定规模的工商业城市，而上海、天津则是重要的交通枢纽。尽管如此，这些城

---

①何一民：《试析近代中国大城市崛起的主要条件》，载《西南民族学院学报（哲学社会科学版）》1998年第6期。

②邹依仁：《旧上海人口变迁的研究》，上海人民出版社1980年版，第90～91、112～115页。

③罗澍伟主编：《近代天津城市史》，中国社会科学出版社1993年版，第455页。

市获得较快的发展，都是在近代。

世界舆地学社1937年出版的《中华最新形势图》，在简述各省城市的人文地理时，大多提到晚清民国的经济尤其是商业状况，使我们得以了解民国时人的看法：

上海："清道光二十三年，以鸦片战争之结果，依江宁条约，开为商埠，为我国最先中外通商之五口之一。以地当长江吐纳之口，南北洋及欧美往来之冲，举长江全域之精华，供其取用，世界各国之商品，经其吞吐，遂成全国贸易之中心，经济之首都，而为远东第一大埠。近来计算其总额，与今全国贸易总额之比例，常在百分之五十左右，可以想见其盛况。"①

天津："地当五巨川之会点，往时漕运所经，已臻繁盛。迨海道大通，辟为商埠，轮舶麇集，帆樯如织，后又兴筑铁路，北抵北平，南达浦口，东至沈阳，商旅络绎，贸易殷繁，黄河全域及漠南各省之货物，靡不聚散于此，遂为华北商务之中心。"②

广州："其地在海禁未开之时，已有外人通商；迨道光二十二年，正式开作商埠，海外侨商，咸来萃集，贸易大盛。今则借其水陆交通之便，滇黔粤桂及湘赣南部之货物，无不毕集于此，遂为南部第一大埠，我国五大贸易港之一也。"③

南京：因受太平天国战乱，民国政府建都前南京仅37万余人。"建都以后，冠盖云集，工商辐辏，乃日增月盛，至二十四年已达一百零一万三千余人。"④

据上所述，四大城市工商经济发展的主要原因，除南京主要依靠民国迁都以后政治中心的拉动之外，上海、天津、广州无不依靠开埠通商、对外贸易与现代交通的进展。

①《中华最新形势图》，"上海市"，世界舆地学社1937年版，第4页。

②《中华最新形势图》，"天津市"，世界舆地学社1937年版，第46页。

③《中华最新形势图》，"广东省·地方志·广州市"，世界舆地学社1937年版，第32页。

④《中华最新形势图》，"南京市"，世界舆地学社1937年版，第9页。

还有一些城市，如青岛、汕头、营口、烟台、大连、湛江、威海卫、旅顺、江门、海口等沿海口岸城市，在开埠前都不是县城，规模稍大的是一般的镇，而规模小的只是普通的村庄，原先人口并不多，开埠通商以后由于拥有较好的地理位置和自然条件，都获得迅速发展。

青岛原是胶州湾的小海口，1901年至1905年先后建成大小两个港口，1904年胶济铁路通车，此后近代工业迅速兴起，城市人口急剧增加。大连自1906年开作自由港，1910年成为东北最大的货物进出口贸易中心，1920年成为东三省南部最大的工业都市。1903年大连城市人口不到3万，1915年增长到近8万，1930年已发展到29.3万。[①]青岛和大连以后都成长为我国著名的工商业都市，并都成为院辖市，而台北、汕头、营口、烟台、湛江、威海卫、旅顺、江门、海口也因拥有一定数量的人口和工商业，民国时都建市。

甚至内地口岸城市借助于开埠通商和新式交通，往往也能得到较快的发展。例如，包头本萨拉齐一市镇，由于是西北和天津之间的货运枢纽，贸易兴盛。1921年开埠，1923年以今北京为起点的平绥铁路延伸至此，1926年设县，1938年设市，“其繁荣之程度，已驾于归绥（今呼和浩特）而上之，俨然内蒙（古）第一市场也”。[②]哈尔滨“昔时本一荒凉之村落，自俄国经略远东，以斯地为关东中心，乃筑东清支干路交会于此，并辟作商埠”，交通和贸易迅速发展，城市人烟日稠，“俨然为东北一大市场，有‘东方莫斯科’之称焉”。[③]

万里长江纵贯我国中部，流域内人口众多，资源丰富，水运方便，又有上海作为出海口，为近代发展较快的区域。众多的口岸城市在开埠以后都得到不同程度的发展，其中以汉口、重庆发展最快。汉口地当长江与汉水交汇口之北，为长江中游的货物集散地。1858年开为商埠，

---

①吴松弟等：《港口—腹地与北方的经济变迁（1840—1949）》，浙江大学出版社2011年版，第303～304页。

②《中华最新形势图》，“绥远省·地方志·包头市”，世界舆地学社1937年版，第79页。

③《中华最新形势图》，“吉林省·地方志·滨江”，世界舆地学社1937年版，第71页。

“陕甘豫晋滇蜀湘黔皖赣及本省之货物，咸萃于此，遂成中部贸易之中心，称为东方之芝加哥”。[①]1860年汉口人口约有10万，后因战争等原因，人口时有升降，到1948年达到84万。重庆居四川盆地的底部，为长江和嘉陵江的交汇点。1891年重庆开埠，“以地扼四川全省之锁匙，江域上流之枢纽，凡陕甘川康滇黔之商货出入长江者，胥以是为转迁之机轴，遂为长江上流第一大埠”。[②]1937年国民政府内迁重庆，重庆之城市工业和人口迅速增长。尽管1945年抗日战争胜利后大批内迁移民随内迁工厂迁回沿海，但重庆已成长为西南经济中心和大都市。

新疆位于我国的西北角，位置偏僻，工业化和城市化刚刚启动，但各条约口岸在开埠以后内外贸易仍得到一定的发展，省会迪化（今乌鲁木齐）尤其兴盛：“津、晋、湘、陇之商人及缠商密集于此，贸易以羊毛、皮革、布帛为大宗，繁华富庶之状况，冠于全省，有‘小南京’之号焉。”[③]1945年迪化设市，为新疆唯一的市。

晚清民国（截至1930年）被迫开放的条约口岸有79个，其中设市的有46个，约占条约口岸的58%，仍有33个未设市。其中，有设立在新疆、西藏、内蒙古、甘肃、云南、广西的通商口岸伊犁、塔尔巴哈台、喀什噶尔、吐鲁番、哈密、古城、库伦、肃州、蒙自、河口、思茅、腾越、亚东、江孜、龙州，设立在东北的铁岭、新民屯、通江子、法库门、绥芬河、凤凰城、三姓、龙井村、头道沟、百草沟、珲春、宁古塔、多伦诺尔等口岸。这些口岸，或由于边疆人口和经济相对落后的原因，或由于开埠较晚，尽管开埠后有了一定的发展，但尚未达到建市的要求，因而都未能建市。这一点，说明开埠通商和进出口贸易对条约口岸的地方经济和人口发展的推动作用的大小，还受到经济基础、地理条件和交通状况诸多因素的制约，并非都能收到较大的效果。

---

①《中华最新形势图》，“湖北省·地方志·汉口市”，世界舆地学社1937年版，第16页。
②《中华最新形势图》，“四川省·地方志·重庆市”，世界舆地学社1937年版，第24页。
③《中华最新形势图》，“新疆省·地方志·迪化”，世界舆地学社1937年版，第83页。

不消说以上那些位于人口密度较低、交通不便且又经济落后的地区的口岸，或贴近城市的规模较少的口岸，未能形成城市，即使一些早期开埠的沿海条约口岸，对外贸易和工业发展也未必都顺利，有的口岸也未达到建市的标准。例如，福州虽然是福建省城，五口通商口岸之一，但因多山，口岸通往腹地的交通极其不便，加上社会环境不安定等原因，贸易进展曲折。虽然1866年洋务派已在福州建立著名的福州船政局，但因区域投资不足，城市人口增长缓慢。1928年福州人口约34万，还不及开埠前。1933年福州设市，次年即废，直到1946年才复置。

第二节　非条约口岸城市的发展

茅家琦先生总结近代中国城市的发展道路，并将之分成两种类型，一类即上海、天津、广州等根据不平等条约对外开放的城市，外国商人利用获得的特权，经营工商业、公用事业以及文化教育事业，并占有租界，可以说是外国资本主义势力将这些城市推向近代化。另一类是非条约开放的城市，虽然受到条约开放城市的辐射影响，但主要是在传统社会经济的基础上，中国人靠自己的努力推动城市走上近代化的。前一类城市走上现代化具有特殊性，后一类城市走上现代化则具有普遍性。[①]

轮船、铁路、公路和航空都是近代兴起的交通工具，除航空因兴起较晚，民国时期尚不重要外，其他三种交通工具都在使用它们的城市中发挥了重要作用，或促使乡间荒村形成城市，或促进城市工商业的发展。

东北是我国较早大规模修建铁路的区域，其中以横贯满洲里—海参崴并在哈尔滨南下大连的中东铁路，以及自北京到沈阳的北宁铁路关外

---

①茅家琦：《总序》，见虞晓波：《比较与审视——“南通模式”与“无锡模式”研究》，安徽教育出版社2001年版。

段为东北较早的铁路。交通发达有利于工商业发展和城市规模的扩大，以上提到的大连、哈尔滨等重要城市的发展，既离不开开埠通商和现代工业的发展，也离不开铁路建设带来的交通的便利。18世纪末叶以前，长春尚为人烟稀少的荒原，以后因垦荒出现了聚落。1905年后南满铁路、中东铁路交会于此，1907年长春开埠，发展为东北中部最大的中心市场，奠定了后来成为东北大城市的基础。

东北还有更多在铁路建成以后，以车站为中心而兴起的中小城市。例如牡丹江，以前仅是中东铁路沿线一个荒凉的村庄，修图宁线（图们至牡丹江）时，牡丹江开始繁荣，到修建牡丹江到林口、林口到佳木斯、林口到虎头的铁路时，牡丹江已成为东北东部的一个中心城市。白城、北安、绥化、佳木斯、通化也都是铁路铺设促使村庄急剧扩展为城市的例证。依据《中华最新形势图》的城市说明，在铁岭、开原、通辽、洮南、安东、吉林、海拉尔、满洲里等中小城市的发展中，铁路开通都是重要因素甚至是首要因素。

关内地域广袤，东部、中部各省因修铁路而兴起的城市也不在少数。在北京、天津、上海、广州、青岛等特大型城市的发展中，铁路要素之重要自不必说，大量的中小型城市，如京汉、粤汉线上的石家庄、郑州、衡阳，津浦线上的德州、蚌埠，陇海线上的连云港，都是因铁路而兴，此后建为市。

石家庄1903年只是一个三四十户人家的小村庄，1905年和1907年随着京汉铁路全线竣工和正太铁路通车，成为冀晋两省的交通咽喉，从此商贾云集。抗战全面爆发前已发展为拥有6万余人、工商业为经济主体的城市。1939年设市，1940年已拥有20万人口。[①]

郑州是历史悠久的古城，但明清以来极度衰落，清朝光绪年间城市人口不过2万。1904年，京汉铁路修到郑州并于两年后全线通车，经过

---

①江沛、熊亚平：《铁路与石家庄城市的崛起：1905—1937年》，载《近代史研究》2005年3期；宓汝成：《帝国主义与中国铁路：1847—1949》，上海人民出版社1980年版，第610页。

郑州的陇海铁路的中段汴洛铁路1909年也部分通车。郑州成为中国重要的铁路枢纽，经济得到较快的发展，城市人口大幅度增加，在车站和旧城西门外形成新城区。1922年郑州自开为商埠，1937年已达8万人。[①]

蚌埠在20世纪初为夹淮河分布的两个小集镇，以北岸的小蚌埠较大，有50余户商号。1909年在此修建津浦铁路淮河铁桥，南岸蚌埠集顿时繁荣。1912年铁路全线通车以后日趋发展，蚌埠发展为安徽东北部的交通枢纽和商业重镇。1934年人口已达到10万人，1947年建市。

皮明庥先生和隗瀛涛先生在论述近代城市发展时，都将工业作为推动城市发展的重要因素。在他们列举的成都、北京、太原、唐山、安源、焦作、鞍山、本溪、南通、贵阳、兰州、玉门以及湖南冷水滩诸城市中，安源、焦作、玉门以及湖南冷水滩都是矿业城市，唐山、鞍山、本溪是在矿业的基础上同时发展为制造业为主的工业城市，而成都、北京、太原、南通、贵阳、兰州则是在原先的传统行政中心基础上逐渐发展近代工业，工业都是推动城市发展的重要因素。这13个城市，无一是口岸城市。

采矿以及相应的冶炼业，导致一批矿冶城镇的产生。唐山、安源、焦作因煤而兴，湖南冷水滩（锡矿）、甘肃玉门（石油）因采掘而兴。江西安源本是赣西人烟不稠的乡野，由于煤矿的开采，集结几万矿工和商民，形成数里长街，一时号称“小南京”。河南焦作的手工采煤业虽然开始较早，但规模不大。1907年英国中福公司出资修建道清铁路，将岔道直接修到了矿厂，同时焦作煤矿开始使用机器采煤，大大提高了煤的产量和销量。

有的矿业城市利用本地丰富的矿产资源，发展了相应的工业部门，成为重工业城市。唐山、鞍山、本溪即建立在本地发达的矿业基础上。

唐山原来只是个村庄。为解决北京和天津的煤炭供应，唐山开平煤矿自1882年开始，大规模使用机械动力进行开采，并用铁路运输煤炭。

---

①何一民：《中国城市史纲》，四川大学出版社1994年版，第358页。

此后，随着京奉铁路的通车，越来越多的工矿企业在这里设立并发展起来。到20世纪30年代，唐山已发展成以煤炭工业为主，人口达10余万的综合性城市。

鞍山原属于辽宁台安县境的农村，铁矿蕴藏丰富，甲午战争后清政府因军火生产需要在此招商采矿。1903年今长春至大连的铁路建成通车，设立鞍山站（即今旧堡站），并建立了铁路附属地。1904年日俄战争后日本取得沙俄的一切特权，鞍山仍属于铁路附属地，旧堡村由于车站所在日渐兴盛。1918年日本成立鞍山制铁所，1937年伪满洲国在鞍山设市，全市8万余人。到1945年，鞍山市近29万人。[①]

本溪本是辽阳州属下的集镇，1906年设县，属于奉天省。1911年日本财阀成立本溪湖煤铁有限公司，经中国交涉作为中日合办，此后开始在此铺设道路和桥梁，煤铁公司逐渐朝着具有采矿、选矿、炼铁、炼焦、化工、发电等多种能力的工业企业发展。1939年伪满洲国设立本溪湖市，人口近7万，1944年人口增加到18万余。[②]

工业对非矿业城市的推动作用，可以无锡、南通、苏州、太原、西安和北京为例说明。

无锡原是常州府属下的古县，清代为江南大米和土布的重要产区和交易中心。1865年遭太平天国战争毁坏的无锡米市再度恢复，成为全国四大米市之一。土布纺织业因洋布输入而逐年衰落，但蚕桑生产和土丝交易却日益兴盛。受邻近的工商业大都市上海的影响，1895年无锡的近代工业开始形成，金融业得到发展，城市基础建设相继起步。随着纺织业的发展，无锡也成为全国著名的棉花销售中心。1923年无锡开埠，1936年无锡的缫丝业、纺纱业的规模均在全国名列前茅。1949年4月无锡建市，市区人口近49万。

---

①鞍山市人民政府地方志办公室编：《鞍山市志·综合卷》，沈阳出版社1990年版，第244～248页。

②本溪市地方志编纂办公室编：《本溪市志》第一卷，新华出版社1991年版，第239、286、511页。

南通为通州治所。本是一个传统的中小商业城市，推动南通城市发展的近代工业，是由民族资本家张謇创办的。张謇利用当地丰富的原料棉花和有利的销售市场，发展了多家纺织工厂，以及冶厂、铁厂、印书局、酿造公司、面粉公司、盐业公司、肥皂厂、造纸厂、轮船公司、电话公司、房地产公司等企业。在此同时，又大力发展教育事业和各项社会事业。1937年南通公安局登记的市区人口达21万，1949年南通设市。

苏州是历史悠久的古城，在上海崛起之前是长江三角洲地区的经济中心，宋代以来一直以城市富庶优美、丝织业发达而著称。后受太平天国运动破坏，丝织业陷于停顿，直到19世纪80年代至90年代初才得到恢复和发展，19世纪末进入高潮时期，从业人员将近10万。1896年苏州出现第一家近代缫丝企业，1917年出现利用日本提花铁机，使用机器生产的近代丝织企业，同时还存在着大量的手工工场和独立的个体手工业者，直到抗日战争全面爆发前夕，机器丝织业才占了多数。尽管苏州的近代工业有一定的发展，但在长三角的经济地位却随着上海、无锡、南通的发展而降低，工业地位不仅不如上海，也不如无锡和南通，而贸易中心的功能也相形见绌。苏州市区人口1908年约为17万，此后直到二三十年代都没有超过30万，长期处于停滞状态。[①]

太原是山西省会，民国前工业规模不大。民国建立后，阎锡山在清末山西机器局的基础上建设太原兵工厂，军火以外的产业部门也得到发展。1927年采用机器生产的工厂共37家，大部分由地方政府投资，私营资本所占成分甚少。1932年以后军火工业大部分转为民用产品生产，太原形成了以重工业为主的现代工业体系。1919年太原市区人口不到4.6万，1924年达到8万余，工商就业人员占全部职业人口的55%。1947年太原建市。

---

①隗瀛涛主编：《中国近代不同类型城市综合研究》，四川大学出版社1998年版，第603～610页。

长期作为政治、文化和商业中心的北京，一直是以北方最大的消费城市而不是生产城市而存在，尽管这样，民国时期工业也有了一定的发展。到1936年，有“700余工厂，7万余工人”[①]，象牙雕刻、景泰蓝、地毯、宫灯、日用小商品和中成药的制作等远近闻名，并建立了制呢厂、煤矿、炼铁厂等一定规模的企业。不过，北京工业多为手工业生产，直到抗战胜利后仍然占80%以上。[②]由于现代工业发展缓慢，外地移民数量不多，城市人口长期增长缓慢，1917年为81万，1935年为111万，1948年为151万。[③]20世纪前夕，城市人口长期居全国第一的北京只好将第一位让给上海。到了20世纪的二三十年代，天津又超过北京成为华北人口最多的城市。

西安的第一家近代企业，是左宗棠1869年建立的西安机器局，建后不久便西迁到兰州。甲午战争以后清政府又在西安建立陕西机器局，用以生产军火。1904年，西安知府尹昌龄兴办陕西工艺厂，主要有竹工、木工、掌工、针工等手工业部门，此后手工纺织业与制革等手工业得以兴起。1937年陇海铁路关中线通车，关中的公路建设也开始展开，不久东部一些工厂内迁，西安的现代工业得到较大的发展，并重新成为西北的重要商埠。抗战胜利后来自东部的一些工厂回迁，西安的工业规模大幅下降。市区人口，1932年只有11万余，1937年近21万，1941年25万，后因内迁移民的迁入一度膨胀到50万，抗战胜利后又有较大的减少。由于长期发展缓慢，西安建市之路相当不平坦，1928年置市，1930年废，1932年西安为陪都，但仅设筹备委员会，并未设立市政府，直到1943年才正式设立西安市。

综上所述，非条约口岸城市走上现代化的道路，一方面不同于条约口岸城市，它们除了东北、台湾以及其他省份的个别地方，大多数并非

---

①《北平市工商业概况》，北平市社会局1932年印行，第1页。

②中国人民大学工业经济系编著：《北京工业史料》，北京出版社1960年版，第1～3页。

③韩光辉：《北京历史人口地理》，北京大学出版社1996年版，第131页。

外力直接作用的结果，而是内力推动的结果，相当多的城市甚至外国资本、政府资本（无论中央和地方）的投入都相当有限。另一方面，不同的非条约口岸城市，虽然大多是随着新形势下现代交通和工矿业的发展而得到推动，但在现代化道路上又表现出差异性与多样化。

南通和无锡近代经济发展较快，在全面抗战以前已成为长江三角洲地区仅次于上海的重要工业城市及各自区域的中心城市，其发展水平都超过了邻近的苏州（长三角传统中心城市）、镇江（通商口岸）、常州等原先经济水平较高的城市。有学者认为，南通、无锡是非条约口岸城市近代化的典型，而且都是民族资本家推动城市的工业化，无论中央政府还是地方政府都没有进行实际支持。它们走的是近代大工业与传统农副工业的紧密结合之路，都是从轻纺工业起步，充分利用当地的资源和劳动力条件，并与传统的农副工业紧密结合，将先进的机器工业与传统的农村家庭手工业融合在一起而形成一条以工业为中心，工农业协调发展的区域经济发展道路。南通和无锡具有地区特色的现代化道路，说明“中国城市化运动始终与开埠通商相关联，以商业化为自身发展的主要动力，迟迟没有完成向工业化的转变”这一观点，未必正确。当然，作者也指出无论是南通还是无锡，都以一定的商品市场为前提，而两个城市的近代化进程，都深受位于长江三角洲且后来发展为全国经济政治文化中心的最大的条约口岸城市上海的巨大影响。①

近代交通尤其是铁路在中国一出现，便显示出传统的交通工具无法比拟的巨大优势，既大大方便了各地物资和人员的流动，也改变了原有的经济地理格局和城市分布的格局，并涌现许多因交通而兴起的城市。石家庄、郑州、蚌埠一类城市都主要依靠交通枢纽而得到发展，车站先于城市而建立，车站附近首先发展为城市中心区就是最好的说明。另外，矿产资源是现代工业发展的动力之源和工业原料，对这些资源

①虞晓波：《比较与审视——“南通模式”与“无锡模式”研究》，安徽教育出版社2001年版，第3~4页、230~231、240~241页。

的巨大需求促使矿山得到开发，而要使矿产得到方便使用，还需要建立相配合的选、洗、粗加工一类工厂。因此，交通中心城市和矿业城市的兴起，相对于南通、无锡等以制造业为主的城市的兴起，显然要简单得多。当然，如果仅仅依靠交通和矿业，城市只能保持较小的规模，必须同时发展其他的工业部门特别是制造业，才能发展为规模较大的城市。由于资金、技术、文化、科技、商业等方面的原因，非口岸城市，尤其是交通中心城市和矿业城市，要发展成较大规模的工商业城市是比较困难的。因此，非条约口岸城市一般都保持中小城市的规模，只有北京等个别城市例外。北京是清朝首都和北洋政府的政治中心，尽管现代工业发展缓慢，仍是中国的特等城市之一。

在非条约口岸城市中，还有相当多的级别不同的行政区域的治所，如苏州、南通是府州治所，西安、太原是省城，北京是首都。这类传统行政中心城市的转型，值得认真研究。从近代城市的发展道路来看，传统城市近代工业企业的增长是推动城市朝着现代化方向发展的主要动力，而苏州慢于无锡和南通，北京慢于上海和天津，都说明城市产业的转型还受到政治、经济、文化、交通等多方面因素的制约。太原的工业之所以在北方引人注目，与阎锡山的重视和投资分不开，尽管这样，在相当长的时间中，在工业中就业的人口还远远不如商业。

另外，距离条约口岸城市的远近，直接关系着接收到国外和沿海的先进经济文化的多少，自然也对近代工业的形成和壮大产生重大影响。贵阳和兰州地处西部，尽管有若干近代企业，但直到抗战全面爆发前，工业仍十分落后，仅有一些小型的轻工业工厂。之后因沿海工厂、人口内迁和资金流动，两地的近代工业才有了较大的发展，便是说明。

第三节　近代城市的不均衡分布

自秦始皇在全国范围内实行郡县制以来，我国向来只存在着一种政区模式，即地域型政区。它是一种面状的行政区划，即省是国家的区划，县是省的区划，乡是县的区划，点状的城市始终不是政区的一种。中国大陆第一个具有行政区划单位意义的市，形成于广州。1920年，中华民国军政府任命陈炯明为广东省长，陈炯明企图使广州成为不受旧行政区划管辖的城市，委托从美国学成回国的孙科起草有关条例。1921年2月中旬，广东省署公议通过孙科所撰的《广州市暂行条例》，其第三条规定："广州市为地方行政区域，直接隶属于省政府，不入县行政范围。"这条规定实际宣告中国第一个城市型政区的诞生。1927年5月7日，国民党中央政治会议通过并公布《上海特别市暂行条例》，上海成为中国第一个直辖（特别）市。1928年7月3日，国民政府颁布《特别市组织法》和《普通市组织法》，至此全国先后设立南京、上海、北平、天津、青岛、汉口、广州7个特别市，并建立若干省管辖下的普通市。从有关市设置的资料来看，在相当长的时间中，人口和税收是国民政府批准各地设市的主要标准。①自此以后，"市"的数量多少及其等级高低，成为判断区域经济繁荣与否以及特定城市地位高低的一个标杆。

我国地域广袤，各区域的历史和地理相当复杂，前近代经济发展水平相差甚大，近代以来接受现代化影响的早晚又有所不同，由此导致民国市的分布呈明显的不均衡的状态。

①吴松弟：《市的兴起与近代中国区域经济的不平衡发展》，载《云南大学学报（社会科学版）》2006年第5期。

一、不同区域在城市总数中所占的比重分析

民国时期共设立过151个市，由于缺乏全面精确的人口统计，只统计到其中的90个市的人口数量。由于90个市已占全国市的数量的60%以上，借此分析各地区市的人口数量的等级规模，仍具有一定的合理性。

表2.2　中国市的人口等级规模（1933—1936年）

人口规模（万）	数量	市的名称
大于200	1	上海*
100～200	4	北平、广州*、天津*、南京*
50～100	4	汉口*、杭州*、青岛*、沈阳*
20～50	18	成都、长沙*、大连*、济南*、武昌、哈尔滨*、苏州*、福州*、保定、开封、重庆*、南昌、无锡*、宁波*、长春*、镇江*、温州*、周口
10～20	33	徐州*、扬州、南通、绍兴、嘉兴、芜湖*、安庆、蚌埠*、景德镇、沙市*、宜昌*、衡阳、自贡、厦门*、汕头*、佛山、昆明*、贵阳、威海*、济宁*、烟台*、太原、西安、汉中、兰州、安东*、营口*、旅顺*、锦州*、抚顺、吉林*、张家口*、西宁
5～10	30	常州、泰州、金华、衢州、亳州、阜城、合肥、九江*、赣州、江门*、肇庆、南宁*、梧州*、桂林、唐山、山海关、潍坊、周村*、石家庄、郑州*、洛阳、安阳、许昌、大同、辽阳*、迪化*、银川、齐齐哈尔、归绥*、包头*

资料来源：城市名称和人口数量见沈汝生：《中国都市之分布》，载《地理学报》1937年第4卷第1期。

注：带*为通商口岸城市。

据表2.2，人口规模200万以上的第一大城市上海，100万～200万的特大城市北平、广州、天津、南京，50万～100万的大城市汉口、杭州、青岛、沈阳。以上规模的市共9个，8个位于沿海省份，只有汉口位于内陆省份，内陆城市只占全国人口50万以上的大城市的11%。而且，汉口的城市人口规模要远远小于9个中的至少5个。人口众多的大城市主要分布在沿海省份，是表2.2给人们的第一个印象。

在中小规模的市的数量中，内陆城市所占的比重低于沿海城市。其中，人口20万～50万的18个城市，8个位于内陆，10个位于沿海。人口10万～20万的33个城市，14个位于内陆，19个位于沿海。人口5万～10万的30个城市，15个位于内陆，15个位于沿海。因此，人口居中小规模的城市数量，沿海地区仍然多过内陆地区，是表2.2给人们的第二个印象。

总之，中国的市，无论人口规模处于何种等级，沿海省份占较大的比重，而且人口规模的等级越高，沿海省份所占的比重也就越高，至于人口数量众多的大城市，可以说绝大多数都集中在沿海省份。

二、通商口岸城市在市的总数中所占的比重

据表2.2，若将中国的广大地区，分成沿海地区、沿海省份的其他地区和内陆省份三类的话，通商口岸城市在各地区的市的数量中所占的比重，表现出从沿海向内陆不断下降的趋势，从沿海地区的64%，下降到沿海省份其他地区的32%和内陆省份的30%；而在内陆省份，又表现出通商口岸在市的数量中所占的比重，长江沿岸高达54%，其他地区只占24%。显然，在沿海地区和内陆省份的长江沿岸，通商口岸城市已成为市的主要部分，而在沿海省份的其他地区和内陆省份的其他地区，通商口岸城市在市的数量中并不占重要地位。

以上系通商口岸城市在不同空间的城市数量中所占的比重，如果分析它在全国不同等级的城市中所占的比重，又会得出什么结论呢？据表2.3，

在直属中央的7个特别市和12个院辖市中，通商口岸城市分别占了86%和83%，可见除个别市之外，重要的市几乎都是通商口岸城市。

表2.3　通商口岸城市在不同行政等级的市中所占的比重

类别	数量	通商口岸城市数量	通商口岸城市占比重（%）	通商口岸城市名称
特别市	7	6	86	南京、上海、青岛、天津、广州、汉口
院辖市	12	10	83	南京、上海、青岛、天津、广州、汉口、重庆、大连、哈尔滨、沈阳

如从表2.2所示的人口规模等级的角度来看，人口200万以上的全国第一大城市上海是通商口岸，人口100万～200万的4个特大城市中3个是通商口岸，人口50万～100万的4个大城市都是通商口岸。甚至在人口20万～50万和人口10万～20万这两个等级的城市中，通商口岸城市也占到67%和52%。只有在人口5万～10万这一等级的城市中，所占比重才下降到37%。据此不难得出这样的结论：中国重要的市大多是通商口岸，全国城市人口的大部分都生活在通商口岸城市。

近代以来，中国的城市发展呈相当不平衡的状态，有的城市得到较快的发展，有的城市却走向衰落。得到发展的城市除少数之外，大部分是通商口岸城市。20世纪40年代后期，中国12个最重要的大城市（院辖市）除北京和西安之外，上海、天津、广州、南京、重庆、青岛、哈尔滨、沈阳、汉口、大连10个大城市均是开埠通商城市。

依照如上的考察，不难发现通商开埠和对外贸易对近代城市发展的重要意义。事实证明，凡对外贸易比较发达的通商口岸城市，其城市化的发展进程比非通商口岸都要迅速得多，开埠通商和对外贸易对早期现代化城市形成和发展的推动作用无疑具有一定的普遍性。

从上述城市在晚清时期行政区划体系中的地位来看，北京是首都，西安、广州、南京、沈阳是省城，天津、重庆是府城，上海、汉口是县城，青岛、哈尔滨、大连只是普通的村庄。显然，近代重要的城市中，大部分城市或者只是较低级别的行政单位的治所府城与县城，或者干脆只是村庄。担任首都和省城的只有5个城市，在大城市数量中只占小部分。

需要指出的是，北京和西安之所以名列12个重要的城市之中，主要基于政治的原因而非工商业发达。1933年列入中国工业最发达的12个城市（不包括东北和台湾），北方有天津、青岛、北京、西安4个城市，通商口岸城市天津和青岛合计占了全部工厂数的52%、工人数的70%、资本额的76%，占生产净值的比重更高达88%。北京虽然工厂数和工人数超过青岛而居第二，但资本数和生产净值均不如青岛。深居内陆的西安的各项数据更远远少于沿海的3个城市，尤其是口岸城市天津和青岛。[①]显然北京由于是前朝首都和北洋政府的中心而保持较多的人口并成为交通中心，但其工业规模远不及天津和青岛。而西安1928年置市，1930年废市，地位如此重要的西安仅仅设市两年即废市，以后又长期不设市，表明其工商业经济的落后和城市人口尚少。如果不计北京和西安，则大城市中治所级别较高的行政中心城市占比还要少。

以上系按照内陆、沿海的区分，讨论不同地带在中国城市人口中所占的地位。张朋园先生在探讨湖南省的早期现代化问题时，列有《中国沿海沿江各省都市人口》一表，说明城市人口占当地人口的百分比。[②]据此表，民国前后，中国沿海沿江各省城市人口超过当地人口总数6%的，已有广东（1902年，8.1%）、浙江（1921年，14.05%）、江苏（1921年，上海尚未分置，19%）、山东（1922年，6%）、直隶（1920年，天津尚未分置，7.9%）、东三省（1915年，10.2%）。考虑到广东的统计年度比其他省都要早了18年—20年，20世纪20年代初城市人口占全省人口比重

①严中平等编：《中国近代经济史统计资料选辑》，科学出版社1955年版，第106页。
②张朋园：《湖南现代化的早期进展（1860—1916）》，岳麓书社2002年版，第411页。

无疑要比1902年高出很多。20世纪20年代城市人口占全省人口比重最高的是江苏、浙江、广东三省，其次是东三省、直隶和山东。

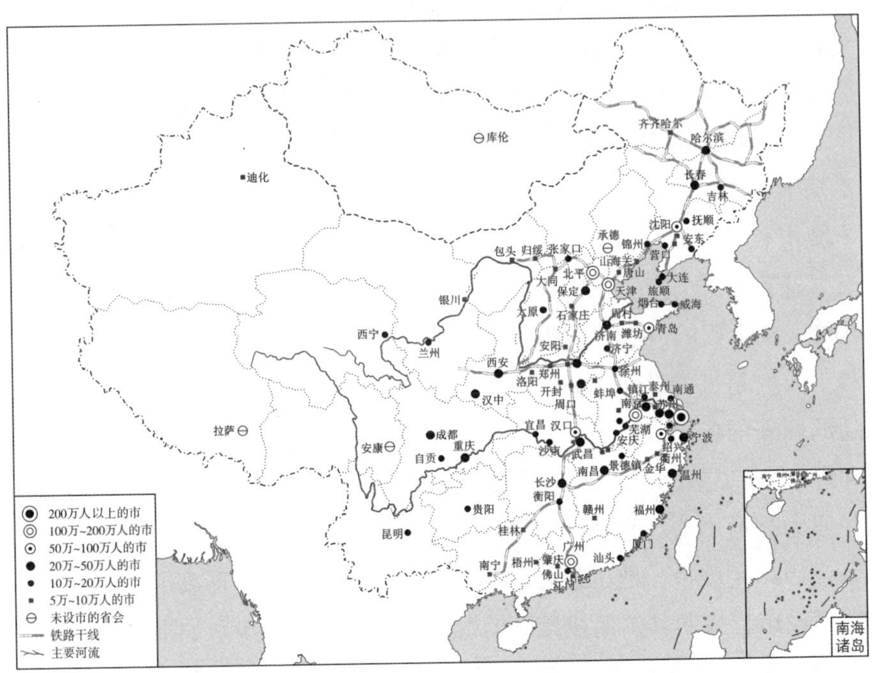

图2.1　20世纪30年代中国不同等级的城市分布图

资料来源： 底图由吴松弟在谭其骧主编《中国历史地图集》第八册（中国地图出版社1987年版）基础上修改而成，数据见本章表2.2。

注： 民国时期共设过151个市，本图仅显示沈汝生《中国都市之分布》一文中有人口数量的90个市。

第四节　传统城市的转型和不同城市的两元并峙

一、传统的行政中心城市向近代工商业城市的转型

1840年鸦片战争以前，我国传统的城市绝大部分都是不同区域的行政中心。它们在所管辖的行政区域内，往往因拥有较好的地理位置和交通条件，集聚了较多的消费人口，同时也发展为区域内贸易和工商业最发达的城市，有的甚至在全国占有一定的地位。1840年以后那些开埠通商的行政中心城市，在新的形势下工商业加速发展，城市面貌发生较大的变化，城市人口数量增加数倍，城市规模急剧扩大。

在民国早期的7个特别市和后期的12个院辖市中，北平是定都南京以前的首都，南京、天津、广州、沈阳、西安设市前本是省城，有的设市以后仍是省城，重庆长期担任府城，而上海、汉口则是县城，只有青岛、大连、哈尔滨原先是县下的聚落。除了这些大型城市，大量的中小城市同样如此。在民国时期的151个市中，相当多在设市前分别担任过省、府州、县的行政中心。因此，近代城市的成长，不仅表明了城市工商业的发展，也表明了传统行政中心的转型。

这些城市，如何从古代经济功能并不突出的行政中心型城市，转化为近代工商业发达，主要依靠工商业而得到发展的经济中心型城市？在具备什么条件时才可以转化？不妨以省城为例，对此予以探讨。

到1949年9月底止，中国省一级的行政区域，除了西康、西藏和内蒙古三个以牧业经济为主的地区，其他各省都设了市，省城尤其如此，凡清末的省城全部设为市，民国才开始担任省城的城市也大部分设为市。然而，各省城转化为市的历程却各有千秋。

抗战以前设市并在以后长期维持下来的省城，计有广州、杭州、天

津、昆明、济南、成都、长沙、沈阳、齐齐哈尔、武昌、归绥、吉林等。这些省城，近代以来经济都有较大的发展，并在省内有着较高的地位。

《中华最新形势图》说：广州是“南部第一大埠，我国五大贸易港之一也”；杭州“户口殷阗，商旅辐辏，特产饶富，工艺兴盛，为东南一大都会”；天津“黄河全域及漠南各省之货物，靡不聚散于此，遂为华北商务之中心”；昆明“无论在政治、军事、商业、文化、交通上，皆为全省之中心，西南一大都会也”；济南在胶济铁路开通和自开商埠后城市得到扩展，而“工商之盛大，与青岛相伯仲”；成都“城内人烟稠密，市肆繁昌，我国西部第一大都会也”；长沙“户口殷繁，工商辐辏，繁富冠于全省”；沈阳“夙为关东政治、军事之枢纽，东三省第一大都会也”。由于区域开发较晚，黑龙江（当时范围主要集中在嫩江流域）没有特别繁荣的城镇经济。《中华最新形势图》对齐齐哈尔和其他城市的经济都无较高的评价。然而，直到1949年为止，齐齐哈尔都是黑龙江省内唯一的市，足以表明其地位。总之，上述省城在民国时期不仅保有作为省会的政治中心地位，而且由于经济发展，也成为省内的经济中心。它们不仅成为省内最早建立的市，而且长期维持下来。

归绥、武昌、吉林也是抗战以前设市的省城，但它们在省内的经济地位并不如上述省城那样高。绥远省经济最发达的城市，不是归绥，而是包头。

在湖北省内，武昌、汉口和汉阳三镇既各具不同的城市功能，又地域相连，“武昌为政治之都市，汉口为经济之都市，汉阳为工业之都市。鼎足分峙，气息相通，实一而三,三而一也”。汉口和武昌有过多次的组合建市和分别建市的过程，作为政治都市的武昌经济上不如作为经济都市的汉口发达。

吉林虽然长期担任吉林省的省城，但清末以来中东、南满、吉长三条铁路在长春交会，长春开埠以后经济发展速度超过吉林，“遂为关东中部一大都会。贸易范围，几及三省全部，故商况之盛，省会不逮也”。

抗战以前安庆、福州、开封、西安等几个省城也都建过市，但以后又一度撤废，此后过若干年再重新建市。其中，安庆在1927年设市，但三年后便并入怀宁县，1949年又设过，不久再废，直到1950年再设置县级市。福州1933年建市，次年撤，1946年复置。开封于1927年成立市政筹备处，1929年改组为市政府，但第二年便遭裁撤；此后1936年1月复置，当年又废，直到1948年再置。西安于1928年置市，1930年废，1932年中央政府定西安为陪都，并将之改名西京，直属行政院，但仅设筹备委员会，并未设立市政府，直到1943年才正式设立西安市。这些省城之所以市设而复撤，主要是经济和城市发展速度较慢，不符合中央政府建市的人口和经济标准。

《中华最新形势图》说：南昌“户口之殷繁，街市之繁华，贸易之兴盛，均冠于全省”；贵阳“为全省政治、军事、工商、交通之中心”；兰州“俨为西北一大都会”；银川“为本省唯一之都会”；西宁向为青海经济中心，“凡全省对外省之贸易，胥集中于此”；张家口“贸易以牲畜、皮毛、茶叶、绸缎为大宗，繁盛冠于热察绥三省”，城市地位远高于其他城市；迪化“繁华富庶之状况，冠于全省，有‘小南京’之号焉”；阳曲“为全省交通之大中心……盖为全省政治、教育、经济之重心点也”。乌兰浩特原名王爷庙，1947年5月1日全国第一个少数民族自治政府——内蒙古自治区人民政府在此成立，同年11月改名乌兰浩特市，1949年12月内蒙古自治区人民政府西迁，1964年7月取消市建制。

据此，南昌、贵阳等9个省城，在成为市之前，一般都是区域内的行政中心，同时也是贸易或经济中心。

承德、桂林、通化、保定、镇江5个省城的情况不同于南昌等省城。

在热河省内，最早建立的市不是承德，而是赤峰，1945年8月赤峰设市，1947年废，1948年复设，在赤峰重新设市之年承德建为市。据此，当时赤峰的经济地位不在承德之下。

桂林向为广西省城，因偏在省的东北，对于边疆鞭长莫及，1912年移省城到南宁（时称邕宁）。考虑到边疆形势的改变，1936年省会再迁桂林。1950年2月又迁回南宁。1940年桂林设市，1949年南宁设市。《中华最新形势图》说桂林："城内街市，尽属旧式，尚无新都市之气象。商业昔颇繁盛，自省会南迁，日形凋敝，今迅复旧观。而以自古为西南名城，得中原风气最先，由来人文称盛，虽在省会南迁时，终不失为全省之文化中心。"说南宁："城市经近年努力经营，马路日辟，绿荫扶疏，颇有新都市之气象，商业已尚繁盛。已于清光绪三十三年（1907）自开为商埠，左右二江流域之货物，胥集中于此，在本省中繁荣仅亚于苍梧（今梧州）而已。"据此，当时南宁为政治中心，桂林为文化中心，而梧州则为商业中心。

通化于1942年设市，原是伪满洲国的通化省省城，后安东、通化二省合并为安东省。通化是安东省的省城，但其经济实力似乎不如安东。1949年改设辽东省，以安东为省城，通化为省辖市之一。

河北省城原在天津，1935年天津分设中央直辖市，河北省城移到保定。保定在河北省内的经济地位不如被称为"我国有数之矿工业都市"的唐山，石家庄兴起后更加相形失色。1921年保定县城有8万人，比同时期石家庄6000人多10余倍；但到1932年，保定县城仅剩4.2万人，石家庄增至约9万人，远超保定。石家庄1939年设市，而保定则于1948年才设市。1958年以后河北省会移到天津，后又移到石家庄，保定不再担任省会。

国民政府定都南京以后，江苏省会从南京移到镇江。镇江原是我国南北物资转运中心之一，到了晚清时期，因津浦、陇海铁路相继通车、运河不用于漕运，镇江经济地位日形衰落，在省内不如无锡、苏州、徐州等城市。1949年设市时不过是县级，当时江苏被分成苏北、苏南二大省级区域，苏南的首府在无锡而不在镇江，镇江成为镇江专区下辖的县级市，而无锡、苏州都是地级市。

以上我们已历述了各省会城市的设市状况。如果对照这些不同时期建立的市的行政等级和人口数量规模等级，我们会发现二者之间存在着某种联系。

表2.4　不同时期设立的省会市的行政等级与人口数量等级

人口规模（万）	抗战前设的省会市数量	城市名称	抗战时期和抗战后设的省会市数量	城市名称
100～200	2	广州、天津	—	—
50～100	2	杭州、沈阳	—	—
20～50	4	成都、长沙、济南、武昌	5	福州、开封、南昌、镇江、保定
10～20	2	昆明、吉林	7	安庆、西安、贵阳、兰州、西宁、张家口、太原
5～10	2	齐齐哈尔、归绥	3	银川、迪化、桂林
—	—	—	2	承德、通化

资料来源：沈汝生:《中国都市之分布》，载《地理学报》1937年第4卷第1期。

据表2.4可见，无论是省会市的行政等级还是人口数量等级，抗战前设立的省会市普遍高于抗战期间和抗战以后设立的省会市。抗战前设立的省会市大多位于沿海省份，抗战期间和以后设立的省会市大多位于西部和边疆地区。福州、开封、安庆、南昌、太原等虽然没有位于西部或边疆，但建市较晚自有其政治、经济的原因。其中，福州、开封、安庆、西安等市在设市后经历过撤废、再置的反复过程，直到抗战以后才最后确定。

综上所述，民国时期各省的省城普遍设为市，但设市的早晚和过程有所不同。凡是较早设市的省城，不仅大多位于相对发达的沿海省份，而且也是近代经济发展较快、集省内行政中心和经济中心于一体的城市。凡是设市较晚的省城，大部分是由于位于近代生产力发展相对缓慢的西部和边疆地区；还有一部分虽然位于经济相对发达的地区，但由于发展速度慢于其他城市，城市仅仅是行政中心而不是同时兼经济中心，在市的设置上不得不经历了设而复撤，然后再设的反复过程，因此影响了设市的进度，有的最终还将行政中心的地位让给了新兴的经济中心城市。因此，省会市建立的早晚及其城市行政等级与人口等级的大致一致，既反映了中国近代先进生产力从沿海向内陆推进过程中产生的地区经济差距，又反映了省内各城市经济发展速度差异对行政区划制度的影响。

尽管人们对近代中国城市的类型有多种不同的看法，但大部分的类型都可归纳为工商业城市和行政中心城市两大类。上述多个省城城市的引用资料表明，即使是传统的行政中心城市，也已兼具经济功能。如果不能完成这种转变，传统的行政中心城市势必走向衰落。在工商业城市，依靠工商业谋生的家庭的户数超过依靠其他职业谋生的家庭户数。这种工商业城市并不仅仅消费从农村运来的物资，同时也将自己生产的各类工业产品运到农村。而且，农村需要购入或运销的物资往往也要通过工商业城市中转，城市的商人不仅组织物资流动，往往还掌握价格的制定。城市不再是古代难以脱离本地乡村而存在的聚落，而是掌握农民经济命脉的超级大鳄。城市工商业的发展促使农民流入城市，大量增加的流动人口给城市带来空前未有的管理上的压力。在这种背景下，沿用两千年的将城市作为农村一部分加以管理的省府州县制度面临着挑战，需要采取城乡分治的办法，创造出完全不同于管理农村的城市管理制度。

二、两类中心城市的并立和合一

民国时期设立的市，大致上属于两种类型，一类是开埠通商以后发展起来的新兴工商业城市，一类是因担任省会和交通中心而继续保有一定繁荣和人口的传统行政中心型城市。总体而言，第一类城市主要是在通商口岸及其通往内陆的交通网络上的交通与商业中心，第二类城市各地都有分布，而其现代化的进展程度大体自东向西递减。

各省都存在着两种不同类型的城市。由于相当多的新兴工商业城市原先并非行政中心，或者只是较低级别的县级行政中心，而行政中心城市的现代化程度特别是现代工业和商业的发展又不如新兴工商业城市，城市人口往往也少于新兴的工商业城市，于是在同一省内存在两种不同类型的城市的同时，还存在经济中心和行政中心并立的状况。当然，所说的并立，并非行政中心城市没有工商业，而是其工商业的规模和水平不如经济中心城市。

这种行政中心和经济中心并立的情况，在以上提到的热河省、广西省、安东省、河北省、江苏省都有存在。在热河，行政中心在承德，但其商业中心在赤峰。在广西，行政中心在桂林和南宁之间一再移动，而省内的商业中心在苍梧，南宁商业次之，桂林则以文化中心而著名。在安东，行政中心在通化，经济中心在安东。在河北，行政中心在保定，经济中心在石家庄。在江苏，行政中心在镇江，而其经济不如无锡、苏州、徐州等城市。

如果我们将考察的时间和空间范围放大。可以看到类似的行政中心城市和经济中心城市并立的现象，还可以在许多地方看到。

青岛兴起后，山东省的行政中心在济南，经济中心在青岛，青岛的城市人口数量也超济南。

辽宁省（原名奉天）的行政中心一直在沈阳，近代营口开埠后成为“东三省贸易之总枢”。当大连取代营口的位置后，辽宁的经济中心移到大连。

吉林省的行政中心在吉林市，当其辖区拥有今黑龙江省的部分地区时，其经济规模不如哈尔滨和长春，当其辖区大致和今吉林省相当时，则行政中心在吉林，经济中心在长春。

在绥远省，行政中心在呼和浩特，经济中心在包头。

当武昌、汉口和汉阳并未形成统一的武汉市时，湖北省行政中心在武昌，汉口为商业中心，汉阳为工业中心。

安徽省会一向在安庆，但安庆近代工商业不如芜湖和蚌埠，而合肥则为全省交通中心。《中华最新形势图》说："安徽省会，怀宁（即安庆）偏于西，芜湖偏于东，蚌埠偏于北，以地位论，实以合肥为最宜。"换言之，安庆既无地理之优势，工商业又不如别的城市。

福建省会在福州，但近代工商业已不如厦门。厦门"五洲船舶，万国商人，咸来萃集，繁盛乃甲于全省"，福州只能屈居其次。

河南省会一向在开封，但自京广铁路和陇海铁路修成后，郑州成为河南交通中心，"形势之重，远过省会"，工商业也蒸蒸日上，繁荣已经超过开封。

开埠以后，重庆工商业发展迅速，民国政府迁都重庆时期成长为西南最大的经济都会。此后直到重庆成为中央直辖市，四川省的行政中心在成都，经济中心在重庆。

江苏省在上海市成为中央直辖市之前，行政中心在南京，经济中心在上海。

类似的行政中心与经济中心二元并立的状况，不仅在许多省的省级层次有表现，在府级甚至县级层次都有所表现。

汕头原为潮州府境内的滨海小镇，1860年开埠之后，"凡韩江所经，广东东部、福建南部及江西东南隅之所出入货物，均以此为转输之地，贸易之盛，本省中舍广州外无与伦比"，[①]成为潮州府境内的经济中心。

烟台"本福山县一渔村"，后逐渐取代了登州的地位，成为胶东的经济、政治中心。20世纪30年代，烟台特别市的人口已达15万。

今辽宁开原县城原名孙家台村，位于旧县城东南18里，后因铁路车站设于此，逐渐成为沈阳以北、长春以南的最大的货物集散中心。1908

①《中华最新形势图》，"广东省·地方志·汕头市"，世界舆地学社1937年版，第33页。

年孙家台只有226人，1918年增加到1.2万人。当孙家台因铁路而获得迅速发展时，开原旧县城却日渐衰落，在县境内的地位远不如孙家台，此后县城迁到孙家台。

如果我们将视野放到比省更大的范围，也可以找到同样的例子。例如，北京和天津。北京既是中国的首都，也是北方的政治中心，而天津则是北方的工商业中心。又如北京和上海，北京是首都，全国的行政中心，而上海则是全国的经济中心。

当发展迅速的工商业城市的经济地位和人口超过区域内的行政中心时，有的区域便将行政中心迁入区域财政的主要提供地，经济蒸蒸日上、各方面日新月异的经济中心城市，从而实现新的政经合一。就省会而言，吉林省的长春取代吉林，安徽省的合肥取代安庆，河南省的郑州取代开封，河北省的石家庄取代保定，广西的南宁取代桂林，辽东省的安东取代通化，都是这方面的例子。

这种行政中心从传统的行政中心城市移到发展迅速的工商业城市的状况，不仅出现在省域，也出现在府域、州域甚至县域。例如，烟台原属于登州，1913年民国政府改登莱青胶道为胶东道，治所在烟台。今上海市所在区域，在清代属于松江府和太仓州，两地的治所分别在松江区和江苏的太仓县，市区所在属松江府上海县；1914年，以此两府州及海门直隶厅辖境置沪海道，以上海县为治所，松江和太仓等原府州治所降为沪海道的下属县。广东东部旧潮州府的中心向来在潮州治所所在的海阳县（今潮州市），近代随着贸易的发展，汕头兴起成为府境最大的城市，并演变为区域行政中心，最后以汕头作为地区名。厦门原属于福建泉州同安县，城市兴起后成为周围数县的行政中心，厦门市亦成为这一行政区的专名。

如果行政中心没有发生相应的转移，特定行政区域便会维持行政中心和经济中心双峰并峙的局面。例如：山东的济南与青岛，福建的福州与厦门，内蒙古的呼和浩特与包头。另外还有一些重要城市，民国时期则被改为中央直辖的特别市（南京、上海、青岛、天津、广州、汉口），或院辖市（南京、上海、青岛、天津、广州、汉口、重庆、大连、哈尔滨、沈阳）。今天，中央直辖市除首都北京外，还包括上海、天津、重庆。

综上所述，中国传统城市的显著特点是城市不仅作为行政中心而兴起，还因作为行政中心而发展了一定规模的工商业，从而具有政经合一的特点。近代化浪潮使得传统城市不得不通过发展近代工商业完成转型，在保持行政中心地位的同时努力使自己保持经济中心的地位。如果不能完成这一转型，传统城市的发展便处于停滞状态，其经济地位和城市地位便落后于区域内的一个甚至多个工商业城市，从而导致行政中心和经济中心分离，并出现一些行政中心从传统行政中心城市迁移到新兴的经济中心城市的现象。因此，新兴城市不依赖城市的行政地位获得发展，传统城市通过发展近代工商业以完成转型，以及因发展不均衡导致的行政中心和经济中心相分离，行政中心从传统的行政中心城市向新兴的经济中心城市迁移的四种现象，无疑是传统城市的性质已发生了根本性改变的一个重要体现。

第五节　城市空间的改变

1840年鸦片战争爆发，在英国坚船利炮的打击下，清政府被迫打开了国门。我国沿海、沿江地区以及西北、西南、内蒙古等沿边地区的口岸开埠，从而形成了一系列通商口岸城市。到清末，这些城市形成了以上海为中心，南北沿海、东西沿江两条城市轴线，口岸城市共一百多个。不平等条约、租界、治外法权、协定关税、外资引入都对这些口岸城市的经济与城市景观产生了深刻的影响，同时这一历史事件也逐渐改变了中国城市内部空间结构。

一、城墙的拆除

中国传统的城市多有城垣。在冷兵器时期，城墙是极为重要的防御工程，特别是古代中国城市不以经济发展为主要目标，城市是各级政治中心，因此带有军事防御性的城墙就成为早期中国城市的重要标志。每当论及中国城市时，大多用“有围墙的城市”来形容。开埠之前，作为各种行政中心的城市大都有不同等级的城墙围绕。

鸦片战争之后，随着国门的打开，近代工商业首先在开埠城市中得到发展。伴随着近代化过程，开埠城市中人口迅速增加、建成区不断扩展，交通运输在整个经济中的重要作用日益凸显。而旧有的城墙不仅限制了城市区域的扩张，更因为它对城市交通的阻滞，从而成为城市发展的限制性因素。因此在近代，特别是民国以后由开埠城市发轫并渐及全国的拆城运动，促成了这一时期中国城市空间的演变。

最早拆除城墙的城市是天津，这与它的城市发展历史有着密切的关系。

天津修建城墙的历史并不算久远。明永乐二年（1404）始设天津卫，作为军事性的据点，天津于次年兴筑卫城。入清以后，天津逐渐由军事城邑转为地方行政中心，并于雍正九年（1731）升为天津府。虽然天津升为府城，但它的城墙却一直沿用卫城城墙，周九里十三步，高三丈五尺，辟四门。因此，明清时期天津的城市发展并没有局限在城墙内，“城西北沿河一带旧有杂粮店，商贾贩粮百万，资运京通，商民均便”，形成商业区。清乾隆年间，天津的城墙更是沦为象征之物，城外人口密集，商业兴盛。[①]正因为此，在第二次鸦片战争后，鉴于天津城市状况，僧格林沁奏请在城外增筑濠墙，意图将当时天津真正的城区全部围

①罗澍伟:《一座筑有城垣的无城垣城市——天津城市成长的历史透视》，载《城市史研究》1989年第1辑。

圈在内，并从海河一侧筑起一道城墙。但此举旋即在列强的压力下被迫放弃。1900年八国联军占领天津时，列强成立都统衙门对天津城区行使管辖。1902年，根据《辛丑条约》，天津城墙被拆毁，改建成环城马路，使得天津成为中国近代史上第一座拆除城墙的城市。

天津城墙的拆除以及这一事件对城市经济所带来的积极影响，引起了其他开埠城市的注意。上海、广州等城市起而效之，一场全国性拆城运动悄然拉开了帷幕。

上海在开埠之前，虽然商业十分繁荣，但行政级别不过是江南一大县而已。开埠之前，虽在小东门（今十六铺一带）形成了繁华的市场，但作为城市来讲，上海基本上仍局限在高大的城墙内部，与天津颇为不同。

开埠以后，外国租界在上海县城北郊兴起，迅速取代上海县城原有的商业中心地位。上海县城在失去了中心地位的同时，还因城门低隘，车马壅阻，行旅不便，严重影响到商业的发展。因此在租界区域日新月异之际，上海县城日渐颓败。或许是受到天津拆城的启示，自晚清起邑人就有拆城之议。光绪三十二年（1906）地方士绅姚文枬领衔具禀上海道呈请拆城，得到上海道台袁树勋的支持，却遭到守旧派的强烈反对。守旧派成立城垣保存会并呈请督抚请禁拆城。两方争执不下，只得以增辟城门、筑造马路的折中方案解决。然而随着租界日辟，上海县城更形逼仄，拆城之议甚嚣尘上，终于辛亥革命后，在上海民政总长李平书及姚文枬等人的积极推动下，组成城濠事务所，于1912年初开始拆城。拆城后在原城墙墙基上修筑马路，变壕堑为通途，极大地改善了上海旧城区域的城市交通，同时使孤立、封闭的城市空间发生变化，促进了上海华界区域的经济繁荣。

与天津、上海不同，广州的城墙有着极为悠久的历史。长期作为岭南地区行政中心的广州，它的行政级别与城池规模也非津、沪可比。早在北宋时广州就筑有东、西城，奠定了广州城垣的基本格局。明洪武年间，永嘉侯朱亮祖扩建旧城，以后再将城池扩张至越秀山麓，南临珠江。当时的广州城墙周长二十一里，辟有八门。嘉靖间广州再增建新城，清顺治间又添翼城。自此之后广州城市格局及规模一直维持到清末。

辛亥革命后，都督胡汉民设立工务司，曾计划仿效天津拆除城墙并将之改筑为新式街道，但未有后续之举措。1918年10月，广州设立市政公所，具体负责拆城并规划街道。但拆城事宜一直要到1921年广州正式建市后才再次提到议事日程。时任广州市长的孙科致力于拓展市区马路以利广州城市发展，也正是在他的推动下，广州的城墙逐步拆除完毕。可见，广州的拆城之议虽与上海几乎同时提出，但拆城过程却比上海更为周折。

地处内陆的城市，拆城过程远远滞后于沿海地区。作为长江中游地区的重镇，武昌早在东汉末年就已建城驻防。历经唐、宋，到明代洪武年间，武昌在江夏侯、周德兴的主持下，扩修旧城，并辟有九门。这一城墙格局一直维持到清王朝覆亡。

或许因地处内陆，武昌城墙于1926年底才始议拆除。时武昌市政厅成立拆城委员会，拟定分期分批拆城。拆城工程最初招商办理，但应征者寥寥。北伐时因城墙造成北伐军的重大伤亡。因此北伐胜利后，拆城工作迅速展开。与此同时，其他开埠城市拆城对当地工商业的良性作用也已彰显，因此武昌城墙也在这股大潮中轰然倒塌。

由以上的拆城过程可以看出，沿海地区的通商大埠因近代工商业的发展，城市人口急剧膨胀，城市区域快速扩张，城市交通日渐繁忙，这些都使得在冷兵器时代可以起到防御功能的城墙成了经济发展的障碍，严重地影响到城市成长。面对这一问题，在以经济发展为首要目标的近代中国社会，城墙的拆除就成为必然趋势。城墙的存废甚至在某种程度上成为一个城市是否步入近代化的标志。其中最典型的例子是西安。

今天的西安城墙是明洪武三年（1370）到十一年（1378）间修建的，城墙“周四十里，高三丈，壕深二丈，阔八丈，门四，东长乐、西安定、南永宁、北安远”。此外，城墙“四隅角楼四，敌楼九十八座”，极尽壮观。明代多次重修，嘉靖五年（1526）巡抚王荩重修城楼。隆庆二年（1568），巡抚张祉再给城墙外侧包砌一层青砖。崇祯末年，巡抚孙传庭又修南、北、西关城，因此城墙十分坚固雄伟。民国十五年（1926），镇嵩军刘镇华攻打西安时，围城八月，久攻不下。守将李虎臣和杨虎城仰仗西安城墙赢得围城之战，创造了“二虎守长安”的战绩。也正因为此，西安城墙一直保留下来，但也因此被认为是西安城市长期发展滞缓的原因之一。

显然，中国近代城市发生的首要变化就是城墙的拆废。这一运动不仅使原来封闭的城市空间转变为开放的城市区域，同时也意味着近代中国的城市职能开始由以行政功能为主转变为以经济职能为主。

二、双岸城市的出现

传统的中国城市大多是沿江、沿河分布，为的是方便利用江河的水运交通。尽管随着城市的不断扩大，市区也会逐渐向河流处逼近，尤其是城市的商业区多依河岸发展，但无论如何，这些城市总是位于河流的一侧，并没有在河流沿岸形成对称的市区。如开埠以前的上海、宁波、南京等城市即如此：上海只在黄浦江左岸发展，尽管上海的成长得益于黄浦江的水运，并且位于黄浦江岸边的大东门附近商业十分繁荣，但整个市区却从未有跨过黄浦江去对岸发展的意图。因此开埠之前上海始终只是一个位于黄浦江西岸的单岸城市；宁波依靠甬江与内陆联系，但始终位于甬江的一侧；南京位于长江南岸，更无法跨过天堑般的长江向对岸发展。不仅如此，长江还成为南京的一道有效防线，以成其虎踞龙盘之势。

开埠后各地的口岸城市随着城市经济的不断发展，对交通运输的依赖益发严重，城市布局与城市空间因此改观，其中最明显的一点就是双岸城市开始出现，且逐渐增多。双岸或多岸城市成为近代中国城市空间结构的一大特征。[①]

1843年11月17日，上海依约开放为商埠。开埠以后，作为通商口岸，上海地处长江入海口的地位得到加强的同时，与富庶的太湖流域联系的重要水运航道——吴淞江（后称为苏州河）进入西方人的视野。1845年在英人的要求下，外国人居留地在县城以北的黄浦江、吴淞江交汇区域设立。此举显然是考虑到吴淞江在未来上海城市经济发展中的意义。

吴淞江当时是上海与太湖流域的苏（州）、（无）锡、杭（州）、嘉（兴）联系的重要通道，英国人之所以将上海列入通商口岸，除当时上海航运业十分发达外，更重要的原因是看中上海所依托的江南地区。江南地区发达的农业、繁荣的商品经济都可以为外商带来无限的商机。

明清时期吴淞江已是上海与太湖流域联系的重要通道。当时，吴淞江上船只熙熙攘攘，沿江还兴起了一些市集。据嘉庆《上海县志》记载，在吴淞江南岸的老闸（今福建路桥附近）、新闸（今新闸路桥）等津渡处都形成了较为繁盛的市集。尤其是新闸市，作为吴淞江下游航运的主要泊船地，镇上有船作、铁铺和商肆，市面兴旺。但也仅此而已，那时的吴淞江北岸村舍稀疏，市廛寥落，是江南地区常见的河港纵横的乡野景观。

开埠不久，美国圣公会主教文惠廉看到苏州河北岸沿江土地开阔，地价低廉，便擅自租赁土地，建造住宅。1848年文惠廉向上海道提出以此地作为美国人的居留地，竟获同意。当时上海道官员认为这里不过是荒旷之地，又远离市区，所以才会轻率答应，不料这却成为苏州河北岸发展的契机，上海竟因此成为一个沿苏州河两岸布局的双岸城市。

美租界的开辟全然改变了苏州河北岸的面貌。城市建成区开始形成，并很快与南岸的英租界连为一片。到1863年英美租界合并成立公共租界时，苏州河以北地区的城市建成区已北抵虹口一带，东西从杨树浦

①王列辉：《近代“双岸城市”的形成及机制分析》，载《城市史研究》2006年第24辑。

一直延伸到周泾地区。这时上海基本形成了以苏州河为轴线的双岸城市（图2.2）。

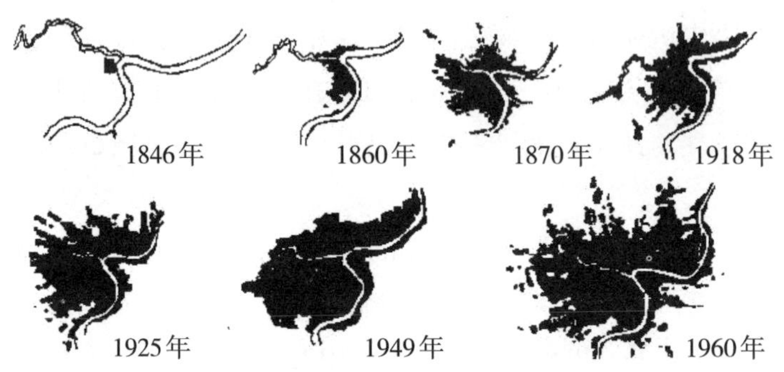

图2.2　上海城市空间演变过程示意图

资料来源：王列辉：《近代“双岸城市”的形成及机制分析》，载《城市史研究》2006年第24辑。图2.3、2.4、2.5资料来源均同于此。

与此同时，作为支撑上海对外贸易的重要产业——造船业开始起步，临近黄浦江的区域成为这一新兴产业的最佳区位选择。尽管受到黄浦江水面宽阔、交通不便的制约，但因江西岸的英、法租界及老县城一带地狭人稠，地价贵，外商只得将势力伸向对岸，在浦东抢占岸线，开设工厂企业，修建码头货栈。早在1859年，浦东船厂已有四五家之多，几乎是与浦西租界区同时起步。此外，一些轻工业企业，如三井花厂、鸿源纱厂，英美烟公司浦东工厂、燮昌火柴公司、龙章造纸厂、长余肥皂公司等也陆续出现在浦东沿江地区。配合这些工厂企业的需求，浦东沿江地带兴起了大量的码头货栈。1866年浦东沿江已有立德成码头、广隆码头、李百里栈、端祥栈等码头仓栈11个。20世纪以后，浦东也进入一个新的发展阶段，成为上海主要的码头仓储区。1921年浦东码头甚至超过了浦西。据1943年的调查，浦东的码头仓库约占全市的70%以上。战争中浦东的经济受到极大打击，但战后1947年的统计中，上海共有码头125座，浦东占57座，而仓库容量更占到全市的2/3。随着浦东沿江码头、货栈和工厂的修建，一些通往江边的道路发展起来，如东昌路、陆家渡路、杨家渡路先后建成。不过从黄浦江的角度来看，上海即便算是“双岸城市”，也是一个严重不对称的双岸城市，因为黄浦江东岸在20世纪大部分时间仍以原始的乡野景色为主。

位于海河五大支流汇流处的天津，如前文所述，明永乐二年(1404)筑城设卫，旧城位于海河东岸，是一座东西长、南北短的长方形城市，俗称算盘城。城市周围辟四门，城市道路呈十字形，街道中心置鼓楼，是一座典型的中国传统城市。

1860年《北京条约》签订后，天津开埠通商，英、法、美三国在海河西岸划分了租界，与旧城隔岸相望。甲午战争后，法租界首先扩张，继之英租界也在1897年扩张。1900—1902年，俄、奥、意、比四国在海河东岸占据土地建立租界，英、法、日则借机扩展租界。特别是英租界因1901年美国将租界转让给英国，面积大规模扩展。与上海租界不同的是，天津的八国租界分布在海河东西两岸，其中，英、法、德、日的租界在河西，奥、意、俄、比的租界在河东，于是形成了跨海河两岸的典型的双岸城市(图2.3)。

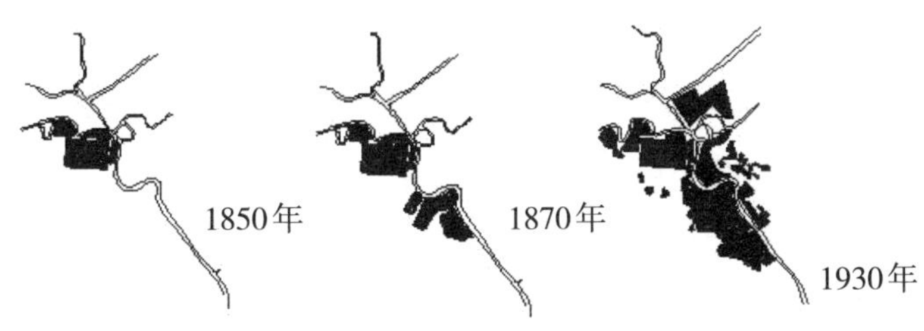

图2.3　天津城市空间演变过程示意图

福州的城市发展略有不同。鸦片战争后，福州作为五口通商口岸之一，被辟为商港，随后闽江两岸的台江南部和仓山一带逐渐发展起来。

台江南部地区成为新的港口区和繁华的商业区，而列强则在对岸的仓山设立了领事馆、海关、洋行、银行、别墅、教堂和学校等服务性行业。正是因为这样的城市结构，福州发展成跨闽江两岸的双岸城市：北面是旧城的鼓楼城区，南面为分处闽江两岸的南台区和仓山区。由于分处南北的鼓楼老城区与南台区相隔较远，两条南北向延伸的市区交通干道成为连接两片区域的通道，这就使得福州在成为双岸城市的同时，形成一个哑铃式空间结构（图2.4）。

图2.4 福州城市空间演变过程示意图

宁波也是如此。从宋、元、明的城市图中，宁波（明州）是建筑在姚江和奉化江西岸的城市，虽然随着城区的扩大，城市也在向江岸靠近，但它一直位于两江的西岸，而没有跨过江到东岸去发展。1842年《南京条约》中将宁波定为五口通商城市之一，清廷遂在宁波设置浙海关，对外商开放。外商进入宁波后，紧邻奉化江在江东岸修建商业、住宅区，英国、法国、美国等列强也在此地修建领事馆，这就是著名的江夏区。在随后的持续不断的战乱中，江北岸的租界区成为在甬的富室巨商以及普通百姓躲避战乱的场所。因此太平天国运动、八国联军侵入北京时期，这里因有大量避难者涌入而得到了极大的发展。20世纪30年代，宁波拆毁城垣，废弃城门，依城墙旧址修筑环城马路后，旧城与江夏区之间的空间被打开，通过架设固定桥、浮桥，开设轮渡线的方式，城市区域向奉化江东岸、姚江北侧拓展，原先荒凉的江北地区工商业开始繁荣。宁波城终于在近百年的近代化过程中，形成了跨江的多岸城市（图2.5）。

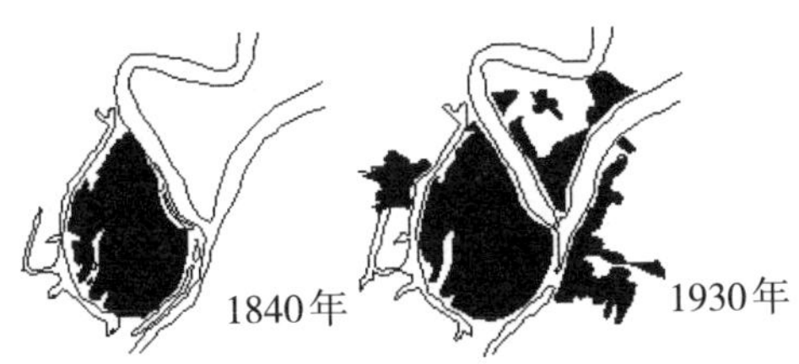

图2.5 宁波城市空间演变过程示意图

以上四个城市是比较典型的从“单岸城市”向“双岸城市”转变的开埠城市。如果排除没有临江河的五个开埠城市青岛、汕头、九龙、烟台和蒙自，在近代进出口贸易前十三位的城市中，有九个城市形成“双岸城市”（见表2.5）[①]。显然，开埠之后，较大的临河城市都在近代工商业的刺激下由“单岸城市”向“双岸城市”转变。

表2.5 1936年中国进出口贸易值前十八位的城市形态

港口城市	进出口贸易值所占比例（%）	租界情况	城市所临江河	城市形态	模式
上海	45	英、美（公共租界）、法	黄浦江、苏州河	双岸城市	跨越发展型
天津	9.04	英、美、法、日、德、俄、意、奥、比	海河	双岸城市	跨越发展型

①王列辉：《近代“双岸城市”的形成及机制分析》，载《城市史研究》2006年第24辑。

续表

港口城市	进出口贸易值所占比例（%）	租界情况	城市所临江河	城市形态	模式
汉口	8.76	英、法、日、德、俄	长江、汉水	双岸城市	独立发展型
青岛	5.84	德租借地	—	—	—
广州	5.40	英、法	珠江	双岸城市	跨越发展型
汕头	3.62	—	—	—	—
重庆	2.26	日	长江、嘉陵江	双岸城市	中心外向型
九龙	1.58	英租借地	—	—	—
九江	1.51	英	长江	单岸城市	—
长沙	1.48	—	湘水	单岸城市	—
烟台	1.35	—	—	—	—
蒙自	1.32	—	—	—	—
福州	1.27	日（1899，未划定）	闽江	双岸城市	跨越发展型
芜湖	1.09	—	长河（青弋江）	双岸城市	跨越发展型
梧州	1.07	—	西江、桂江	单岸城市	—
南京	1.02	—	长江	单岸城市	—
厦门	1	公共租界、英、日	鹭江	双岸城市	主从分异型
宁波	0.86	—	余姚江、奉化江、甬江	双岸城市	跨越发展型

“双岸城市”的形成是基于以江河航运作为城市与腹地联系的主要方式。与中国传统城市形成与发展的模式不同，经济职能在这里起到了决定性的作用：为了更好地利用水运条件，城市中的各种功能往往沿河道带状分布，特别是对交通运输依赖严重的近代工业、商业和仓储等行业。

在双岸城市的形成过程中，不能否认的是，租界起到了重要作用。在《南京条约》和《虎门条约》议定过程中，英方要求英国商民享有在各通商口岸居留贸易的特权。清政府在被迫接受这一要求的同时，也对此设置了种种障碍，以求尽可能将英商对当地社会的影响控制在最低的程度。对新开放的口岸城市，清廷希望按旧时在广州设十三行商馆的思路，华洋分居，将洋人的活动范围限定在特定地区。因此在通商口岸，列强往往会选择人口较少但区位条件优越的江河沿岸建立租界，以便利用优越的水运条件发展近代工商业。但随着城市经济的繁荣，在原有土地不敷使用的情况下，租界当局也会利用同样区位条件的江河对岸的土地，形成双岸城市。无论是上海，还是天津、宁波，都是在这一模式下形成双岸城市的。

同样，地跨江、汉的武汉三镇之所以能在1927年合并成立武汉特别市，原因就在于1861年开埠之后，列强为利用长江航线，在长江沿岸相继设立了五个租界。租界内码头仓库林立，形成了一条狭长的滨江城市地带，以此为基础，依靠渡轮与江对岸的武昌、汉阳相联系，最终将长期以单岸城市形态存在的三镇联合形成一个双岸城市。

不过，真正可以使分处两岸的城市区域整合起来，技术进步则是关键因素。轮船的引进，轮渡的使用，桥梁的兴建都极大地提高了城市内部的可通达性，使跨江河的联系得以实现，这才是双岸城市形成的前提。上海之所以能形成跨苏州河的双岸城市，与公共租界在苏州河上修建了多处桥梁有着极密切的关系。如外白渡桥的修建使得苏州河以北的虹口地区与南岸的租界中心区域联系变得十分便捷。而随后河南路桥、山西路桥等桥梁的修建，更使苏州河以北地区的区位条件获得极大改善，工厂与住宅随之在苏州河北地区建立起来。随着时间的推移，两岸的建成区域渐趋平衡。再如广州珠江南岸的发展，得益于1929年广州城市建设委员会所修建的横跨珠江两岸的海珠桥。

此外，有目的的城市规划和城市发展战略也会使双岸城市得以成长。20世纪以来，各商业城市开始有意识地发展江河对岸的地区，直接促进了双岸城市的大量增加。如1897年天津成立了海河工程局，自1902年起全面整治海河。在随后的20多年时间里，采用“吹泥填地”的方法，将由海河挖出的大量泥沙填到海河沿岸的英德租界。这些工程将海河沿岸原来不能利用的大面积低洼沼地改造成可使用的城市用地，为双岸城市的形成创造了良好的物质条件。

三、城市内部功能分区的形成

19世纪末，近代工业首先在开埠城市中出现。在近代工业的带动下，商业、金融业和对外贸易也同时起步，传统的工商业城市开始向近代工商业城市转型。城市功能的转变促进了城市空间结构模式的变化，其中之一就是生产、销售和居住功能在空间上相互分离的近代城市空间结构开始形成。

首先，开埠以后，特别是在一些城市内设立了外国人居留地以后，传统中国政治中心和经济中心合一的情况发生变化，经济中心或转移到新兴的租界地区，或形成租界与旧城双经济中心结构。如上海公共租界和法租界的面积不仅远远超过了旧城区的面积，而且成为上海新的经济中心。天津在1860年被开辟为通商口岸以后，英、法、美三国援引上海等通商口岸的先例，胁迫清政府将天津城南沿海河的紫竹林地区辟为租界。以后德、日、俄、奥、意、比也先后在海河南北两岸分别建立了各自的租界。租界区在设立后不断扩展，商业繁荣，最终发展成为天津市的主体。原本作为行政中心的旧城区，因偏于西北一隅而逐渐衰落。同样，由于外国人居留地的设置，原来宁波甬江南岸的江厦码头的地位逐渐被江北岸的外滩码头所取代，成为只停泊渔船、帆船的小码头，而北岸的外滩码头则成为宁波港的主体部分，停泊大型商船和兵舰。

其次，由于各种产业对交通运输条件的依赖不同，在不同区位形成了不同的产业集聚地，特别是开埠以后，城市空间以工商业为主导，城市内部的功能分区逐渐发育，日益凸现。集中布置的工业区、零售批发区和作为城市经济活动中心枢纽的中央商务区开始在口岸城市涌现。原来围绕着行政职能和商业活动的传统城市空间格局被彻底打破。这一点以近代最大的工商业城市上海表现得最为突出。

再次，开埠后，随着城市经济的发展，上海首先因租界的设立，在租界内部形成了外商聚居区，而在各租界交界处，因人员往来频繁，则形成商业贸易发达的工商业区。太平天国时期及其后，租界接纳了大量躲避战乱的华人，中心区域开始人满为患，有移动能力和自我保护能力的富裕外侨以及华人巨商开始逃离市中心，向当时的城市西郊迁移，在今徐家汇附近以及静安区、长宁区修建了风格各异的别墅，形成上海西郊高档住宅区。内城则成为中产阶级居住区。

上海租界内部土地紧张，地价居高不下，迫使工厂迁离该地，向外寻求适当的土地资源。苏州河以北的闸北地区，因地价低廉，且兼有水路之便，大批中外厂商在此投资办厂。如1904年商务印书馆迁往闸北的宝山路。1908年沪宁铁路的通车，使这一区域的发展如虎添翼。1909年，在新闸北面的久成缫丝厂已有工人600余名，协和缫丝厂也有800余名工人，颇具规模。辛亥革命前后，闸北已有缫丝厂、布厂、印刷厂、制革厂、碾米厂、雪茄烟厂、矿质化炼厂、风琴制造厂、肥皂公司、面粉公司、火柴公司等多种工商企业，并且成立了能供给部分地区水电的闸北水电公司，闸北区因此成为近代上海最重要的工业区。在闸北地区工业集聚的同时，也有一些工人宿舍在此兴建。如商务印书馆在宝山路开辟东、西宝兴里。而在闸北工业区的外围，聚集了大批外地破产贫民，他们依靠出卖劳动力为生，生活水平低下，只能靠搭盖窝棚借以栖身，形成大片棚户区。

事实上，这样的功能分区在近代开埠城市中非常普遍。如北方最大的工商业城市天津，因势利导，紫竹林段的海河水面宽阔，便于大型轮船进出与停泊，因此各国洋行和航运企业争相在这一河段建造仓库和码头，奠定了近代天津港区的基本轮廓。而天津华界的发展是以1902年直隶总督袁世凯批准建设河北新火车站为契机。河北新区因建设了新式的火车站、道路、工厂、学校和市政管理机构等，迅速发展成为天津华界的政治、文化中心及现代工业区。

上述近代城市或利用水路、铁路等新型交通之便，或因外围地区土地价格低廉，在原有行政中心之外的区域开辟新区以发展近代工商业，使得城市内部产生了明显的区域分异，形成各自不同的功能分区。这种状况既与西方近代城市空间分异的道路有相同之处，又有自己独特的发展路径，因此有学者总结中国近代城市空间结构的基本模式是多中心结构（图2.6）[①]。这一结构图式基本上反映出新的经济中心在城市内部的空间转移。

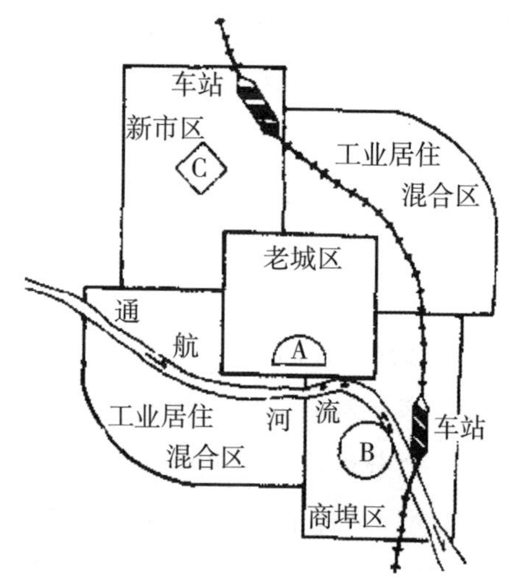

A.传统商业中心　　B.西式新中心　　C.新市区行政商业中心

图2.6　中国近代城市空间结构的基本模式

①庄林德、张京祥编著：《中国城市发展与建设史》，东南大学出版社2002版，第194页。

第六节 作为区域经济中心的港口城市与中国经济变迁的空间进程

近代城市作为先进生产力率先形成的地方，工商业经济集中之地和人口众多的大型聚落，必然要成为区域经济的增长极，并对其他区域扩散先进生产力的影响，推动区域的现代化。另外，城市又吸收区域向城市输出的能量，双方进行多方面的互动。因此，区域又成为城市增长不可缺少的因素。

本节拟对港口城市与区域经济的关系问题进行论述。文中所提到的“港口”或“港口城市”，如非特指，一般指沿海条约口岸城市。

一、港口城市对附近农村的经济推动

考虑到中国的港口城市很多，为了能够稍为深入地论述其对周围农村的经济推动，拟选择胶东的早期经济中心烟台和开埠以后迅速成长为长江三角洲乃至全国经济中心的上海进行探讨。

烟台开埠后进出口贸易迅速扩大，推动着口岸及其附近近代工业的发展。开埠之前，烟台主要出口大豆，豆油、豆饼出口较少。开埠通商以后，烟台利用大豆生产豆油、豆饼的榨油业日渐发展，豆油、豆饼的出口开始增多。此后机器榨油业又逐渐代替使用人力的旧法榨油，1900年烟台使用机器榨油的油坊数量已很多，机器磨达到120盘。加之人力榨油，每日可出豆油4万斤、豆饼7000块。①

①李文治编：《中国近代农业史资料》第一辑，生活·读书·新知三联书店1957年版，第345页。

粉丝业是具有胶东特色的家庭手工业。清末，烟台出口的粉丝主要产于烟台附近的宁海（今牟平）、福山、黄县、招远、蓬莱、莱阳等县。

烟台及其附近的牟平、栖霞等县是山东省缫丝业集中之地，尤以烟台为盛，工厂有400处，机械多达15000台，加工蚕丝大约有1.5万担。此外，山东省的柞丝绸纺织业也主要集中在烟台、昌邑、栖霞等地。

山东近代外来手工业，主要是草帽辫、发网、花边、绣花等。它们是烟台出口贸易的重要组成部分，基本上都是传教士引进的，首先在港口附近推广生产，然后再推及其他地区。山东农村劳动力资源丰富，工资低廉，这些外来手工业都是清一色的劳动密集型产业，部分满足了山东农村利用多余劳动力发展经济的需要，增加了广大贫苦农民特别是农村妇女的就业机会，增加了收入。

例如，民国初年发网业一度成为一项以妇女劳动为主，辅助家庭生计的重要家庭手工业。在胶东地区，熟练妇女一天编制发网的工钱约170文。而当时农村一个男工的日工钱也在150—200文，所以许多妇女都把编织发网作为家庭的基本收入来源。1920年前后，烟台编制发网的工厂多达百余家，从事发网业的工人2万多，制造销售人发的发庄多达113家，是当时世界发网业著名的制造与贸易中心之一。

1894年欧洲的抽丝技术传入胶东半岛，烟台等地的民间艺人受此启发编制出简单的花纹，后演变成一种像带子的装饰花边，即网扣花边。1901年前后烟台的花边生产已相当兴盛，花边工厂约250户，工人约20000名。此外，烟台周围的招远、莱阳、海阳、黄县、栖霞、威海、文登、荣城等地也有各具特色，且有一定规模的出口花边生产。

南汇位于上海东南，因地处长江三角洲最东部，清代沿海仍在垦拓中，为上海市郊经济比较落后的县。南汇主导产业的变迁，经历了由最初的盐业转化成农业，与农业相结合的手工业又适时地转变为工业这样的历程。在上海经济的强烈辐射下，20世纪初南汇的现代工业开始起步，下半叶完成了工业化。1901年江南机器制造局的挖泥船用4个月的时间，清除闸港外的积沙，这是上海现代化成果第一次用于南汇的地方建设事业。同年开设于周浦镇的南昌碾米厂，是南汇最早建立的现代工业。1911年创办于周浦的协盛布厂，是南汇现代纺织工业之始。1917年兴办于大团镇的和记电气公司，则开南汇电力工业之先河。到了20世纪的二三十年代，南汇工业进入稳定快速发展时期。20世纪初引入的织袜业进入全盛时期，抗战前江苏全省有袜厂111家，48家在南汇，从业人员达6万。同时，电力工业发展迅速，轧花工业率先使用柴油机动力，轮船航运业也有进展。

民国十八年（1929）《南汇县续志》卷十八《风俗志》对南汇经济深受上海的影响，有一些生动的记载。同治以来，上海棉花商人收购花衣（去籽的棉花），于是用来加工棉花的轧花场遍地都是，人们开始用小轧车，每日可出花衣十数斤。南汇的米市向推周浦最盛，每年七八月间上海各县运稻谷的船云集周浦镇的南市售粮，而购粮者将稻谷去壳脱糠后运到上海销售，上海市场称之为东新米，获利丰厚。到光绪末年，碾米机厂遍设上海各镇，周浦米业走向衰落。南汇的棉花市场也以周浦镇为盛，买卖者群集，后来南汇海滩新垦地种出的棉花质量远远超过原先的产棉区，于是上海纱厂多到南汇境内的大团镇直接与农民买卖，“而周浦之棉市遂一落千丈矣”。

如果说南汇的工业于20世纪初开始启动的话，则此时上海开埠已有半个多世纪。李学昌认为，除南汇地处海隅，濒海阻浦，一直处于现代化浪潮的边缘地带之外，也和上海城市自身的都市化需要一个过程有关。在上海现代化已经启动的19世纪中后期，由于上海仍旧处于吸纳与积累现代文明的过程之中，辐射能力有限，南汇仍旧循着其传统社会的惯性在发展，农村社会变迁的主流仍游离于上海近代社会变革之外。直到20世纪初，随着上海崛起和现代文明的扩张，南汇才开始切入上海现代化轨道，但由于现代和传统的巨大反差，两者的互动尚未能使南汇社会变迁融入上海的发展进程。直到1958年南汇在行政上隶属于上海，它才真正开始了与上海都市进程融合的过程。[①]

烟台周围农村和上海南汇县的事例，说明近代率先得到发展的开埠城市对周围农村产生了强大的辐射力。烟台周围农村的情况，说明城市附近农村的农业手工业生产，因港口贸易的兴起而转向国内外市场，并兴起了一些新的部门，满足了农村利用多余劳动力发展经济的需要。而南汇的情况，则说明城市周围农村的商业深受城市市场的影响，商品的销售、行业的起落、技术的淘汰与更新、工业化的进程，无不受到城市的影响甚至可以说受控于城市。另外，即使在全国经济中心的上海的周围农村，能够较强烈地接收到上海的现代化辐射的起始时间，仍要视辐射方上海和接收方各地的情况而定。不过，从李学昌的相关论述和《南汇县续志》提供的资料来看，他所说的南汇的“现代化的启动”，主要从现代工业的建立这一角度而言，而对商业和农村的多种经营的影响应从1860年上海的进出口贸易日趋兴旺开始。

二、港口城市与东中西经济差异的形成和发展

改革开放以来，在全国各地经济普遍获得较大增长的同时，区域之间的经济差异尤其是东部地区和中部、西部地区的经济差异也在迅速扩大。这种区域经济差异，主要体现在发展速度上，中部、西部不如东部；在经济总量上，中部、西部GDP在全国所占的比重日趋下降，而且人均GDP远远小于东部。就中西部而言，西部发展速度和发达程度又不如中部。这种区域经济差异，可以表达为中部不如东部，西部又不如中部。可以说改革开放不仅没有达到人们预期的缩小区域差异的目标，反而使差异进一步扩大。然而，这不是改革开放的过错，这是1840年以来中国先进生产力自东部沿海向西部扩展必然产生的结果，而改革开放重新启动了长期陷于停滞状态的先进生产力的扩展过程，于是在普遍有所

①李学昌主编:《20世纪南汇农村社会变迁》，华东师范大学出版社2001年版，第11页。

发展的同时，东部和中西部的区域经济差异进一步扩大。

1860年以来，我国各地区通过通商口岸都不同程度地与国际市场发生了密切的经济联系。西部同样如此，在今天的新疆、西藏、甘肃、云南、四川等省区，在1906年以前先后设立了18个通商口岸。此18个口岸占我国约开、自开商埠总数的16%，而口岸所在省区面积占了我国国土总面积的55%。东部、中部虽然只占国土总面积的45%，却拥有约开、自开商埠的84%。可见对于面积广袤的西部而言，开放商埠显得极其有限。而就占全国进口贸易额中的比重来说，西部还不到4%或3%。①

戴鞍钢、樊如森等人的研究表明，西部地区的进出口物资只有一部分通过本地的口岸，还有很大一部分通过陆路和水路转运，在天津、上海、青岛、广州等中国沿海口岸以及越南的海防进出口。其中，在西北地区，除少量物资通过新疆境内的通商口岸输出到俄罗斯和中亚地区，大部分地区的物资都应通过天津港集散，这些地区，包括新疆东部、青海、甘肃、陕西、宁夏，都属于天津港的腹地范围。在西南地区，人口占西南一半以上的四川的货物，大体通过长江经上海输出入；而云南、贵州、西藏的货物集散，一部分通过沿边口岸直接与国外联系，一部分经西江上游经华南出口，还有一部分则进入四川通过长江与上海联系，19世纪末以来经长江部分所占的比重有所上升。

基于上述状况，可以说，除新疆物资主要经俄罗斯进出口，西藏部分物资通过印度进出口，云南大部分物资通过缅甸或越南经香港进出口，其余均通过天津、上海或华南港口进出口。考虑到西北、西南的人口分布，可以说西部有人口居住的地区的大部分已分别纳入天津、上海两大港口的腹地范围，小部分则属于广州、湛江、香港及国外越

---

①吴松弟：《港口—腹地与东部和中西部经济差异的形成和发展》，见陕西师范大学西北历史环境与经济社会发展研究中心编：《历史环境与文明演进——2004年历史地理国际学术研讨会论文集》，商务印书馆2005年版，第1～8页。

南、缅甸、印度等港口的腹地。据此可见，西部与国际市场和我国东部沿海的物资进出口，绝大部分通过沿海港口，而其中主要部分又是通过我国东部的沿海港口，推动西部近代经济变迁和社会进步的动力主要来自东部沿海口岸。考虑到地理位置和空间距离，可以说西北、西南两大区域的主要地区，大致属于中国沿海主要港口的广阔腹地的西部边缘部分。

我国地域广袤，一些重要港口的腹地往往拥有广阔的空间。例如，天津的腹地，不仅包罗黄河中下游的今天津、北京、河北、山西、河南、内蒙古、陕西诸省区市，还包括上游的甘肃、宁夏和青海，甚至远达新疆的东部。上海长期握有我国50%以上进出口贸易的吞吐，以其为中心架构的长江流域商路网络，一直伸展到川藏和云贵高原。由于空间距离的原因，远离港口城市的西部地区与港口城市的联系，自然不如东部地区便捷和紧密。例如，位于天津腹地西部的甘肃、宁夏、青海和新疆东部与天津的联系，自然不如腹地东部的河北、北京、河南便捷和紧密。自天津传递到腹地西部的现代化气息自然要大大慢于或少于腹地东部，西部的现代化程度显然也要弱于东部。

近代以来，轮船、火车、汽车等新式交通工具展示了无可比拟的优越性，不仅载人、载货更加便捷，数量更多，而且单位运价一般也要便宜得多。这种新式交通工具一经产生，便显示了自己极大的威力。不过，新式交通在中国的发展历程相当曲折，由于当时的交通建设尤其是铁道建设，实际是以港口城市为指向的，远离东部港口城市的西部一直是我国新式交通建设最为缓慢的地区。铁道和轮船曾是近代最主要的现代交通工具，西部可以通航的河流长度极其有限，而铁道同样稀少，在20世纪二三十年代以前除了一条自昆明到达河口的窄轨铁道，便无任何铁道了。后来对西部极其重要的陇海铁路30年代尚未进入陕西，1949年前仅修到天水，另一条黔桂铁路仅建成柳州至都匀一段，而宝成、湘黔、包兰等重要铁路都是1949年以后所建。现代交通的稀缺，加大了西部交通的困难，使其离东部港口城市更显遥远，极不利于区域经济的发展。例如，陕西关中是我国重要的商品小麦产区，而汉口是我国面粉工业的发达之区，关中距汉口并不遥远。然而，“汉口之面粉厂，其所用之小麦，大部分来自美国西雅图、波得兰，盖以西北麦价虽廉，然以人力兽力之运输，其成本反较美国小麦为贵也”①。

戴鞍钢认为，我国东西部的商埠及其货物流通和商贸交易，呈现出很大差异。东部因其相对较有利的经济基础、物产状况和交通条件，成为列强着意经营的地区，上海、天津、广州和香港，分居华东、华北、华南进出口贸易枢纽港地位，其中上海更是独占鳌头，长期握有我国50%以上进出口贸易的吞吐。综观西部口岸，除了重庆是长江流域市场网络上游地区中转枢纽港，维系川、滇、云、贵诸商货的转运，贸易颇盛，其他各口岸则多处于经济相对落后、交通闭塞的内陆边远地区。列强更多的是把它们作为殖民侵略的据点而非商贸经营的重镇。在这种贸易格局下，西部内陆边地通商口岸的对外贸易和口岸经济一直未有很大起色，对周围地区的社会经济也就难有如东部口岸那般较明显的促进和带动效应。②

我国地域广袤，向来存在着明显的区域差异。1840年以前，大的区域经济差异主要表现为南北差异，在经济发展水平和经济总量上，唐中叶以前北方优于南方，唐中叶以后南方优于北方。另外，由于东部的自然条件总体来说又好于西部，东部的经济发展水平和经济总量超过西部。1840年以后我国在南北差异仍然存在的同时，东西差异日渐扩大并最终成为主要的区域经济差异。随着先进生产力在沿海地区的较早发展以及各区域陆续卷入世界贸易体系，尽管农业仍是国民经济的基础，但近代工商业已日益重要并代表着中国经济的发展方向。对于发展工商业而言，市场十分重要，外向型经济的主要市场在国外，东部沿海港口城

---

①张其昀：《中国经济地理》，第四章“行”，商务印书馆1930年版，第104页。

②戴鞍钢：《近代中国西部内陆边疆通商口岸论析》，载《复旦学报（社会科学版）》2005年第4期。

市是中国沟通外国的主要门户，而内向型经济的主要市场也在人口密集、经济发展程度较高的东部，在这种情况下，东部沿海的经济自然可以较早得到发展。而对东部沿海港口以外的地区来说，靠近东部沿海就是靠近市场，远离东部沿海就是远离市场。

除了距离市场远近这一重要因素，距离中国现代化的早期基地的远近是另一个重要因素。中国的近代经济与传统经济的最大区别，是在强行进入的外国资本主义的冲击下，形成的现代经济的缓慢成长和传统经济的逐渐转型。沿海城市是外国资本主义在中国最早登陆的地方，中国现代化的最初的基地，它们不仅是国内市场连接国外市场的枢纽和国内外贸易最发达的地方，也是现代工业最集中，科学技术和教育最发达的城市，并且是获取国内外信息最方便的地方。加之自然地理条件和历史基础的原因，它们又是人口密集、经济发达、人民生活水平较高的地区。当先进生产力以及相伴随的先进的经济制度、政治、思想、文化等因素，在各口岸的腹地内部传播时，受空间衰减规律的影响，必然出现越靠近口岸强度越大，离口岸越远强度越弱这样的特点。在发展市场化、外向化、半工业化和工业化方面，则形成越靠近口岸越方便，离口岸越远越不方便这样的特点。东部地区正是由于具备了这样的地缘优势，才获得了最先发展近代经济的机遇和可能，而随着时间的推移，其近代经济日渐强大，与西部地区的比较优势也就日渐突出了。

除了上述原因，长期以来因各种自然和人文原因形成的区域的经济、文化、政治状况，也在深深地制约着各地现代化的进程，这一种传统的力量同样不容忽视。商品经济由经济较发达地区向落后地区的推进，十分艰难。近代的新兴生产力，本质上是一种性质不同于传统时期，更为高级和复杂的商品经济。传统时代的商品经济由先进地区往落后地区的推进尚且困难，近代商品经济在落后地区的推进速度必然要慢于商品经济发育程度较高的地区，并且会出现一些不同于先进地区的特点。

三、港口城市和近代经济区的出现

经济区是经济地理学的基本概念之一，它的出现是我国近代经济地理形成的一个突出方面。它以口岸城市为核心，以城市、腹地之间的经济联系方向为基本要素，这种经济联系最先在沿海地区出现，再逐渐扩大到全国。1840年以后港口—腹地系统的形成和发展，为经济区的出现提供了必要的前提。

近代以来，沿海口岸城市与其他地区的人员和贸易往来、资金流动、技术和信息传播，已成为中国各区域经济联系的主要形式。中国广袤的空间，除边疆可以通过沿边口岸发展对外贸易的区域形成自成一体的状况外，其余地区几乎都成为沿海各口岸城市的腹地。而沿长江、珠江的各个口岸，如汉口、重庆、梧州，只不过是沿海口岸，尤其是上海以及香港、广州等主要口岸城市伸入内陆的贸易网络的不同节点而已。以沿海主要口岸城市为龙头，以它们的腹地为龙身，通过主要交通道路密切连接的经济区，实际上已经形成。那些特别重要的港口城市或港口城市群是区内的经济中心，而腹地通过港口和我国各区域及世界各国保持贸易关系成为区内外经济联系的主要方式。

在20世纪的二三十年代，我国已形成6个较大的经济区。根据港口—腹地的状况，大体上可划为以沈阳—大连为中心的东北经济区，以天津—北京为中心的北方经济区，以青岛—济南为中心的山东经济区，以上海为中心的华中经济区，以厦门—福州为中心的福建经济区，以香港—广州为中心的华南经济区。这种经济区由于建立在市场经济的基础上，内部保持着较强的经济联系，一经形成，便具有较强的稳定性。在这些经济区的内部，又形成次一级的经济区。例如，在华中经济区的内部，至少可以划分出次一级的以汉口为中心的长江中游经济区，以重庆为中心的长江上游经济区；在东北经济区的内部，至少可以划分出以沈阳、长春、哈尔滨为中心的三个次一级的经济区；在山东经济区和福建经济区的内部，至少又存在着以济南和福州为中心的次一级的经济区。

在广大的边疆地区，如云南的南部、新疆的大部分地区以及西藏，由于存在着若干个直接面对国外的通商口岸，区域的进出口商品通过这些口岸而不是东部沿海口岸输出入，这些区域可以说是自成一体的经济区。因此，近代的中国从经济上而言，实际是6个大的主要经济区加上若干个小的沿边经济区而构成的。

以前有的学者在研究中国传统经济时，也将中国划分为若干个经济区域。如果将近代这种倾向沿海沿江口岸城市的全新的经济区，与他们所说的传统经济时代的经济区进行比较，可以看出，近代经济区的内部联系倾向于沿海口岸城市，而传统经济区的内部联系倾向于首都或省会等重要的政治中心。作为近代经济中心的沿海口岸城市原先大多不是重要的政治中心，而那些在传统经济时代同时担任政治中心和经济中心的首都或省会，近代却大多已不再是区域内部的经济中心。另外，虽然近代以来农业仍是国民经济的基础，但工商业经济和外向型经济已越来越重要并占了主导地位，因此近代经济区和传统经济区的另一个重要区别，在于前者通过港口城市与世界经济保持密切联系的外向性，而后者主要满足作为政治中心的首都或省会城市消费需要的内向性。

值得注意的是，随着我国市场经济的重建以及纳入世界经济体系程度的不断加深，近代经济区的轮廓又重新浮现在中华大地。

当代经济地理学者周一星等人将1997年中国口岸城市的外向型腹地，依据各地对外贸易物流的主要联系方向，以沿海口岸城市为核心，划分出东北区、黄河流域区、长江流域区、华南区、山东区和福建区6个对外经济联系区。[①] 将他们的研究和本文的论述相对照，可以看出：以上海为主导的长江流域区，大致就是近代上海港的腹地范围；以天津为主要枢纽的黄河流域区，除去沿边亚区，大致就是近代天津港的腹地范围；以本省口岸为对外联系枢纽的山东区，大致就是近代烟台港和青

---

①周一星、张莉：《中国大陆口岸城市外向型腹地研究》，载《地理科学》2001年第6期。

岛港的腹地范围；以辽中南口岸城市群（大连发挥主导作用）为枢纽的东北区，除去沿边亚区，大致就是大连港及安东、营口的腹地范围；以广州、深圳为主导的华南区，大致与近代粤港澳组成的珠江三角洲港口群及汕头、湛江等港共同组成的华南口岸群的腹地范围相一致。这就表明，尽管由于交通和区域经济的巨大发展，各港口的腹地范围在边缘地区已发生一些变化，但近代起重要作用的那些港口城市的地位以及港口—腹地的大格局并没有发生重大的变化。随着中国与世界经济联系的日益紧密和市场经济的重建，目前的港口城市与其腹地之间的经济联系，为一种与过去计划经济和国有经济为主的时代完全不同的经济区合乎逻辑地出现奠定了基础。

港口城市及其腹地对近代区域发展的影响，不仅体现在新的经济区的形成和促使东中西三大地区经济发展水平差距的扩大，也体现在同一地区内经济发展的不平衡。各地区的发展往往以口岸所在的沿海或沿江一带较快，而在并非沿海沿江的地带，发展较快的往往是在重要口岸通往腹地的主要交通线上担任交通枢纽的城市。今内蒙古的包头市1809年的时候才由村改为镇，后随着天津进出口贸易的发展和铁路的向西延伸，包头成为陕、甘、新、内蒙古皮张、羊毛的转运中心，以后又取代归绥而成为内蒙古地区的经济中心。济南因位居南北大通道津浦铁路和山东的东西大通道胶济铁路的连接处，成为山东省内贸易的中心和青岛港口—腹地系统中最大的转运市场。20世纪以后，其经济在山东省仍有一定的地位，显然和济南在山东新的交通格局与港口—腹地体系中的地位有关。

受近代的港口—腹地体系制约，以及新的交通格局、物流、人员流、资金流方向的改变与区域发展差距的影响，一些城市走向衰落，一些城市得以兴起，中国旧的城市分布格局有所改变，城市主要集中在东部沿海的失衡现象进一步加剧。如上所述，20世纪30年代的建制市，无论人口规模处于何种等级，都以沿海省份占较大的比重，而且人口规模的等级越高，沿海省份所占的比重也就越高，至于人口数量众多的大城市，可以说绝大多数都集中在沿海省份。

第三章
经济区成型中的市场化、外向化和工业化

第一节　从内向型经济向外向型经济的转型

进入近代以后，中国各地的社会经济结构，逐步由自给自足性很强的传统农、牧、工、商业经济，向高度商品化和市场化的现代外向型经济转变。这一嬗变与沿海、沿江、沿边通商口岸的开放和发展，有着极为密切的关系。

而在华北地区西部和西北地区东部，天津港进出口结构的变化，则成为当地社会经济相关变迁的重要指向标之一，也正是通过天津口岸与腹地之间的经济互动作用，近代北方广大地区的外向型经济体系，才得以逐步架构起来。因为在北方各大港口当中，以天津港的腹地范围最广阔，对北方经济变迁的影响最大。上海虽是一个全国性的大港，但其腹地范围主要集中在长江流域，对北方经济变迁的影响力度，远不如天津。因此，以天津港进出口结构的变化为主视角，就能清晰发现近代北方外向型经济发展的基本轨迹。

一、天津近代港口的起步与北方经济外向化的开端

1860年天津开埠以前，北方的商品经济虽然有了一定的发展，但

是，就整体而言，它仍然处于传统的农牧业经济阶段。比如，甘肃凉州府（今甘肃武威）隆德县，“僻处山谷间，……民止农作，不习商贾之事。……男子冬夏披羊裘，间著疏布短衣，即称富民。……能织褐，又渍麻及胡麻为布，但粗恶特甚，村民自蔽体耳”。[①]而河北平原上的深泽县，虽然水运交通方便，土地肥沃，距离天津也不太远，发展条件较好，但是，在咸丰十年（1860）的时候，也仍然是“民俗重农，不能商贾，鬻财于外者少，故邑鲜狙狯”[②]。

表3.1　天津口岸1863—1903年进口大宗商品的价值量及所占百分比

（价值量单位：海关两）

商　品		1863年	1873年	1883年	1893年	1898年	1903年
生活资料	棉布	1018222	5054296	6322653	34915	453008	3797036
	糖	274645	12403	377573	931260	1711315	1714729
	其他	664732	1601779	1606489	679837	1071944	1800454
	合计	1957599	6668478	8306715	1646012	3236267	7312219
	百分比（%）	31.2	68.3	80.7	37.1	35.5	39.2
生产资料	棉纱	—	—	—	61408	1042524	2395548
	机器	—	—	56256	20599	351068	454562
	铁路材料	—	—	—	590763	2345756	3071210
	木材	—	70616	—	20552	—	—
	合计	—	70166	56256	693322	3739348	5921320

①《隆德县志》，上卷“风俗”，康熙二年刻本。
②《深泽县志》，卷四“典礼志·风俗”，同治元年刻本。

续表

商　品		1863年	1873年	1883年	1893年	1898年	1903年
生产资料	百分比（%）	—	0.7	0.5	15.6	41.0	31.8
鸦片		2285651	301326	937966	11730	13500	2601
	百分比（%）	36.4	3.1	9.1	0.3	0.1	0.01
其他		2017368	2228259	989571	2082266	2067157	5386266
	百分比（%）	32.1	22.8	9.6	47.0	22.7	26.7
总计		6275211	9768679	10290571	4433290	9110272	18622406
	百分比（%）	100.0	100.0	100.0	100.0	100.0	100.0

资料来源：据罗澍伟主编《近代天津城市史》（中国社会科学出版社1993年版）第178页表6-5；王怀远《旧中国时期天津的对外贸易》（《北国春秋》1960年第4期）“1898—1908年天津口岸进口商品结构”二表改绘。

从表3.1来看，开埠初期西方列强通过天津港所倾销的商品当中，生活资料类产品占了相当大的比重。1863年，以棉布、糖等为主的生活资料的进口值占了整个进口总值的31.2%，而到了1883年，这个比例增长到了80.7%。与此同时，20年间生产资料类产品如棉纱、机器、木材和铁路材料等所占的比重却始终没有超过1%。这反映出当时天津及其腹地仍然以传统的农、牧、商业经济为主，工业基础十分薄弱，因此需要进口的生产资料数量也就不多。与此相反，连英国人自己也认为“极不道德”的特殊商品——鸦片的输入量却很大。1863年，鸦片的进口值占到了整个进口总值的36.4%，仅此一项要比该年全部正当生活资料的进口值还要多。进口结构当中的这种不景气状态，既是腹地在传统农、牧、商业经济的制约下无须接纳外来正当消费品的表现，也反过来影响了腹地商品经济的进一步发展。

19世纪90年代以后，天津港棉纱、机器，特别是铁路材料等生产资料的进口开始有了明显的增加。1893年，生产资料类产品的进口值占整个进口总值的15.6%；1898年，这个比例增长到了41.0%，其中棉纱占11.4%，铁路器材占25.7%；1903年，该比例虽然只有31.8%，但其实际进口值却比1898年要多得多。这一方面反映出西方列强为进一步控制和掠夺北方资源，急需发展天津及其腹地的近代加工尤其是铁路交通业；另一方面也是腹地非传统农、牧、工、商业经济进一步发展的需要和表现。1900年以后，由于西方列强在华北经济侵略的扩大，“一切华洋贸易禁例尽去”，洋纱开始侵入天津及其腹地。例如宝坻县“天津所运外来洋纱得长驱运入宝坻”，加之华北本地棉纱的涌入，宝坻传统的手工织布业遂获得了新的发展。①

表3.2　天津口岸1861—1890年出口商品的数量变化

商　　品		1861年	1866年	1873年	1878年	1880年	1885年	1890年
原料类农产品	棉花(担)	74	136177	—	—	—	—	—
	豆类(担)	86456	41060	12	—	—	44100	114623
原料类农产品	草帽辫(担)	—	—	1859	9216	19661	44208	42424
土特产品	红枣(担)	2988	21501	19994	19280	22991	32830	27592
	乌枣(担)	3421	15301	14262	10199	14217	27568	31753
	杏仁(担)	—	—	3505	6090	—	6600	8285
	药材(关两)	—	—	247998	27464	—	318001	407035

①李文治编:《中国近代农业史资料》第一辑，生活·读书·新知三联书店1957年版，第497页。

续表

商品		1861年	1866年	1873年	1878年	1880年	1885年	1890年
土特产品	鹿茸（对）	88	3004	3715	—	5119	3846	4700
	大黄（担）	426	64	521	—	700	1073	1277
原料类畜产品	猪鬃（担）	—	—	—	—	—	3351	4219
	皮裤子（担）	—	—	—	—	—	326014	474497
	驼绒（担）	—	638	1898	11893	16442	20540	13753
	绵羊毛（担）	1804	946	339	5641	703	19747	80679
工业品	开平煤（吨）	—	—	—	—	—	17486	47243

资料来源：据王怀远《旧中国时期天津的对外贸易》“1861—1890年天津口岸出口商品数量变化”表改绘。

就出口商品数量方面的变化而言，表3.2反映了开埠初期，天津腹地狭义农产品的出口，在品种上比较单一，在数量上也不稳定。说明腹地农业的商品化生产这时还很不成熟，商品率还很低。但广义农产品如山货、药材等土特产品的出口，数量上的波动虽很大，种类上却不算少。不过在这种波动之下，土特产品的出口数量倒也在缓慢地增加之中。一方面说明土特产品的生产依然没有摆脱自给自足的自然经济的窠臼，人们发展商品经济的意识并不强；另一方面也说明，随着天津的开埠和外部市场对北方物产需求的不断增加，腹地农副产品的生产，也于不自觉中纳入了进一步商品化和外向化的轨道上来。畜产品方面，后来成为天津港出口大宗的猪鬃和皮张，在前20年间，竟然未在出口之列，即便是驼绒和羊毛的出口量，和其他商品相比，也是很少的。可见，此时北方的畜牧业经济依然处于相对封闭之中。现代工业品方面，虽然开平煤在19世纪80年代中期以后有所出口，但毕竟不成气候。总之，这一时期北方广大地区的农、牧、工、商业经济，从整体上来讲，还都处于比较落后的状态。

表3.3　天津口岸1898与1903年直接出口商品的价值量和百分比

（价值量单位：关平两）

商品		1898年	百分比（%）	1903年	百分比（%）
原料类狭义农产品	草帽辫	7231	1.47	68315	5.94
	花生油	35750	7.30	—	—
	苎麻	—	—	—	—
	合计	42981	8.77	68315	5.94
土副产品		280656	57.35	445591	38.81
原料类畜产品	绵羊毛	26597	5.43	226777	19.94
	猪鬃	—	—	36513	3.19
	驼绒	—	—	36277	3.15
	皮衣统	10598	2.16	27344	2.38
	皮毛	18876	3.85	43233	3.62
	毡帽	—	—	21351	1.85
	马尾	—	—	19063	1.66
	兽骨	36260	7.41	40672	3.54
	合计	92331	18.85	451230	39.33
其他		73198	15.03	182710	15.92
共计		489166	100.00	1147846	100.00

资料来源：据王怀远《旧中国时期天津的对外贸易》“1898—1908年天津口岸直接出口商品结构”表改绘。

就出口商品的价值而言，表3.3反映了19世纪90年代末到20世纪初，天津及其腹地狭义农产品、土副产品的出口，在种类上虽未增多，但其出口值却有了明显的增加，在整个出口总值中的比重均占到了2/5以上。畜产品的出口方面，不仅种类增加了，而且其出口值以及在整个出口总值中的比重也大大地上升了。1898年畜产品的直接出口值为92331关平两，占天津港直接出口总值的18.85%；1903年畜产品的直接出口值为451230关平两，约为1898年的5倍，占天津港直接出口总值的39.33%。农副产品特别是畜产品出口值的成倍增长，促进了天津港出口业的发展，说明随着天津港与腹地间物资交流的不断进行，到20世纪初，腹地农、牧、工、商业经济的外向化程度已获得了一定的提高，天津港与北方越来越广阔的地区之间经济上的互动关系也逐步加强了。

尽管天津港及其腹地的商品出口总值仍不算很多，并且农、畜原料类产品在其中又占了绝大部分的份额，出口结构还比较单一，但和开埠前相比，毕竟为腹地经济的外向化打开了一扇大门，在一定程度上带动了北方近代经济的发展。比如光绪三十一年（1905）以前直隶束鹿县的辛集镇，其“羊皮由保定、正定、河间、顺德及泊头、周家口等处陆路输入，每年计粗、细两色约30万张，本境制成皮袄、皮褥等货，由陆路运至天津出售。羊毛由归化、城西、泊头、张家口及五台、顺德等处陆路输入，每年计四五十万斤，本境制成织绒、毡毯、帽头等货，由陆路运至天津、湖广等处出售”①。可见，天津港对皮毛出口的需求，不仅促进了腹地广大地区间皮毛的流通，而且带动了腹地皮毛加工业的发展，这对于当地经济状况的好转无疑是有益的。再如，天津周围农村的麦秆，以往只能用来喂牛或烧火，而当国际市场对草帽辫产生了需求之后，它就变成了重要的工艺品原料。这无疑为北方广大地区广义农业经济的外向化，提供了又一个新的途径。

开埠是天津及其腹地经济发展过程中的重要转折点。不过，由于当

①光绪《束鹿乡土志》，卷十二“商务”，民国二十七年铅印本。

时国内外环境的不利影响，使得开埠所带来的这种潜在的客观促进作用并没有马上释放出来。因为第一，这一时期，天津港的商品进出口活动，要受外国人的控制而不能自主。由于天津开埠本身是西方列强强加给中国的，其商品进出口活动一开始就受到了外国人掌握的洋行和海关的控制，他们的目的就在于以天津为依托，向我国北方的广大地区倾销其产品并掠夺所需要的工业原料，完全不去考虑中国经济发展的需要，中国人在其中只能扮演一种被动和从属的角色，具有非常浓重的殖民地色彩。这也正是本阶段天津港消费资料的进口比重大大地高于生产资料的进口比重，非正常消费品的进口比重大大高于正常消费品的进口比重，商品的进口总值大大地高于其出口总值，并且出口商品中农、畜、土特产品原料又占极大比重的根本原因。第二，这一时期，天津港的商品进出口活动，也要受到上海港的严重制约。据统计，这一时期，天津洋货的进口，几乎全由上海转运而来，土货的出口，大部分也要由上海转口出去。进口方面，“及至1866年末，天津销场之洋货，悉皆取给于上海，唯极小部分运自香港”①；1885年时，“天津之洋货贸易今时殆皆操于华商之手，其货则取给于上海之大销场”②；1890年时，“与天津来往土货之口，计上海、汉口、福州、香港及广东等口为首，但几乎全数经由上海转运”③。出口方面，1891年，天津“出口货物价值，计值关平银5528000余两，比去年多623000余两。其中，有猪鬃、草帽缏（辫）、山羊皮褥、生山羊皮、绵羊皮、山羊绒、驼绒为大宗，共值价银2572000余两。该货多系由津赴沪转运外洋，内有值价19000余两之货，系由津直放外洋，又有32000余两之货，系由津直放

①吴弘明翻译：《津海关年报档案汇编（1865—1911）》，“1869年贸易报告”，天津社会科学院历史所1993年版。

②吴弘明翻译：《津海关年报档案汇编（1865—1911）》，“1885年贸易报告”，天津社会科学院历史所1993年版。

③吴弘明翻译：《津海关年报档案汇编（1865—1911）》，“1890年贸易报告”，天津社会科学院历史所1993年版。

香港”[①]。到了1899年，这种状况也没有什么大的改变。可见，造成天津港这一时期商品进出口结构不合理、不完善的原因是相当复杂的。所有这些，都严重影响了天津和北方经济的外向化进程。由于受上述种种因素的制约，开埠前期天津的腹地范围并不辽阔，对腹地经济的作用力也比较有限，因此，对北方社会经济变迁的影响并不十分显著。

二、天津港进出口贸易的日趋独立与北方经济发展的两大契机

1905年以后，天津的商品进出口结构逐步走向独立；腹地经济的外向化程度，也得到了较大的提高。这主要表现在：

第一，自1905年之后，天津港的进出口贸易逐步摆脱了对上海港的依附。据海关1906年的统计，“进口洋货径由外洋购运，不由上海转批定者，本年比上年愈形踊跃。尤因日本与本埠各商直接之生意畅旺，本年洋货进口价值约增9000000两。于1904年洋货仅4/9系由外洋经运进口者，余则由上海或他口转运来津，1905年则增至多半，而本年则占全数8/13矣”[②]。日本人的调查认为：“天津的贸易，以前是经由上海的间接贸易。外国货物一律在上海卸货，然后从上海转卖到天津。可是，在近两三年以来，由于天津商人地位的提高，以及各种贸易机构的完善，结果过去经由上海进口的货物，大多数从原产地直接向天津进口。以前天津外来货物之八九成，是经上海而来；可是在1906年，外国直接输入额为40102558两，经由上海的输入额为25095998两，二者成为八与五之比。”[③]姚洪卓的研究也指出，1899年，天津的直接对外贸易值占

①吴弘明翻译：《津海关年报档案汇编（1865—1911）》，“1891年贸易报告”，天津社会科学院历史所1993年版。

②吴弘明翻译：《津海关年报档案汇编（1865—1911）》，“1906年贸易报告”，天津社会科学院历史所1993年版。

③［日］中国驻屯军司令部编：《天津志》，侯振彤中译本名为《二十世纪初的天津概况》，1986年版，第239～240页。

32.77%，而间接对外贸易值却占了67.23%；到了1905年，天津的直接对外贸易值已占52.06%，间接对外贸易值却退居到47.44%；与此同时，其直接出口贸易值占到了51.53%，间接出口贸易值只占48.47%。[①]对外贸易的日益独立，是天津进出口结构走向成熟的重要表现。

第二，天津港在取得了对外贸易的主动权之后，无论是对洋货的接纳，还是对土货的输出，都有意识地照顾天津及其腹地经济发展的实际需要，其商品进出口结构越来越合理。

从进口方面来看，1908年，属于非正常生活消费的鸦片从进口商品中已经销声匿迹，而各类正常生活消费品的进口比重却迅速增长到了52.86%，说明中外间的经济交流正逐步趋于正常，天津及其腹地的商品化程度和对外来商品的接纳能力也在提高。另一方面，生产资料如棉纱、机器、木材，尤其是铁路器材继续大量输入，天津及其腹地的铁路建设事业、手工棉纺织业、机器棉纺织业和其他近代工业企业呈现持续发展的势头。

出口方面，1908年，天津港狭义农产品的出口虽依然不太景气，土副产品的出口却一路看好，无论是出口值还是比重，都达总出口额的半数以上。1908年天津港商品的直接出口总值为1544678关平两，土副产品为879077关平两，占总值的56.96%。畜产品的出口值仍为384094关平两，占整个出口总值的24.84%。[②]据记载，这时天津的羊毛来源地已相当广远，大致包括甘肃省的宁夏府（今宁夏银川）、兰州府、西宁府、甘州（今甘肃张掖）、凉州（今甘肃武威）；山西省的归化城（今呼和浩特）、包头、西嘴子、孟县、太原府、平定州、潞安府（今山西长治）、泽州府（今山西晋城）；张家口外的喇嘛庙（今内蒙古多伦）、热河（今河北省承德）、哈达（今内蒙古赤峰）一带；直隶的昌德（原文如此，疑为承德）、顺德（今河北邢台）、冀州、宣化四府；河南省的怀庆（今河

①姚洪卓：《走向世界的天津与近代天津对外贸易》，载《天津社会科学》1994年第6期。
②王怀远：《旧中国时期天津的对外贸易》，载《北国春秋》1960年第4期。

南沁阳）、河南（今河南洛阳）、卫辉三府；山东省的临清州、济南府、青州府等。可见，走向独立的天津港为北方广大腹地农、副、畜牧业经济的外向化提供了日益坚实的舞台，另一方面，腹地各类产品出口量的不断增加，也为天津港出口结构进一步合理化提供了有力的物质保证，是北方广大地区外向化经济不断发展的重要表现。

紧接着，北方经济的发展又迎来了两大新的契机。一个契机是以京、津为中心的华北铁路网的逐步建成，[①]使交通运输条件大大改善，从而增强了天津港的经济辐射能力，强化了天津和日益扩大的北方腹地间经济联系的力度，加快了北方广大地区各产业由自然经济向商品化、外向化经济转变的步伐。

另一契机是，第一次世界大战期间，国际市场对中国产品和原料的需求急剧增加，从而为天津进出口贸易的发展，提供了良好的外部条件，增强了天津港的经济辐射能力，加快了北方各产业由自然经济向外向化经济转变的步伐。

表3.4　1913—1915年天津口岸对外贸易额的变化

（单位：关平两）

年份	进口总额	洋货进口额	洋货直接进口额	出口总额	直接出口额
1913	95629651	70900000	51354297	37828623	7619846
1914	88938070	68710413	52788081	34701706	8447463

①1904年，青岛至济南的胶济铁路通车；1906年，北京至汉口的京汉铁路通车；1907年，北京至奉天的京奉铁路、正定至太原的正太铁路、河南道口至清化的道清铁路均全线通车；1909年，北京至张家口的京张铁路通车；1912年，天津至浦口的津浦铁路通车。天津不仅成为京奉、津浦两条铁路的交汇点，而且可以通过津浦铁路在济南与胶济铁路相接，通过京奉铁路在丰台与京汉、京张铁路相接，通过京汉铁路在石家庄与正太铁路相接、在新乡与道清铁路相接。此后，京张铁路又继续向西延展，1920年拓至归绥并通车，1923年又拓至包头并通车。

续表

年份	进口总额	洋货进口额	洋货直接进口额	出口总额	直接出口额
1915	75192494	52859966	40636947	49859964	15333933

资料来源：据王怀远《旧中国时期天津的对外贸易》中的“天津口岸1898—1914年对外贸易额变化”“天津口岸历年对外贸易额”二表改绘。

从表3.4可以看出，一战的爆发，使西方各国因忙于战争而不得不放松了各自国内的工业生产和对外贸易，进口到天津来的洋货比战前迅速减少，进口总额由1913年的95629651关平两，猛降到1915年的75192494关平两；另一方面，战争的爆发也使交战各国扩大了对天津腹地原料的需求，天津的出口总值比战前迅速增加，出口总额由1913年的37828623关平两，猛增到1915年的49859964关平两。天津港进出口业的这一戏剧性变化，极大地刺激和推动了天津及北方广大地区对外贸易的发展，加速了各产业商品化与外向化的进程。

三、天津港商品进出口结构的完善与北方近代外向型经济的迅速发展

1919年，巴黎和会的召开，是第一次世界大战结束的重要标志。此后，世界经济和中国北方经济的发展，都进入了一个新的阶段。

表3.5　1919—1931年天津口岸主要出口货物统计

（单位：海关两）

货物		1919年	1927年	1928年	1929年	1930年	1931年
	粮食/副品/油料	2460259	4247315	1656057	1441208	4591095	7234172

续表

货物		1919年	1927年	1928年	1929年	1930年	1931年
狭义农产品	蔬菜/水果/茶	900530	1987557	1768313	2268350	3321407	4027528
	烟草/麻/其他纤维	157206	6329885	6482455	5831956	4955735	4768752
	棉花	10725812	25941592	19602480	19479840	22901088	24231745
	合计	14243807	38506349	29509305	29021354	35769325	40262197
	占出口总值百分比（%）	58.28	48.53	37.94	36.90	47.82	47.59
土副产品	鱼介类	42139	8741	3831	13496	13745	9181
	蛋类	668539	7301678	5638529	9163830	8565856	11451556
	草帽辫/其他编织	887441	985762	1320884	986435	537611	754843
	木制品	5995	54180	59903	88819	112542	126384
	合计	1604114	8350361	7023147	10252580	9229754	12341964
	占出口总值百分比（%）	6.56	10.52	9.03	13.03	13.34	14.59
畜产品	牲畜	5803	12667	30160	41031	7783	13653
	肉类	87964	1278039	1442960	1778170	2192934	1894995
	猪鬃	229299	3007968	2538261	3761325	3041579	2558176
	其他动物原料	561104	1530726	1672489	1761003	1449279	2558176
	羊毛/驼毛	4262225	13966743	17577613	11821606	6028791	7875843
畜产品	各类皮张	2023172	10564646	16419776	18058708	14615879	14430376
	合计	7169567	30360789	39681259	37221843	27336245	29331219
	占出口总值百分比（%）	29.33	38.26	51.01	47.32	36.54	34.67

续表

货物		1919年	1927年	1928年	1929年	1930年	1931年
工业品	矿物及其制品	111553	178051	68931	158866	278922	405700
	各种植物油、副品	1076280	1190937	549763	45465	844344	869835
	化工产品	6690	241580	296858	309670	327665	391397
	纸张	—	2738	869	448	689	3311
	棉布/棉纱/衣物	127268	207547	348867	201558	57946	67696
	各种金属及制品	101757	304694	305747	1439730	956196	929020
	机器及配件	305	5238	2134	3713	1035	387
	合计	1423853	2130785	1573169	2159450	2466797	2667346
	占出口总值百分比（%）	5.83	2.69	2.02	2.75	3.30	3.15
总计		24441341	79348284	77786880	78655227	74802121	84602726

资料来源：蔡谦、郑友揆：《中国各通商口岸对各国进出口贸易统计（民国八年，十六年至二十年）》，“主要土货各通商口岸对各国出口统计”，商务印书馆1936年版。

由表3.5可知，到一战后，天津港狭义农业产品的出口无论在种类还是在整个出口结构中的比重，都比战前有了很大的提高。1919年，天津狭义农产品的出口值增长到14243807海关两，占该年整个出口总值的58.28%，此后这一比例由于其他产业外向型经济的发展而稍有降低，但其出口值从整体上看却在上升，这是天津港的出口结构进一步合理化的重要标志，也是腹地整体农业商品化、外向化的重要标志。《中华国货报》1916年的调查说：“吾国之产棉之区，在北方黄河流域者，则为直隶、山东、山西、河南、陕西诸省。直隶以保定、正定、顺德、广平为最，山东以周村以北、新城附近为最，山西以平阳、蒲州、解州、绛州、泽州为最，河南以郑州为最，陕西以西安、同州为最，年产不下50万担，以天津为集散市场。”1928年河北省的棉花种植面积已达3275671亩，山西省达898151亩，陕西省达1588961亩，山东省达3316022亩，河南省达2856822亩。此外，花生的种植面积也有所扩大。据《农村周刊》调查，1920年以后，黄河以北的濮阳地区，大面积种植花生，并通过大名、道口等地运至天津出口。天津腹地农业商品化程度的提高，促进了天津港出口结构的良性变化，而这种变化又反过来促进了北方广大地区整体农业外向化程度的提高。

另一方面，一战后天津港畜产品的出口种类和数值也在不断扩大。1919年，天津畜产品的出口值已经增长到7169567海关两，占该年整个出口总值的29.33 %。此后畜产品的出口继续增加，其出口值一直占天津港商品出口总值的1/3以上，成为天津港对外贸易的一大支柱。

直到1937年，天津在全国绵羊毛、山羊绒的出口总量中，都远远超过了另一主要出口港上海，成为我国腹地最广阔、出口量最大的皮毛出口基地。北方外向型畜牧业经济的繁荣发达，也正是近代北方经济区别于南方经济的一个重要方面。

皮毛出口的兴旺，又反过来促进了其腹地畜牧业经济的更大发展，天津畜产品的腹地更大了。到20世纪30年代，天津羊毛的来源地已包括河北、山东、山西、河南、陕西、甘肃、察哈尔、热河、绥远、东三省等省；山羊绒的产地包括河北、山西、绥远、陕西、察哈尔、热河等省；驼毛以内蒙古产量最多，主要集中于张家口、包头、归化城一带；皮张产地主要包括河北、山西、陕西、河南、山东、东三省、热河、察哈尔、绥远、新疆、甘肃等省。由此可见，天津畜产品出口贸易的飞速发展促使北方广大地区的畜牧业经济逐步改变了以前的落后与封闭状态，开始走向现代和外向化了。

表3.6　1919—1931年天津口岸主要洋货的进口情况

（单位：海关两）

货物		1919年	1927年	1928年	1929年	1930年	1931年
生活资料类	牛乳/蛋/蜜	104505	211208	221376	165872	124353	187794
	咖啡/香物	213804	254566	275386	235497	239459	260440
	米/面	33894	21631612	25601483	36648086	19911661	18509737
	糖	3132190	8787922	13030542	7068083	8350147	7724763
	酒/其他饮料	362202	608933	879901	448343	434254	327941
	香料	351904	587899	594072	365985	428327	342644
	纸	1419438	3604849	3465341	3356777	3975848	5403790
	各种棉布	15923553	14912895	15874360	10476245	14974065	17132088
	煤油	7606933	5178576	8374972	6642373	6902800	6786383
	其他	2891022	5405151	6864042	6373011	5707938	6057210
	合计	32039445	61183611	75181475	71780272	61048852	62732790
	占总值百分比（%）	51.69	66.11	72.69	67.71	64..90	62.60
生产资料类	动物原料	10839	160323	483205	557342	94091	30825
	小麦	3	56	—	—	93	915102
	烟草	1245775	2283958	3109291	2461772	3432060	2958767
	煤/其他矿物	501759	1658388	1650208	1711432	1439656	1386212

续表

货物		1919年	1927年	1928年	1929年	1930年	1931年
生产资料类	化工/医药材	1249201	2888803	2170903	2836195	4398979	4687884
	各种木材	2220062	2471540	2363089	3305650	2295252	2737484
	人造丝	—	330460	942583	1598142	898052	802748
	棉花	13428	1796740	127756	2187075	3569969	2571704
	棉纱	10735529	2408736	985169	464784	257204	144752
	钢铁等金属	3845508	4266421	4710819	5541322	4502397	6160640
	机械设备	2339987	3486049	2142213	3580578	3744718	3540771
	铁路材料	4464424	1577582	1734646	1171079	2193818	2580300
	交通工具	717093	2250324	2274053	3026770	2106991	1977569
	其他	2500496	5635794	5526907	5712519	3985831	6952017
	合计	29844104	31215174	28220842	34154660	32919111	37446775
	占总值百分比（%）	48.15	33.73	27.28	32.22	35.00	37.37
军械军火		100045	152266	32210	80443	98655	34545
总计		61983594	92551051	103434527	106015375	94066618	100214110

资料来源：蔡谦、郑友揆：《中国各通商口岸对各国进出口贸易统计（民国八年，十六年至二十年）》，“主要洋货各通商口岸由各国进口统计”。

就进口方面来说，一战期间西方各国因忙于战争，无暇也无力扩大对华贸易，因此，和出口领域日趋繁荣的景象相反，一战期间天津港的进口贸易一直处于萎缩之中。表3.4显示，1913年，天津港的洋货进口额总值为70900000关平两，而表3.6则反映出，直到一战后的1919年，天津港洋货的进口总值才只有61983594海关两。进入20世纪20年代以后，随着西方各国经济的逐渐复苏，输入天津口岸的洋货数值才开始恢复并超过了战前的水平。由于20世纪初特别是一战以来天津及其腹地经济的大发展，其进出口方面的自主化水平较以前已经有了很大的提高。与20世纪初相比，一战后天津港生产资料的进口，从种类上说已比较齐全，从数量说已突飞猛进了。1903年天津港进口的生产资料仅有木材、棉纱、机器、铁路材料四种，而到1919年时，进口的生产资料除了这四种，还有动物原料、小麦、烟草、煤、其他矿物、化工器材、医药器材、人造丝、棉花、钢铁等金属、交通工具等。1919年天津港生产资料的进口值为29844104海关两，1931年达到了37446775海关两。这既反映出天津及其腹地近代工业大发展的事实，也揭示出天津港生产资料的大量进口对北方广大地区近代工业发展的巨大促进作用。

与20世纪初相比，一战后天津港生活资料进口的种类和数值也大大增加了。1903年天津港进口的生活资料仅有棉布、煤油、糖等很少几种，而到1919年时，进口的生活资料除此之外，还有纸、牛乳、蛋类、蜂蜜、咖啡、香物、米、面、酒、香料、食用果品等；1919年天津港生活资料的进口值为32039445海关两，1928年达到了75181475海关两。各种生活用品特别是米、面等食品的大量进口，既是天津等城市规模不断扩大，非农业人口大量增加的客观需要，也是天津腹地粮食作物种植面积减少，经济作物种植面积增加，农业商品化水平提高的重要物质保证，同时也是北方广大地区农业商品化、外向化程度进一步提高的具体体现。商品棉的广泛种植就是有力的证明。据时人调查，1920年的陕西、河南、山西等省因日本人近来在内地办的纱厂很多，人民争趋其利，广种棉花，几有每年连麦全不种的。1923年“正定一带居民，类皆以产棉为主要之职业”，“农民对于耕作地，十分之八皆为植棉之用”，“正定府各县之土地，人民既多用之以为植棉事业，故食料一项，不得不仰给于山西及临近各省矣”。[①]

表3.7 1922—1936年天津口岸对外贸易额的变化

（单位：海关两）

年份	进口总额	洋货进口额	洋货直接进口额	出口总额	直接出口额
1922	169454907	122440039	96421515	75061425	46471488
1927	205342114	128492918	100892111	119997109	88909046
1931	217265887	134702697	109352042	132964050	88701281
1936	120859800	—	46628646	112677725	75626844

资料来源：据王怀远《旧中国时期天津的对外贸易》，“天津口岸历年对外贸易额”绘制该表。

注：原表中1936年的数据单位为旧国币元，现据郑友揆《1840—1948中国的对外贸易和工业发展》（上海社会科学院出版社1984年版）“说明”部分注释提供的比率，1海关两=1.558国币元，折合成海关两。

从反映进、出口总趋势的表3.7可以很清楚地看出，从一战结束一直到1931年的“九一八”事变期间，天津港及其腹地虽然经历了诸如军阀混战、国民政府迁都、世界经济危机等一系列军事、政治、经济不良因素的剧烈冲击，其进出口贸易仍保持了比较平稳的发展势头，说明这一时期天津港的进出口结构已经变得相当的成熟和稳定。“九一八”事变以后，日本帝国主义又相继侵占了热河、察哈尔、绥远，政治上加紧策动华北自治，经济上进行疯狂的武装走私，从而使天津的经济腹

①章有义编：《中国近代农业史资料》第二辑，生活·读书·新知三联书店1957年版，第133～134页。

地迅速地缩小，正常的进出口贸易受到了严重的阻碍，进出口额逐年下降，北方广大地区经济的外向化也受到了极大的摧残。

总体来看，到20世纪二三十年代，天津港的进出口结构已经变得比较合理和完善了。这表现在：第一，进口方面，由以前受洋人和上海的控制，到能根据本地经济发展的需要而进口各种生产资料和生活资料；第二，出口的商品，不仅数量比以前增多了，而且种类也更加齐全。除农、畜、土特产品原料外，还有相当部分的工业制成品出口，如煤、各种植物油及其副产品、化工产品、纸张、棉布、棉纱、衣物、各种金属及制品、机器及配件等，尽管数量有限，但这毕竟是天津港进出口结构进一步完善的良好开端。天津港进出口结构的日益完善，既是北方外向型经济迅速发展的集中体现，又反过来促进了北方地区经济商品化与外向化的进程。这样的例子不胜枚举。若考察天津进出口贸易的不断发展给北方广大农村所带来的经济变迁，则可以以顺德府毛皮业的发展历程为例；若考察天津进出口贸易的发展所引起的北方广大城市工商业的巨变，则可以以包头工商业的发展历程为例。

顺德府经济以前一直以农业为主，皮毛并非该地土产。天津开埠后，随着畜产品出口的不断增加，顺德府二、四两区的贫苦农民，才适应外贸的需要，趁秋收冬藏的农闲，集体赴陕、甘、塞北等地贩运皮毛，开春返回。起初，由于规模小、货物少，所贩的皮毛仅在集市之日，才拿出来进行摆摊交易。20世纪初，参与此业的人越来越多，贸易规模便也不断扩大，并出现了从事毛皮中介业务的皮店，最多时达到了70多家。与此同时，皮毛的购销方式，也由以前的以小商贩贩运为主一变而为以大商贩贩运为主。大商贩以顺德府的大皮店为依托，委托西北各商业城镇（如兰州、包头等地）的商店代买，并通过设在兰州、包头等地的天津银号分号进行现金交易，所购的皮毛大半由邮局或转运公司寄回，或由火车运回顺德府。商贩除将其大量转运到天津出口以外，还将部分生皮加工成皮袄、皮褥等成品，销售到国内各地。据统计，20世纪20年代，顺德城关及城西王村、刘家庄、西北面等村，共有熟皮作坊400余家之多，每坊工人三五人至三四十人不等，工人总数在二三千以上。各皮制成之后，再交给女工们依照样式缝制成各种成品。参加这种工作的乡村妇女有三四万人之多，每日可得工资铜圆百枚，实为顺德府农村妇女最重要的一项副业收入。皮毛运销与加工业的兴旺，又带动了该地布匹业、洋广杂货业、金融业、服务业的发展与繁荣。从而使顺德逐步发展成为天津重要的畜产品出口来源地和洋广杂货的销售市场之一，也使顺德逐步坐上了冀南第一商业重镇的交椅。

包头在1809年的时候，才由村改成镇。天津开埠以后，它仍不过是一个很小的地方性皮毛市场和甘草集结地。受交通条件的制约，集结到包头的货物仍然需要通过驼驮车拉的方式，先运送到归化或张家口，再转运到天津出口。随着天津进出口贸易的发展和京张铁路的不断向西延伸，天津对西北地区的经济辐射力得以不断加强，包头的工商业也随之发展起来。1923年，京绥铁路延伸到包头以后，包头遂取代了归绥在这一地区的经济中心地位，在天津与西北地区之间双向的商品交流中所起的桥梁作用体现得更加明显。1923年前后，每年在这里集散的绒毛二千至三千多万斤，占整个西北地区绒毛产量的三分之二以上。大约西进货物的70%，由这里经铁路转运到京津地区。铁路部门的调查也证实："包头据西北中心，当水陆要冲，东由平绥路直出平津，以达内地，以通外洋，南连晋陕，西接宁、甘、新、青，北通内外蒙古，凡由内地运往西北各处之零整杂货及由西北各处运赴内地之皮毛、药材等货，均以包头为起卸转运之中枢。故包头之进口，其中有一部分转销五原、临河、安北各县，大部分更西转宁、新，北转蒙古。包头之出口，亦非包头一地之出口，包头特产无多，所有出口，十（分之）九由蒙地、西宁转五、临而来。"[①]因此在一定程度上说，

①铁道部财务司调查科编：《包宁线包临段经济调查报告书》，"工商"部分，H，1931年内部本，第8页。

没有包头工商业的繁荣，天津的对外贸易特别是畜产品的出口就会受到很大影响；而没有天津进出口贸易的发展，也就没有包头的迅速崛起。

四、北方外向型经济发展的历史定位

从上面的论述中，我们可以得到以下三点认识：

第一，天津的开埠，客观上为北方广大地区经济结构的变迁提供了新的契机，为其外向型经济的发展提供了越来越广阔的舞台。开埠之前，北方经济以传统的农、牧、工、商业为主，商品化程度较低；开埠之后，这些部门都获得了很大的发展。到20世纪30年代，北方广大地区近代农业、畜牧业、城乡工业[①]的外向化程度，都有了很大的提高，尤其是农、畜产品的出口，已经发展成为天津港以及北方外向型经济的两大支柱。而北方广大地区外向型经济的兴起，又促进了天津进出口结构的日趋完善，使其发展成为北方第一对外贸易大港。

第二，与天津开埠的同时，烟台、营口、青岛、大连等地也相继开埠，它们共同参与并分割了北方的腹地和市场，形成了北方商品进出口的众多支点。但是，就腹地范围来说，仍然以天津的最为辽阔。相比之下，烟台、营口、青岛、大连等港的腹地范围，却要狭小得多，因此，它们对北方广大地区经济变迁的影响，就要比天津小得多。据统计，1904—1913年，天津的进出口贸易额，始终占这五港贸易总额的三分之一以上，稳居各港之首。因此，今天如何在北方经济的发展中，充分利用天津港的历史和现实优势，避免北方各港的重复建设，是一个亟待解决的课题。

---

①史建云认为，进入近代以后，北方农村的传统手工业，受北方外向型经济的发展和工业化水平提高的影响而发生了质的变化，应属于近代工业的范畴，称之为“农村工业”。见从翰香主编:《近代冀鲁豫乡村》，中国社会科学出版社1995年版，第333页。

第三，随着沿海港口的开埠与发展，近代北方的农、牧、工、商等产业的外向化程度越来越高，初步形成了一个以天津、大连、青岛等港为龙头，以腹地众多的商业城镇所组成的市场网络为依托，以国内农、畜原料产品和国外工业制成品为主要贸易内容的外向型经济体系，从而大大地促进了北方经济的现代化进程。虽然，这和南方相比，还存在着不小的差距，但是，它毕竟在一定程度上，扭转了唐宋以来北方经济在全国经济发展当中，地位日趋下降的劣势，从而也在整体上增强了我国的经济实力，成为北方经济发展的新的里程碑。

第二节　市场化和区域市场网络的形成

和古代相比，中国近代经济最根本的变化，不仅是商品种类、产业门类和企业数量的增加，更是市场发育程度的提高和空间范围的拓展。日益增强的国内外市场需求，是包括环渤海在内的近代中国经济不断走向繁荣和进步的动力。

一、清中期以前环渤海市场的“都城—治所”网络

金元以至明清，环渤海基本上都是中国的政治核心区。中央政府由于能运用超经济强制手段，从江南等地榨取巨额的漕粮和税收，因而便无须再把环渤海的经济建设作为重点，而是将政治中枢建设当成了该区域压倒一切的要务。这体现在，把今河北、山西地区视为“腹里”或“直隶”，把今山东和辽东半岛视为京畿门户与锁钥，把山海关外的黑水白山视为大清“龙兴之地”。除设置层叠的行政机构强化控制外，还建筑坚固的城堡和军事要塞（如长城、柳条边）加强防守；经济上，通过“都城—治所”网络，掌控本区域的资源配置，排斥外来

因素对经济秩序的冲击。在北方，1689年和1728年后，中俄之间虽然开放了贸易，却把地点限定在边境上的尼布楚和恰克图，并严格规定了俄国商队3年1次的进京路线、人数、商品、场所和停留日期。在南方，1684年清政府废止海禁后，虽设置了管理对外贸易的4个海关，但地点却设在了远离京师的上海、宁波、厦门、广州，并于1757年后，关闭了其他3个海关的对欧贸易，将中欧贸易限定在广州，并设“十三行”严加管束；第一次鸦片战争之后，清廷虽然被迫恢复了欧美商人五口通商的自由，却坚持不答应其开放天津为通商口岸，并让外国公使进驻北京的分外要求。这些做法的目的，都是为了保障京畿重地的政治中枢地位不受侵害。结果使得原本交通便利的华北平原，只能通过一条运河来连接外部市场；近在咫尺的海洋通道得不到充分利用，造成该区域“以内陆型的相对封闭的国内市场为主，经济中心与城镇规模呈较强的关联性，政治功能与经济功能形成重合和互补”①的封闭局面。

环渤海经济封闭性的市场体现是，清代中期，全国许多地方城乡市场网络体系的发育，均较明代有了很大进步，出现了由流通枢纽城市、中等商业城镇和农村集市构成的三级市场网络。贸易范围覆盖数省或十数省，且为中央一级税关所在地的流通枢纽城市，由明代的8个增加到清中期的20多个，但环渤海地区却依然只有原来的首都北京（崇文门）、州城临清和府城天津（河西务）3个而已。北京市场上的商品绝大部分都是从外地输入的，其中较大宗的主要有粮食、绸缎、布匹、纸张、茶叶、糖、瓷器、洋广杂货以及皮毛、牲畜等。这些输入的商品除满足本城居民的消费之外，也有相当一部分转销华北和西北；临清是冀、鲁、豫的粮食调剂中心；天津虽然成了北方最大的沿海港口，以集散东北粮食和南方洋广杂货为主要职能，但绝大部分还是为转运北京服

①张利民：《简析近代环渤海地区经济中心重组的政治因素》，载《天津社会科学》2012年第5期。

务，本地消费和销往直隶各府的只有很小一部分。除这3个经济辐射范围较大的枢纽城市之外，其余则是贸易范围仅覆盖少数府、县的地区性商业中心，如山东省的济宁、德州、胶州、聊城、益都、泰安、莱阳、黄县、潍县、博山、周村、烟台。河南省的开封、洛阳、朱仙镇等，也属于此类商业中心。至于更基层的，在农民和小工商业者间调剂产品余缺的乡村集市，华北地区的数目虽然众多，却以每旬开市两次的最为普遍。其集市密度和开市频度，均比江南和广东地区落后。①

总之，直到清代中期，环渤海经济还处在小农经济为主导的自然经济状态和“都城—治所”主导的封闭市场格局之中，区域经济的潜在优势还为封建政体所严格禁锢。

二、开埠通商后环渤海市场“口岸—市镇”网络的发育

在第二次鸦片战争和太平天国运动的双重打击下，元气大伤的清政府在对外交往中日趋软弱；后来又经过中法战争、中日甲午战争、八国联军侵华战争的多次挫败，清廷更加被动，只能依靠缔结更多条约、开放更多口岸来应付时局，这就是通常所说的“约开商埠”。与此同时，清朝和民国中央及地方政府，为争取开埠通商的主动权，也自行开放了一些对外贸易口岸，通常称之为“自开商埠”。据统计，截至1930年，中国对外开放的一级商埠总数为114个，其中环渤海地区共39个。这些新兴口岸城市的主要职能，自然就是发展区域经济和对外贸易。

①许檀：《明清时期城乡市场网络体系的形成及意义》，载《中国社会科学》2000年第3期。

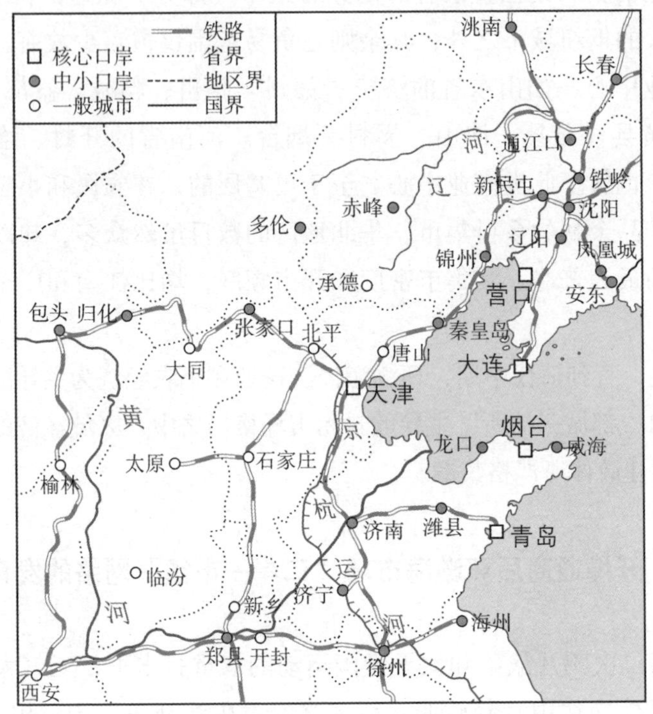

图3.1　1930年以前的环渤海通商口岸示意图

资料来源： 底图为《中华新形势一览图》，世界舆地学社1926年版。据樊如森、伍伶飞《近代环渤海市场结构的时空演进》，图1（见《历史地理》第28辑，上海人民出版社2013年版）绘制。

进入清朝末年，轮船、火车、汽车、电报、电话等新式交通通信方式陆续出现在环渤海地区，以发展现代工商业为目的的交通城镇也随之成长起来。随轮船运输业发展而崛起的城镇，主要是沿海的开埠港口，如华北的天津、秦皇岛、烟台、青岛、龙口、威海、海州，东北的营口、大连、安东、葫芦岛等。比如大连，1898年前还是辽东半岛东南角名叫“青泥洼”的小渔村；1899年由俄国动工修建港口，日俄战争后又被日本接管经营；到1930年，大连港可以容纳3000至4000吨级的海轮40艘，3万吨级的大船也可近岸停泊，民船码头可备民船100艘停泊，75处码头堆栈的货物容量共计50万吨，成为东北南部最大的海港城市。随着火车、汽车的出现而兴起的交通城市也很多，如济南、青岛、周村、潍县、天津、北京、石家庄、邯郸、郑县、洛阳、开封、新乡、徐州、海州、太原、榆次、大同、西安、宝鸡、归化、包头、张家口、宣化、大连、沈阳、锦州、永吉、长春等。以石家庄为例，1900年前只是获鹿县一个800余人的小村子，京汉铁路通车，特别是1907年正太铁路在此与京汉铁路交汇后，成为沟通河北与山西的交通枢纽，大量土、洋货物在这里进出，商业日趋繁荣；同时，大兴纺织公司、振华洋火公司、荣裕玻璃厂、英美烟草公司、银行支行、钱庄分号等工商企业，也在此发展。同一时期，不少近代工矿型城镇，也随着轮船、火车以及工业生产对煤炭需求的增加发展起来。

与此同时，原有的“都城—治所”城市，也在基础设施和产业布局方面逐步向口岸城市看齐。比如北京，虽然依然对北方城镇施加着巨大的政治影响，但其城内主要现代化设施和生产生活内容，却都效仿天津，如铁路的大规模兴修、煤矿的现代化开采、邮政电报等现代化通信方式的运用，各种现代化生产和生活物资的进口等。从对区域经济发展的贡献来看，20世纪30年代的天津，已经发展成北方最大的对外贸易、现代工业、现代金融中心，成为仅次于上海的中国第二大工商业都会和近代北方经济的龙头。①而同一时期的北平，还依然是北方最大的消费城市，“经济很不发达，工业极端落后，近代工业出现较迟，多为手工业生产。直到抗日战争胜利以后，北京工业中手工业仍然占80%以上，在全国工业产值中的比重甚小，只占1.93%”；直到1948年，“北京工业发展极其缓慢，没有真正的机器制造工业，没有基本化学工业，不能纺纱，不能炼钢。企业的规模狭小，设备简陋，技术落后；产品成本高，质量低；原料和市场多依赖外国和外地；而本市所需用的产品却仰赖于

①樊如森：《天津——近代北方经济的龙头》，载《中国历史地理论丛》2006年第2期。

洋货或津、沪供给”，不要说在全国，即便在环渤海区域内的经济辐射功能也很弱小了。

这样，众多以发展进出口贸易和现代工商业为主要职能的通商口岸城市、交通枢纽城市、工矿业城市，在环渤海交织成一张新的“口岸—市镇”网络，它们取代原“都城—治所”城市，成为主导该区域近代经济发展方向的新节点。到20世纪30年代，环渤海地区形成了以天津、青岛、大连为中心城市的新的区域市场网络体系。其中，中心城市作为一级市场，除直接辐射临近的乡村市场外，主要通过直接辐射下面二级市场即中等城市的方式，间接地影响整个区域市场网络；中等城市则直接辐射下面的三级市场即中小城市，间接影响次级区域市场网络；中小城市直接辐射下面的初级市场，也称产地市场。

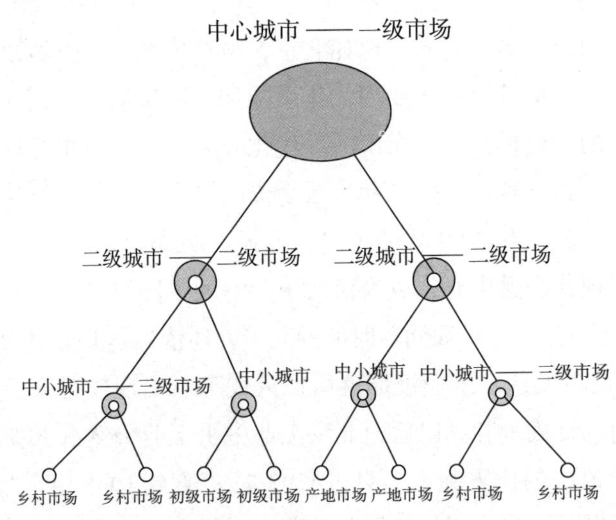

图3.2　近代环渤海“口岸—市镇”市场结构示意图

资料来源： 樊如森、伍伶飞：《近代环渤海市场结构的时空演进》，图2。

（一）以天津为中心城市的环渤海市场网络

在环渤海三大“口岸—市镇”市场网络中，以天津网络最为辽阔。其中天津为一级市场，下面辐射8个二级市场，即河南郑县、山西阳曲、察哈尔张家口、陕西西安、绥远包头、甘肃兰州、新疆古城、外蒙古库伦。

（二）以青岛为中心城市的环渤海市场网络

青岛是山东东部、河南东部和江苏北部地区的国内终点市场。它的海上航路，南可以到达上海、香港，北可以到达天津、大连，东可以通朝鲜、日本，交通便利，贸易发达。输入品以织物、火柴、煤油、砂糖、染料等为大宗，输出以煤、铁、盐、草帽辫、花生、豆油、麦、果实等为主，每年的贸易额达六七千万两。所以我国北方的商港，除天津、大连以外，就要推青岛了。同时青岛的纺织业、食品加工业、火柴业、面粉业等近代工业也非常发达，在北方仅次于天津。在以青岛为中心城市的市场网络之下，统领着烟台、济南、海州3个二级市场。

（三）以大连为中心城市的环渤海市场网络

大连是东北南部和内蒙古东部地区的国内终点市场，它商业甚盛，海陆航运极为发达，其贸易额常占（全国）第二位，次于上海，与天津相颉颃，贸易品出口以大豆、豆油、豆饼、野蚕丝茧为大宗，进口以棉织物、机械、烟草、煤油等为大宗 。其下统领着营口、长春、安东3个二级市场。

三、环渤海国内市场圈层的拓展

随着“口岸—市镇”网络的发育，环渤海在不断完善以天津、青岛、大连为中心城市的本地市场网络的同时，也逐步开拓了区域外部的国内、国际市场空间。国内市场的拓展方向，首先是毗邻的西北地区，它又细分为甘青高原、天山南北和漠北蒙古3个区域。

（一）环渤海西北市场的拓展

受交通和市场化发展水平，以及清朝的民族分化政策的限制，清代前期的西北和环渤海特别是华北地区之间，市场联系是非常稀疏的。一直到乾隆年间，清政府武力平定了多起边疆叛乱之后，才允许内地的汉族商人即旅蒙商人进入草原腹地，用内地的茶叶、布匹等日用品，交换蒙古牧民的细皮张或牲畜，双方间的经济联系才有所增多。[①]清末民国以后，随着交通条件的改善，外贸口岸的增加和进出口贸易的发展，西北与环渤海地区的物资交流和市场联系进一步强化，其最主要的物流指向，就是作为国内终点市场之一的天津。

《津海关贸易报告》显示，1865年天津的出口货物中出现了归化城产的皮毛，1876年天津出口的驼毛95%购自归化城；甘肃等地运到天津的大黄，数量也较前增加，以西宁府所产者品质最优；同时，外来"洋货俱由本口运往河南、山西、陕西、甘肃等省销售"。1906年前后，西北运往天津的羊毛，以甘肃省的宁夏府、兰州府、西宁府、甘州、凉州和山西省归化城、包头一带最为集中；天津出口的畜产品中，直接来自西北牧区的，至少要占到1/3以上。1911年前后，天津洋行在甘肃各地设庄的很多。中宁有仁记洋行、新泰兴洋行，中卫有平和洋行、瑞记洋行。在河州收购畜产品的天津洋行有9家，他们将收购到的羊毛、皮张、肠衣、药材、猪鬃等，先用皮筏子沿黄河水运至包头，再通过陆路将其运到天津出口。兰州是甘肃和青海的皮毛集散中心，每年经兰州运出的羊毛11000余吨，皮货170余吨。青海商业"以湟源、玉树、都兰、西宁等地为中心，凡汉番货物莫不总汇于此"；"汉商贸易以河北、山西、陕西人为多，资本颇巨，多设庄行，收购皮毛、土产运销于天津，再由天津贩运洋货、布匹销售于青海"；青海皮毛先用厘牛、骆驼或骡车转运到西宁，再用皮筏由湟水入黄河至兰州、包头，转乘平绥铁路、北宁

①樊如森、杨敬敏：《清代民国西北牧区的商业变革与内地商人》，见《历史地理》第25辑，上海人民出版社2011年版。

铁路而抵达天津出口。[①]在宁夏地区，1919年前后，每年对外输出的羊皮约36万张，羊毛1000余万斤，驼毛和羊绒约40万斤。[②]

包头“据西北中心，当水陆要冲，东由平绥路直出平津，以达内地，以通外洋，南连晋陕，西接宁、甘、新、青，北通内外蒙古，凡由内地运往西北各处之零整杂货及由西北各处运赴内地之皮毛、药材等货，均以包头为起卸转运之中枢”，实属环渤海和西北市场联系的桥梁。

自清代中期以后，漠北蒙古就通过汉族旅蒙商人，与内地发生了商业联系。该地区以恰克图—买卖城、库伦、乌里雅苏台、科布多等地为商业中心，通过大、小草地路，经由归化城、包头、张家口等地，通过天津口岸展开畜产品的出口贸易，并进口洋货和内地杂货。库伦1861年开放为对俄贸易的商埠，核心商业区在东库伦，又名买卖城，从前建有内地汉族商人开设的店铺数千家，是库伦商业的中心地带。牛、马、羊、骆驼、布帛、杂货都在此地交易，1924年后快速衰落。库伦作为漠北蒙古地区的最大商业中心市场，贸易输出品以牛、马、羊、骆驼等为大宗，输入品以布、帛、杂货等为大宗。库伦的商业辐射范围，曾经向东到达东三省，向南到热、察、绥等省，向西到新疆，向北到西伯利亚。交通四通八达，最为利便。只是1924年以后，商业上的主导权，由以前的山西商人，让位给了苏联商人；主要的对外贸易方向，也由以前通过张家口、天津输往国际市场，转变为主要向北向西直接输往苏联市场了。

到20世纪30年代，以天津为龙头、包含西北地区的兰州、古城、库伦3个二级市场的外向型市场网络基本形成，成为环渤海新的国内市场空间。

---

①顾执中、陆诒:《到青海去》，商务印书馆1934年版，第183页。

②林竞:《西北丛编》，神州国光社1931年版，第235页。

（二）环渤海东北市场的拓展

环渤海市场往东北方向的拓展，主要是沿着南满铁路由长春向北，以哈尔滨为中心，再顺东清铁路向东西两侧铺开。哈尔滨是内陆交通枢纽，陆上和海上运输都受俄国人控制的东清铁路和海参崴海港节制。哈尔滨之下统领着齐齐哈尔、呼伦2个二级市场，虽属于以海参崴为尾闾的网络体系，但与环渤海联系也很密切。

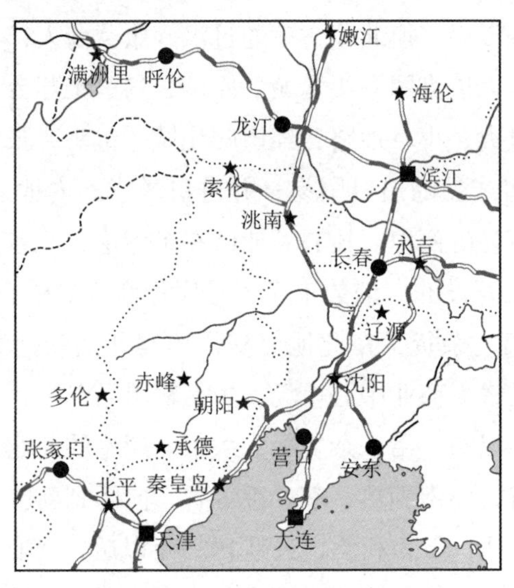

图3.3　1930年前后的东北市场网络示意图

资料来源：底图为《中华民国分省地图》，申报馆1933年。据樊如森、伍伶飞《近代环渤海市场结构的时空演进》，图4绘制。

（三）环渤海东南市场的拓展

环渤海的山东、直隶、奉天地区，清代中期就与江南有一定的市场联系。主要渠道一是大运河的漕运，二是北洋沿海的海运。清代中叶海禁开放之后，环渤海地区与南方各省的贸易均有大规模的发展，贸易内容是江南沙船和闽广商船运来的糖、茶、杂货、苏木、胡椒、大米、纸张、瓷器、棉花。只是由于帆船航运易受冬夏季风的影响，致使沿海运输的作用未能得到充分发挥。

1855年黄河铜瓦厢改道后，济宁至临清间的大运河被堙。清政府正忙于平定太平天国运动，无暇疏通河道，漕粮被迫改行海运。同时，英美轮船公司的北洋航线有所发展，"中国人充分感觉到把他们的货物交由外国轮船运输能有迅速和安全的优点，他们知道外国轮船可以在任何季节和季候风里航行"①。轮船运输的优势日趋明显。统计显示，1860年，天津港的帆船吨位占50%；到1880年，帆船不到总数的1/3和总吨位的1/6；再到1890年，只有52艘帆船入港，轮船却有533艘；1905年后，除偶尔1只不定期的帆船到大沽口外，再也没有帆船来天津了，轮船海运成为环渤海与南方物流的主要方式。"查与天津来往土货之口，计上海、汉口、福州、香港及广东等口为首，但几乎全数经上海转运"。往来于上海间从事土货贸易的青岛民船，1900年为637船次，1901年达678船次。②

需要说明的是，铁路开通前，环渤海与南方间的货物运输，虽以内河（大运河、淮河、汉水等）和沿海水路交通为主，但贵重货物仍由陆路运输。比如"上海各皮商赴北方办货，其运回南方时，多走陆路，由京、津之镳局派人护送，以保安全……由京津直至苏州交货"；1880年新式邮政开通之后，"各种细毛衣统由北方从邮局递寄"。③再到后来，北京至汉口的京汉铁路、开封至洛阳的汴洛铁路、天津至浦口的津浦铁路及其延伸线建成通车后，南北间的陆路交通更为便捷，还出现了水陆联运。以花生运销为例，陇海铁路沿线的河南产花生，先集中于郑州、开封、中牟、兰封。苏北及鲁南的花生先集中于砀山、徐州等地，然后由陇海路运至海州转招商局轮船运到上海。津浦路沿线山东各县产的花

①聂宝璋编：《中国近代航运史资料》第一辑下册，上海人民出版社1983年版，第1272页。

②青岛市档案馆编：《帝国主义与胶海关》，"1892—1901年胶海关十年贸易报告"，档案出版社1986年版。

③《上海皮货业之调查》，载《工商半月刊》1929年第1卷第1期。

生，大部分先集中于平原、禹城、黄台桥（属山东济南）、泺口（属山东济南）、大汶口、泰安、邹县、滕县等火车站，小部分与苏北花生集中徐州，由津浦铁路南运浦口，再转沪宁铁路运到上海；清江浦附近宿迁、窑湾等处的花生，则由运河水运至镇江，再由沪宁铁路运到上海。

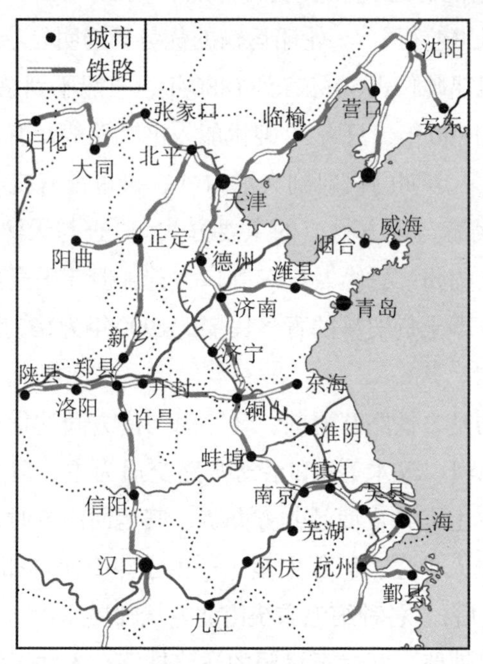

图3.4　1930年前后环渤海与东南地区的市场联系示意图

资料来源：底图为《中华民国分省地图》，申报馆1933年。据樊如森、伍伶飞《近代环渤海市场结构的时空演进》，图5绘制。

同时，新乡附近的“焦作之煤，由此分输南北；鸡蛋由此运往汉口，皆大宗货物”[1]。郑县为全省产棉最大之集散市场。大部分运往汉口，

①白眉初：《中华民国省区全志》（河南省），求知学社1924年版，第62页。

而输出上海与天津市场者相对较少。许昌附近的烟叶聚集后，大多运往汉口或转运上海。另外，传统的内河航运依然是南北商品运输的重要方式之一。镇江与北方之间货物的水路运输，是先向北沿大运河至淮阴，再向西逆淮河干支流而到达皖西北和豫东南地区。[①]汉口开埠后，各种洋货经汉水支流销往河南南部的唐、白河流域，而这一地区的土特产品，也经这一水上通道运销到汉口。[②]

由上可见，由于南方区域经济和港口运输的比较优势，环渤海在向南方拓展国内市场空间的过程中，显得比较分散和零乱，势头远不如在西北和东北地区那样坚定有力。相反，站在南方的视角上来看，两大区域市场联系的主角，是南方而不是北方。至少在20世纪以前，包括环渤海在内的北方广大地区，都不过是上海等南方口岸的间接经济腹地而已，根本谈不上市场联系的主动权。[③]

四、环渤海国际市场的空间位移

清代中期至“五口通商”以后，南方销往北方的货物中出现了少量洋货，但尚不是环渤海直接参与国外贸易的结果。只有1860年“北洋三口”开放之后，对外贸易才成为环渤海口岸的经济职能之一，以当地洋行和买办为中介的进出口贸易才正式展开，国际市场才从无到有地开辟出来。后来，该区域又陆续增加了36个通商口岸，与国际市场的经济联系更加密切。不过，其国际市场的开拓并非一蹴而就，从时间到空间上都有着明显的变动。

①李必樟编译：《上海近代贸易经济发展概况：1854—1898年英国驻上海领事贸易报告汇编》，上海社会科学院出版社1993年版，第144页。

②李必樟编译：《上海近代贸易经济发展概况：1854—1898年英国驻上海领事贸易报告汇编》，上海社会科学院出版社1993年版，第515页。

③樊如森：《从上海与北方关系的演变看环渤海经济崛起》，载《史学月刊》2007年第6期。

（一）环渤海欧美市场的开拓

20世纪以前，由于贸易基础、金融、航运等方面的限制，“北洋三口”及其腹地尚缺乏独立开拓世界市场的足够能力。这时，它与国外市场主要是欧美市场之间的进出口贸易，绝大部分是借助于上海和香港的转运来实现的。这同中国整个对外贸易的趋势是一致的。1870年以前，中国主要的外贸对象国是英国和英属印度，进口常在80%至90%，出口常在60%至70%。此后，随着航运和电信事业的发展，中国对欧洲大陆的直接贸易扩大，对英国本土的贸易逐步下降。上海口岸的洋货进口统计显示，1856年，上海约2/3的英国货从海路运到北方的牛庄、锦州、登州、天津等港；1860—1870年，上海的进口洋货很多转口到北方的烟台、天津、牛庄等港埠；“上海的重要性几乎全部应归之于它占有向北方和长江口岸转销的一个中心的地位，因为相对来说，上海本地区内的商品消费量是很小的”。而据天津海关统计，1865年，天津所销的洋货“殆皆取给于上海”；1866年，“天津销场之洋货悉皆取给于上海，唯极小部分运自香港”；到1880年，这一状况依然没有改变。

从出口方面看，从1861—1891年，天津港的主要出口货物如猪鬃、山羊皮褥、生山羊皮、绵羊皮、绵羊绒、山羊绒、驼绒为大宗，“该货物系由津赴沪转运外洋”；一直到1899年，天津“土产运外洋者，皆需运至上海，再转运外洋，此处可勿庸赘述”。[①]时人认为，“中国商人一年甚于一年地倾向于把上海作为中国北方贸易的商业中心，他们把北方沿海港口和内河港口只是作为货物的上岸地点来使用”。[②]

---

①吴弘明翻译：《津海关年报档案汇编（1865—1911）》，“1891年、1899年津海关华洋贸易情形论略”，天津社会科学院历史所1993年版。

②徐雪筠等译编：《上海近代社会经济发展概况（1882—1931）——〈海关十年报告〉译编》，上海社会科学院出版社1985年版，第34页。

表3.8　1870—1899年北方三港与上海的贸易关系

（进出口总值单位：海关两）

年份	港口	土货出口			洋货进口			土货进口		
		出口总值	经上海出口总值	上海转运占比（%）	进口总值	经上海进口总值	上海转运占比（%）	进口总值	经上海进口总值	上海转运占比（%）
1870	牛庄	1105738	339801	31	2308238	1919851	83	693176	262192	38
	天津	634694	569696	90	12082993	11004756	91	5200372	3128055	60
	芝罘	1574256	602193	38	4825263	3961502	82	1339354	460021	34
1880	牛庄	2514585	538873	21	2170996	1921133	88	1299721	858634	66
	天津	2374097	1747996	74	10399347	9208671	89	13003487	8872268	68
	芝罘	3259378	2169077	67	4383490	3732124	85	2511150	871129	35
1890	牛庄	6775622	2240902	33	4458568	4092437	92	2805508	2109663	75
	天津	4561037	3410291	75	17177294	15319440	89	16571758	7671403	46
	芝罘	4420095	3163484	72	5899229	5007986	85	2391413	1128313	47
1899	牛庄	11924515	3570209	30	21845598	16566413	76	5976674	4137958	69
	天津	14816974	10750244	73	39409029	25153820	64	32622387	15395644	47
	芝罘	8299700	5478164	66	13435027	6895256	51	5966064	2532623	42

资料来源：据中国第二历史档案馆、中国海关总署办公厅编《中国旧海关史料（1859—1948）》（京华出版社2001年版）相关年份统计数据编制。表3.9资料来源均于此。

由表3.8可知，19世纪末期，上海在北方三港对外贸易中的中转作用非常强大。在洋货进口方面，经由上海转入的洋货，最低占三港洋货进口总值的51%，最高竟达92%，历年平均也占到了81%。土货进出口方面，上海占到了北方三港土货进出口总值的约半数以上。

20世纪以后，随着环渤海更多通商口岸的开放，港口设施的改善，电信和交通的发展，沿海城市和腹地市场的壮大，该区域与国际市场之间的直接贸易能力得到了显著提升，对上海中转作用的依赖程度才逐步降低。

另外，“晚清时期香港与北方环渤海地区的贸易关系密切，东北地区通过牛庄口岸，山东及朝鲜通过烟台口岸，直隶及广大北方腹地通过天津口岸与香港展开了繁密的贸易往来。不同地区的洋货进口结构略有不同，而土货出口结构则差别较大，反映出区域经济发展的差异”①。然而，由于香港自1842年就割让给英国，所以，它与环渤海之间的贸易中转关系与上海有着本质的不同。

（二）对日贸易增长与环渤海国际市场的多元化

日本与中国及环渤海地区间的贸易量，经历了一个由少到多的发展过程。1860年的日本，也刚刚在美、英、俄、法、荷等列强的威胁下，被迫向西方开放了一系列通商口岸。1871年中日两国签订《修好条规》和《通商章程》，规定中国对日本开放已经对西方开放的上海、镇江、宁波、九江、汉口、天津、牛庄、芝罘、广州、汕头、琼州、福州、厦门、台湾、淡水15个口岸，日本对中国开放已经对西方开放的横滨、箱馆、大阪、神户、新潟、夷港、长崎、筑地8个口岸，从而打开了中日贸易和环渤海对日贸易的大门。1931年和1871年相比，中国对日本的出口额增长了224倍，日本对中国的出口额增长了155倍。60年间两国的进出口贸易总值增长了182倍，日本成为中国仅次

①毛立坤：《晚清时期香港与北方环渤海地区的贸易关系》，见吴松弟、樊如森主编：《近代中国北方经济地理格局的演变》，人民出版社2013年。

于英国的第二进口贸易国，中国也成为日本仅次于美国的第二进口贸易国。①

具体到环渤海地区的对日贸易而言，1900年以后，无论是双方贸易的比重还是数值都有了很大提高。“直接从来源国而非从上海市场购买洋货的趋势在1905年变得十分明显，在1906年更进一步得到巩固；这种增长趋势和对日直接贸易的巨大增长解释了直接进口值增长近900万两的原因”；“直接进口总值（4000万海关两）中近1200万海关两价值归功于悬挂日本国旗的船只带来的商品，那实际上意味着达到这个量的进口来自日本，且主要由日本商品构成”。②其他口岸与日本间的进出口贸易也有快速增长。环渤海地区与日本直接贸易的增加，也在该区域同其他国家和地区直接进出口贸易数值的升降中得到了显现。

表3.9　1880年、1902年、1903年环渤海五港口从日本进口贸易的情况

（贸易总值单位：海关两）

港口	1880年			1902年			1903年		
	从国外进口贸易总值	从日本进口贸易总值	日本占比（%）	从国外进口贸易总值	从日本进口贸易总值	日本占比（%）	从国外进口贸易总值	从日本进口贸易总值	日本占比（%）
胶州	—	—	—	3678690	1214567	33.02	5134229	2373685	46.23
芝罘	651366	53948	8.28	9572175	4441720	46.40	9651793	5620829	58.24
秦皇岛	—	—	—	392101	973	0.24	1170403	79467	6.79

①樊如森、吴焕良：《近代中日贸易述评》，载《史学月刊》2012年第6期。

②中国第二历史档案馆、中国海关总署办公厅编：《中国旧海关史料（1859—1948）》，第43册，“1906年天津海关报告”，京华出版社2001年版，第223页。

续表

港口	1880年			1902年			1903年		
	从国外进口贸易总值	从日本进口贸易总值	日本占比（%）	从国外进口贸易总值	从日本进口贸易总值	日本占比（%）	从国外进口贸易总值	从日本进口贸易总值	日本占比（%）
天津	1190676	206373	17.33	18849234	5477257	29.06	18622406	5693021	30.57
牛庄	249863	6773	2.71	5346306	2160329	40.41	5850995	2466002	42.15

在1895年之后，日本对环渤海的洋货进口贸易比重开始急剧增长。到1898年，日本已经成为环渤海港口最重要的直接进口来源国，并且此后，日本的直接进口比例，长期稳定在环渤海直接进口总值的30%—40%之间。

在环渤海的出口贸易方面，也呈现出了这样一种趋势。1891年开始，日本成了最重要的土货直接出口对象，并在1895年之后，出现快速增长，使得日本成为环渤海港口土货直接出口的主要国际市场。

1907年牛庄的“土货直接出口中95%的目的地是日本”。[①]1909年牛庄的“洋货直接进口的45%来自日本”，而更值得注意的是“日本占据了90%的直接出口份额，其仍然有更深入扩展的空间”。[②]1908年大连贸易中，“该年可查的洋货直接进口值为17215936海关两。日本当然地拥有该项贸易的最大份额，其贡献了总值的59%”。[③]1907年天津和秦皇岛“在土货直接进口来源各国中，日本占有突出的位置，从日本进口

①中国第二历史档案馆、中国海关总署办公厅编：《中国旧海关史料（1859—1948）》，第45册，“1907年牛庄海关报告”，京华出版社2001年版，第191页。

②中国第二历史档案馆、中国海关总署办公厅编：《中国旧海关史料（1859—1948）》，第49册，“1909年牛庄海关报告”，京华出版社2001年版，第251页。

③中国第二历史档案馆、中国海关总署办公厅编：《中国旧海关史料（1859—1948）》，第47册，“1908年大连海关报告”，京华出版社2001年版，第184页。

总值为9424000海关两”。[①]1910年大连的“洋货直接进口值从1909年的1220万上升到1870万，而沿岸洋货进口则从290万下降到180万。日本理所当然地拥有直接贸易的最大份额，总计达1430万”。[②]牛庄的“直接贸易（进口）中的日本占比从1909年的约45%增长到该年可查的超过50%”。[③]1910年天津的进口中“32644289表示与外国直接贸易，而20668748海关两的洋货是从中国各口（主要是上海）进口”。[④]1911年天津的“国外直接进口值合计达33824371海关两，超过前一年115万两；而经上海转运来的总计为19676668海关两”。[⑤]

综上可知，进入1890年特别是1895年以后，日本逐步成为环渤海口岸最主要的贸易对象国。日本这一优势地位在第一次世界大战中得到巩固，战后虽然有所下滑，但是直到1931年，日本依然是环渤海地区最主要的国际市场。

尽管自1905年以后，环渤海地区的直接对外贸易比重，开始超越上海对该区域的转口贸易比重，以上海为中介的欧美市场在该区域国际市场总量上的份额开始减少，日本市场在环渤海国际市场中的份额快速增加，并成为该区域最大的贸易对象国。但是，这并不同时意味着上海在环渤海外贸中的中转作用彻底消失，以及欧美市场对于北方外贸完全丧失意义。事实情况是，市场份额虽然缩小了，但是，此后环渤海对欧美市场的绝对贸易值还是在一直增加当中（当然，与日本间的贸

①中国第二历史档案馆、中国海关总署办公厅编：《中国旧海关史料（1859—1948）》，第45册，“1907年天津海关报告（含秦皇岛）”，京华出版社2001年版，第207页。

②中国第二历史档案馆、中国海关总署办公厅编：《中国旧海关史料（1859—1948）》，第52册，“1910年大连海关报告”，京华出版社2001年版，第264页。

③中国第二历史档案馆、中国海关总署办公厅编：《中国旧海关史料（1859—1948）》，第52册，“1910年牛庄海关报告”，京华出版社2001年版，第287页。

④中国第二历史档案馆、中国海关总署办公厅编：《中国旧海关史料（1859—1948）》，第52册，“1910年天津海关报告”，京华出版社2001年版，第322页。

⑤中国第二历史档案馆、中国海关总署办公厅编：《中国旧海关史料（1859—1948）》，第55册，“1911年天津海关报告”，京华出版社2001年版，第248页。

易值更大)。

1905年以后，伴随着各国在环渤海地区进出口贸易中比例的增、减和地位的升、降，该区域的国际市场在时间和空间上均发生了很大的变化，国际市场的范围由小到大，贸易对象国由单一到多元。

近代环渤海市场结构的演化，经历了“都城—治所”到“口岸—市镇”市场网络转变，以天津、青岛、大连为中心城市的环渤海外向型市场网络体系发育，国内和国际市场拓展与市场份额升降的时间、空间变迁过程。它使得当地原本封闭落后的经济发展环境，从内涵到外延的许多层面上，都有了很大的改进和完善，是该区域经济的现代化和外向化水平均获得显著提高的重要标志。同时，也成为近代环渤海地区对外贸易稳步发展、产业结构不断优化、在全国经济地位明显提升的本底动力。

第三节　市场化导致的区域分工和国内外贸易发展

地处干旱半干旱带的西北地区，是我国最重要的畜牧业基地。但是，由于受生产力发展水平特别是市场化程度的限制，这里一直处于相对闭塞的自然经济状态。进入近代以后，随着沿海、沿边口岸的对外开放，这一地区逐步与更加广阔的国内和国际市场接轨，畜牧业产品商品化、市场化和外向化程度，有了空前迅速的提高，从而大大改变了这一地区的相对封闭落后状态，成为中国近代外向型经济的重要组成部分。从很大程度上来说，外向型畜牧业的发展，是西北经济走上现代化之路的先导和主要驱动力。

一、1850年以前西北畜牧业的相对封闭状态

长期以来，人们对“自然经济”的理解，一直存在着很大的偏差。原因是大家虽然都指出这种经济形态是社会生产力水平低下和社会分工不发达的产物，是“商品经济”的对立物，其最本质的特性在于它的自给自足性。但是，具体到生产部门而言，却又都千篇一律地将其指向了农业。其中，比较经典的表述是：在这种经济形式下，生产单位分散，生产规模狭小，生产技术因循守旧。每个生产者或经济单位，利用自身的经济条件，生产自己所需要的全部或大部农产品和手工业品，几乎很少与外界交换。随着社会生产力的提高和社会分工的扩大，商品货币关系迅速发展，自然经济渐趋瓦解，并最终为资本主义商品经济所取代。旧时中国的商品经济很不发达，广大农村处于自给或半自给的经济状况，自然经济占统治地位。其实，所谓自然经济状态，应该主要是市场相对狭小、商品交换不够充分造成的，它并不仅仅局限在农业这一个生产部门之中。在近代开埠通商，国内外市场扩大之前，农业、畜牧业领域里，都存在着生产能力低下、产品流通范围有限、经济相对封闭的现象。把占全国国土面积将近半数的畜牧业生产区排除在自然经济的涵盖范围之外，是学术界对中国已有经济发展历程在理解和关注方面的重大偏差。

事实上，在1850年以前，在西北广阔的畜牧业区域内，各族人民的生活水平很低，产品的自给自足性也很强。为了丰富自身的生产和生活，他们虽然也需要将自己的畜产品和内地农产品、手工业产品相交换，但是由于种种限制，其交换的范围和程度，还是相当有限的。从整体上说，该时期的畜牧业经济，依然处于一种交换很不发达的相对封闭状态。

比如，居住在今新疆地区的准噶尔人民，虽然“全境不乏泉甘土肥、宜种五谷之处，然不尚田作，惟以畜牧为业……问富强者，数牲畜

多寡以对。饥食其肉，渴饮其酪，寒衣其皮，驰驱资其用，无一事不取给于牲畜”[①]。青海牧区的情况也大体类似，“青海蒙、回生计，以牧为主。牧以群名，或百为群，或数百及千为群。有牛羊者，往往自炫其富，互相竞胜，牧产几何，商本几何，问之必告”[②]。那些生活在草原深处的蒙古族人民，也是“不谙播种，不食五谷，毡房为家，游牧为业，分布散处。人户殷繁，牲畜遍满山谷。富者驼马以千计，牛羊以万计，即赤贫之家，亦有羊数十只，以为糊口之资。冬则食肉，夏则食乳。以牛、羊、马乳为酒，以粪代薪，器具用木。至代烟、砖茶，尤为要需，家家时不可少。男女皆一律冠履皮靴、皮帽，冬用皮裘，夏着布衣，富者间或亦用细缎。不使钱文，鲜需银两。至日用诸物，均向商民以牲畜皮张易换”[③]。

从历史发展的实际来看，畜牧民族在产品交换上的封闭状态，除由于生产力发展水平的低下外，更多的原因则是当时政府狭隘的民族政策使然。

出于对北方各游牧民族的防范，历代中原王朝不是与他们剑拔弩张、兵戎相见，就是把贸易的地点严格限定在双方的边界线上，通过设立数目有限的榷场，在官府的主持和控制下进行互市。其间，我们虽然不能完全排除民间自发贸易的存在，但是，其交换的规模是相当有限的。清朝建立以后，北方的民族对立关系有所松弛，但是，直到康熙年间，政府依然禁止内地民间商人直接进入草原腹地进行自由贸易；草原民族对内地的商品交换，也必须在蒙古王公的组织下才能进行。这种受到严格限制的贸易，往往是在深秋和冬初时节进行的。届时由蒙古王公所派出的官吏，把草原腹地参与交易的皮毛与牲畜集中起来，组成浩浩荡荡的官方商队，一路跋涉到蒙汉边界的指定城市，与汉人进行原始的

---

①《钦定皇舆西域图志》，卷三十九“风俗·准噶尔部·畜牧”，乾隆四十七年增修。
②徐珂：《清稗类钞》，第十七册“农商类·青海蒙人重牧”，商务印书馆1917年版。
③陈桦：《清代区域社会经济研究》，中国人民大学出版社1996年版，第208页。

物物交换。[①]一直到乾隆年间，清政府通过军事征服，平定了边疆地区的几次大规模叛乱，强化了对北方地区的控制之后，才放松了对蒙古草原在商业方面的限制，允许内地的汉族商人，即旅蒙商人或称拨子（货郎）进入草原腹地，用内地所产的茶叶、布匹或其他日用品，与蒙古牧民的细皮张或牲畜相交换。旅蒙商人把从牧区交换来的牛羊活体，卖到华北城乡，以满足当地人民的生产和生活之所需；收购来的细皮张，则在山西和张家口等地加工成皮革或者裘皮料子之后，再转销到东北、直隶、山东、河南、湖北甚至江南等地。当然，内地的各种日用品流入草原以后，也同样丰富了牧区人民的生活。

由此可见，到清中期，随着与内地贸易的开展，西北畜牧业区的商品交换有了一定的发展，在一定程度上冲击了其经济上原有的相对封闭状态。但是，由于受交通条件、融资条件和市场条件等方面的制约，这种冲击力度还是相当有限的。

二、沿边沿海口岸的开放与西北畜产品贸易市场的扩大

进入1850年以后，我国北方的沿边沿海地区，相继对外开放了一些直接有助于进一步打破西北畜牧业原有相对封闭状态，促使其经济逐步走向外向化的商业贸易口岸。其中包括据中俄《伊犁塔尔巴哈台通商章程》开放的伊犁、塔尔巴哈台；据中俄《北京续增条约》开放的喀什噶尔、库伦；据中俄《改订伊犁条约》开放的迪化、吐鲁番、哈密、古城、肃州、科布多、乌里雅苏台；此后，又有自开的归绥、张家口、多伦，等等。在这些约开和自开口岸日渐强烈的经济辐射和带动之下，当地畜牧业经济原有的相对封闭状态被打破，西北畜牧业产品的国内市场进一步扩大，国际市场也逐步开拓出来，从而开启了西北畜牧业经济外

①卢明辉、刘衍坤：《旅蒙商——17世纪至20世纪中原与蒙古地区的贸易关系》，中国商业出版社1995年版，第27页。

向化的大门。

西北畜产品输往国际市场，是从东、西、北三个方向不断展开的。

向东方向的对外贸易，主要是辗转通过天津口岸来展开的。据相关史料记载，天津开埠以后，外国洋行即通过天津及其腹地的市场网络，来收购西北等地的畜产品进而出口到国际市场。《津海关贸易报告》明确指出，天津特有之出口货，计有毡、毡帽、马毛、各色皮货、骆驼毛、绵羊毛、山羊毛、牦牛尾、水牛角及水牛皮。而把西北的畜产品从产地运销到天津洋行的中间人，则主要是活跃在牧区和各中级市场上的山西旅蒙商人与直隶顺德商人。从事皮毛收购业务的旅蒙商人，除小部分属于个体经营外，大部分是由各大商号派出的，其采购方式则以“出拨子”的形式进行。具体为每年阴历的三月至五月，七月至九月，他们将蒙古人所嗜好的日用必需品积载于牛车或驼背上，以三四人或数十人为一组，带着食料、寝具、帐幕及炊事用品，途中不做零售。他们多熟悉蒙古人的语言和风俗民情，到达目的地后，或住在熟人家，或自搭帐篷，冠上蒙古文的店号，将携带的物品排列起来，以招徕顾客。过上四五天至六七天后，再转移到别处。生意好的时候，也有长久地停留在一处的。附近的蒙古人听到某号“拨子”来了，就用皮毛等物换取他们所需要的日用品。等到所携带的商品都卖完了，“拨子”们便把所换来的皮毛，驮载在牲畜背上或牛车上，运销到归化、张家口等皮毛的中级市场上去。这些城市都有很多规模较大的商号和洋行，它们从事皮毛的购销业务，成为联结草原初级市场和天津终点市场的桥梁。[①]清末，归化城有旅蒙商号40—50家，而以大盛魁、元盛德、天义德规模最大；洋行有仁记、聚立、平和、新泰兴、隆昌、安利、兴泰等7家。[②]甘肃一带的皮毛收购组织也很细密，其一为毛贩，他们于剪毛季节，到牧区各地进行收购，集结到一定的数目后再转售给毛客；其二为毛客，即外地来的

①樊如森：《天津开埠后的皮毛运销系统》，载《中国历史地理论丛》2001年第1期。

②沈斌华：《内蒙古经济发展史札记》，内蒙古人民出版社1983年，第123、174页。

毛商；其三为兼营毛商，他们既收购羊毛，也收购其他皮毛和药材等；其四为行商，他们没有固定的字号，一边出售布匹等日用品，一边收购羊毛等；其五为歇家，他们是受外地客商委托而在羊毛产区进行收购的商人；其六为跑合，他们是在毛商与牧民之间进行说合，并收取佣金的私家经纪人；其七为皮毛经纪行，它们是领有牙帖、介绍皮毛买卖并从中收取佣金的中介机构；其八为公庄，即回、汉毛商合股经营的收毛组织，它一方面派人携带粮食、茶叶、布匹等同牧民交换羊毛，同时也接受外地毛商的订货；九为分庄，即外帮毛商所设的收毛组织；十为洋行庄口，即外商所设的收毛处。甘肃羊毛多先集中到兰州，再用皮筏经黄河水运至包头，再辗转运往天津。①天津成为西北畜产品销往国际市场的重要口岸。

从天津海关的贸易报告可知，1870年以后，仅来自归化城的驼毛，便占到了天津驼毛出口总量的95%；到1898年，天津的皮毛出口总值为56071关平两，占天津整个出口总值的11.44%；1903年，天津的皮毛出口总值为370144关平两，占天津整个出口总值的32.28%；1908年，天津的皮毛出口总值为223567关平两，占天津整个出口总值的14.46%。②而在天津所出口的所有畜产品中，直接来自西北牧区的，至少要在1/3以上。其中又以甘肃省的宁夏府、兰州府、西宁府、甘州、凉州和山西省的归化城一带最为集中。

西北牧区向西、向北两个方向所展开的对外贸易，主要是在新疆和蒙古地区进行的对俄贸易，以及在新疆南部喀什噶尔地区展开的对印度和阿富汗的贸易。其中，又以对俄国的贸易最为重要。

新疆牧区的对俄贸易，最早是通过伊犁、塔城两口岸展开，1880年又增加了喀什噶尔、迪化及天山南北各城。和1850年相比，1883年俄

---

①许道夫编：《中国近代农业生产及贸易统计资料》，上海人民出版社1983年版，第315页。

②据王怀远《旧中国时期天津的对外贸易》中“天津口岸1898—1908年直接出口商品结构表”推算。王文载《北国春秋》1960年第1期。

国对新疆的出口增加了13.3倍，达到了303.64万卢布；新疆对俄国的出口增加了4.4倍，达到了279.2万卢布。就商品种类而言，俄国向新疆出口的主要是布匹、绸缎、火柴等工业制品；新疆对俄出口的主要是各种皮毛、棉花等农牧业产品。1895年以前，俄国商人在新疆开办的洋行主要集中在伊犁、塔城、喀什噶尔等沿边口岸，而且资本较少；此后，迪化、哈密、古城皆有俄国洋行开设，新疆畜产品的对俄贸易又有了进一步的发展。

蒙古地区对俄国的贸易，最初是在买卖城（在俄国的一方是恰克图城）一地进行；1880年又增加了科布多、乌里雅苏台两地。这一地区对俄输出的商品，除内地转运来的茶叶外，主要是当地所产的皮毛。

总起来看，在沿边沿海开放口岸的拉动下，西北的畜牧业产品不仅扩大了国内市场，而且也逐步地展开了对国外市场的贸易。到清朝末年，其畜牧业经济的外向化水平，已经有了较大的提高。然而，从技术层面上来看，这一时期，西北牧区对外贸易所依靠的运输手段，还是相当传统和落后的。以西北与天津间的交通运输为例，水路地段主要靠木船和皮筏，陆路地段主要靠骆驼和马（牛）车。由于它们的行进速度相当迟缓，因此，所能够承载的畜产品总量，也是非常有限的。据相关统计，骆驼队“由古城至归化，平常70日可达，运货则至少非半年不可，盖任重道远，不能终日行走，或遇骆驼疲乏，则耽搁数月，亦往往有之”，因为“骆驼一年只秋冬二季为强壮之时，春夏全身脱毛，疲敝无力，不能运货，故春夏必须休息”。水路方面，从包头运货到宁夏府，短短1058华里的水程，上行的木船，至少需要1个月，长则需要50—60天才能到达。这还没有把黄河每年长达5个月的冰冻封河期考虑在内。而且，货物从甘、青、宁、新运到归化或包头等地后，还需要再消耗大量的时日，才能艰难地转运到天津口岸。由此可见，交通技术的落后，已经成为制约西北畜牧业经济外向化的一大瓶颈。

三、民国时期西北畜牧业经济外向化程度的进一步提高

进入20世纪特别是民国时期以后，与西北畜牧业经济发展密切相关的交通技术和设施有了很大的改进；相应的国内外市场环境也有了更为显著的改善。

交通技术的改进，是指清末和民国时期，铁路与公路建设的大发展。铁路交通方面，1915年9月，经张家口、北京连通天津的京张铁路，向西延伸到丰镇，并于1921年4月扩展至归绥，1923年1月再修至包头，成为吸纳西北畜产品源源东流的大动脉。1931年，陇海铁路向西延伸到潼关，1935年展至西安，1936年又修到了宝鸡，成为陕、甘、青畜产品迅速外运的又一现代化运输通道。除铁路建设之外，民国时期特别是1930年以后，西北地区的公路建设也得到了前所未有的发展，如川陕公路、甘川公路、青康公路、西荆公路、西潼公路、咸榆公路、包宁公路、新绥公路、甘青公路、西兰公路、兰宁公路、甘新公路、青新公路等纷纷修建或通行汽车，也在很大程度上改善了西北与国内外其他地区之间的交通运输条件，加速了其畜牧业市场化、外向化的进程。

市场环境的改善，不仅指西北畜产品国内市场份额的增加，更是指第一次世界大战爆发后，由于交战各国对中国西北畜产品需求的大幅度增加而带来的更加辽阔的国际市场。

交通条件和市场环境的改善，进一步促进了民国时期西北畜牧业产品的市场化和外向化进程。

民国时期，甘肃的对外输出货物，主要是皮毛、水烟和药材。绵羊皮在甘肃的运销据点，陇南为拉卜楞，河西为永登、永昌、张掖、酒泉，陇东为平凉、西峰镇，而兰州则是西路各县皮张的总集中地。山羊皮的运销据点除平凉、西峰镇外，尚有张家川、靖远等地。由水路输出的，多用皮筏沿黄河顺流而下包头，然后由平绥铁路转北宁铁路至天津出口；走陆路则是由产地先集中到各皮张运销据点，然后再利用牲畜驮

运或马、牛车拉运到各中级市场如兰州、平凉等地，再利用大车、胶轮车、汽车或火车，经陕西、河南转运到汉口、天津、上海口岸。不过，由于当时陇海铁路陕西段一直铺设缓慢，使得甘肃的货物走陆路东运远不如走水路北运更加便利和经济，结果甘肃或西北的皮毛，便多取道包头再由火车东输天津出口。抗战爆发后，甘肃皮张向东的销路不畅，只能向西输往苏联。毛类的输出路线与皮张大体上相同。

湟源作为青海羊毛的主要集散地，有洋商和汉商设立的羊毛行数十家，每年输出各类皮张80000余张，羊毛300余万斤。最盛的时候，每年集散羊毛400余万斤。

1930年，每年有价值40万两的蒙旗、甘肃、新疆细毛皮，经归绥运往天津等地；洋商在此所设的采买羊毛绒及牛、马皮的洋庄，有10余家；众多的旅蒙商人，也从这里将大量的砖茶、绸、布、棉花、米、面等货物，贩往各蒙旗牧区进行交换。京包铁路通车后，包头迅速发展成为西北广大地区水陆交通的中心和西北最大的皮毛集散地。

20世纪20年代中期以前，中央政府对外蒙古地方的政治控制整体上依然有力，外蒙古地区的政治环境和经济环境还是相当稳定的。该地区以恰克图、库伦、乌里雅苏台、科布多等地为商业中心，尚能展开较为繁盛的对俄，以及经由张家口对天津口岸的畜产品出口贸易。

随着货物运输方式的现代化，天津皮毛的腹地范围迅速扩大。1925年前后，“天津输出之羊毛，青海、甘肃居其五成，山陕居其成半，蒙古居其二成半，直鲁约居一成”，西北地区成为天津畜产品出口的主要基地。

天津港的畜产品1928年时曾占到了出口总值的51%，其他年份所占的份额也都占1/3以上，说明到20世纪20—30年代，畜产品已成为天津港出口业的一大支柱；而“七七事变”前，西北地区已经占据了天津羊毛类畜产品出口的2/3以上。这既可以充分说明西北地区在天津对外贸易中的重要地位，更可以说明西北畜牧业经济的外向化，已经达到了空前高的新水平。

民国时期，西北畜产品的对俄贸易区域，依然主要集中在新疆和外蒙古地区。

据俄国海关统计显示，新疆对俄国的出口贸易总额，从1895年的386.9万卢布上升到1914年的1420.2万卢布，增长了2.67倍。其中各种畜产品增长幅度较大，牲畜出口从56.5万卢布增长到169.7万卢布，羊毛出口从1467吨增加到6087吨，各种皮张、毛皮出口从621吨增长到2475吨。[①]新疆畜牧业的外向化程度也大大提高了。

由上观之，到民国时期，随着西北畜产品对国内其他地区，特别是对国际市场输出贸易的蓬勃发展，其畜牧业经济的市场化和外向化程度有了更大的提高。

四、西北畜牧业经济外向化的意义

畜牧业的外向化大大推动了畜牧业经济的发展，直接改善了牧民群众的生活质量。

清代中期以前，西北地区的畜牧业经济整体上依然处于相对封闭的状态，牧民的经济收入水平和生活质量，也自然而然地受到了很大的制约。此后，特别是在沿边沿海口岸对外开放以后，西北畜产品的外部市场有了巨大的拓展，这就必然大大拉动畜产品的生产和交换种类和数量，从而增加牧民的经济收入，相应改善他们的生活质量。

就羊毛来说，近代以前只用来编制日用毡毯和帐篷，用量很小，绝大部分都被弃为废物而随风飘散，并不能给牧民带来任何的经济收益。自1850年北方沿边沿海口岸开放以后，羊毛才和皮张一起，成为西北地区最重要的畜产品，输往国内外市场的数值越来越大。据天津海关统计，1934至1936年，天津山羊毛、山羊绒、绵羊毛、骆驼毛等对美、

---

①厉声：《新疆对苏（俄）贸易史（1600—1990）》，新疆人民出版社1994年版，第138、144页。

英、德、日的出口，每年都占全国毛类出口总额的96%以上。1934至1938年，天津在全国绵羊毛、山羊绒的出口总量中，都远远超过了另一主要出口港上海而成为我国最大的毛类出口基地。而天津所出口的羊毛，又主要来自西北地区。除羊毛外，以前百无一用的羊肠、羊骨头等，也都变成了重要的出口品。据津海关记载，羊肠是1896年才作为填制香肠的重要原料而从天津出口到国外的，此后，它的出口数值不断增加。而天津港羊肠出口最主要的来源地，依然是新疆、甘肃、青海、绥远等西北地区。在这一过程中，牧民个人收益的增加，也就是自然而然的了。

同时，受近代沿边沿海口岸的开放与西北畜牧业外向化过程的影响，这一地区长期以来的封闭落后状态被打破，其市场化程度得到了前所未有的提高，从而大大促进了西北地区经济的开发。

在沿边沿海口岸的拉动下，西北畜产品与国内特别是与国外市场的交流越来越频繁。在这一过程中，西北地区以西安、包头、兰州、古城四大枢纽市场为中心，形成了相当严密的外向型区域市场网络。它们以北面的“草地”驼路和平绥铁路、南面的甘新驿路和陇海铁路、中间的黄河水路等传统的交通线为纽带，以众多的中级市场和初级市场为依托，向东与国内其他市场，向西、北与俄国，向南与印度等国外市场沟通起来，在很大程度上促进了西北经济的市场化和外向化，加快了西北的开发。

近代西北畜牧业的外向化，尽管有着不小的局限，其意义依然巨大。

在西北畜牧业经济外向化的过程中，由于各种自然和人为因素的限制，其发展尚有许多不尽人意的地方。究其原因，还是在于民国时期，青海及西北其他省份羊毛的集运与外销，仍然主要依靠原始的牦牛、骆驼、驼车、皮筏运输方式，从而大大限制了皮毛外销的数额。但是，相对于西北近代以前的经济封闭状态来说，毕竟有了历史性的进步。

第四章

经济区域的形成与发展

第一节　区域经济网络的形成

随着口岸开放和国内外贸易的发展，中国各区域经济的市场化程度不断提高，进而在市场和产业资源配置方面，出现了生产和市场要素不断整合的需求，形成了区域经济一体化的趋势和例证。在北方，环渤海经济一体化，就是产业和市场走向一体化的明显例证。不过，作为一个历史经济地理概念，它并不是一个边界固定的经济区域，而是其形状、范围和经济关联度，都随着沿海港口城市经济辐射力强弱而不断变化的时空复合发展过程。

环渤海经济一体化，肇始于1860年后，该地区39个沿海和内陆通商口岸陆续对外开放。这些口岸作为连通国内外市场网络的核心节点，引领着该区域的城镇、交通、产业等主要经济领域，率先进入了经济现代化与市场化的行列。其主体内容和表现，就是来自中外双方的不同生产方式和市场要素，在环渤海广阔的地理与社会空间内，发生了长时期的相互碰撞、彼此调适和市场整合。到1930年，这里初步形成了以天津为中心、以青岛—大连为两翼的环渤海外向型经济区，标志着该区域的经济一体化进入了一个新的发展阶段，走出了一条具有环渤海特色的中国经济现代化之路，提升了该地区在全国的经济地位。

一、经济型城镇成为区域市场整合的核心节点

为适应中央集权政治统治的需要，中国北方很早就形成了以“都城—治所”为核心的古代城镇网络，政治治理成为城市最基本的社会功能。长安、洛阳、开封、北京等作为中原王朝都城的时候，其全国性政治统治核心的作用固然十分明显；当都城发生位移，上述城市降格为府城县治以后，其区域性政治中心的地位，依然得到自然而然的认同。尽管它们有时也会扮演相关区域经济、文化中心的角色，但毕竟从属于政治功能之后。进入近代以后，环渤海城镇的社会功能与空间布局均发生了重大变革，为区域经济一体化提供了核心节点。

（一）口岸城镇

京津地区，是清朝对内实行政治统治、对外维护天朝上国尊严的核心阵地。所以，无论是乾隆五十八年（1793）英国使臣马戛尔尼的和平来访，还是道光二十年（1840）的鸦片战争，均没有能在京畿重地开辟出一处通商口岸来。只是后来，在太平天国运动和第二次鸦片战争的双重打击之下，清政府才被迫在中英《天津条约》及其《续约》中，宣布于1860年对外开放牛庄、登州、天津“北洋三口”。此为环渤海地区正式出现口岸城镇的开始。后来，在俄、德、英三国的强占强租下，又于1898年被迫开放了大连、青岛、威海卫。

进入20世纪以后，进出口贸易对区域经济发展的拉动作用日益明显，国人为“挽回利权”，主动对外开放了一系列的商埠，史称“自开口岸”。它们和依据不平等条约而被迫开放的约开口岸一起，掀起了环渤海地区对外开放的新高潮。新开口岸包括：1901年开放的秦皇岛，1906年开放的济南、周村、潍县、通江口、铁岭、法库门、新民屯，1907年开放的吉林、长春、辽阳、凤凰城、安东、大东沟，1908年开放的沈阳，1909年开放的龙井村、百草沟、局子街、头道沟，1914年开放的洮南、葫芦岛、多伦诺尔、归化，1915年开放的龙口，1916年开放的

锦州、张家口，1917年开放的郑家屯、赤峰，1921年开放的济宁、包头，1922年开放的郑县、徐州，等等。

这些以发展对外贸易为基本功能，并与沿海和国际市场接轨的新型口岸城镇的大量涌现，有力地冲击了以政治功能为主导的环渤海传统城镇格局，成为区域经济一体化进程中的引领时代潮流的火车头。

（二）交通城镇

随着新式交通、通信方式的出现，一批以发展对外贸易和现代工商业为主要目的的交通枢纽城镇，也在环渤海地区快速兴起。

随着现代轮船运输业而迅速崛起的城镇，主要是沿海的港口城市，如华北的天津、秦皇岛、烟台、青岛、龙口、威海、海州，东北的营口、大连、葫芦岛、安东，等等。如烟台，原本是山东福山县的一个小渔港，后来才逐渐有帆船停泊。1862年设立东海关以后，烟台很快取代附近的登州，而成为19世纪后期山东地区最重要的港口。

随着火车、汽车运输而兴起的现代交通枢纽城市也不断涌现。如长春，土名宽城子，本是一个普通小镇。1903年中东铁路南满支线修通后，这里陆续成为中东、南满、吉长、长洮4条铁路的交汇点。开为商埠后，“其贸易范围，几及东北全部，商况至为繁盛”。再如包头，1809年才由村改镇。1850年，包头的南海子码头替代了托克托县的河口镇码头后，逐渐成为黄河中上游的货物集散地。1921年自开商埠、1923年京绥铁路通车以后，这里仅绒毛一项每年就集散约3000万斤，占整个西北地区绒毛产量的三分之二以上。

正是这些沿海和内陆现代交通型城镇的兴起，才将现代轮船、火车、汽车运输和传统水陆交通方式连通起来，架构成遍布环渤海的近代化交通运输网络。

（三）工矿城镇

环渤海地区的近代工矿型城镇，是随着现代交通及工业发展对机械动力原料——煤的需求的不断增加而快速发展起来的。

如河北唐山，1870年还是一个村庄，1880年开平煤矿建立后成为集镇，到1930年，开滦矿务局便拥有3万余名工人，年产煤炭约600万吨，每年由秦皇岛港出口运销到中国沿海各省及朝鲜、日本等地约200万吨，由北宁铁路运销平、津等地约150万吨，铁路及煤矿用煤约100万吨。再如河南焦作，其手工采煤业虽然开始较早，但规模不大。1907年，由英国中福公司出资修建的道清铁路岔道，直接修到了矿区，使这里产的煤“由道清路转运平汉、陇海路各站销售”；与此同时，焦作煤矿开始使用机器采煤，增加了煤的产量和销量。1940年，在各大煤矿的产量统计中，焦作中福公司的年均产煤量为1052448吨，居全国第三位。辽宁抚顺也得益于现代煤矿的开采。抚顺煤矿由南满铁路公司经营，多为机械化开采，并有电力轨车转运。该矿煤炭的年产额为700万吨，是中国最大的现代化煤矿。此外，矿区还附设机器工厂、土木工厂、硫酸工厂等。产品主要销往日本，部分销往中国沿海。另外，河北临城、山西大同、江苏徐州、山东淄博等，也作为近代兴起的工矿业城市，为环渤海经济的现代化和一体化建设，提供了新的能源和市场支点。

（四）旧城转型

数量众多、分布广泛的现代交通和工矿城镇，不仅改变了环渤海城镇的布局，更引导了城镇发展的潮流。随着它们示范效应的发挥，原来政治色彩浓厚的传统老城市，如西安、开封、北京、济南、沈阳等，其城区范围内的基础设施和产业布局，也都发生了亦步亦趋的变化。其中北京等旧城，变成了天津主导下的次一级城市；而山东济南和辽宁沈阳等旧城，也纳入了青岛和大连等口岸城市的主导之下，成为区域经济一体化的组成部分。

以最大的政治中心城市北京来说，城区的主要现代化基础设施和生产生活内容，都基本上始发于天津，然后才着手进行的。如铁路的大规模兴修、煤矿的现代化开采、邮政电报等现代化通信方式的引进和运用，各种现代化生产和生活物资的进口，等等。济南作为山东省会，原本是一个封闭的内陆城市。但是，在沿海城市烟台、青岛的影响和铁路交通的带动之下，经济发展和城市建设都有了很大进步，不仅成为胶济、津浦两大铁路干线的交汇点，而且还自开商埠，主动接轨沿海和国际市场，成为百货辐辏、商务繁盛的海岱都会。辽宁沈阳，原本是清廷的陪都，1903年以后，陆续成为北宁（北京—沈阳）、安沈（安东—沈阳）等铁路的交汇点，并辟为对外贸易的通商口岸。

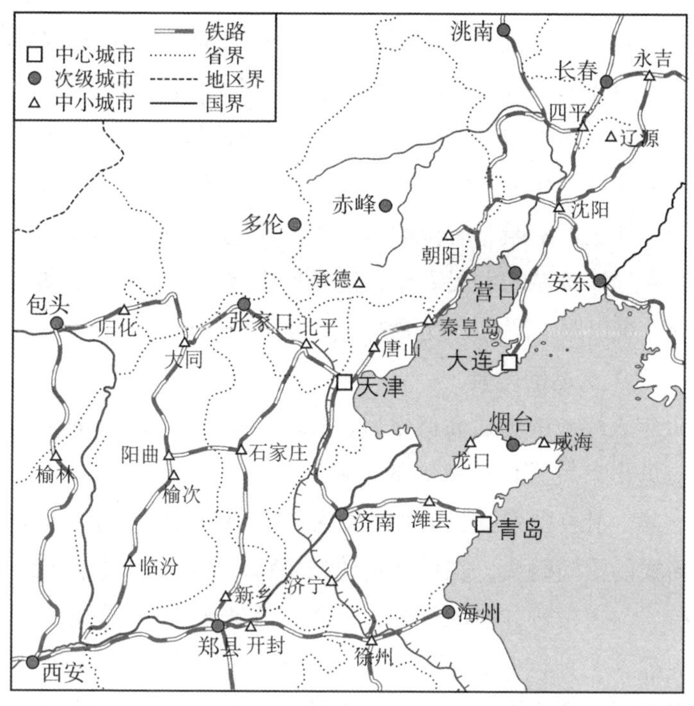

图4.1　1934年环渤海经济型城镇格局示意图

资料来源：底图为《中华民国分省地图》，申报馆1933年。转引自樊如森：《近代环渤海经济一体化及其动力机制》，图1，载《学术月刊》2011年第7期。

近代以后，以经济为主要职能的各类城镇的兴起，改变了环渤海地区的传统城镇网络结构，为该地区以口岸城市为龙头的区域市场整合布下了必要的核心节点。

二、便捷化交通成为区域市场整合的传输网络

受国内政治经济格局与技术水平的制约，清朝前期的环渤海交通尚很落后。连接内陆城市和乡村的，是泥泞的土路和蜿蜒的河流。主要河港和海港，包括渤海湾西岸的天津港，山东半岛沿岸的胶州塔埠头港、莱阳县羊郡港和金家口、福山县烟台港，辽东半岛沿岸的锦州港、牛庄港、营口港等，都分布在狭小港湾或入海河流岸边，人为筑建工程不多，抵御泥沙沉积和海浪侵蚀的力量不强；航运技术方面，无论是海船还是河船，都是木帆船，航行动力是人力和风力，航速慢运量小，难以适应沿海和远洋贸易的发展需要；信息传递方面，主要依靠古老落后的邮传系统，难以跟上瞬息万变的政治经济形势。

（一）海上交通的改善

1860年天津被辟为通商口岸后，原来浅狭的三岔口内河码头区，已无法适应进出口贸易快速发展的新需要。于是，英、法、美、德、日、俄、奥、意、比9国列强，先后在紫竹林一带的海河南北两岸租界区，修建了新式的沿河码头，在塘沽也建造了深水码头，并且进行了海河的水量保持、河道裁弯、淤沙开挖、冬季航道破冰，越来越多地使用蒸汽动力的轮船。与此同时，烟台和青岛等商埠的港口建设也得到了强化。1930年的青岛，既有专门停泊外海巨轮的大港，也有专门停泊内地小船的小港。其中大港计有码头5座，可泊万吨船只。第一、第二两码头，计有堆栈7栋，仓库19栋。第三、第四两码头专为装卸煤炭之用。第五码头规模最大，水深平均31米。港口一切设备俱用机械，有30吨和22吨的流动起重机2台，150吨的固定起重机1台，4吨的起重机车1台。并且，青岛大港还实现了与胶济铁路的货物直接联运。大连港1930年时除可同时容纳3000至4000吨级的海轮40艘外，3万吨级的大船亦可自由停泊。民船码头也非常宽阔，可备民船100艘停泊。大连码头成为东北南部最大海港。

轮船代替帆船，引起了水上运输特别是海上远洋运输的巨大变革，加快了港口城市与内陆腹地之间进出口货物的运输速度，增加了运输的数量，降低了运输的成本，促进了环渤海地区与沿海及国际市场间的贸易联系。

（二）内河航运的兴旺

在现代化的铁路、公路运输方式诞生以前，内河航运始终是中国内陆主要的长距离货物运输方式。环渤海地区作为中国最重要的经济区之一，内河航运一向发达。

海河流域是我国内河水资源丰富的地区之一，最晚至元、明、清各朝，处在首都漕粮河运和海运中枢位置的今天津地区，一直是海河流域的内河航运枢纽。1860年口岸开放以后，天津地区的海上和内河航运，又得到了更大发展。吃水深度大的海船，大都停泊到新建的紫竹林租界港区和塘沽沿海港区；航行于海河各支流之上的大小木帆船，则依然停泊在三岔口内河港区。海河、支流和潮白河、滦河水系一起，共同构成了天津地区稠密的内河航运网络。随着轮船、火车、汽车的陆续兴起，以木帆船为主要运输工具的内河水运，在区域性物资交流中所占的比重有所下降。1912年，内河航运占天津输往腹地商品运输总量的41.61%，占内地输往天津商品总量的45.87%；到1921年，内河航运在天津与腹地间货物集疏总量中的比重下降到25.5%，但内河航运价格低廉、转运灵活，仍为天津与腹地之间的重要交通手段。

清末民国时期，黄河航运有了更大发展。从上游青海到下游山东，从干流到支流，总长度达4000—5000公里的河段上，各类水上交通工具都因地制宜地发挥着内河航运的最大效用。河南境内的黄河，自“郑县以下，至山东的泺口（济南洛口镇）间，水运称便，所以豫东的农产品，一部分由此途散布山东一带”[①]。山东境内的小清河全长229.71千米，码头起自济南附近的黄台，经过章丘、齐东、邹平、长山、桓台、高苑、

①王益厓编著:《王氏高中本国地理》，上海世界书局1934年版，第187页。

博兴、广饶等县，在寿光县的羊角沟入海，为济南与渤海沿海的烟台、龙口、虎头崖之间的重要水路。通航以3—11月间最为繁忙。来往运输的货物，以棉花、麦子、花生、面粉、豆类、蔬菜、食盐、煤炭、油、石灰、木料、花衣、苇箔之类最多。

辽河是东北南部地区的重要河流之一，20世纪初年的中东铁路、京奉铁路通车以前，它一直是环渤海北部地区的水上交通动脉。1904年，辽河干、支流河段，共有各种运输船舶达到4万艘，运送长途旅客25万人，货物400万吨，通航里程达1250千米。后来，随着水土流失加剧，加之铁路与海运的竞争，辽河的通航里程缩短，运输能力下降。到1930年，辽河上的各种船只仍有900余艘，总吨位为2.6万吨，航线为650千米。①

（三）陆路交通的进步

陆路交通的进步，主要体现在铁路、公路的建设方面。华北地区的铁路建设，肇始于以天津为中心的洋务运动。为了便于开平煤的外运，1881年在李鸿章的支持下，修通了从唐山到胥各庄的铁路；1888年，唐胥铁路又经北塘、大沽延展到了天津。到20世纪初，胶济（青岛至济南）、京汉（北京至汉口）、京奉（北京至奉天）、正太（正定至太原）、道清（道口至清化镇）、京张（北京至张家口，1923年向西展至包头）、汴洛（开封至洛阳，1934年向东展至连云港，向西展至西安）、津浦（天津至浦口）等铁路先后通车，形成了一个以天津、青岛等口岸城市为枢纽的华北近代铁路网，高效地协调了海、陆间的运输。

东北是中国近代铁路网络最为密集的地区，它肇始于1890年。主要铁路干线，包括俄国人1898年动工、1903年全线通车的东清铁路（亦称中东铁路，即俄国西伯利亚铁路的中国段，其干线西从满洲里入境，中经哈尔滨，东至绥芬河出境；其支线北起哈尔滨，中经长春、沈阳，南

①曲晓范、周春英：《近代辽河航运业的衰落与沿岸早期城镇带的变迁》，载《东北师范大学学报（哲学社会科学版）》1999年第4期。

抵大连、旅顺)，1905年日本人修建并控制的吉长(吉林至长春)、四洮(四平到洮南)、洮昂(洮南至昂昂溪<今齐齐哈尔市>)、吉敦(吉林至敦化)铁路，以及东北地方政府修建的南满铁路的运输支线。

汽车是继火车之后出现在华北的又一种现代化陆路运输工具。1910年天津市内出现汽车，1915年天津第一家汽车行开业，此后，汽车运输在天津及周边地区普及开来。同时，用于行驶汽车的公路，如天津至北京、保定、霸县、德州、盐山、白沟、大沽、沧州等地的公路逐步修筑起来。到1927年，天津的汽车公司和运输行已发展到69家，经营客、货运输的汽车在100辆以上；同年张家口的汽车行也有30多家，商车50—60部。[①]汽车以其比较灵活、快捷的优点，成为火车运输的延伸和补充；而汽车公路的发展，也为行走其上的其他传统车辆带来了便利。

(四)电信事业的发展

原有落后的邮传系统无法适应国内外贸易快速发展对信息传递提出的高新要求，是西方现代化的电信技术得以及时引入中国，并在华北大地上迅速发展的根本动因。

东北地区也是中国近代邮政和电信事业发展较快的地区。1904年为日俄战争需要，日军在南满、安奉铁路沿线设立了49处野战邮便局和军事通信所，1905年10月，向民用邮电开放。1905年日本侵入大连后，从军邮开始逐步建立了邮电通信网。1906年日本佐世保敷设海底线到大连，成为沟通日本与东北的主要通信线路。1919年，日本当局为增强大连对外通信能力，又开通了大连经朝鲜直达东京的陆路电信线路。对外信息联络日渐通畅的同时，日本当局也逐渐加强大连与东北内地城市的邮政通信联系。1924年架通大连到奉天的长途电话线路，1928年又将该线延伸到长春。

轮船、火车、汽车、电报、电话等现代交通和通信工具的发展，构

---

①《我省最早的汽车路——张库公路早期通车运营简况》，见《河北文史资料选辑》第七辑，河北人民出版社1982年版。

建起以通商口岸为物流、人流、资金流与信息流枢纽的新型海陆交通网络，为以天津、青岛、大连等通商口岸为中心城市的环渤海经济的一体化，奠定了必要的传输纽带和技术基础。

三、市场化产业成为区域市场整合的物质保障

(一)农业经济作物产业区的形成

在进出口贸易的带动下，环渤海农业的种植结构发生了显著变化，收益较高的经济作物如棉花、麻类、花生、大豆、烤烟等，种植面积大为增加，市场化农业快速发展起来。

华北地区推广植棉开始于明代，到清中叶，棉花的主要用途只是衣被填充物和土布原料，种植面积扩展缓慢。20世纪以后，随着国际市场和国内棉纺织工业对原料需求的扩大，华北的棉花种植面积有了提高。到1920年，黄河流域的产棉量，已占全国54%。天津作为和上海、汉口齐名的中国三大棉市之一，不但集散河北省的棉花，就连陕、豫、晋、鲁各省的棉花，也有很多集运到天津。河北、河南、山东、山西等省，共同构成了中国最大的棉花产业区。除棉花之外，大麻、青麻、花生、大豆、烤烟等经济作物，在华北农村的种植面积，和经由天津、青岛、烟台等口岸对外出口的份额也在增大。麻类种植方面，内蒙古河套平原，山西省潞安、清源、徐沟等县，河北省顺德、望都、正定、晋县、磁县，河南省彰德，山东省泰安等地，是主要的大麻产地。中国的花生“以山东省为最著”，约1/3经胶济铁路运往青岛出口。山东潍县地区、河南许昌地区，又是华北著名的烤烟产区。

东北地区的传统农作物主要有高粱、谷子、玉米、大豆等，其中以高粱最为重要。20世纪后随着大豆及大豆制品走俏国际市场，大豆的种植比率逐步超过了高粱、谷子、玉米等作物而居于第一位，商品率达80%以上。大豆种植的时间与空间推移过程是，清朝末年为辽河流域，1910年后向松辽平原扩展，1920年进一步向北扩展。就种植率而言，以

运输成本较低的南满铁路和中东铁路沿线地区，即长春到开原以及沈阳以南的铁路周边地区，种植面积最广，产量也最多，[①]成为中国最大的大豆种植和出口基地。

（二）牧业产品市场化程度的提高

环渤海地区的畜牧业，无论是家庭饲养还是草原放养，在近代以前的生产规模和产品市场化程度都不高。口岸开放以后，天津、营口、青岛的外国洋行，以及山西旅蒙商人和直隶顺德皮毛商，均大量收购华北农家和蒙古草原的畜产品。1928年，天津畜产品的出口曾占到其出口总值的51%，其他年份所占的份额也都在三分之一以上，畜产品出口已成为中国最大畜产品输出口岸天津的重要支柱。[②]

东北地区也是环渤海皮毛的重要输出地，很多产品通过营口对外出口，并在欧美市场获得很高声望。这些皮毛包括虎皮、豹皮、狐皮、松鼠皮等，多是皮货商人到黑龙江、松花江和乌苏里江等地区收购而来，另外，也有一定数量的狗皮、狼皮、鼠皮、海獭皮、羚羊皮等，从蒙古草原的东部区域集中到营口。[③]

（三）城乡现代工业的繁荣

尽管环渤海地区很早就有自给自足和满足市场的两类手工业。但引进西方现代技术、设备和管理方式的现代工业，却是口岸开放后，以沿海城市为基地发展起来的。

天津作为中国北方的洋务中心，其现代工业最早是洋务派19世纪60年代建设的军事工业和民用工业，包括军工、航运、工矿、电信和铁路企业；同时，外国人也在天津投资创建了轮船驳运、羊毛打包、印刷、煤气、自来水、卷烟等轻工企业；而中国的官僚、军阀和其他民间

①胡雪梅：《东北大豆出口贸易与近代中国东北开发（1860—1931）》，载《北方文物》2002年第3期。

②樊如森：《天津与北方经济现代化（1860—1937）》，东方出版中心2007年版，第247页。

③营口港史编委会编：《营口港史》（古、近、现代部分），人民交通出版社1995年版，第110页。

资本，也在天津投资建厂。1911年前的天津民族工业有107家，1914—1928年又新设1286家。到1928年，天津的中国城区，共有工厂2186家，资本总额3300余万元，其中制盐、碱、棉纱、面粉、火柴等17家大型工厂资本额合计为2900余万元。另外，租界内还有中外工厂3000多家。[①]青岛"有工厂设备者200余家，计40余业，内国资经营者160余家，除华新纺织股份有限公司、永裕盐公司、茂昌股份公司外，资本鲜有50万元上者。外资经营之工厂50余家，日商最多，资本俱雄厚，纺织工厂为尤着。大者3000余万元，低亦500万元。国资经营之工厂，资本之合计1030余万元，外资经营者8200余万元"[②]。唐山、济南、石家庄、太原等其他华北城市，现代工业也有了一定的发展。

在城市工业和国内外市场需求引导下，华北乡村工业也由传统转向现代。如乡村棉毛纺织、蛋类加工、草帽辫加工、榨油、猪鬃加工、针织、发网花边加工等，均为华北现代工业体系的重要组成部分。其中又以河北高阳和山东潍县等地的乡村织布工业最为突出。

河北高阳乡村以前纺织土纱为原料的窄面土布，1906年以后，高阳商会从天津购买了新式织机，试办工厂，利用机制洋纱纺织宽面洋布。"河北省一二九县中，凡八十九县有棉织工业。以民十八年论，八十九县的布匹总产额约为二五六九〇九二三匹，总值约为八一三六〇五九七元，占全省各种重要乡村工业总值一〇八五〇四九二三元百分之七四"[③]。山东潍县"在家庭工业中可为巨擘者，首推织布工业，现已有20年之历史。农民于耕作之暇，视织布为唯一副业。利用外来棉纱与当地制造之铁机，于农事清淡之际，从事织制各种布匹。尤以城东穆村、眉村、潍河沿岸为中心地带。每届织制时代，男女老幼勤苦掺作，闲行乡曲，机杼之声相闻。现据各方估计，木机、铁机2种合计不下6万张，

①罗澍伟主编：《近代天津城市史》，中国社会科学出版社1993年版，第418页。

②《胶济铁路沿线经济调查报告分编》，"一、青岛市"，1934年版。

③毕相辉：《高阳及宝坻两个棉织区在河北省乡村棉织工业上之地位》，见方显廷编：《中国经济研究》下，商务印书馆1938年版，第664页。

每年各种出品约有390万匹，总值在1090万元之谱。出口种类计分白细布、条子布、方格布、褡裢布、木机布各种”，上述各项布匹质料甚佳，能远销云南、四川、贵州、福建、河北、河南、绥远等省。山西平遥县，以前并不产布。1916年左右，祁县益晋公司将提花织布技术传到该地后，织布业遂得以兴起。进入1920年后，形成了一个包含平遥，毗连介休、汾阳的织布区。所用原料来自榆次晋华纱厂、石家庄以及天津的各个纱厂，“布匹之销路，除山西本地外，多由碛口镇渡河运往陕西之榆林、米脂、绥德州，甘肃之安边、定边、宁夏、西宁等处。本地有布庄数十家，专营贩卖业”①。

东北地区的工业基础薄弱，起点也较内地为低。清朝末年，初级产品的加工制造业才逐渐兴盛，其中以大连和南满铁路沿线诸城镇的外向型加工业，如油坊、酿酒、缫丝等最为繁盛。1907年大连开港之初，当地有18家油坊，1908年增加到35家，1919年增加到82家，大连成了东北大豆加工和出口的中心。大连的油坊多采用机器榨油，规模大，产量高。油坊的投资者多是粮商、货栈主或洋货批发商，资本一般在数万元至十几万元不等。

（四）新型商业营销网络的建立

华北地区很早就形成了与国内贸易相适应的商业营销网络。天津、青岛等通商口岸对世界市场开放以后，欧美国家的机制工业品源源不断地输入进来。为了赢利，中国的传统商人，除了贩运中国的土货，也开始销售外国的机制棉布、棉纱、五金、机器、日用百货等洋货，从而改变了华北原来的商品营销结构，出现了以经营进出口商品为主要内容的新式商人群体。另外，还有一些直接经营进出口业务的外国洋行商人和中国买办商人。以天津体系为例，洋行为便利洋货进口和土货出口业务，除设立代理商间接推销洋货和收购土货之外，还在交通方便的次一级城市或者原料产地，建立了洋行的分行与分庄。华商主要是山西旅蒙

①《平遥县之生计状况与织布业》，载《中外经济周刊》1926年第185期。

商，他们早年以车拉驼载的“出拨子”方式，用中外“洋货”直接到草原深处交换皮毛，先运回归化、张家口等大市场集中后再转运天津。20世纪以后，旅蒙商也纷纷改变购销方式，在各中级市场上建立起自己的商号，并且在草原深处的集市和庙会上设立分号店铺，形成以各中级市场的大商号为根本、以各初级市场的店铺为依托的商品购销体系。华、洋两大商业网络，既相互竞争又互为表里，共同组建起了以天津、青岛等通商口岸为国内终点市场，以进出口业务为基本内容的新型商业营销网络。

和华北地区相比，东北地区的商业发展也相对落后。不过，随着该地区近代对外贸易和铁路交通的扩展，1920年的东北商业也从内容到形式上发生了很大变化。时人指出，“东三省原为游牧之域，地广人稀，开通较晚，文化程度略逊沿海各省，其商业之组织，原始于物品交换制度。迄前清之末造，除通都大邑外，尚未能脱离牧农时代之状态。过去念年间，交通便利之区，商业渐盛，进步极速，于是由物品交换时代而入于货币经济时代，而牧农工商各业乃渐分工。迄今于交通不便之区，仍行集市制——所谓集市者，即任择一地以作市场，任择一日以为市期，届期农产工品商货陈列买卖，而无一定之建筑物及商店也——然于交通便利之区，行商叫卖，坐贾设肆，则井然有别……当以通商各埠为最盛，内地市镇亦有逐渐兴盛之势，日后交通便利，荒芜渐辟，其商务之发达，正未可限量也”①。

四、近代环渤海经济一体化的动力机制、市场表征与历史地位

（一）经济一体化的动力机制

环渤海经济一体化即区域市场整合，是一个长时间、广空间、多层面的复合发展过程。这其中，城镇网络格局由政治职能城市为主向经济

①徐墀：《东三省之商业》，载《东方杂志》1924年第21卷10期。

职能城市为主的转变，为该区域提供了走向经济一体化的发展龙头与核心节点；从水路到陆路、从沿海到内陆、从传统到现代的交通方式的进步，保障了该区域人流、物流、信息流的畅通；农、牧、工、商业市场化与现代化程度的不断提高，为区域经济的繁荣奠定了坚实的物质基础。

（二）经济一体化的市场表征

区域经济一体化的核心，就是主要市场要素不断整合，市场联系不断强化的过程。近代环渤海经济一体化程度提高的市场表征，就是1930年，以天津为中心、以青岛—大连为两翼的环渤海外向型经济区的初步形成。这些内容，参见前面章节的相关论述。

近代环渤海经济一体化即区域市场整合程度的提高，不仅表现在以天津、青岛、大连为核心的三大外向型经济区的初步形成，即纵向市场联系的加强，也体现在三大市场网络之间横向市场联系的加强，主要表现为口岸间的外贸业务协作和腹地市场的交叉。

进入20世纪以后，由于日本在环渤海各口岸对外贸易中所占的市场份额越来越大，造成这一地区直接对外贸易主要是对日贸易的快速发展，以及经由上海中转的间接对外贸易主要是对欧美贸易的相对下降。[①]由于日本人直接控制下的大连港，具有自由港的优势地位，所以，环渤海各口岸的对日贸易，便多以大连为中继港。换句话说，环渤海各口岸以大连为中心的对日贸易协作，既是民国时期环渤海对外贸易的一个显著特征，也是该区域经济一体化的重要内容。大连所在的辽东半岛南部即所谓的“关东州”，1898年开始沦为俄国在中国的“租借地”；1905年日本打败俄国后，继承了原俄属“关东州”的一切权益，在继续派遣官员进行治理的同时，把大连建设成了国际化的自由港。1912年以后，中国北部的大宗土货产品很多是经过大连港的转口而到达日本市场的，

①樊如森：《环渤海经济区与近代北方的崛起》，载《史林》2007年第1期。

同时，日本的各种工业产品也经过大连而输往北方诸港。[①]大连作为日本与中国东北以及华北地区贸易的一个重要货运中转港，它对环渤海各口岸间的经济联系的加强，起到了重要的客观积极作用。据统计，1921—1923年大连港对国内的山东口岸的转口为40%，对天津为20%，对丹东和营口合计为20%。

在口岸之间强化对外贸易协作的同时，各口岸腹地市场的渗透和交叉，也在进行之中。这是环渤海地区市场资源的优化配置与区域经济一体化的重要体现。比如1907年，南满洲铁道株式会社制定了大连“中心主义”的廉价运输政策后，原来通过辽河帆船和马车输送的经由营口输出的物资，纷纷转经南满铁路由大连集散。再如1930年，烟台在胶东的腹地已经很小，只有福山、牟平、栖霞、蓬莱四县以及烟台特别市本身。招远、黄县、掖县是烟台和青岛的交叉腹地，文登、荣成是烟台、威海、青岛、大连的交叉腹地。龙口港腹地范围局限在黄县附近，威海港的腹地范围则局限在港口附近。[②]而随着青岛口岸辐射力的增强，原属天津腹地的山东西部和直隶南部等地，变成了两大口岸的交叉腹地；而蒙古草原东部的热河地区，也成为天津和营口（大连）的交叉腹地。再比如1930年以后，随着青岛棉纺织工业发展，天津对华北棉花的吸纳能力受到了很大的削弱。不仅山东西部的棉花，就连河南北部和直隶南部的棉花，也大量经由济南运往青岛。

（三）环渤海地区在全国经济地位的提升

环渤海经济的一体化，促进了该区域内部的经济交流和进出口贸易发展，加速了各经济领域和产业部门的市场化和现代化。大量数据显示，1930年，环渤海地区的多项经济发展指标，均已达到了国内领先水平。

---

①姚永超：《大连港的中转贸易（1907—1931）》，载《中国历史地理论丛》2004年第1期。

②陈为忠：《山东港口与腹地研究（1860—1937）》，复旦大学历史地理研究中心硕士学位论文，2003年。

就对外贸易而言，天津的皮毛、棉花、草帽辫，青岛的花生，大连的大豆等重要农畜产品的出口量均占全国首位。1934—1937年，天津绵羊毛和山羊绒的出口，平均每年均占全国出口总量的86.5%和86.3%，远远超过了上海，遥居全国第一。[①]1920年以后，中国草帽辫编织业首推山东、直隶两省，次为山西、河南。1920—1930年，作为重要出口商品之一的棉花，仅天津1个口岸的对外输出，就占到了全国的半数以上。大豆及其产品是大连最重要的出口货物，1908年其价值占全部土货出口的37%，1930年则达到大连海关出口总值的35%。除日本和欧洲市场以外，大连对印度和埃及等地区的大豆出口也较为显著，从出口数值和出口市场的角度来看，大连大豆均已成为世界多数国家普遍需求的重要原料产品。

现代工业的发展，往往被看作中国近代经济发展的重要指标。而从当时的各类资料统计来看，环渤海城乡的工业现代化水平也已经有了很大提高。据严中平对1933和1947年全国12个主要工业城市（不含关外）工厂数目、工人数目、资本总额、生产净值等主要现代工业发展指标的统计，环渤海的天津、青岛、北平、西安4大城市，特别是天津和青岛的地位均很重要，天津已成为仅次于上海的中国第二大工业城市，青岛棉纺织工业的发展程度也仅次于上海。如果把东北南部大连、长春、抚顺、鞍山等地工业数据统计在内，环渤海地区在全国现代工业发展中的地位还会更高。

从作为经济发展支柱的现代金融业来看，1932年，本国银行在天津设立总行的一共有10家，占全国总行数的7.03%；设分行的有93家，占全国所有分行数的9.43%；实收资本总额为2548万元，占全国银行资本总额的12.69%，各项指标仍然均仅次于上海，居全国第二位，[②]从而奠定了天津北方最大金融中心的地位。与此同时，当时的北平，在全国

---

①许道夫编：《中国近代农业生产及贸易统计资料》，上海人民出版社1983年版，第313页。
②《天津经济概况》，天津人民出版社1984年版，第392页。

现代金融业的发展中也占有很高的位置。

由此看来，肇始于近代的环渤海经济一体化，显著地提高了该区域城镇、交通、产业等主要经济领域的市场化和现代化水平，促进了区域内部的市场整合以及区域内外的经济联系，初步形成了以天津为中心，以青岛—大连为两翼的外向型经济区，走出了一条具有环渤海特色的中国经济现代化之路，扭转了自唐宋以降北方经济发展的颓势，提升了这一地区在全国的经济地位，适应了近代以来全球和区域经济一体化的历史趋势。

第二节　港口—腹地与全国区域经济网络的形成

清中期以前的上海，已经成为我国东部知名度颇高的沿海港口了，开埠以后，它又进一步发展成为全国最大的对外贸易口岸和工商业城市。其经济辐射作用在北方地区的具体表现，就是把北方变成了它的间接经济腹地。这一方面带动了北方经济的外向化，同时也束缚了其进一步发展的手脚。进入20世纪以后，随着国内外经济形势的变化，环渤海港口城市的直接辐射作用得到加强，促使该地区的直接对外贸易迅速发展，经济现代化水平迅速提高；并迫使上海的有效辐射范围，从北方逐步向长江流域退缩。直接龙头取代间接龙头，是近代区域经济发展的内在规律和必然结果。它对环渤海经济崛起和上海工商业经济的全面发展，都产生了重大而深远的影响。

一、开埠前期北方成为上海的间接腹地

清朝中期还是苏州外港的上海，其经济腹地主要局限在狭小的太湖平原上。然而，在1843年开埠之后的短短十几年内，它就取代了广州而

成为中国对外贸易的首要口岸；与此同时，其经济腹地的范围，也迅速越出江南一隅而延展到了富饶的长江流域和广袤的北方地区。

这一系列巨大变化的根本动因，就在于开埠以后，上海这一港口城市不断增强的经济辐射能力。

早在1843年之前，地处我国东部沿海航运中点的上海，就通过沙船与环渤海的牛庄、天津、登州等港口之间，进行布、茶、豆、麦等商品的交流。上海开埠以后，一方面，它与北方之间传统的商品流通，随着营口、天津、烟台的开放和轮船运输的发展而进一步扩大；另一方面，北方新的对外进出口贸易，也通过上海港的中转而发展起来。

上海对北方经济外向化的拉动，是利用其在全国对外贸易中的中心地位，通过有效地覆盖北方诸港的进出口业务，借助于环渤海港口对其背后区域的直接辐射，进而把北方变成上海的间接经济腹地，这样一种迂回方式来实现的。

上海通过营口而辐射的间接腹地，为辽河水运网所覆盖的东北西部地区；①通过烟台而辐射的间接腹地，是山东半岛北部沿海和西部沿黄河一线。②

二、北方外贸暂时过分依赖上海中转的原因

从开埠前的情况来看，清代中叶的天津，政治上是辖有六县一州的府城，经济上凭借其海河流域水运枢纽和京城漕粮转运站的区位优势，发展为华北最大的商业中心和港口城市。③同一时期的牛庄和芝罘，之

①曲晓范：《近代营口航运经济的建立和发展与东北地区社会经济的早期现代化》，见复旦大学历史地理研究中心主编：《港口—腹地和中国现代化进程》，齐鲁书社2005年版，第337页。

②陈为忠：《山东的港口—腹地》，见吴松弟主编：《中国百年经济拼图——港口城市及其腹地与中国现代化》，山东画报出版社2006年版，第243页。

③许檀：《清代前期的沿海贸易与天津城市的崛起》，见《城市史研究》第13—14辑，天津古籍出版社1997年版。

所以被选为环渤海最早的开放口岸，也是与其深厚的航运和沿海贸易基础分不开的。然而，开埠前的上海，“尚从属以苏州为中心的太湖平原经济区，担当着该区域出海口和转运港的职能。就港口而言，其运输工具、港岸设施都滞处于前近代社会，与中国传统商港并无二致；同样，因港而兴的上海县城，商业虽旺，但与同期中国其他港口城市相较，经济活动的内容和性质并无多大差异”①。此时的上海，和北方的主要港口之间，虽然也有着一定的商品交流，但是，彼此之间并无明显的从属关系。

开埠初期，英国商船直航天津的时间，仅比直航上海多出5天；而将英国洋货从上海再转运到天津去的费用，却是从英国运抵上海的2倍。然而，就是在这种情况下，天津等北方口岸所销售的大部分洋货，却依然要从上海转运而不是从英国直接进口。

到底是什么原因，让北方诸港如此严重地依赖上海呢？

通过爬梳大量的海关资料，笔者找出了时人所说的，天津等北方三口不从英国直接进口，反而要在增加更多转运成本的情况下，从上海转口洋货的基本原因。

第一，上海开埠的时间毕竟比包括天津在内的北方三口早了17年，得风气之先使得上海的各种洋行机构和制度，暂时较它们完善，更便于进出口贸易的开展。

因此，进口方面，“天津虽系中国销纳洋货最多之口岸之一，但殆皆取给于上海”，也就顺理成章了。

第二，当时对华贸易的主要国家是英国，天津等北方三口在开埠早期，缺少英国银行在当地的分行，从而无法取得进出口所需的外汇贷款。

相反，上海的金融机构除众多为国内贸易服务的钱庄和票号之外，为对外贸易服务的外国银行也捷足先登。早在1850年，英国的丽如银行

①戴鞍钢：《港口·城市·腹地——上海与长江流域经济关系的历史考察（1843—1913）》，复旦大学出版社1998年版，第16页。

在上海建立了分行，随后，呵加剌、有利、汇隆、麦加利和法国的法兰西银行分行也接踵而至。它们为洋行所经营的进出口贸易，提供了必不可少的汇兑业务。天津尽管是票号的发源地，并且钱庄等金融机构也相当地活跃，但是，外国银行的分行，是到1880年才进驻津门的。

第三，海河口淤沙严重，即便在涨潮的时候，也无法通过三四米以上的大船。

平心而论，同样是内河港口的上海，受长江口拦门沙和吴淞口沙洲的阻挡，航运条件比天津也好不了多少。据“黄浦河道局1906~1911年工作的记录——自黄浦江边建立上海租界以来，从长江口到上海之间的大约16英里的水道，对本港人士来说一直是一项令人担忧的事。黄浦江的两个沙洲——外沙在最低水位时大约水深16英尺，而相对应的内沙水深仅11~14英尺——是进入港口的主要障碍。由于来本港的船只不断趋向大型化，近年来这些船只必须等候高水位或在吴淞雇用驳运船，愈来愈感到不方便”[①]。但是，海河航道的淤塞问题，毕竟是一直深深困扰天津直接进出口贸易的不利条件。对此，津海关税务司赫政等人，既极不甘心而又无可奈何：天津与欧洲的“直接贸易因能避免现以轮船由南方输入货物之过高费用，运费因之大为节省，自使直接进口商可以低于华商之价销售其货。今时华商常置津郡洋商于不顾，而在上海自行办货。天津作为洋货之进口大户，足可与原产国直接通商，此项前途远大之计划竟然失败，不特令人遗憾，亦令人诧异。此计划之未遂，职由于船只其大足以远航，于货运则迅捷而稳妥者，却无以逾越大沽坝，在彼驳运货物既危险且又耗资。迄今到埠之船悉皆小吨位者，所卸之货多少有所损伤”[②]。

第四，天津的出口货太少，尤其是缺乏英船返航的茶叶等主要回程

①徐雪筠等译编：《上海近代社会经济发展概况（1882—1931）——〈海关十年报告〉译编》，“海关十年报告之三（1902—1911）”，上海社会科学院出版社1985年版。

②吴弘明翻译：《津海关年报档案汇编（1865—1911）》，“1870—1872年贸易报告”，天津社会科学院历史所1993年版。

货物。

时人的这一说法，似乎也欠全面。因为19世纪中后期的英国，已经是一个工业门类相当齐全的国家，它对中国原料的需求，已经不再单单局限于茶叶；而且，天津口岸也并非没有茶叶集散。从《津海关贸易报告》的记载来看，整个清代后期，南方运到天津去的茶叶数量都是十分巨大的；只不过运到天津来的茶叶，不是作为欧洲商船的回程货，而是运往俄国的。这说明，欧洲一方面需要把中国北方作为它的商品销售市场，另一方面也需要北方腹地的特殊物产，如西北的皮毛和东北的大豆等。但是，由于当时北方腹地农牧业的市场化程度较低，特别是腹地极其落后的交通条件，大大限制了商品的运输速度和数量，才使欧洲商船无法得到充足的贸易回程货。

当时，天津与腹地间的交通方式非常传统落后，水路主要靠木船和皮筏，陆路主要靠骆驼和牛车，不仅运量有限，而且行进迟缓。

在交通如此落后的情况下，“天津之出口货与进口货相较，以货色及价值论，既微乎其微又无关紧要，欲求长足进步，或恐希望渺茫”；就连出口价值很大的“绵羊毛与骆驼毛之出口，近时如彼甚少，不值一提”。[①]所以，天津“出口货其数之少、其价之低，致统计册内之出口部分读之深感乏味”[②]。

三、环渤海港口城市直接辐射力的迅速增强

进入20世纪以后，随着对外贸易环境的进一步改善，环渤海港口城市的直接辐射力得以迅速增强，从而使上海与北方之间原有的经济联系，变得日益松弛起来。

---

①吴弘明翻译整理：《津海关年报档案汇编（1865—1911）》，“1865年贸易报告”，天津社会科学院历史所1993年版。

②吴弘明翻译整理：《津海关年报档案汇编（1865—1911）》，“1869年贸易报告”，天津社会科学院历史所1993年版。

第一，国内有利的经济环境。

1895年的中日《马关条约》以后，外国在华设厂的限制被取消，相当多的中外资本，开始在北方沿海港口城市中进行大量的直接投资。“至天津，近年贸易局面大有扶摇直上之势，洋行增建年胜一年，英、法两租界几无隙地”[①]。而戊戌变法以后，清政府开始实行的以振兴实业为主的清末新政，尤其是1902年前后袁世凯在山东、直隶的维新举措，大大改善了天津等地的经济发展环境。

第二，日益改善的港口和航道条件。

1890年以后，环渤海主要港口的海上运输工具，基本完成了由帆船到轮船的更替，大大提高了进出口货物的运输能力；而航运技术的革新，也对港口和航道条件提出新的要求，从而促使北方三港进一步加大了改善港口和航道条件的力度。

以内河型港口天津为例，它的港区原来一直集中在北运河、南运河和海河交汇的三岔口地区。后来，为适应轮船运输的需要，又分别在航道更为深宽、更便于沿海航运的紫竹林租界和海河入海的塘沽，分别建造了新的码头区。

航道的治理方面，1897年，天津成立了专门的海河工程局，由海关道、首席领事、招商局、开滦矿务局、外商轮船公司、各国租界、税务司，以及商会的代表共同组成的海河工程委员会负责协调，主要从事海河水量的保持、河道的裁弯取直、淤沙的开挖、冬季航道破冰等工作。从1902年到1923年期间，在海河的三岔口以下，施行过6次大的裁弯，共缩短航程26337米，加深加宽了河道，便利了大型船舶的航行。自20世纪初开始，中外航运界就通过疏导、挖泥、开新漕等办法，对大沽沙航道进行了不断的治理。大沽口的船舶吨位逐步增加，满足了天津港进出口日益发展的需要。为克服港区冬季冰封的障碍，1913—1925年，

①吴弘明翻译整理：《津海关年报档案汇编（1865—1911）》，“1895年贸易报告”，天津社会科学院历史所1993年版。

海河工程局先后购置了6艘破冰船，在从大沽口到天津内河港区之间的航道上从事破冰工作。结果，“即使在遭遇最严重冰冻的情况下，也能保持航运畅通，使天津港进入了一年四季通航的新时期”。

与此同时，海关和地方政府，对以营口港为尾闾的辽河河道也进行过几次治理，在一定程度上保证了其进出口贸易的平稳发展。

另外，从1898年开始，俄国和德国分别在港阔水深、冬季不封冻的大连和青岛，投资建设了现代化程度较高的新型港口，并随即对外开放，使它们和烟台一起，共同构建起环渤海地区进出口贸易所必需的优良海港群。

环渤海港口和航运条件的改善，大大增强了这些港口的货物吞吐能力和对腹地经济的直接辐射能力，为该区域直接对外贸易的快速发展，奠定了必要的物质和技术条件。

第三，港口与腹地间交通状况的改善。

为适应港口吞吐能力不断提高的新形势，解决制约腹地货物大量输出的传统运输瓶颈问题，现代化的陆路运输手段遂逐渐引入北方。

20世纪初年，以京津地区为中心的京奉、京汉、京张（绥）、正太、道清、胶济、津浦、陇海等铁路，相继建成通车，并交织成中国当时最密集的现代化铁路网络，大大改善了环渤海港口城市与腹地间的交通条件。

20世纪10年代以后，联通腹地与北方港口城市的现代化陆路运输方式，除铁路运输外，还有公路运输即汽车运输。到1927年，天津的商营汽车公司和运输行，已发展到了69家，经营客、货运输的汽车在100辆以上，并且大都具有了较为固定的营运路线。20世纪20年代，京绥铁路沿线上的主要县城，都出现了商营汽车。其运行路线一般利用旧有的车马大道或自然路。对旧有大道的整修，成为近代公路建设的前奏。1928年绥远建省之后，在省政府设置了建设厅，有计划地修建以省会为主、通往各县的公路线，并谋求各县之间公路的联通。绥远的所有公路，均以铁路线上的主要县城为起点，分别通往各县，从而形成了归绥、包头和集宁3个公路中心。

另外，自1880年开始，北方以环渤海口岸城市为中心，通达北方和全国各地的近代邮政系统和电报、电话网络，也逐步建立和完善起来，从而为各地的商品流通和信息的传递，提供了非常便捷的交通手段。

这样，腹地交通状况的改善，解决了此前随着港口吞吐的能力增强而显现出来的内陆交通瓶颈问题。而港口—腹地间现代化轮船与火车、汽车的联运，进一步提高了环渤海地区的商品进出口能力，为该地区与国际市场的直接沟通，提供了便捷的通道。

第四，北方直接对外贸易的快速增长与对上海中转贸易依赖的大幅下降。

社会经济环境的改善、港口吞吐能力的提高、腹地现代化交通手段的运用，都大大增强了环渤海港口城市自身的经济辐射能力，促进了北方直接对外贸易的开展。

北方对外直接贸易的增长，主要表现在对日本直接贸易的增长上面。

就全国的情况来看，1870年以前，中国主要的外贸对象国是英国和英属印度，进口常在80%至90%，出口常在60%至70%。此后，随着航运和电信事业的发展，中国对欧洲大陆的直接贸易扩大，对英国本土的贸易逐步下降。1895年以后，亚洲的日本在中国对外贸易中所占的比重迅速加大。这一点在中国的北方，表现得更加明显。

进入20世纪以后，日本对北方各港的直接进口贸易，无论是比重还是数值，都有了很大的提高。这一趋势随着日本在华势力的不断扩大而进一步发展。

与此相适应，中国北方对日本的直接出口贸易，也在不断地扩大之中。1903年，牛庄、天津、芝罘三口直接对国外的出口总值分别比1880年提高了63倍、5倍、39倍；对日本的出口货物总值分别比1880年提高了58倍、489倍、143倍。

与此同时，环渤海其他港口如大连、青岛对日本的直接进出口贸易，也都有很大的发展。

北方直接对外贸易增加的首要后果，就是对上海中转贸易依赖的大幅下降。

表4.1　1902—1911年北方六港的洋货进口概况

（价值单位：海关两）

年份	胶州			芝罘			天津		
	从国外进口总值	从国内（主要是上海）进口总值	国外/国内	从国外进口总值	从国内（主要是上海）进口总值	国外/国内	从国外进口总值	从国内（主要是上海）进口总值	国外/国内
1902	3678690	2167039	1.70	9572175	10290379	0.93	18849234	34810292	0.54
1903	5134229	3318439	1.55	9651793	9883854	0.98	18622406	19017937	0.98
1904	3437897	5308871	0.65	8293354	8097165	1.02	16256651	20583859	0.79
1905	4372937	6458010	0.68	9607561	10579320	0.91	31463208	28966465	1.09
1906	7019263	9995622	0.70	7906839	9680645	0.82	40102558	25095998	1.60
1907	7297944	9308601	0.78	6620215	7117450	0.93	38919614	23046548	1.69
1908	8367546	7612595	1.10	6182640	7210163	0.86	21232415	15515765	1.37
1909	11070550	8529569	1.30	6233513	6568005	0.95	24924332	20282475	1.23
1910	12032205	8855092	1.36	5282963	6587354	0.80	32678087	21360129	1.53
1911	13371472	7768484	1.72	5116754	5866884	0.87	33824371	19676668	1.72

续表

年份	牛庄			秦皇岛			大连		
	从国外进口总值	从国内（主要是上海）进口总值	国外/国内	从国外进口总值	从国内（主要是上海）进口总值	国外/国内	从国外进口总值	从国内（主要是上海）进口总值	国外/国内
1902	5346306	12969269	0.41	392101	2102692	0.19	—	—	—
1903	5850995	14632100	0.40	1170403	3894267	0.30	—	—	—
1904	4231144	15066573	0.28	883563	4953028	0.18	—	—	—
1905	9938760	21241150	0.47	2095577	13119510	0.16	—	—	—
1906	6009058	8020281	0.75	899838	3588315	0.25	—	—	—
1907	5440915	5519698	0.99	2022112	1282391	1.58	10143892	533352	19.02
1908	6260735	9073275	0.69	2268088	968477	2.34	17215936	1686331	10.21
1909	7041808	12130846	0.58	2336268	1766495	1.32	12239563	2529850	4.84
1910	8771958	10174840	0.86	2547612	2559019	1.00	18671515	1767359	10.56
1911	9551414	11623671	0.82	1769170	1790654	0.99	24012724	3315719	7.24

资料来源：六港相关年份海关统计，据中国第二历史档案馆、中国海关总署办公厅编：《中国旧海关史料（1859—1948）》编制。

表4.1显示，到20世纪初年，北方六港的直接进口值，基本都接近或超过了从上海中转而来的商品数值。北方外贸对上海中转的依赖，已经较前大大下降了。

四、双方经济关系演变的历史启示

直接对外贸易的发展，使北方经济在环渤海港口城市的直接辐射与带动之下，得到了更加快速的发展。和此前相比，变化主要体现在农业的商品化与外向化、畜牧业对外贸易的繁荣、城乡现代工业的发展、现代交通业的起步、城市化步伐的加快5个方面。①

通过对上海与北方经济关系演变过程的历史考察，可以得出以下两点启示：

第一，自唐中叶以后，我国的经济重心转移到了江南地区，北方在全国的经济地位迅速下降。进入近代以后，随着港口城市的开放和对腹地经济直接辐射和拉动力的进一步增强，环渤海经济的现代化水平有了很大的提高。环渤海经济的崛起，扭转了北方经济相对衰退的趋势，使“环渤海”成为与“长三角”“珠三角”地区并驾齐驱的中国经济快速走向现代化的地区之一。

第二，随着上海对北方进出口贸易控制力的下降，它也由以前能够有效覆盖中国大部分地区的全国性对外贸易中心，蜕变为主要吞吐长江流域进出口货物的区域性对外贸易口岸。然而，从上海的角度来说，这也未尝不是一件好事。因为此后，上海逐步调整了其经济发展的结构，由以贸易为先导的外延式经济，转向贸易、工业、金融并重的内涵式经济。单一经济向多元经济的过渡，不仅没有削弱上海的经济实力，反倒树立起全国现代工商业中心的坚实地位。这一分界线，就是北方对外贸易快速发展的民国初年。正如戴鞍钢所指出的，“第一次世界大战期间，上海的民族工业有了显著的发展，连同交通手段的多样化，在其城市经济的对外辐射力中，源于港口的作用力相对减弱，与前期相比，作为工

① 樊如森：《环渤海经济区与近代北方的崛起》，载《史林》2007年第1期。

业中心和金融中心的影响日渐鲜明”[①]。

第三节　区域经济差异

口岸开放以后，随着西方现代工业商品和生产方式的登陆，包括北方在内的中国许多地区，都发生了由以自给性农牧业为主导的传统产业，向以市场化工业为主导的现代产业的转型过程。只是由于各地历史基础和资源环境的不同，结果造成了其经济现代化进程的时空差异。

一、中国北方市场化工业经济发展的空间差异

随着口岸开放后西方机器工业品和生产方式的引入，以及本地传统农牧业产品的输出，中国北方各地的间接和直接性工业化经济都有了不同程度的发展。只是由于不同区域对外开放水平、市场发育状况、交通便利程度等方面的主、客观差异，结果形成了工业化水平的落差；即使在同一省区内部，各个地理单元之间的工业化状况也不尽相同。

整体而言，新疆等西北边疆的口岸开放时间，要早于华北和东北地区，但是，由于前者在现代交通和金融方面的便利程度、现代工业人才和技术方面的充裕程度等，都逊色于后者很多，所以，其传统产业的工业化转型也要缓慢一些。至于中部内陆的陕甘宁青地区，自然条件更为艰苦、交通运输更为闭塞、市场发育更为单一、文化教育更为落后，其间接和直接性工业化的水平也就在北方最低。

而在工业化程度最高的东部沿海地区，无论是天津、青岛、大连

---

①戴鞍钢：《港口·城市·腹地——上海与长江流域经济关系的历史考察（1843—1913）》，导言，复旦大学出版社1998年版。

等通商口岸城市，还是铁路、公路交通便利的乡镇村落，间接和直接工业化经济都很发达。比如天津，它是中国洋务运动的北方中心，自1860年开埠通商之后，就深受西方现代工业生产方式的冲击。清朝中央和地方政府，自1860年开始就在天津投资建设现代军事和民用工业企业，广泛分布于军工、航运、工矿、电信、铁路等领域；许多官僚、军阀和其他民间资本，也通过各种渠道投资其中；同时，外国洋行也不甘示弱，争相创建了轮船驳运、羊毛打包、印刷、煤气、自来水、卷烟等新式轻工企业。

再比如青岛，它在1897年的时候还是一个濒海村落，工业发展毫无基础。德国侵占这里以后，积极引进西方最新的工业生产方式，设立了麦酒、缫丝、汽水、鸡蛋等工厂。1914—1922年日本占领时期，青岛工业又有了新的发展，“所有日人经营之纱厂、油坊、盐厂、酒厂、丝厂、冰厂、蛋厂，大都于此时期成立”①。中国政府收回青岛以后，当地工业继续向前发展。

同样，东北地区的现代工业也奋起直追，“东省工业中，发达较早者厥为榨油，磨粉，酿酒等之农产工业，类多小规模之家庭工业，随地皆有，俗称为油房，磨坊，烧锅等是。至大规模之工业，例如炼铁，纺织，化学，煤气，烟草，皮革，制材，药品，造冰，制瓦，水门汀，陶瓷器，玻璃，颜料，油漆等之新式工业”，也有了一定程度的发展，但“惜多为日俄侨民所经营”，好在“比年以来，我国人略加注意，亟起努力，渐有并驾齐驱之势”。②到1946年前后，东北地区除煤、铁、金、石油等矿产业较为发达之外，其他现代化程度较高的轻、重工业均有了较大的进步，“目下东北主要工业，有金属工业（钢铁工业及轻金属），纤维工业（纺线、制麻、毛织、柞蚕、制纸），大豆工业，食品工业（酿酒、制粉、制糖、制冰），化学工业（硫安、火柴、石灰、液化页岩油、

①《胶澳志》卷五《食货志·工业》，民国十七年铅印本，第88页。

②张宗文编著：《东北地理大纲》，中华人地舆图学社1933年版，第132～133页。

曹达），电气化学工业（碳化石灰、食盐电解）等”[①]，已经成为中国当时门类齐全的重要工业基地之一。

相比之下，新疆等地区经济的工业化转型，则主要是通过畜产品市场化和外向化程度的提高，即为国内外畜产品加工业提供原料的间接工业化形式体现出来；其直接性工业化经济的发展，并不占主要地位。但是，在盛世才主政期间，新疆的新式工业还是取得了不小进步，这其中就包括，制革工业方面的伊犁皮革厂1所、伊犁制皂厂1所、迪化制皂厂1所，食品工业方面的迪化面粉厂1所、伊犁面粉厂1所、伊犁水磨厂1所、绥定水磨厂1所、迪化自来水公司1处，电气工业方面的伊犁、迪化、塔城电灯厂各1处，印刷工业方面的迪化、塔城、喀什、伊犁、阿克苏、阿山印刷所各1处，机器工业方面的迪化修理汽车机件总厂1处、伊犁修理汽车机件厂1处、塔城修理五金器具机件厂1处，[②]初步奠定了新疆工业化的物质和技术基础；同时，新疆还从苏联购置大量新式机械，以提高农业生产的工业化程度。

至于地处内陆的陕甘宁青地区，则是北方受西方工业产品和生产方式影响最迟，间接和直接工业化程度都最弱的区域。因为从中国近代114个通商口岸的空间分布来看，只有4个省份的通商口岸一直为0个，一个是南方的贵州，其余3个则为陕西、宁夏、青海，由此可见其市场发育程度的低下和传统经济转型的滞后。正因为如此，由左宗棠创办的中国第一个机器毛纺织工厂——甘肃织呢总局，才会历经坎坷，几经废立，直至抗日战争全面爆发后的20世纪40年代，才有了一些赢利。[③]而在陕西，除长期延续的传统手工业之外，市场化机器工业的发展也极其缓慢：1912—1934年的23年间，陕西全省共设立新式工业企业23个，平均每年只有1个，资本在10万元以上的只有4家，100

①周惠连编著：《东北九省地理要览》，宇宙书局1946年版，第20页。

②杜重远：《盛世才与新新疆》，生活书店1938年版，第85～87页。

③林隆：《中国第一个机器毛纺织厂的历史沿革》，载《历史教学》1983年第3期。

万元的仅有1家，资本总额仅为186万元，与沿海省份相比差距巨大；[①]只是在全面抗日战争爆发以后，作为抗战后方基地的陕西，由于大量接纳了东部沿海内迁的大批工业设备、资金、技术、人才，西安、宝鸡等地的现代工厂才有了明显增多；然而即便如此，陕西经济的工业化水平依然不高。

二、北方区域内部经济发展水平的空间差异

不仅北方各省区之间存在经济工业化水平的差异，就是一个省区内部的不同地理单元之间，发展程度上也有落差。如前所述，在西北地区内部，新疆经济的工业化程度要高于陕甘宁青地区。而在山东省内部，随着山东沿海口岸经济地位的快速上升，该省的经济重心由大运河沿线转移到了胶济铁路沿线，胶东沿海间接和直接性的工业化水平，都明显高于鲁西内陆地区；直到20世纪30年代，鲁西南的菏泽、郓城和鲁西北的高唐、武城等县，虽然也号称山东织布业的重要产区，从业人员众多，但是和东部的青岛，甚至和潍县相比，生产设备却依旧是老式的木质织布机，生产效率和产品质量都相当低下。

在市场化程度方面，近代北方各区域内部的空间差异也相当明显。以华北与蒙古高原经济发展为例，到20世纪30年代，初步形成了以天津、青岛为中心的华北与蒙古高原外向型市场网络，通商口岸与内陆腹地之间的市场经济联系不断加强。那么，该区域内部的各个经济地理单元之间，经济现代化水平和市场整合程度到底有多高呢？笔者的研究结论是，华北与蒙古高原地区的近代经济有了一定程度的发展，但是，整个区域的经济现代化和市场整合度还较低，离形成统一的外向型经济区，还存在很大的距离。并且，内部各个地理单元之间的经济发展水平，还存在着很大的时间、空间差异。

---

①宋国荃：《陕西省工业建设之演进》，载《陕行汇刊》1943年第2期。

以近代北方最大的工商业中心和通商口岸城市天津来说，其所辐射到的经济腹地内部，经济的发展水准和市场整合程度，就参差不齐，更不要说其他更小的通商口岸及其经济腹地了。笼统地讲，20世纪30年代的天津皮毛腹地，已经遍及了华北、西北和东北的广大地区。而天津的棉花腹地，则包括了河北全省、山东西北部、河南北部、山西中南部、陕西中部甚至新疆吐鲁番等北方主要产棉区。时人认为，天津20世纪30年代的综合腹地范围是河北、山西、察哈尔、绥远及热河、辽宁等省，同时山东、河南、陕西、宁夏、甘肃、吉林、黑龙江诸省的一部分也划归天津腹地范围以内。

综上所述，我们可以知道，第一，经济腹地、产业区、市场圈等说法，只是一个相对的和笼统的概念。第二，港口经济腹地的划分，往往是按照该港口吞吐的不同商品，来确定其销售地或来源地大小，即商品进、出口腹地范围的。单一商品的销售范围或来源范围，不仅不相互重合，而是还有着很大的差异。比如天津的某一畜产品腹地和某一农产品腹地，就是截然不同的两个地域。这种差异，是由不同商品的生产、流通和消费环境、环节及特征的不同而形成的，很难调和。因此，那种试图抛开商品的单一腹地，而去强调港口综合腹地的做法，是很难奏效的。第三，天津的综合经济腹地——华北西部与西北东部包括蒙古高原，内部各个经济单元之间，由于所处地理区位的不同，其经济发展的机遇、内容和程度，也存在很大的差异性，很难一概而论。

以前述1937年以前天津羊毛类畜产品的收集状况为例，同样作为天津港畜产品腹地的华北和西北地区，对天津畜产品出口的贡献值是很不一样的。青、甘、宁、新4省的贡献率为50%，内蒙古占25%，山、陕占15%，冀、鲁、豫则仅占10%。这既反映了各地畜产品在生产领域里的差异，也反映了彼此的畜牧产业，在市场化、外向化程度上的差异。

再比如，河北和山西在天津进出口总值当中的贡献率，比其他地区都高得多，是天津港无可争议的核心经济腹地。但是，就是在这样一个核心市场圈的内部，冀、晋二省之间，又存在很大的差异。

表4.2　1906年直隶和山西在天津外贸总值中的比重

（价值单位：海关两）

天津腹地	输往天津土货总值	占天津出口总值（%）	来自天津洋货总值	占天津进口总值（%）
直隶	5597768	44.58	22120293	64.14
山西	3460295	27.56	6578933	18.18
二省合计	9058063	72.14	28699226	82.32

资料来源：［日］中国驻屯军司令部编：《天津志》，侯振彤中译本名为《二十世纪初的天津概况》，1986年版，第274～275，291页。

凡此均说明，近代华北与蒙古高原内部，由于其自然状况、历史积淀、产业模式、交通条件、市场环境、社会结构等方面差异是客观存在的，结果造成了区域内部因所处地理区位的不同而出现的经济发展差异，即空间差异，也就决定了区域内部经济发展水平和市场化程度的差异，很难以偏概全。

三、北方区域内部经济发展水平的时间差异——以山东和陕西为例

在华北与蒙古高原近代经济的发展进程中，既有因地理区位的不同而产生的空间差异，也有因历史条件的不同而产生的时间差异，从而造就出该区域各具特色而又丰富多彩的经济地理画卷。

以近代山东省的区域经济发展为例，就很能说明这种时间上的经济变化。一是山东沿海口岸港势地位的升降，二是山东区域经济重心的转移。

（一）近代山东口岸港势地位的升降与区域经济重心的转移

尽管在近代之前，山东半岛就有很多沿海港口的存在，如胶州塔埠头港、莱阳县的羊郡港和金家口港，但是，最早进入中国近代对外开放等系列的，还是1860年以后的烟台港。

1858年，根据中英《天津条约》规定，辟登州为通商口岸，从而把对外贸易港口与山东腹地经济同日渐广阔的国内外市场对接起来，使山东大部、河南东部地区，开始进入发展外向型经济和现代工业的新时期。

烟台港与其腹地的货物交流，是经由水路和陆路两个渠道来展开的。水路交通方面，由于烟台不像天津、营口那样，有直接连接内陆的入海河流经过，所以，它所销往内地的货物，只有先用帆船西运，然后经大清河（即1855年后的黄河主泓道），在利津县改由内河船只溯流而上，直接或间接地运往济南府、东昌府、兖州府、曹州府、东平州、大名府。此外，还有小清河水路。具体路线是将烟台的洋货先西运到羊角沟，在那里改装成小平船，然后再溯小清河上行200里到索镇后，一部分货物改由陆运至周村，其余部分仍由水路运抵济南。担任烟台港货物水运任务的，开始为帆船，后来部分轮船也参与其间。由于当时水运成本要比陆运低得多，因此，除了贵重物品，烟台港销往内地或者内地运往烟台的货物，主要借助于水运来完成。陆路通道，主要是走烟潍大道。它从烟台沿海滨西行，经黄县（龙口）、莱州、潍县、青州、周村而达济南。烟台成为这一时期山东唯一的对外贸易口岸。

但是，随着国内外市场环境的变化，烟台的这一独尊地位，受到了山东沿海其他后开口岸特别是青岛的冲击。

1897年，青岛在德国的强占下，以自由港的形式对外开放；1898年，威海卫在英国的强租下开放，随后，济南、周村、潍县、龙口、济宁等地，又以自开商埠的形式，加入了对外贸易口岸的系列当中。特别是1904年胶济铁路的通车，使港口条件和制度环境都比烟台要优越得多的青岛，迅速地扩展自己的经济腹地，烟台原有的腹地市场蛋糕被逐步地抢占和瓜分。最迟在进入民国以后，山东的第一大港埠和现代工商业经济中心，已经从烟台无可挽回地转移到了青岛。

此前，在中国古代中央集权的政治经济体制之下，都城治所成为区域经济发展的中心。而元、明、清三代将北京作为了统一王朝的首都，也就把沟通南北的京杭大运河漕运通道及其沿线城镇，变成了资源和市场的集散带。自然，为首都漕运服务的山东西部运河沿线，也就成为经济相对繁荣的物流走廊，成为山东经济的重心所在。济宁、聊城、临清、德州，都是明清时期山东乃至华北地区商贸繁盛的经济都会。

然而，正当山东运河经济带蓬勃向前的时候，来自自然和人文的两大事情发生了。一是1855年，善徙善决的黄河，突然改变了自1128年后一直行走的东南入海河道，在河南铜瓦厢北决，夺山东境内的古济水即大清河的河道，由东北方的渤海入海。大量的黄河泥沙迅速地淤塞了屡浚屡堙的闸河——运河航道，沟通南北经济的漕运动脉被强行切断。

而19世纪50年代，正值清王朝倾其国力与南方太平天国政权进行殊死搏斗，并且应付趁火打劫的英法侵略军的危急时刻，根本无暇顾及对运河河道的疏浚。再加上不在太平天国控制范围的海上轮船运输业正方兴未艾，于是，清廷便趁机将原由运河运输的漕粮，改由海轮北上，绕过山东半岛进入大沽口，再溯海河北上抵达通州。漕粮制度全部废止后，大运河鲁西段便没有再现昔日辉煌的可能了。

与此同时，山东半岛的烟台、青岛、威海卫、济南、周村、潍县、龙口先后成为连通国内外市场的近代通商口岸，同时，与海上轮船相衔接的胶济铁路也于1904年后投入运营，沿海和胶济铁路沿线T字经济带，逐步成为山东近代工商业和对外贸易的龙头。民国时期，山东的经济重心已经东移。

（二）陕西战时经济发展与驱动力分析

通过对民国前期陕西各主要经济层面的考察，我们发现，该区域各个产业部门的发展水平虽然比清代有所提高，但是，由于受以驿路和水路为主干的传统交通运输体系的制约，其发展变化并不显著。然而，自

1931年“九一八”事变，特别是1937年“卢沟桥事变”之后，中国北方逐步陷入战争状态。随着日本侵略战争阴云的笼罩，包括陕西在内的西北地区，其战略地位得到了快速的提升。在这种非常态的历史背景之下，陕西经济以交通建设的加快为节点，进入了一个全新的发展时期。

1.现代交通格局的初步奠定

以1934年12月陇海铁路修至省城西安为标志，陕西交通格局发生了重大的调整。

表4.3　民国后期的陕西交通运输格局

类别	名称	起止点	修筑情况
铁路	陇海铁路陕西段干线	潼关—宝鸡	304.8公里。1931年底，河南灵宝至陕西潼关段（70.7公里）完工；1932年8月，潼关至西安段（131.8公里）开工，1934年12月完工；1935年1月，西安至宝鸡段（173.0公里）开工，1936年12月完工。
	渭白支线	渭南—白水	78.0公里。开工年月待考，1938年某月建成，系1米宽的窄轨铁路，时称轻便铁路，中经蒲城，为运煤专线，1950年拆除。
	宝凤支线	宝鸡—凤县	106.2公里。开工年月待考，1938年某月建成，亦系窄轨铁路，由宝鸡至凤县双石铺，1945年拆除。
	咸同支线	咸阳—同官	138.4公里。1939年6月开工，1941年12月完工，中经三原、富平、耀县，主要用来运煤。
公路	西潼公路	西安—潼关	160公里。中经临潼、渭南、华县、华阴，1922年通汽车，为陕西第一条公路。1935年以后，将西安至临潼段铺成碎石路面。陇海铁路未通前，客货运输繁忙，后来状况已大不如前。

续表

类别	名称	起止点	修筑情况
公路	西兰公路	西安—兰州	753公里。中经咸阳、醴泉、乾县、监军镇、邠县、长武等，1935年通车，为全国经济委员会筹筑。
	西汉公路	西安—汉中	693公里。中经咸阳、兴平、武功、扶风、岐山、凤翔、宝鸡、凤县、留坝、褒城等，1935年已通车至凤翔。凤翔以北为陕西省建设厅修筑，以南为全国经济委员会筹筑。
	西荆公路	西安—荆紫关	414公里。中经蓝田、商县、商南等，1935年已筑成48公里。
	西朝公路	西安—朝邑	252公里。中经咸阳、泾阳、三原、富平、蒲城、大荔等，1935年已有客货汽车往来。
	西盩公路	西安—盩厔	90公里。中经鄠县，路面常被大车辗坏，汽车行驶极为颠簸。
	咸榆公路	咸阳—榆林	840公里。为陕西最长的公路，中经三原、耀县、同官、宜君、中部、洛川、鄜县、甘泉、肤施、延长、延川、清涧、绥德、米脂等，1935年已筑成290公里。建成部分已通客货汽车。
	凤陇公路	凤翔—陇县	92公里。中经汧阳，沿途坡度甚高，弯曲甚多。
	凤虢公路	凤翔—虢镇	36公里。宝鸡虢镇，为水陆码头，商业甚盛。
	原渭公路	三原—渭南	78公里。中经高陵，附近各县进出货物，多由此路连接陇海铁路。

资料来源： 马里千等编著：《中国铁路建筑编年简史（1881—1981）》，中国铁道出版社1983年版；铁道部业务司商务科编：《陇海铁路西兰线陕西段经济调查报告书》，1935年版，第95~98页。

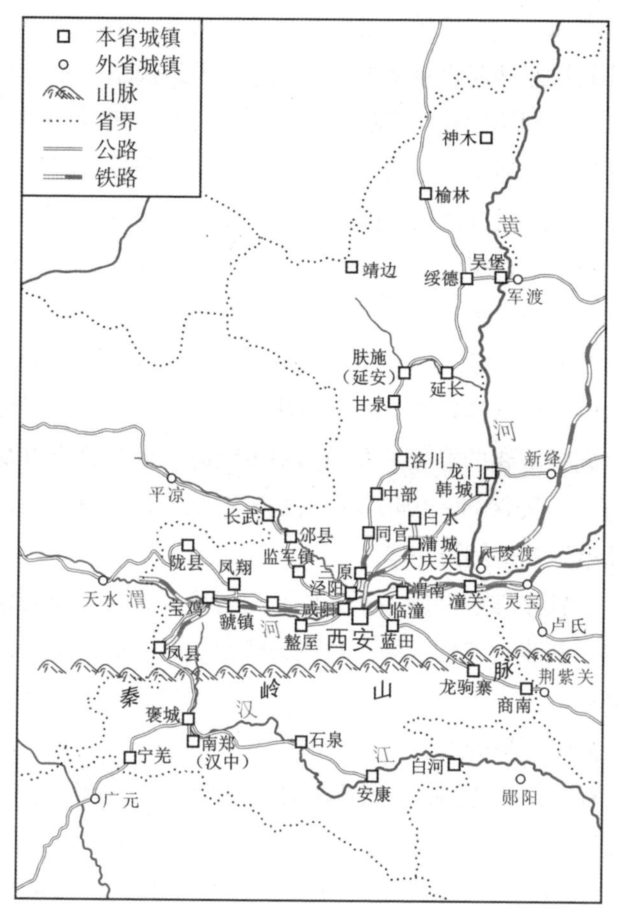

图4.2　1941年前后的陕西交通运输格局示意图

资料来源：底图为欧阳缨编著：《本国分省精图》，“陕西”，亚新地学社1938年版。据樊如森：《陕西抗战时期经济发展述评》，图1（《云南大学学报（社会科学版）》2009年第5期）绘制。

陇海铁路陕西段干、支线的修筑，大大改善了陕西的交通运输条件，为其农、牧、工、商业的快速发展，提供了必要的物质前提和技术保障。因为随着铁路修筑的完成，“一切之开发，其可能性甚大。关中棉产，可以增加；同官煤矿，可以开采；各县大、小麦及杂粮产量，可以增进。凡此虽非铁路直接所能为力之事，不过铁路一通，则人才、资本、经营，均可到达内地（即陕西），农、矿、工、商各项事业之振兴，自必事半功倍。交通便利，人民生活程度提高，购买力必渐增加。同时货物输出，因铁路运费低廉，价格亦必降落，销流必较广”①。

不过，由于陕西毕竟是一个东西窄而南北长的省份，复杂的地形和辽阔的空间，仅靠1条东西向贯通中部的铁路干线和3条南北向短途延伸的支线，是无法克服巨大的地理障碍，进而充分发挥其运输功效的。因此，使铁路交通从运输数量到运输速度都能相互匹配的现代公路网的建设，具有同样重要的意义。在民国中央政府、地方政府以及社会各界的积极努力下，从1935—1940年前后的短短几年时间内，10余条现代化的汽车公路就迅速地铺设完毕。

这样，以铁路和公路为主干，以原有运输方式为补充的新的交通运输体系，得以初步地建构起来。这就为陕西战时经济的发展，奠定了必要的交通基础。

2.陕西战时经济的发展

现代交通网络的建构，为陕西战时经济的发展，提供了坚实的保障。

（1）战时农业

交通便利降低了棉花运输的成本，增加了其销售数量，带动了其种植面积的扩大。“陕西棉花向外输出，历年渐呈便利。当民国初年火车尚未至陕州（今河南省陕县）之前，陕西棉花向外输出，皆系由水路运输。……至民国十年后，铁路西展，水路运输之路程渐次缩程，改由陕州登陆，而将三门之险完全避免。然沿河西岸，匪氛极炽，加以兵事频仍，陕西棉商仍受损失。及至二十二年，火车通至潼关，转运公司随之而来，陕西棉花之东运者，皆由此处装车，棉商运输，不特免除危险，而节省运费，缩短时间，更称便利，此为陕西棉花运输史上最光荣

①铁道部业务司商务科编：《陇海铁路西兰线陕西段经济调查报告书》，1935年版，第123页。

之一页。不独运输方面有利于商，而间接所得之利益，如押汇以流通金融，保险以免危险，更非昔日所能享受。以此之故，引来外省棉商为数不少。……廿三年火车通至渭南，大部棉花皆由渭南装车。……继则火车达至西安，则更有多数由西安起运"[①]。此后，随着铁路向棉产腹地的延伸、灾情的消除、抗战以后四川等后方市场对棉花需求的增加，陕棉生产始终处于上升状态。1940年，在粮食需求同样急需增加的情况下，陕西的棉花种植比重依然很大，棉田面积占到全省耕地总面积的十分之一。

（2）战时牧业

陕北及其周边地区交通条件的改善，也使其畜牧业生产和运销，较民国前期有了起色。"陕省如中部、洛川、鄜县、甘泉、肤施、延长、延川、宜川、韩城及榆林区各县，年产（羊毛——笔者）数千万斤。除供当地自制毡毯外，皆运往晋省，或经潼关，由本路（陇海铁路——笔者）运至津、沪各埠，输出外洋"[②]。

表4.4　1935—1940年榆林周围羊毛集散情况

（单位：万斤）

年份	羔毛	春毛	秋毛	羊绒	驼绒	年份	羔毛	春毛	秋毛	羊绒	驼绒
1935	125	—	—	25	6.2	1938	17	70	40	20	5
1936	125	—	—	25	6.2	1939	18	60	40	15	5
1937	17	75	50	25	6.2	1940	—	60	35	16	4

资料来源：王遇春：《陕北羊毛》，载《陕行汇刊》1941年第5期。

①铁道部业务司商务科编：《陇海铁路西兰线陕西段经济调查报告书》，1935年版，第58～59页。

②王遇春：《陕北羊毛》，载《陕行汇刊》1941年第5期。

抗战爆发以前，“陕北及绥西南各旗羊毛之运销，多半集中榆林、安边、神木等地，用大批骆驼或驴、骡驮运至包头，经绒毛店转售于包头之中外商人，亦间有（经平绥铁路——笔者）自行运往天津出售者。战后，一部为财政部贸易委员会富华公司陕豫分公司榆林收购处收买，一部用于当地之毛纺业……”[①]，运销数量依旧可观。

（3）战时工业

由于“交通便利，实生产事业发达之重要条件，工厂所需之原料与制造品之分散，均赖交通机关为之运输。交通机关发达与否，实生产事业之生死关头”[②]，所以，陇海铁路的贯通，无疑使陕西工业进入了快速发展的新阶段。

表4.5　抗战前后的陕西新式工业

（资本单位：万元）

<table>
<tr><th>年份</th><th>地点</th><th>名称</th><th>资本</th></tr>
<tr><td rowspan="6">1935</td><td rowspan="4">西安</td><td>新华砖瓦厂</td><td>8</td></tr>
<tr><td>西北化学制药厂</td><td>30</td></tr>
<tr><td>亚立、玉德、义聚泰机器厂</td><td>4.5</td></tr>
<tr><td>成丰、华峰面粉厂</td><td rowspan="2">136.3</td></tr>
<tr><td rowspan="2">安康</td><td>济华面粉厂</td></tr>
<tr><td>安康小工厂</td><td>0.3</td></tr>
<tr><td rowspan="6">1940</td><td rowspan="2">咸阳</td><td>咸阳工厂（湖北官布局）</td><td>600</td></tr>
<tr><td>裕农（上海尧山）油厂</td><td rowspan="2">42</td></tr>
<tr><td>西安</td><td>兴华油厂</td></tr>
<tr><td rowspan="3">同官</td><td>新新瓷厂</td><td>10</td></tr>
<tr><td>企业公司水泥厂</td><td>200</td></tr>
<tr><td>二战区经建会铁工厂</td><td>10</td></tr>
</table>

①王遇春：《陕北羊毛》，载《陕行汇刊》1941年第5期。

②云章：《抗战以来之陕西工业概述》，载《陕行汇刊》1944年第1期。

续表

<table>
<tr><th>年份</th><th>地点</th><th>名称</th><th>资本</th></tr>
<tr><td rowspan="2">1935</td><td>渭南</td><td>渭南打包厂</td><td>50</td></tr>
<tr><td>凤翔</td><td>培实纺织工厂</td><td>2</td></tr>
<tr><td rowspan="5">1936</td><td>咸阳</td><td>咸阳打包厂</td><td>50</td></tr>
<tr><td>南郑</td><td>欧西机器厂</td><td>0.5</td></tr>
<tr><td>兴平</td><td>双山社纺织厂</td><td rowspan="2">301</td></tr>
<tr><td rowspan="2">西安</td><td>大华纺织厂</td></tr>
<tr><td>中南火柴厂</td><td>5</td></tr>
<tr><td rowspan="12">1937</td><td rowspan="7">西安</td><td>2个玻璃厂</td><td>2.2</td></tr>
<tr><td>西北电池厂</td><td>10</td></tr>
<tr><td>西京机器厂</td><td rowspan="4">29.8</td></tr>
<tr><td>西京机器修造厂</td></tr>
<tr><td>益德记机器厂</td></tr>
<tr><td>尚发祥机器厂</td></tr>
<tr><td>东升面粉厂</td><td rowspan="2">12</td></tr>
<tr><td>城固</td><td>同成面粉厂</td></tr>
<tr><td>西安</td><td>培华纺织厂</td><td rowspan="2">3.2</td></tr>
<tr><td>鄠县</td><td>难民纺织厂</td></tr>
<tr><td>虢镇</td><td>协和火柴厂</td><td>42</td></tr>
<tr><td rowspan="12">1940</td><td rowspan="4">泾阳</td><td>西北实业公司铁工厂</td><td>35</td></tr>
<tr><td>西北实业公司纺织厂</td><td>35</td></tr>
<tr><td>鲁桥毛织厂</td><td>35</td></tr>
<tr><td>西北毛织厂</td><td>2</td></tr>
<tr><td rowspan="2">鄠县</td><td>难民工厂</td><td>2</td></tr>
<tr><td>和兴纺织社</td><td>2</td></tr>
<tr><td>耀县</td><td>二战区经建会钢铁厂</td><td>100</td></tr>
<tr><td>宜川</td><td>战区经建会第二制革厂</td><td>6.5</td></tr>
<tr><td>虢镇</td><td>难民纺织厂</td><td>20</td></tr>
<tr><td>三原</td><td>三秦瓷厂</td><td>20</td></tr>
<tr><td>武功</td><td>原济面厂</td><td>3</td></tr>
<tr><td>乾县</td><td>敬业土布所</td><td>2</td></tr>
<tr><td rowspan="6">1941</td><td>同官</td><td>建新瓷厂</td><td>5</td></tr>
<tr><td>岐山</td><td>大来烟厂</td><td>20</td></tr>
<tr><td rowspan="4">西安</td><td>华隆猪鬃厂</td><td>2</td></tr>
<tr><td>新中国油墨厂</td><td>4.2</td></tr>
<tr><td>企业公司化学工业厂</td><td>70</td></tr>
<tr><td>建中机器厂</td><td>5</td></tr>
</table>

续表

<table>
<tr><th>年份</th><th>地点</th><th>名称</th><th>资本</th></tr>
<tr><td rowspan="11">1938</td><td rowspan="5">西安</td><td>协兴纸厂</td><td>17</td></tr>
<tr><td>启新印书馆</td><td>8</td></tr>
<tr><td>西北化学制革厂</td><td>15</td></tr>
<tr><td>西北化学药厂酒精部（自用）</td><td>—</td></tr>
<tr><td>陕甘工厂</td><td rowspan="2">16</td></tr>
<tr><td>宝鸡</td><td>洪顺机器厂</td></tr>
<tr><td>西安</td><td>和合面粉厂</td><td>40</td></tr>
<tr><td rowspan="2">宝鸡</td><td>大新面粉厂</td><td>—</td></tr>
<tr><td>申新纱厂</td><td>—</td></tr>
<tr><td>郿县</td><td>利华纺织厂</td><td>307</td></tr>
<tr><td>咸阳</td><td>咸阳等3县平民工厂</td><td>1.4</td></tr>
<tr><td rowspan="6">1939</td><td rowspan="6">西安</td><td>华西药厂</td><td>20</td></tr>
<tr><td>猪鬃厂（贸易委员会统制）</td><td>—</td></tr>
<tr><td>大华纱厂酒精部</td><td>10</td></tr>
<tr><td>西北药厂玻璃部（产品自用）</td><td>—</td></tr>
<tr><td>同兴面粉厂</td><td>0.5</td></tr>
<tr><td>军用染料厂</td><td>25</td></tr>
<tr><td rowspan="17">1941</td><td rowspan="8">西安</td><td>建国机器厂</td><td>20</td></tr>
<tr><td>建新机器厂</td><td>5</td></tr>
<tr><td>同兴机器厂</td><td>30</td></tr>
<tr><td>泰记华兴机器厂</td><td>30</td></tr>
<tr><td>企业公司染织厂</td><td>14</td></tr>
<tr><td>长利印刷厂</td><td>35</td></tr>
<tr><td>长安制革厂</td><td>40</td></tr>
<tr><td>西北液体燃料厂</td><td>80</td></tr>
<tr><td rowspan="5">宝鸡</td><td>西华酒精厂</td><td rowspan="2">100</td></tr>
<tr><td>益门酒精厂</td></tr>
<tr><td>雍兴公司酒精厂</td><td>150</td></tr>
<tr><td>雍兴公司西北机器厂</td><td>150</td></tr>
<tr><td>雍兴纺织厂</td><td>500</td></tr>
<tr><td>泾阳</td><td>二战区经建会化学厂</td><td>3.5</td></tr>
<tr><td>渭南</td><td>象峰面粉厂</td><td>30</td></tr>
<tr><td>城固</td><td>义利公面粉厂</td><td>0.5</td></tr>
<tr><td>华阴</td><td>纺织工厂（与三原合办）</td><td>2</td></tr>
</table>

续表

年份	地点	名称	资本	年份	地点	名称	资本
1939	西安	中国文化服务社（印刷厂）	20	1941	华县	胜利纺织厂	3
		中原机器米厂	21		鄠县	济生纺织厂	1
	城固	新亚米厂			耀县	耀县纺织厂	18.2
	虢镇	业精纺织厂	10	1942	西安	三光玻璃厂	20
	鄠县	利民纺织社	2			西北机器造纸公司	300
		众益厂	3			富华化学工业公司	600
1940	西安	新华药厂	10			大秦毛织厂	240
		泰丰烟草厂	100			中国西京制药厂	30
		长城电解厂	30		宜川	克难纺织厂	100
		振兴、育才2机器厂	11	年代不详	宝鸡	液体燃料厂	—
		光大毛织厂	10		各县	平民工厂13处	1.6
		实验毛织厂	10		汉中	各县各种工厂21处	56.2
		东华漂染厂	38				

资料来源：宋国荃:《陕西省工业建设之演进》，载《陕行汇刊》1943年第2期。

表4.5的统计显示，从数量看，1935—1942年的8年间，陕西共设立大小新式工厂150余家，平均每年建厂19个；从规模看，企业的平均资本额较前大为增加，资本在10万元以上的有59家，100万元以上的有13家，除去资本不详者外，资本总额尚有5202万元，为民国前期新式工业资本总额的28倍；从结构看，企业的门类遍及了钢铁、机器、化

工、建材、印刷、棉毛纺织、制革、制药、火柴、面粉、酒精、榨油、碾米、打包等众多领域。

与此同时，作为现代工业重要补充的各种传统手工业，也得到了新的发展。1938年，陕西省政府通过奖励手工业办法，动员妇女纺织实施办法，风声所树，各种手工工业莫不欣欣向荣，力图改进，本省手工工业至此步入复兴阶段。到20世纪40年代，陕西工业尽管以性质言，多数工厂仍属工场手工业；就工业部门言，其发展实未能应付目前需要，时感供不应求，然在本省经济发展上，已创了新的一页。

（4）战时商业

铁路公路的通达与农、牧、工、矿业的快速发展，为陕西商业的繁荣，提供了便利的交通运输条件、丰富多样的商品和日益广阔的市场空间。

以西安的商业盛况为例，“自陇海路西展到达西安后，西安实为陕省输出入之枢纽，故亦为西兰线陕西段区域内最大之市场。由津、沪、汉输入之绸缎、布匹、油类、颜料、食糖、纸烟及其他普通日用品等，由火车运抵西安后，就各地所有之运输工具，分别用汽车或大车或马车或牲驮或人挑，转运省内各地”①。西安已经逐步发展成为陕西名副其实的最大商业都市，陕西市场的整合度，也较前有了明显的提高。

（5）战时金融

农牧工商及交通运输业与金融业是相互制约又相互促进的关系。其他产业的发展，也促进了金融业的兴旺。

①铁道部业务司商务科编：《陇海铁路西兰线陕西段经济调查报告书》，1935年版，第107页。

表4.6 1935—1944年的陕西金融业概况

类别	概况
国家银行	国家银行在陕省境内设有分、支行、处，计中央银行分行7所，收税处2所；中国银行分行1所，支行1所，办事处7所，简易储蓄处1所；交通银行分行1所，支行3所，办事处6所；中国农民银行分行1所，办事处3所，分理处4所，筹备中1所。共计38所。
省地方银行	陕西省银行在省境设有分行4所，办事处43所；此外，陕北地方实业银行现设有办事处5所；他省地方银行在本省设置办事处者，有河南农工，甘肃省、绥远省、山西省、湖北省、河北省银行6家。
县银行	本省县银行于（民国）三十一年（1942）1月开始筹设。一期成立22行，二期16行，三期12行，四期10行，共计60行。各行资本最高120万元，最低10万元。
商业银行	现有商业银行，除上海银行、金城银行为战前设立外，其余通商、川康、永利、建国、亚西、美丰、兴文、四明、工矿、大同、裕华、华侨银行12家，均为战后所设。上海、通商、四明、永利银行等并在宝鸡设有办事处，金城银行在宝鸡、南郑亦各设办事处1所。
银号钱庄	西京市之金融业，除银行外，旧式钱庄、银号为一重要金融势力。截至目前，西京市钱业商业同业公会会员庄号，共计67家。
合作金库	本省合作金库于民国二十七年（1938）始由前合委会在咸阳筹设试办。截至现在，先后设立合作金库共有20库，多系农民银行辅导设立。
其他金融机构	储蓄方面，有邮政储金汇业局及中央储蓄会西安分会。陕西省银行亦于28年特设储蓄部，资本50万元，还于各分行、处陆续添设储蓄分部。押当业现有渭南同义永家。保险业在西安有上海银行附设之宝丰保险公司，金城银行附设之太平保险公司，此外天一及中国等保险公司，在西安皆有委托银行代办。信托业有西北通济信托公司，中孚信托公司等。

资料来源：屈秉基:《陕西金融业之现状及其展望》，载《陕行汇刊》1944年第1期。

就整体情况而言，“陕省共辖92县及西京市，现设立银行总、分、支行、处共计160所（钱庄、银号及其他机构未计在内），分布于68县1市。西京市计有中央、中国、交通、农民、陕西省、河南农工、甘肃省、河北省、绥远省、山西省、长安县、上海、金城、通商、川康、永利、建国、亚西、美丰、兴文、四明、工矿、大同、华侨、裕华银行等，及东大街交通、农民，盐店街中国银行3办事处，共计28所。宝鸡计有中央、中国、交通、农民、陕西、通商、金城、上海、四明、永利及县银行11所，正在筹备中者尚有关源银行。南郑有中央、中国、交通、陕西省、金城及县银行6所。安康有中央、农民、陕西省、湖北省、县银行5所。渭南计有中国、农民、交通、省、县银行5所。三原有中国、农民、省、县银行4所。大荔有交通、省、县银行3所”①，其余有银行1—2所不等。银行和其他金融机构的普遍设立，为民国后期陕西各个经济领域的蓬勃发展，提供了强有力的资金支持。

3.战时经济发展的驱动力分析

由于受日寇侵华战争的直接破坏，东部省份已经无法开展正常的生产经营活动，经济出现了严重的滑坡；而地处内陆的陕西，却因为特定的历史机遇而进入了经济快速发展的黄金时期。这既与陕西深厚的历史积淀、丰富的物产、勤劳的人民等基础要素密不可分，同时，更是战时陕西外部要素推动的结果。

（1）现代交通运输的先导

20世纪30年代中期开始，以铁路和公路为主干，以原有运输方式为补充的现代交通运输体系初步构筑起来，为人流、物流、信息流的畅通，提供了强大的物质和技术支撑，在陕西经济的快速发展中起到了重要的先导作用。此项前已多处论及，兹不赘述。

（2）特定政治环境的推动

20世纪30年代开始，日本对中国东北和华北军事侵略的加快，在

---

①屈秉基：《陕西金融业之现状及其展望》，载《陕行汇刊》1944年第1期。

客观上提升了西北地区的战略地位。交通与经济建设投资力度的迅速加大，正是民国中央政府、地方政府以及社会各阶层，对包括陕西地区在内的西北地区空前重视的结果。

以西（安）汉（中）公路的修建为例，陕南各界人士于1928—1932年，曾先后数次集资，还分别成立了陕南路政、陕南筑路和陕南筑路协进等专门的委员会，并制订了详细的实施计划，但结果不是筑路款项被挪用，就是省政府电令其暂缓而不了了之。然而，在民国中央政府的亲自饬令下，陕西省建设厅在1935年，就让西安至凤翔的250公里路段实现了通车。其余凤翔至汉中443公里的一段，则由全国经济委员会拨付资金250万元之巨，分成宝（鸡）凤（县）、凤留（坝）、留汉（中）3段，“同时赶筑”，并组织专家攻克了各种复杂的工程技术难关，从而保证了该公路的尽快通车。与此同时，在举国上下开发西北的呼声中，“国内关心西北者，均先后来此考察，愿以所有资金投资工矿业者，颇不乏人”。

不可否认的是，当时的中国依然是一个高度中央集权的、市场经济秩序并不完善的国家，如果不是抗战这样的特殊政治环境，国家和社会各界就不可能在如此短暂的时间内，把原本在东部更能获利的人力、物力和财力投资，都转而投放在陕西等西部省份的经济建设上。

（3）新拓展市场的保障

近代以来，随着沿海沿边口岸的开放与开发，中国经济的国内外市场空间均显著扩大。这对东部省份的经济发展来说是千载良机，而对陕西这样交通落后的西部省份，却没有多少实际的意义。民国后期，随着铁路、公路的修筑，陕西与津、汉、郑、沪等东部市场的经济联系，才得到了空前的加强，农、牧、工、商各产业的发展，也随之大显起色。然而，日寇的入侵和沿海省份的沦陷，却使得陕西刚刚分到的东部市场份额，又基本丧失殆尽。

然而，这一飞来的横祸，不仅没有将陕西经济推回到从前的颓境，反而因为时势的变迁，使陕西完成了由内陆到前沿的位置转换。“抗战以还，沿海各大都市相继沦陷，陕省居于国防前线，屏障西北，是以开发资源，增加生产，充裕物资，以增强抗战力量，培补建国基础，实为迫切之要求。政府与社会人士乃锐意进行各项建设；复以沦陷区工业内迁，年来人口之剧增，物价之高涨，工商业颇呈一时之繁荣，金融事业亦愈见蓬勃。其进展之速，与战前情景，实不可同年而语”[①]。

失之东隅，收之桑榆。抗战的爆发，使陕西失去的东部市场空间，又从后方省份获得到了更多的弥补，甚至是空前的扩大。工业方面，抗战发生，沿海各省之民族工业，或遭兵燹，或被敌强占，海外物资亦因交通困难来源断绝，军需、民用供应问题不得不仰给于后方，增加生产。农业方面，抗战以前，汉中区棉花因交通关系，多售于甘肃东南及川北一带；关中区棉花大部分出东路销于郑、津、沪、汉等埠。战事发生后，东路交通阻塞，本省产棉除了本销，余均运销川、甘各地，尤以销川省者为多；抗战爆发以后，河北、河南、山东、山西、江苏、浙江、湖北诸大产棉地，陆续沦为战区，棉产大为衰落。冀、鲁、豫、晋4省1939年的棉花产量仅及1937年的1/5，因此，战时纺织原料，赖后方之补给，陕西棉产地位日益重要。充足的市场份额，成为陕西经济持续发展的坚实保障。

（4）外来资金、人才、技术的支撑

陕西原本是一个以传统农牧工商业为主的内陆经济区，实现经济现代化的捷径，只能通过获取沿海省区才具备的资金、人才和技术。这条捷径，在万事不备的民国前期，可谓踏破铁鞋无觅处；而在万事俱备的民国后期，真是得来全不费功夫了。

第一，资金方面。陕西要在农、工、商、矿及交通各方面都建成稳固的抗战后方基地，仅靠当地单薄的财力，是无法完成其巨额投资的。而省外诸多金融机构的到来，不但适逢其会，而且至为关键。“抗战发生，客观形势变动，依附口岸之我国金融业，遂转向内地发展，以扶

---

①屈秉基:《陕西金融业之现状及其展望》，载《陕行汇刊》1944年第1期。

植后方生产建设事业，厚植国力，充裕民生，尤为战时金融之首要任务”。仅西京一个城市1942年的银行民用贷款投放额，就达9400余万元。

第二，人才方面。包括普通人才和专门人才。20世纪30年代以后，随着交通运输的便利，开发西北热情的高涨和战争局势的驱迫，许多外地人口迁移到陕西。政局的极端复杂动荡，使民国后期的陕西没有留下准确而全面的全省人口特别是外来人口的数据。据阎希娟研究，“抗日战争胜利后，东部各省复员返乡人员骤增，西安一度聚集等待返乡人员高达49万余人。抗战胜利初期，由于战争破坏，陇海铁路尚不通畅，返乡人员主要依靠公路运输，尤其是西潼公路线运输。最为繁忙时，西安常备客车100辆，日发客车30辆，运送上千名旅客，仍不能满足需要”①。大量进入的外来移民，迅速弥补了陕西在1930年前后大旱灾中所损失的上百万人口，满足了经济恢复和发展对各类劳动者的需求。

第三，技术方面。外来技术对陕西经济发展的贡献，体现在农牧工商各个领域的生产和建设进程之中。以农作物的品种改良为例。“陕省初期引种美棉，品质甚佳。纤维细长，产量较高，每亩恒产皮棉40—50斤。今则陕棉退化，纤维短劣，产量低减，每亩收皮棉30斤以下，此项棉田，在关中区约占90%”②。可见，棉种的选优、保纯、驯化、改良技术不解决，陕棉生产就会日趋衰退；小麦生产方面，也存在着同样的问题。所有这些难关，在外来科研机构和人员的帮助下，都陆续得到了解决。

4.历史启示——非市场经济未必不合理

历史发展的实际过程表明，在开埠通商、东部地区外向型经济获得了快速发展，近代市场经济体系大范围建立的民国前期，受传统交通格局和产业结构的限制，陕西经济的发展却依然相当缓慢和落后。然而，

①阎希娟：《民国时期西安交通运输状况初探》，载《中国历史地理论丛》2002年第1期。
②阎伟：《陕西实业考察报告书》，载《开发西北》1934年第1卷第1期。

在抗日战争爆发和原有市场经济秩序被严重打乱之后，与东部沿海省区相继沦陷和经济衰退的命运不同，位于抗战后方的陕西，经济上却进入了一个快速发展的黄金时期。这说明，在交通和经济都相对落后的西部地区，单纯依靠市场经济杠杆，是无法有效启动其经济发展原动力的。只有通过国家和社会各界的大力扶持和帮助，才能激活其蕴含的深厚经济活力，进而使欠发达地区的经济也能走上现代化的轨道。换句话说，看似公平的市场经济杠杆，因其弱肉强食的本质所在，对于发展基础各异的中国不同区域，所进行的资源配置过程未必尽然公平合理。

这就要求，作为统揽经济全局的国家政府，在制定和执行国家经济发展战略时，不要动辄以市场经济和价值规律为由，只顾给经济发展基础较好的沿海地区锦上添花，而忽略了以非市场经济的手段，对西部欠发达地区必需的雪中送炭。只有内地和沿海都发展起来，中国经济才能真正全面腾飞。动辄将非市场经济斥为“畸形经济”的言论，是缺乏足够史实支撑的。

第五章

小区域近代经济地理研究：以浙江泰顺县为例

近些年，在进行九卷本《中国近代经济地理》研究的同时，我们一直在思考，小区域经济地理是否也是我们努力的方向之一。如果将西北、华北、蒙古高原、东北等大区域看作大空间的话，则府、州、县当然是小空间。我们认为大空间和小空间并非只是地理范围的大小，而是研究路径有相当大的不同。地理学讲究区域性和综合性，大空间往往抓住重要的线索即可展开研究，而小空间则须抓住各项相关的因素，进行深入的研究，在研究时还须探讨各项因素之间的关系，既展示区域性，又展示综合性。因此，小空间经济地理不仅要考察经济现象，更要考察经济现象背后的人，因此是一项社会经济地理的综合研究。

最近几年来，我国南方、北方两大区域经济发展速度上的差异，引起宋丙涛等一些经济学家的重视。他们认为在南北方经济差异研究中提出的问题，“不仅挑战了新古典经济增长理论，而且挑战了新制度经济学的核心观点”。笔者长期研究近代经济地理，作为当代经济的冷静的旁观者，深知南、北方区域经济的差异，主要是农村经济的差异，而且差异不仅体现在水平方面，更体现在经济的组织形式上。按照宋丙涛的观点，爱泼斯坦的《自由与增长》为代表的研究表明，“尽管经济增长需要市场，但是市场的有效运转却离不开公共秩序制度。况且，市场并非天外飞物，凭空而来，它本身就是一个公共产品，是政治制度与法律体系的产物”。因此，改革开放以来，南北方在经济发展方面的巨大差异，很可能是公共经济制度差异的结果，不同的仅仅是这个差异主要是正式制度之外的非正式公共经济体制影响的结果。

按照这一派经济学家的观点，依靠“孝悌伦理”为主要思想意识维系的宗族制度，通过清代进士空间分布体现出来的经济发展与教育的不均衡，在“皇权不下县”背景下形成的民间自治团体等，所形成的非正式制度都导致了区域经济发展方面的差异。尤其是随着宗族组织的发展，“其功能逐渐超出了生存经济的基本需求，他们不仅提供可以满足族众生存需求的公共品即外部安全、内部秩序和生存救济保障，而且还提供了生存之上的诸如教育、基础设施等发展型公共品”。

笔者长期研究泰顺独特的山林经济、农村的民间自治系统、民间文化以及处理公共事务主要依靠民间力量的做法，深深感到这一切早已杂糅为经济政治文化合一的非正式制度，虽然未必直接与经济有关，但多方面渗入民间的经济活动，并在改革开放以后成为促进经济发展的因素。正因为这样，笔者在本章中不仅探讨泰顺的经济活动与民间生活，也探讨民间自治系统、农村文化等诸多方面，以为探讨小区域经济研究提供比较完整的个案。

第一节　多彩的山林世界：传统时代泰顺的经济

人们通常以为，中国传统农村经济以农为主，手工业商业这些非农产业在经济中的重要性远不如农业，而在许多情况下，“以农为主”又被理解为以种植粮食为主，而不是农业中的多种经营。中国地域广大，各地情况千差万别，是否都以农为主，其实值得探讨。不必说生活在北部草原和西北边疆、青藏高原的游牧民族以及东北的狩猎民族，即使汉族内部，也要依据居住地区的地形地貌而言。而且，时代的演进，产业的变迁，都会导致各地区的经济结构有所不同。说传统农村经济以农为主，以粮为纲，是对全国范围的高度概括，各地区未必都如此。

早在20世纪60年代，著名经济史学家傅衣凌先生在研究明清的山区经济时便发现，尽管山区由于交通不便、土地硗瘠等原因，一向具有落后的、更富于自然性的一面，然而山区人民为了克服不利的自然条件，使全年劳动得到合理的安排，又采取了多种经营的形式，以解决生活的困难。此外，山区的自然条件限制了农业的发展，却又给了手工业的发展一个极有利的条件。因此，山区的农民或手工业者的生活来源，有一部分已和商品生产结下不解之缘。“在这种情况下，一向闭塞的山区经济，却具有商品性较大的特征。”①

位于浙南深山的泰顺，就是一个“具有商品性较大的特征”的山区。我们通过2006年、2007年在近50个村庄的调查，对泰顺山区的商品经济的基本内容、重要性及其多种表现，形成了较深的印象。②本章将依据考察资料，对这些内容予以论述，以展示山区经济活动的主要方面。本章所用的资料，凡未注明者，均据各村庄的调查。

一、多种经营：山多田少环境下的必然选择

泰顺位于浙江南部，靠近福建，面积1762平方千米，基本为山岭所盘踞。全境平均海拔约500米，海拔1000米以上的高峰多达179座，林立的群峰与浙江南部、福建北部的其他高山深谷相连接，形成我国东南沿海丘陵地区最为高耸多山的部分。诸山脉之间分布着大大小小的盆

---

①傅衣凌：《关于中国封建社会后期经济发展的若干问题的考察》，载《历史研究》1963年第4期。

②2006年和2007年，以复旦大学历史地理研究所、哈佛大学东亚系与上海交通大学建筑系以及台湾华梵大学建筑系的师生为主，在吴松弟、Peter Bol（包弼德）、刘杰的带领下，在泰顺县政府的支持下和美国的Earth Watch Institute（地球观察组织）、泰顺县企业家联谊会的资助下，对泰顺县的历史文化进行了多学科多国别的考察。有关考察经过和获得的部分成果，参见吴松弟、刘杰主编：《走入中国的传统农村：浙江泰顺县历史文化的国际考察与研究》，齐鲁书社2009年版。

地，另外，在山脉的中断处，由于河流的长期冲刷，形成溪流谷地、洪积扇、山前阶地等地势稍平的地貌。这些盆地和谷地，为泰顺农业比较发达、人口密集的地方。耕地面积大约占全县总面积的6%不到，主要分布在各个小盆地和谷地，人们常将泰顺的地貌总结为“九山半水半分田”。①

泰顺属于浙南闽北开发较晚的深山区，明朝景泰三年（1452）始分瑞安县极西部的义翔乡和平阳县极西部的归仁乡建县，山区开发全面铺开。由于可耕地不多，到了清朝同治年间，泰顺已出现人均耕地过少的现象，新增的劳动力只好投入各种手工业劳动，很多人不得不前往县外做工，“患在人满，全赖邻县觅食”的现象不断加剧。1949年年底统计，全县共计耕地面积17.77万亩，总人口161766，人均耕地1.09亩。②除耕地之外，还有旱地和山园，但它们的数量往往比田地要少。由于人均耕地过少，占全县总户数3.1%的地主户均耕地16.8亩，占总户数55%的贫农户均耕地只有1.22亩，而占总户数3.7%的雇农的户均耕地更只有0.76亩。③

泰顺发展农业有诸多不利条件，除人均耕地较少之外，另一个是山区耕地土质差、水利条件不好，亩产量普遍不高。全县种植制度以一年一熟为主，一年两熟为次。主要粮食作物是水稻，1949年平均亩产只有301斤，按人均耕地1.09亩计，人均产粮只有328斤，按六五、六八比例折成大米213—223斤，平均每天只有6两（按1斤10两计）。对于户均耕地16.8亩的地主家庭而言，吃米不成问题，而对于占全县人口绝大部分的其他农户，至少是对占总户数58.7%的贫农和雇农而言，每年自己

①以上泰顺自然地理部分，据《泰顺县志》编纂委员会编：《泰顺县志》第二编，“自然环境”，浙江人民出版社1998年版（以下简称1998年修《泰顺县志》）。

②1998年修《泰顺县志》第八编，“农业”，第230页。据同一出处，1954年统计耕地面积17.49万亩，全县总人口172907，人均耕地1.01亩。1954年的数据，仅比1949年年底的数据多1.6%（耕地）和6.8%，可见1949年年底的数据大致可靠。

③1998年修《泰顺县志》第八编，“农业”，第225～226页。

耕地上所产的粮食平均只有367斤，甚至只有229斤，分别折米240斤与150斤左右，仅够五口之家一年口粮的五六分之一甚至十分之一。

除水稻外，当地还种植番薯、马铃薯、小麦、大麦、玉米、高粱、小米、豆类等，以番薯最为重要。泰顺农民将收获后的番薯先刨丝然后晒干，1949年番薯干丝平均亩产410斤。①由于番薯的亩产量高于稻谷，各地普遍种植，成为县内绝大部分人的主要粮食。泰顺方志以为，自清朝乾隆以后，番薯便成为农民的主要食粮。由于番薯亩产量高于水稻，也出于肥力的考虑，一些地方的农民采用稻薯轮种的方法，在田中种二年水稻，再种一年的番薯。

人均耕地过少，便使得缺少耕地的绝大部分的农民，不可能到地主家当雇农，雇农只占总户数的3.7%，就是证明。占人口绝大部分的农民，既无多少自己的田可耕，又无法替他人耕田，在农耕上既不必用去主要的劳动时间，更不能通过它来解决生计问题，势必要寻找另外的出路。泰顺山上有丰富的林木资源，地下有银铁瓷土等多种矿藏，高山云雾便于种植茶叶。借助于这些山林资源，当地人民很早就走上发展多种经营的道路，借以解决耕地不足、农耕经济过于落后造成的生计困难。

除丰富的山区资源之外，泰顺发展商品经济必需的交通条件虽然远逊于沿海平原地区，却明显好于远离经济发达地区和城市的内陆偏僻山区。温州沿海平原自南宋以来已发展为经济文化比较发达的区域，不仅工农业生产具有一定的水平，海上交通和贸易成为经济中的重要内容，地域思想更以重视工商而独秀天下。泰顺在建县以前，地面分别属于瑞安县和平阳县管辖，两县的县城均位于温州的沿海平原，泰顺当时实际是先进的平原县份的山区部分。明代建县以后，泰顺离府城温州只有百余公里之遥，可以通过温州与中国沿海乃至海外发生贸易往来。在泰顺人的心目中，温州不仅是官员前往汇报的府城，学子博取功名的

①1998年修《泰顺县志》第八编，“农业”，第232、236页。

府级考场所在，也是经商之地，并是经此前往各地贸易的要津。乾隆五十四年（1789）泰顺罗阳溪里董氏重修家谱，第一卷第一页便是《温州府境全图》，透过图中大致正确的山脉、河流的走向和城镇的方位，以及有关宝塔、海防、海岛的清晰描述，看得出泰顺人对温州沿海的了解。除此之外，福建省福鼎县县城桐山镇是闽东北的重要港口，它距泰顺县界只有几十公里，是泰顺人通往中国沿海和世界的另一个通道。

早在两宋时期，泰顺的五里牌乡玉塔、百丈镇窑背、洪口乡碗窑等村已建窑制造瓷器。其中，玉塔古窑址群为北宋后期至南宋时期生产，已发现窑址10处，器物种类多种，青白瓷胎壁较薄，胎质细密坚硬，最为精致。明前期泰顺银矿的开采一度兴盛，由此引来数量众多的前来盗采的处州府的流民，官府不得不派兵镇压，成为泰顺设县的原因。甚至在建县以后，泰顺也常受私自盗采的“矿盗”的困扰。除采矿之外，明代泰顺还出产茶叶、蓝靛、葛布、苎布、土纸等物，崇祯《泰顺县志》将上述产品均列入“货属”。清朝康熙年间，来自福建汀州的移民开始在里光、司前一带发展较大规模的商品性土纸生产，并在洪口利用当地特有的陶土建窑烧碗，远销外地。此外，当地还有冶铁业、烧炭业、蓝靛种植业，它们的产品均销到外地。凡此表明，泰顺的商品生产和商品输出，在清朝康雍乾时期已有了一定的发展。

五口通商以后，我国被迫开放广州、厦门、福州、宁波、上海五个口岸。地处浙江最南部的泰顺几年后便感受到自福州吹入的洋风。我们曾在泰顺县下洪乡发现当地一位1929年逝世的老人的回忆录，回忆录中提到各类洋货传入泰顺的时间，其中时辰钟（时钟）于咸丰初（1851年为初年）、洋火（火柴）于同治初（1862年为初年）、煤油于同治年间，都已传入泰顺。1877年温州开埠，新成立的温州海关发布的第一份贸易报告虽然没有记载温州腹地各县的商品状况，但附有一张地图，说明温州各地的航运和出口商品的情况。据图，泰顺出产茶叶、生铁、白银等，产品主要通过百丈溪飞云江运到瑞安、温州等地。洋货的输入为数更多。

近代以来，飞云江水运日益繁盛，木船可自百丈口直下瑞安，再转温瑞塘河到达温州，船运始发地的百丈口发展为泰顺最重要的对外交通枢纽，而闽东北的福鼎桐山镇的贸易也日渐发展。在这种背景下，泰顺的商品生产规模得到扩大。

二、因地制宜，多种经营：山区商品经济的图像

由于自然地理条件的差异，泰顺各乡的出产并不相同。[①]

北部飞云江流域各乡林木资源丰富，盛产毛竹、木材、木炭、土纸、茶油、茶叶、陶瓷等商品，这些物资一般都从各支流顺流而下，集中到百丈转运。

土纸主要产于里光、岭北、黄坑等乡，这些地方的人在百丈镇上设有纸行，仅里光人设的纸行便有两三家。当时瑞安等地的工厂靠木炭发电，百丈有好几家经营木炭的炭行，外销量颇大。经营木行、竹行的老板，以景宁县东坑的人居多。

司前位于北部各乡竹木和土纸生产的中心，经营竹木是当地人的主要致富之道。当地富户陶铸、陶化龙兄弟，就是靠一边在瑞安经商，一边在山上种树，等树木长成后运到瑞安赚钱，才得以重兴家业的。

里光乡位于司前西北部，毛竹和杉树出产极丰。叶山、榅垟、上地三个自然村的百姓基本都靠山林谋生，里光溪将几个村庄连接在一起，竹木顺溪流而下，经过里光、台边，到了司前镇，再继续走水路运到百丈口，直抵瑞安。里光村则发展了土纸制造业，当地有许多造纸作坊，到土改时仍有10余家。里光村的罗氏和林氏都以善于经营土纸业而著

①以下各条资料，凡未注明者，均据笔者实地考察记录，部分可参见《走入中国的传统农村：浙江泰顺县历史文化的国际考察与研究》第四章有关各节。

名，林氏曾拥有7个作坊，最多时有100多名造纸工人。里光村的造纸工匠不仅来自泰顺，也来自平阳等外县。

竹里乡位于司前的北部，也有发达的土纸业。北境靠近景宁的石角坑是乡内土纸业的中心，而南境的何宅洋等村庄则多以务农为主。每到农闲季节，何宅洋等村庄的人到石角坑，将那里的土纸或者半成品纸挑到百丈。

罗阳镇北部的碑排、岭北二乡是泰顺县盛产竹木和土纸的另一个地区，竹木和土纸业在经济中占有重要地位。以岭北乡村尾村为例，虽然位于溪谷盆地，耕作条件稍好于其他村庄，但耕地依然不多，土改前连同陈家垟有100多户、400多人，只有耕地大约300亩，亩产不过二三百斤。水田大多为居住在县城或寿宁、景宁等县的地主所有，本地人或租田耕种，或帮工，贫农和雇农占了当地人口一半以上。土改前村中共有5家纸厂，至少需要20余个造纸师傅。村中经营土纸最好的一户人家姓潘，兄弟五人都经营花笺纸，纸张远销温州和上海。

竹子和杉木也是村尾村的主要商品。竹子主要销到县城罗阳等地，供制作晒谷的用具。杉木与竹子还远销温州，时有温州人到村中购买木材或毛竹，出资雇村民到山上背竹木，等到春天山溪涨水的季节，将外运的杉木或毛竹一根根放到溪流中，让它们顺水漂流到仙居，再转百丈镇出运。清明节过后，洪水开始发作，放排才停止。

在竹木资源相对缺乏的各乡，则发展其他的经营活动。如泰顺东部的筱村乡徐岙底村，半数家庭的经济收入依赖制籼（用来酿制米酒），而新浦乡吴宅收入主要靠养鸡、养羊、茶叶等。尤其是泰顺的南部，各乡虽然也有竹木出产，但总体来说远不如北部各乡，主要依靠外出从事各种手工工艺，以及茶叶种植和采矿业而谋生。

三魁的薛宅、张宅和秀溪边等村庄是泰顺著名的工匠之乡。无论在哪一个村，出外务工都是当地人的主要生活出路之一。据采访，在这些村庄，一般10个劳动力中，5个在家务农，另5个必须外出做工，做石匠、木匠、泥水匠，从事造房子、开山、造路、砌墙、造桥、建海塘等劳动，木匠还兼修造寺院。外出的地方，以福鼎、霞浦、福安、平阳这些靠近泰顺的县份为主。还必须指出，当时在泰顺绝大部分的村庄，外出做工都是农闲时候，而在薛宅、张宅和秀溪边，外出做工的人都不种田，家中的田地交给老人和妇女，或者请人帮忙，自己则一年到头务工，已成为脱离农业的专业工匠。

庵前村离三魁稍远，但情况也同于三魁各村。除了种田，外出务工，到福建的霞浦、福安、福鼎、寿宁、柘荣等县，做泥水匠、石匠和木匠，也是当地人的主要生活出路，这部分人大约占了本村劳动力的60%。他们通常采用亦工亦农的形式，农忙在家务农，农闲出去做工，一年中差不多有三分之二的时间在外地。一般情况是每年芒种的时候种下庄稼，此后便外出，等收割季节再回来。如果收割时赶上工程紧不能回来，就请在家的人帮忙收割。

类似三魁镇这种农村工匠外出劳动的情况，在泗溪镇、雪溪乡、龟湖镇一带都有存在。这些地方外出工匠人数未必有三魁那么多，且多以农闲为主，但农闲外出仍是解决生计的重要出路。例如泗溪前坪村无地少地的劳动力，大部分在家帮人种田，也有的农闲时到福鼎、霞浦一带，做弹棉花、竹器、木工等活。

雪溪乡桥西村的胡氏以拥有著名的古建筑胡氏大院而闻名泰顺，土改前桥西村的水田大部分属于住在胡氏大院的人家。此外，在周围各乡，北到刘宅，南到仕阳，东到积库，胡氏都有田地。除了来自地租方面的收入，制作并销售酿黄酒用的酒糟也是胡家的重要收入。酒糟不仅卖到本地，也卖到福建。卖酒糟赚了钱，再用来购买土地。当地农民以吃番薯丝为主，除务农外还到福建的宁德、建瓯、柘荣、福安一带做各种工匠。

雅阳镇百福岩村土改时全村有300多人，大多以种番薯为生。此外，农闲出外做工或当挑夫也是相当一部分人的生活出路。出外做工的人大约占全村劳动力的三分之一，主要做木匠、篾匠、泥石匠等。本村靠近福鼎县城，一般当天去，第二天晚上便可回村。走路快的甚至早上3点前起身，当天深夜便可回到村中。福鼎靠海，海鲜以及各种货物较多。本村挑夫主要到福鼎，将盐、海鲜、食品、布等货物挑到福州、罗阳等地，以赚取差价。

泰顺最南部的龟湖素以产矿著名，明清时期以产银为多。在龟湖靠近福建的崖壁上，分布着7个古代开采银矿留下的矿洞——“七门银洞”。据老人相告，龟湖的银洞其实还不止这七个。本地人讲起明清采矿的情景，都说鼎盛时期龟湖有“四千打银工，三千来往客”，来往客不仅指做生意的人，也指为矿工服务的人。不过，由于被采访者无法告知时间，已不知所说的盛况，是发生在明代还是清代。然而，温州开埠时海关发布的第一份贸易报告所附的地图，在泰顺境内明确标出出产生铁、白银的标志，有理由相信直到清中叶龟湖一带还有采矿活动。此后，龟湖矿业走向衰落，茶油和桐油的生产得以兴起，龟湖被称为泰顺的油库，而以茶油最为大宗。挑夫们将本地产的茶油挑到洪口、百丈，运销温州；或者挑到福鼎、桐山，供当地人造船。有的还挑到福建的白石和赛岐，转销福州。当他们返回时，再将各地的货物运回本地，供本村的商店销售。因此，做挑夫也是龟湖部分人的生活出路。

总的说来，在晚清民国时期，泰顺各乡利用山林资源和矿山资源，发展以杉木、毛竹、茶油、茶叶为主要产品的林业与林产品加工业，以及以土纸、陶瓷、薪炭、酒粬为主要产品的手工业，晚清时期在龟湖等地可能还有一定规模的采矿业。据浙江省战时物产调整处资料，当地还盛产龙须席、桐油、纸伞等产品，这些都是外销产品。

上述工农业产品，大部分行销于国内外市场。例如，以上提到的龙须席，便多销往温州下辖各县以及福建北部。泰顺盛产茶叶，抗日战争前，采制部分黄汤、银针、旗枪、白牡丹等名茶，销往上海、天津、香港、新加坡、马来亚等地。[①]当时外销茶叶因其箱装出口而被称为箱茶，此外，还有各种内销毛茶。泰顺也是浙江外销土纸的重要产地，1938—

①1998年修《泰顺县志》，第277～279页。

1939年度外销毛边纸、花笺纸、翁笺、棉纸、元纸等各类纸张2万余件，产值居温州首位，并是浙江重要产区。外销产品来自不同的地方，抗战爆发前民间流传“大安陶、洪口碗、司前纸、罗阳伞”一语，表明上述四个地方是这几种产品的生产中心。据以上若干乡的调查资料，木材、毛竹、薪炭也是泰顺的大宗外运商品。

如上所述，泰顺南部的三魁、泗溪、雪溪、龟湖等乡村民，都有农闲外出做石匠、木匠、泥水匠、篾匠、弹棉花、织蓑衣的习惯，这部分已成为当地农民的主要收入。有的地方，特别是三魁一带，工匠甚至终年在外，只有春节前后才在家，早已成为不务农耕的专业工匠。在浙江南部、福建北部甚至江西一带，泰顺工匠从事着修桥铺路建房的劳动，有的工匠以技术高超而闻名。[①]这些工匠在各地的劳动收入，无疑是他们家庭收入的重要甚至主要部分。

我们在各乡镇调查时，老人们每每提到当挑夫往往是民国时期农民农闲时的主要活动之一。在1958年公路修成以前，泰顺的陆路货运全靠人力肩挑，因此当挑夫成为贫穷农民的另一个收入来源，凡是开有商店或出产手工业与农业多种经营产品的乡村，必定要有若干挑夫，在农闲时候，将本地的出产运出去，将外地的货物运进来。挑夫们近程跋涉于县内乡间，远程则赴邻县。出去一趟，少则六七天，多则十来天。

还须指出，泰顺的很多挑夫并非只是单纯出卖劳动力的人，也是行走于各县的小商人。他们在将本地的货物挑到百丈镇、桐山镇等主要商品集散地之后，许多人还要购入这些地方的洋货、食盐、水产品，将之挑到寿宁、庆元、景宁、云和等比泰顺还要偏僻的山区县，出售之后再将这些县的香菇、笋干、纸等山货挑到泰顺或者瑞安、平阳等县出售，借以获取差价。这样的挑夫兼行商，出去一次往往要一个多月。我们在里光、庵前、三魁等地访谈时，了解到这些村庄都有类似的情况，可见

---

①笔者2002年在武义南部著名的古村落俞园考察时，当地老人告知，本村那些漂亮的古建筑，负责修建的木匠来自东阳，石匠来自泰顺。

挑夫兼行商是相当多的泰顺农民的谋生方式。

商品生产的发展，商品运销的兴盛，必然促使泰顺形成商业城镇。总的看来，泰顺县的对外货物交流，主要通过百丈、桐山两个商业城镇。

百丈位于泰顺东北，是泰顺北部的商业中心和交通枢纽。百丈口是县内飞云江木船航道的起点，泰顺至温州大路在此自陆路转为水路，上游各支流漂流而下的木排、竹筏在此汇合，重新整理以后顺流而下，土纸、茶叶、陶瓷、桐油等物产则通过人力挑运到此。[①]船工们将本地及邻县的土产运到瑞安和温州，再顺道捎回一些海鲜、盐和日用必需品。百丈口商业规模超过县城罗阳，食盐、水产品的批发和销售量约各占全县的70%左右，米店、肉店、布店、百货店的数量与罗阳并驾齐驱。镇上人口不多，2000余固定居民几乎都开店做生意和从事相关的服务业，是泰顺唯一的以商业为基本经济部门的建制镇。由于水运方便，邻近泰顺的景宁、庆元、寿宁、云和、龙泉等县的商人也将这些县的山货，运到百丈口再转温州，再将百丈进口的货物源源不断地运入自己的县。因此，百丈有“六县码头”之誉。据被采访者说，土改前百丈的生活水平居全县第一。由于生活水平高，百丈的姑娘嫁出去都要聘礼，嫁进来的就不用了。镇上开有钱庄，有电话，商店都使用煤气灯，开夜市。

抗战前后，沿海交通不畅，百丈更发展为浙南闽北边境的商业中心和交通枢纽，全国各地的货物通过温州、瑞安进入百丈，再运往浙南闽北各县。受此影响，交通路线经过的地方，例如泗溪南溪村和龟湖乡，商业均颇具规模。南溪村村中七八十户人家，有三四十户做生意谋生，其他人则多在农闲时帮人挑担。龟湖的店铺达到37间，销售各种货物，云和、景宁、青田等地都有商人到龟湖做买卖。

桐山镇是福鼎县城，虽然属于福建，但位置靠近泰顺，泰顺南部以三魁、雅阳、泗溪、仕阳、龟湖为中心的各乡，到桐山的距离近于到罗

①1998年修《泰顺县志》，第323～324页。

阳和百丈，商业联系主要倾向于桐山镇。这些乡销往外地的货物大多挑到桐山外运，而所需要的货物如煤油、肥皂、鱼、盐等主要从桐山镇挑来。受此影响，桐山商业日趋繁荣，而泰顺南部各乡的商业中心始终处于较小的规模，即使三魁、雅阳、泗溪等稍微大点的商业中心，一般也只有30余家店家。由于商业规模不大，南部地区的城镇无一超过北部的百丈镇和县城罗阳，甚至可以说连镇的样子都未形成。

总之，在近代的泰顺山区，拥有山林的利用毛竹造纸，将杉木、毛竹和土纸以及其他山林产品出售到外地，拥有矿物资源的发展采矿业或陶瓷业，缺乏山林和矿藏的依靠茶叶、茶油等出产，或者到外地充当工匠。还有相当一部分人农闲充当挑夫，通过肩挑、背扛、放排等形式，将本地货物运出。有的挑夫兼行商，穿行于浙南的崇山峻岭之间。以上这些经济活动，构成泰顺山区商品经济的大致图像。

三、多种经营在泰顺经济中的地位

仅仅描述综合经营的全景图像，显然是非常不够的，还需要依据可靠的数据，才能清楚泰顺经济的构成。

1998年修《泰顺县志》第十九编第二章“工人”，登载1947年县内工商业者的人数。抗战期间，浙江省内的部分学校、银行、企业及机关迁入泰顺避难，泰顺的工商业经济达到近代的高峰。抗战胜利后内迁的学校、银行、企业纷纷回迁，泰顺的工商业趋于衰落。尽管这样，1947年全县从事手工业、商业、运输业者仍有5249人。1950年全县乡村（不含罗阳镇）个体手工业者11817人；私营商店506家，经营者788人。[①]在这两个数据中，1950年泰顺已开始土改，对工商业的统计的准确程度要高于1947年。如果加上罗阳镇的可能人数，估计1950年全县个体手工业者应在12500—13000人，私营商店经营者在900人左右。泰顺在新旧

①1998年修《泰顺县志》，第504页。

政权更迭之际并未发生严重影响经济的稍大的战乱，估计1947年的工商业运输业人数不会比1950年有值得注意的增减。抗战期间是泰顺近代工商业发展的高峰时期，估计从事工商业的人数应超过1947年，可能会达到13000人以上。如按每个家庭2个就业人口计，则抗战前在手工业、商业和运输业方面就业的家庭，或可达六七千家。1940年6月泰顺县有46767户，估计全县每百户家庭，约有15户依赖手工业、商业和运输业（应该理解为专业挑夫）为生。

保存在浙江省图书馆的民国《泰顺县风俗志调查纲要》，提到全县职业人口的构成。据此资料，全县经常性职业人口中，农民约占70%，商人约占10%，土木及各种职业工人约占8%，其他职业者约占12%。依据这一数据，商人与各类工人合计占全县经常性职业人口的18%，还略高于以上的15%，因此工商业者占15%这一数据并不离谱，当然也反映18%这一比例离事实相差不远。《调查纲要》中的"其他职业者"，应该包括教师、官员、机关、军警人员和种种在服务业就业的人口，这部分占全部经常性就业人口的12%。后三部分相加，全县的经常性就业人口中，平均每百人约有70人是农民，另30人从事手工业、商业、运输业、服务业以及文教、行政、军警部门的工作。

占就业人口70%的农民，并非都依赖农业为生。而且，农忙务农，农闲务工或从事运输业（主要是当挑夫），也是泰顺农民的习惯。这部分人员在泰顺农民中占较高的比重，如三魁庵前村民国时几乎60%的家庭都有人农闲时外出做工，此外还有一些人农闲外出当挑夫，他们的收入主要都来自非农经济活动。这种主要依靠农业以外部门谋生的家庭，按照三魁的案例，估计占泰顺农村家庭总数的三分之一或者五分之二左右。如将这一估计数，与《调查纲要》中非农部门占全部经常性职业的30%数据相加，估计全县大部分家庭的主要收入都来自农业以外的经济活动。

即使纯粹的农业活动，主要收入也不是来自耕作业，而是来自竹木、茶叶、桐油、茶油等方面的经营活动。据统计，1939年泰顺县茶户总数8930家，已占全县总户数的19.10%。竹木、茶叶、桐油、茶油等方面的生产，固然可以纳入大农业的范围，其实已属于林业。而农闲时从事烧炭、土纸、制糊等活动的农民，也不可能列入《调查纲要》中“土木及各种职业工人”的统计范围。

考虑到上述各个方面，可以说，民国时期的泰顺，完全依赖纯粹的农业活动而维持生计的家庭，只占全部家庭总数的小部分，大部分的家庭都主要依赖农业以外的职业或者经营活动获取自己的经济收入。虽然全县人口中农民仍占70%，他们依然在耕种有限的耕地，但对于他们而言，农业的收入只构成全部经济收入的较小的一部分，他们的生计主要不依靠田地，而依靠山林以及其他种种经济活动。可以说泰顺的基本经济并非以农为主，而是包括农业、林业、手工业、商业、运输业在内的多种经济，而且农业的收入未必是第一位的。

泰顺经济的这一特点，至少在明清时期便已形成。它是泰顺人在山多田少、农耕条件有限的情况下，利用山区资源，因地制宜，发展生产的良性选择的结果。晚清开埠以后，商品生产规模进一步扩大，农业在经济中所占的地位不断下降，非农经济所占比重不断上升，成了经济中最重要的部分。

理解泰顺经济的这一特点，便好理解泰顺的古廊桥和古民居。

泰顺是中国著名的廊桥之乡，至今仍保存着多达20余座造型精美的古廊桥，其中的16座属于国家重点文物保护单位，而且绝大部分都是民间集资修建。泰顺还有随处可见的大片的古民居，其中的相当一部分建筑气派宏大、细部装饰讲究。泰顺的古廊桥和古民居，使人们想到，在土改以前的泰顺，各村毕竟还有一些人，盖得起华美的大房子，供得起子孙读书，并且还能为村庄或附近一再修建的桥梁、道路、寺庙、宗祠捐资捐物。

有的地方的造桥修路活动相当频繁。著名的北涧桥、溪东桥所在泗溪镇的下桥和白粉墙两村，从1671年始修北涧桥，到1849年，在178年间，对两桥的重修或重建活动达到平均每30年一次，最短的间隔时间只有20年。两村在土改时不过一千五六百人，古代人口数量应该更少，调查中得知明清时当地会有一些人比较有钱，但也远未达到巨富的程度。在这样的一个小地方，建造两座跨度大、桥屋高、造型精美的桥梁，要付出巨大的人力和物力，即使不是无法承受，至少也是沉重的负担。因此，村庄没有一定的经济基础，显然难以频繁造桥修桥，并将桥梁造得如此漂亮。

曾有人以为，泰顺遍地是石材和木材，本地又多石匠、木匠和泥水匠，人民乐意参与公益事业，有钱出钱，有力出力。因此，当地建造廊桥、祠堂的造价会比较低廉。于是，当地这些公共建筑的普及程度、修建次数和工艺水平，自会超越当地人的生活水平。上述看法，不无道理，应是泰顺有如此多的廊桥、祠堂以及公共建筑物的主要原因之一。然而，如果泰顺人是在生活水平较低的情况下建造廊桥，他们会将廊桥造得如此精美和讲究，而且精美讲究的廊桥又是如此之多吗?

古民居同样如此，如果有能力建造大房子的人家，在村中只占极少数，村庄的房屋就应当绝大多数是泥屋、小屋和破屋，华美的大屋子的数量就应当是少之又少。今天在古村落中成片保留的古民居，提醒我们当年这些村中居住华美大屋的人家并非少数，而我们也不能以为村民是普遍的贫困。

在泰顺这样的山区发展商品生产，首先要解决交通问题。根据1963年的民间交通调查，全县50多个中心村落共有主道路234条，计4321里，分布在各个乡镇，大部分都是明清民国时期所建。这些道路，除村子之间的小道有泥土路之外，绝大部分都用块石铺砌，一般宽1米到1.6米。这些交通道路，绝大部分都是民间修建的，修桥铺路成为民间行善事的主要方面。如果没有发展商品经济的需要，泰顺便不可能建成如此稠密和较高规格的交通网络，也难以形成将道路和村庄串联起来的如此众多和精美的桥梁。

同样是传统的农村社会，却因地理环境的差异造成经济的差异，经济的差异又导致其他方面的差异。或许，山林的阻隔，导致泰顺一方面没有田连千顷的大地主，绝大部分的家庭多少都拥有一点耕地和山园，可以获得维系家人生活所需的最低程度的粮食。另一方面，由于拥有丰富的山林资源和靠近沿海发达地区，人们可以投入农业以外的多种经营活动，借此获得自己的主要收入。许多家庭因而有所积蓄，可以将之用于家庭建房，也可以将之用于捐资造桥和其他的公共建筑，以及种种地方信仰和民俗活动。因此，这是个虽无巨富，也少赤贫的山林世界。数百年来泰顺人就在这样的环境中，过着自己年复一年的生活。

第二节　官不下县：泰顺农村的地域社会结构

历代王朝对各地的行政管理，基本上通过自上而下的垂直的行政系统来进行，而这一行政系统官员的配置往往只到县一级。县以下的地域社会的运转，自有其与行政管理系统颇为不同的社会体系，因此也不能从行政系统来加以理解。笔者根据泰顺调查的资料，以为县以下主要依靠地域社会结构实行自治。按层次而言，县以下是地方，地方之下是村庄，村庄由一个或数个家族所组成，家族、村庄、地方、县，构成农村地域社会结构中层层相扣的四个层次。尽管汉族农村尤其是南方农村都存在着“官不下县”这种现象，但泰顺因其家族发育已久，家族文化相当兴盛，地方主义也有一定发育，地域社会系统有其完整而独特的特点，构成泰顺的政治生态系统，值得在此说明。

一、家族

社会由人所组成，人生活在家庭之中，血缘家庭的上下左右构成家族。因此，家族是地域社会的第一层次，是地域社会结构的基础。凡是移民迁入较早，开发历史较久，并且较少经历过战乱的地方，家族组织就比较发达，反之则不发达。笔者在浙江考察时，注意到浙江北部由于经历过太平天国战乱，今天的居民相当部分是战乱以后才迁入的，家族组织便不如浙江中部和南部发达。

泰顺家族众多，历史悠久经济文化发达的大族，据泰顺方志《分疆录》作者林鹗的看法，共有18个，此后泰顺便有“十八大族”之说。书载：唐宋时期“前后入山著籍者凡十八大姓：义翔乡如莒冈夏、库村吴、包坑包阳包、箬阳毛、池村池、大住左窟方、罗峰董及宋、南阳江、仙居木棉徐、葛阳陶，归仁乡如夹屿大安归岩张、筱村四溪林、陈阳陈、夹屿章峰蔡、东溪曾、叶屿洋叶、周边周。开山立业至今八九百年，子孙尚多聚族而居”。南宋以后，这些家族经济实力雄厚，教育水平高，人才辈出，“山中土著遂多为瑞平世家巨族矣”。①其中的若干家族，如库村的吴氏和包氏、箬阳的毛氏、泗溪的林氏、罗阳的董氏、章峰的蔡氏、仙居木棉的徐氏、池村的池氏，龟岩大安的张氏，不仅“登甲科者既不乏人，即由诸科及恩荫出任者亦夥”。②

泰顺家族组织发达的第一个表现，是各村庄凡稍具规模和历史的家族，绝大多数都编有数部家谱，少数迁入较晚的家族至少编有一部家谱。

在古代的泰顺人看来，家谱的作用在于摆正尊卑，分清长幼亲疏，尊敬祖先，团结族人，因此，“家之有谱，等于国之有史”。如果没有家谱，一旦族内人口众多，或者乱离之后，族人将互不认识，视同路人。而且，家谱是家族当时的人口、经济、社会关系的如实记载，生卒有书，坟墓有书，仕进有书，品行有书，族规族约有书，这些记载也有益于风俗人心。

---

①林鹗纂辑：《分疆录》，光绪四年刊本。

②《分疆录》，卷5“选举上”。林鹗所说与我们调查时查阅家谱所获得的印象，略有差异，详可见吴松弟、刘杰主编：《走入中国的传统农村：浙江泰顺县历史文化的国际考察与研究》，齐鲁书社2009年版，第三章第一节（祁刚撰）。另外，池村即司前的池姓后为陶氏所取代，不再是当地的显族。

泰顺的家谱，一般是基于上述这种认识而编纂。因此，多用来记载家族的历史，包括历代祖先的名字，始迁祖和那些为家族赢得名声或做出贡献的祖先的故事，家族的公共财产以及宗亲在各地的分布状况。任何一个家族，一旦条件成熟，便要编纂家谱。

家谱的开始编纂往往与家族人口、功名和经济条件有关。一般说来，一个家族迁入某个村庄，如果时间达一二百年，繁衍到一定的人口数量，稍具经济实力，且有一二位族人考中功名，这个家族就要开始编纂家谱。

笔者曾考察泰顺18个村庄的24个家族，在家族迁入、始得功名、首次编纂家谱和首次修建祠堂的时间。第1项（家族迁入）、第2项（始得功名）都有资料的家族共有18个。这些家族始得功名或捐资得官的时间，9个家族在迁入百年以上，3个家族在迁入近200年以上，2个家族在迁入三四百年间，共占了18个家族的78%。只有22%的家族，主要因从县内邻近地区迁入，迁入前已有具有较好的经济文化水平甚至已经科举成功，迁入不久即取得科举成功。

第2项（始得功名）和第3项（首次编纂家谱）都有的也是18个家族，除其中的一个家族在子弟考入县学之后的一百多年始修宗谱，另一个家族先修谱后取得功名之外，占总数89%的16个家族，都是在获得功名不久就首次编家谱。

我们在各地的考察中，看到迁入较早的家族，大多从明代或清初开始修谱，至少修过三四个谱。一些迁入较早的家族，据说宋代就已开始修谱，此后多次修谱。例如，三魁张宅的张氏，据张天祐《历世修谱纪年》，北宋建隆辛酉年（961）开始修家谱，熙宁丁巳年（1077）再修，此后的淳熙辛丑年（1181）、景定辛酉年（1261）、咸淳辛未年（1271）都曾重修。入元以后，由于宋代修的家谱毁于兵火，至元丁丑年（1337）再修，此后明永乐丙申年（1416）、成化丙申年（1476）、嘉靖辛卯年（1531）、万历庚辰年（1580）、清康熙丁丑年（1697）、康熙庚子年（1720）、乾隆甲寅年（1794）、道光戊子年（1828）、宣统辛亥年（1911），又几次重修。前后重修达15次之多，其中的万历谱、康熙丁丑谱、乾隆谱和宣统谱共4个谱至今仍存。三魁的另一个大姓是薛氏，薛氏很早开始编纂家谱，第23世薛六言《重整宗谱引》谓“前谱宋元间两遭兵火，残毁已甚”，故明弘治乙卯（1495）修谱。此后又多次重修，至今有乾隆十八年（1753）、光绪廿八年（1902）、1938年等年份所修的家谱存世。

有的家族尽管较晚迁入，但也编过多部家谱。例如季氏始迁祖季茂龄于明朝正德十三年（1518）由青田梅歧迁入泰顺雅阳附近的大坪后湾，清康熙十八年（1679）季德重、季德立兄弟再迁入塔头底，成为塔头底季氏的始迁祖。塔头底季氏今亦有乾隆五十九年（1794）和嘉庆十二年（1807）修的两本《季氏家乘》存世。

总的看来，各家族自开始编纂家谱之后，一般每过几十年，最多百余年便在原有家谱的基础上续修、再修或者重修，从而形成具有完整时间序列的家谱。

凡稍具规模和历史的家族，或一村或数村，都建有自己家族的祠堂，并有在祠堂中祭祖的活动，这是泰顺家族组织发达的第二个表现。

泰顺的绝大部分的家族，在编纂首部家谱之后，接着便要创建祠堂。在笔者考察过的18个村庄的24个家族中，可以查到首次编纂家谱的时间和首次修建祠堂的时间的家族共有18个，除仙居张氏和塔头底季氏等少数家族，先修祠堂再修家谱之外，其余都是先修家谱，然后再修祠堂。这种情况，又分三种类型。一类是修家谱之后过了十余年最多二三十年便创建祠堂；一类是虽然先编家谱后建祠堂但两个时间相差不大，几乎同时进行；还有一类是编家谱之后大约过了一百余年甚至二三百年再创建祠堂。第三类的家族或从邻近村庄迁入，或从邻县迁入，在建祠堂之前可以前往迁出地的祠堂祭祖，这一点或许是他们先修家谱，然后过了很长时间再建祠堂的主要原因。

从库村吴氏、库村包氏以及上交垟曾氏的情况来看，一些家族在迁入不久，可能首先利用当地寺庙或家族公共活动的大厅安放祖先牌位，并进行祭祖活动。以后随着家族人口的增多，原来的场所无法容纳新增加的神位，或需要进行更大规模的祭祀活动时，创建正式祠堂的要求便随之产生。

泰顺农村可以说无姓无祠堂，无村无祠堂。按照一家家谱所说：“泰虽僻处山陬，三家之村，必有祠堂，而野老樵夫，类能言其十世以上祖，风至古也。”各村因漂亮和气派而引人注目的传统建筑物，几乎都有祠堂。如果是杂姓村，村中往往有数座祠堂。祠堂中供奉祖先的牌位，不仅有整个家族的始迁祖，也有其子孙，即该家族各个分支的祖先。那些后来去世的人的牌位，也可以放在祠堂中。祠堂是家族领袖议事和某些公共活动的场所，也是每年祭祀祖先的场所。

泰顺无姓不祭祖，有的一年几次，形式多样，但对各姓来说最隆重的莫过于中元节（农历七月十五日）或前后数日举行的祠堂内的祭祖活动。根据老人的回忆，祠堂祭祖时除族人都要参加外，也有邻近县市的同姓族人，以及嫁出去的本族女儿的夫婿前来参加。祠堂祭祖都要延请道士来做法事，既隆重又热闹。祭祖的持续时间，短的一二天，长的可达七天七夜。

各村凡修有家谱、建有祠堂的家族，1949年以前一般都有族长、族田和族学，这是泰顺家族组织发达的第三个表现。大多数村庄都设有族长，由族中有文化、有威信、较富裕、会办事的人来担任。少数家族虽然没有族长，但如族里有事，便推有文化且能说会道的人出面处理。各家族的族田数量有多有少，一般雇人耕种，用田租支付家族办学校的费用和教师薪资，以及祭祖的费用。如果祭祖需要的费用仅用族田的收入还不够，不足部分再按人口平均摊派。族学，有的称私塾，有的称学校，有的称书院，主要供本家族的子弟免费读书。族学一般不收外族子弟，少量外姓子弟如要入学，需要交一定的费用，如筱村镇东垟村的林氏规定他姓子弟如要进入林氏书院读书，每人每月需交2斤大米。

总之，泰顺各地在1950年土改以前，族长是家族的领袖，族人团结在族长或有影响的人的周围，形成血缘团体。家谱记载各个血缘团体的历史和大事及内部约法，祭祖用来追念共同的祖先以达到团结家族的目的，族田用来支持家族的公共活动，族学用以培育家族学生，祠堂则是家族重大活动的主要场所。这种血缘团体——家族，构成泰顺地域社会的最基本的层面。

二、村庄

泰顺的村庄，一些是单姓村，即某一姓氏占了人口的绝大多数，其他姓人口较少。在这种单姓村，家族的政治经济就是村庄的政治经济，家族的利益就是村庄的利益。另有一些村庄是双姓村，即一个村庄中有两个大姓，各在人口中占相当的比重，此外还有一些人口不多的姓氏。还有一些村庄是杂姓村，即拥有多个姓氏，而各姓在人口中都不占有特别大的优势。在双姓村或杂姓村，各姓围绕着土地、水源、山林、道路等资源，难免要发生利益争夺。

新浦乡库村位于泰顺的东北部，主要由吴姓和包姓所组成，两姓都在唐末迁入，随着人口繁衍子孙再分居各地，村中至今仍保留着始迁祖以及前面几代祖先的坟墓，并且各自的家谱都记载着始迁祖迁来时当地的情况。然而，两个家族的家谱中有关村庄早期历史的记载差别甚大。吴氏家谱提到迁入时，当地已有姓卓的居民，并将其衍化为村庄的保护神。而在包氏的家谱中，强调自己是最早迁入的家族，并不提卓姓。我们要解读两姓家谱记载村庄历史的差异，恐怕只能从资源争夺方面来理解。

历史上的吴、包两姓尽管长期和睦相处，但在广度寺的寺产问题上却曾有过冲突。广度寺原名瑞峰院，是泰顺较早建立的佛寺，始建于后唐同光元年（923），北宋大中祥符九年（1016）请额易名。在包、吴两姓的家谱中，都用一定篇幅，记载广度寺靠自己家族建立并供养的关系。包氏家谱说："余三世祖文朴瞿公舍故宅立为瑞峰精舍，奉始祖县尹公像，割亩以供岁荐。"[①] 吴氏家谱却认为：后唐同光元年（923），泰

①同治《库村丹阳包氏柏四房家乘》，第9卷"旧迹"。

顺吴氏始迁祖吴畦之子吴彖、吴承两人，“舍基田建创其院并祠，诛茅辟土”，并捐田地和山林以供养寺庙。[①]总之，包、吴两姓都将广度寺视为本家族的家庙，供养之，并在庙中建立自己开基祖的神位，后来家庙演化成各自的祠堂。

透过家谱提供的线索，或许可以推测双方争执的来源。两姓在迁入库村的前期阶段可能都将自己祖先的牌位安放在寺院中，并进行一定的祭祀活动。此后为了控制寺院的产权，两族发生冲突。两姓对寺庙的争夺在明朝嘉靖年间达到高峰，双方既争夺寺庙，又争夺寺庙属下的山林，最后双方对簿公堂。

在泰顺的其他双姓村或者多姓村，也有类似于库村那样的不同姓氏之间的冲突。然而，就解决冲突的方式而言，各姓或各村很少选择械斗，而是选择打官司的方式。仙居乡仙居村在清道光年间村中大姓张氏与另一姓徐氏为祠堂事发生纠纷，诉之于衙门，张姓败，张氏官员多人被同时革职，也是一例。有时，在处理与另一姓的关系时，还会采取较打官司缓和的方式。泗溪南坪村苏氏在造祠堂时与同村张氏发生冲突，就采用了较为缓和的方式。苏氏在准备造祠堂时发现如果位置靠外一点，风水会更好一些。但外面是张姓的地，无论价格多高，张氏都拒绝将地售与苏氏，苏氏只好将祠堂后退，盖在自己的地里。

同村各家族处理族际冲突很少采用械斗的方式，表明各姓对超越家族的同村利益的认同与不同家族之间和平共处的愿望。诸姓共居于一个村庄之中，难免会发生冲突。然而，对于各姓而言，冲突是次要的一面，和平共处才是主要的一面，否则，哪一姓都不能过安宁的日子。一部村庄的历史，就是各姓长期和平共处，又偶有冲突的历史，各姓在此基础上形成作为他们共同家园的村庄的认识。库村就是如此。包、吴两姓保持着一定的通婚关系，两姓的文人互相来往，宋代两姓的文人共同创建三友洞和锦绣谷，一起在这里吟诗作文，就是此村历史上的一段佳

①雍正《库村吴氏宗谱》,《家谱地图》卷6“瑞峰院志”。

话。民国时库村除各姓供本族子弟读书的族学之外，还有吴、包二姓创办的供各姓读书的漈头小学。以上提到的仙居村的张、徐两姓，泗溪前坪的张、苏两姓，在大部分时间中都友好相处，也是一个证明。

此外，村中各姓在兴建寺庙、学校教育、文娱演出等方面，大多会采取合作的行动。例如，司前镇里光村供奉马仙姑的庙宇马仙宫，就是村中的三个家族共同兴建的，三姓还合作建立了供奉文昌帝君并让子弟在其中读书的文昌阁。马仙宫在每逢过年和马仙姑过生日时都要演木偶戏，演出的费用也由各姓轮流负担。

正由于各家族和平相处，才能形成完整的可以一致对外的单位村庄，才构成泰顺农村地域社会的第二层次。

三、地方

本章所说的地方，是指由地域相连的几个村庄所组成，彼此保持较多联系的社会空间。这种社会空间，通过共同参与道路、桥梁与跨村水利设施的修建，大致相同的宗教信仰，密切的婚姻往来，经常性的文化活动，以及在同一个商业中心做买卖等种种经济文化联系而形成，内部具有一定的共同利益。几个保持着比较密切的经济文化联系并具有共同的地域利益的村庄，就构成一个地方。

泰顺道路众多，河流纵横，河流上建有数十百计的桥梁，尤以美丽而独特的廊桥而出名。这些道路与桥梁，除少数由政府出资兴建之外，绝大部分都是百姓出资兴建的。这些道路和桥梁的兴建，是当地形成“地方”的一个体现。

以桥梁而言，出资出力的百姓，有的居住在桥梁两侧的村庄，有的居住地虽然离桥梁较远，但必须经过这个桥梁才能通向某个重要的贸易中心。因此，这个桥梁便成为联结若干个村庄的纽带，这些村庄的人都愿意为桥梁的修建出资出力。按照1998年修《泰顺县志》主编施明达先生的看法，各地修造廊桥时的捐资者虽然来自各地，但无关的地方不会捐，主要是本地人，外地人不多。[1]换言之，对廊桥的共同需要，是各村庄慷慨解囊的主要原因，该廊桥所在的村庄和经常走该廊桥的附近村庄，共同构成一个地方。

各地的寺庙和廊桥上的神龛在修建时往往也会得到资助，这些资助也大多来自同样的社会空间，即地方。泗溪镇上有一座著名的廊桥溪东桥，造于清乾隆年间，道光年间曾经翻修。桥梁廊屋内神龛旁边的上方木柱上当年墨书的捐款人的名字、捐献的银两数目，以及他们所住的村庄名字，至今仍可见。根据这些文字，修建神龛的捐款人，来自本境（今泗溪镇）以及附近的玉岩、秀涧、翁山、军路洋、石门、金竹坑、梨丘洋、三门洋等村庄。这些地名，除两个有待查明，都分布在汇流于泗溪的东、南、西、北四条小河流所在的流域。这些村庄要前往比较靠近的商业中心，主要是福建省福鼎县城桐山镇或泰顺县城罗阳镇，以及县内的绝大部分地方，大多要经过泗溪。泗溪镇以及东溪、南溪、西溪和北溪四条小河流流经的村庄，因处于同一个流域和小盆地，保持着密切的交通和经济文化的联系，已构成一个地方。

泰顺是浙南闽北的诸河之源，有着众多的小流域以及与之空间范围接近的小盆地。受这种小流域和小盆地的限制，每个小盆地内地理位置比较优越的地点都会形成一个商业中心，有的是镇，有的只是稍大的村庄。这些商业中心，成为小流域内部各村庄百姓购销货物的场所，有的还因此发展成小流域的经济和文化中心，并将自己的影响送达周围的各村庄。这种小流域、小盆地，像泗溪流域一样，也是区域内部具有一定的经济文化联系，并拥有商业中心的地方。

血缘与文化上的联系也是若干个村庄结成地方的重要因素。泰顺各村庄的人口，都是始迁祖迁入泰顺以后，随着人口的增加，后代不断外迁的结果，邻近村庄的血缘上的联系，会促使共同的地方感的形成。

泰顺的人口主要来自浙南闽北的移民，由于移民出发地的不同，县

① 据2006年7月30日笔者与研究生董枫向施明达先生请教时的记录。

内语言五花八门，有接近浙江南部的丽水、瑞安、苍南等县和福建的南部、西南部、北部和东部的多种方言，还有一定人数的畲族。移民来源的不同和地域上的相对阻隔，导致县内各地的语言与社会风俗有一定的区别，因此语言和文化的异同是促使地方形成的另一个因素。

1952年前东北部新浦乡库村的人做生意多不到西面的筱村镇，而到村庄东北面文成县的东湾坑，库村话同于东湾坑而不同于筱村镇是其中的一个重要原因。泰顺南部的人不仅做生意不到北部的县城，甚至孩子读书也宁可送到邻近的福鼎县，除了距离上的原因，语言不通是另一个重要因素。

筱村玉溪一带的乡民都敬奉徐三大翁，出于共同崇拜的需要，清朝嘉庆年间玉溪上下游的柏树、岩头、徐岙、东洋下、东洋上、长洋、东岙等村庄共同出资，在三村交界处修建大翁宫，重塑神像，并一致同意共同维护玉溪平安。他们称自己为“玉溪七堡”，并在大翁宫内墨书纪念。此“玉溪七堡”，应也具有地方的意义。①

鹤巢宫是鹤巢乡12井（村）共有的地方性神庙。民国时司前镇里光村马仙宫的香火甚旺，周围几村的人都过来烧香。木偶戏是泰顺百姓喜闻乐见的艺术表演形式，上演时周围数村的人都前来观看。这种基于信仰和文化的联系，也会促成地方的形成。

从泰顺的情况来看，地方的空间范围最接近于某一较小的商业村镇的联系范围，范围大，地方的范围也大，反之则小。但总的看来由于群山的阻隔，泰顺地方的范围大多不大，如与明清时期设立的都图的空间范围比较，少数大的地方（如泗溪）相当于都，大多数的地方则比较小，相当于都下所管的图，甚至只相当于图下所管的某几个里甲。不过，这方面的具体状况，还有待于进一步的研究。

历朝建立的垂直行政管理系统都只到县一级，在县以下不再设行政机构，任命职官。尽管如此，在县以下仍有其基层单位。以明代的泰顺

---

①据玉溪大翁宫内至今犹悬挂着的“玉溪七堡”墨书。

为例，附城曰隅，在乡曰都，都下设图，图下设里甲，凡出丁粮多者为里，少者为甲，里甲下管村，层次不少。但据研究，诸多层次中只有里甲是由政府统一设置的基层组织单位，其他的层次只是习惯上的地理单元，并无行政组织，也不具有行政管理职能。崇祯《泰顺县志》说里甲在泰顺的作用，“旧例，每里丁田六百亩，丁粮多者为里，少者为甲”；每个里（甲）设里长（甲长）10名，由田地多的富户轮流担任，“十年挨轮一周，专以催征钱粮，勾摄公事”。[①]所谓的“催征钱粮”，指的是各里的钱粮先由里长催征，再汇集到粮长、解户收纳解送；而“勾摄公事”，指承接县政府的各项行政指令，执行县衙门交办的各项任务，包括拘捕罪犯等。此外，里甲还承担编制征派赋役的黄册、管束里民、维持治安等任务。因此，它是明代编发赋役和基层治理的基本单位，是县级地方政府各项政务的立脚点。

然而，里长和甲长毕竟不是行政官员，只不过是由富户担任的职役而已，即使属于县以下的基层单位，也不属于由政府派遣官员担任领导的垂直行政管理系统，而是具有民间自治的性质。在泰顺这种山区，规定每丁田600亩左右组成一里甲，这种里甲既不具有行政管理组织必具的空间范围，也不具有人口的数量，其主要作为“催征钱粮，勾摄公事”的职役的性质一目了然。这种由地方人士担任里长甲长，且主要承担催征钱粮和执行县衙下达的任务的基层单位，未必会取代或摧毁通过一定的政治经济利益凝结成的，作为地域社会结构第三层次的“地方”，甚至可能会相辅相成，共同维持地域社会的运转。

四、县

县是中国出现最早而又维持时间最长的行政区划。县以上的行政区划已经历了多次重要的变化，后起的不断地代替原先的行政区划，郡、

①崇祯《泰顺县志》，卷3“赋役·正役”。

府、州、道、路、军、厅这些不同时期存在的行政区划，都先后消失，只有元代正式推行的省和战国较多出现的县长期维持下来。县尤其处于超稳定的状态，自出现以后历二千余年而未变，除了某些未使用中原行政区划制度的边疆地区，县始终处于历代王朝自上而下管理国家的行政区划制度的最下一层。由于县的首长由政府任命，县以下基本实行自治，县便成为国家行政体制的最下一级、地域社会结构的最上一层。县的超稳定，是由于它始终作为最底层的行政区划单位，朝廷通过县直接统治广大的百姓，需要保持稳定。

县官作为一县之长，是中央和地方利益的交织点。一方面，他作为朝廷最下一层的官员，管理地方，处理地方事物，要对上一级行政机构乃至中央负责。而且，县官由上级部门任命，只有取得上级首长的信任和好感，才能坐稳自己的位置并再升迁，如果违抗命令或得罪上级，不仅于仕途不利，可能还会带来灾祸。另一方面，作为最下一级的亲民官，县官又必须取得县内百姓的支持，不伤害至少不过分伤害百姓的利益，境内才不致产生动乱，才能为升迁准备有时多少需要一点的来自百姓的清誉。因此，在与上级政府打交道时，县官又必须成为本县的利益代表者，县官个人直接影响农村的稳定和发展。正是这种双重身份，使县一级成为地方与国家利益的交织点和冲突点，县官成为各级行政长官中最难担任的官员。

关于县作为农村地域社会的第四个层次，如何成为国家利益和地方利益的交结点和冲突点的问题，除需要探讨县官本人的行为之外，还需要从法律、税收、官员选派、区域政策等诸多方面加以研究。由于我们的调查重在乡村，未曾关注上述问题。然而，泰顺的建县背景却已使我们看到国家与地方利益的交集和冲突。

泰顺是浙南闽北开发较晚的山区。直到明朝前期，泰顺境内仍有相当多地区属于深山老林，开发有限。由于这一原因，明朝初年泰顺还没有建县，而是属于瑞安县最西部的义翔乡和平阳县最西部的归仁乡。明初，外地移民源源不断地迁入境内，从事垦种、采矿等多种经济活动。

尤其是采矿活动，虽然朝廷一再下达封禁令，但活动在浙闽边界的矿工仍然“聚而不散”。朝廷派军队镇压，最后夺取矿工武装较长时间占领的罗阳镇，并在邻近罗阳的寿宁县境的官台山将之镇压下去。在镇压了矿工之后，明朝为了确立对这一片山区的统治，于景泰三年（1452）在浙江南部山区建立泰顺、云和、景宁、宣平四县，景泰六年（1455）又于福建北部建立寿宁县。

这些县的建立，标志着明朝在浙南闽北山区建立了较前稠密的统治网络。以泰顺而言，它不再是以前的瑞安、平阳两县的西部边缘，离两县县城较远的政府统治薄弱的一些散漫的地方。它是新建立的作为垂直行政管理体系的最底层的县，中央通过县可以便捷地统治到地方，通过地方统治到村庄，再通过村庄统治到家族以及其中的每个人。如果没有县的建立，这种统治的有效性就要大打折扣。

据顾炎武《天下郡国利病书》的有关记载，明代位于东南沿海山区的福建永定、永安、漳平、平和、诏安、宁洋、大田等县，广东的大埔县、博罗县，以及江西的长宁县等山区县的设置，均在平定叛乱之后。这些县的建立经过，和泰顺大同小异，都有着人口增多、山区开发扩大、乱象出现、军队镇压、设立新县这样的过程。显然，地区开发的过程，就是原有统治秩序被搅乱的过程，在实行高度专制且对政治稳定十分敏感，而且又压抑民间工商业的明代前期，统治秩序的被搅乱往往被无限放大，于是导致军事镇压，军事镇压之后建立新县。经济开发是地方利益之所在，而搅乱了原有秩序则又影响了国家利益。这些县的建立过程告诉我们，当地方利益与中央政策发生冲突时，为了维持国家利益，中央会派兵镇压地方，镇压之后再重建地方秩序，建立中央利益与地方利益的新的平衡点。因此，县的建立，既是明代在东南新开发地区加强统治的标志，也是在这种地区寻找更有效的地方利益与国家利益平衡点的标志。

朝廷首先考虑的是国家利益，其次才是地方利益。这一点，在泰顺县城的选定上有明显的体现。泰顺县城罗阳镇在建县之前名“罗洋”，因拥有重要的交通位置和战略地位，被称为“三州六县之咽喉，险阻之枢轴处”[①]。在后来属于泰顺县北半部的瑞安县义翔乡的范围内，自罗阳东出，可进入早期的飞云江航路；自罗阳东出再折北行进入东坑，可到后来的景宁县城；如自罗阳西出，则可到达后来的寿宁县。在明朝建县前的一二十年，罗阳一直是外地矿工武装进进出出的地方，波及浙南闽北山区的邓茂七、叶宗矿工队伍更以罗阳为固守的据点。由于这样的原因，当明朝将领孙原贞平定叛乱之后，便选定罗阳为泰顺县城。

选罗阳为县城，不仅是防止在这里再出现动乱的需要，更是控制浙南闽北广大山区的需要。泰顺、景宁、云和、寿宁、宣平浙南闽北的五县，都是孙原贞平定矿工武装之后设立的，这五个县除宣平位于丽水县境之北，其他四县疆境相连，形成自北向南、横穿浙闽省境的纵向带状地域。在这一带状地域中，罗阳虽然位置并不居中，却是自浙江南部进入福建北部的必经之地，也是矿工武装最后顽抗的聚落，平定浙南闽北的孙原贞不可能不清楚罗阳在控制这一带状区域中的战略地位。

尽管罗阳在浙南闽北拥有重要的战略位置，但设县城于此对管理全县而言却非优良之地。罗阳偏在县境的西北角，而一般说来县城的理想位置应在县境的中心点，或者经济比较发达的地区。位于县境的中心点，可以使到达县境各地的路程相对平均，有效地传达信息和行政管理。同时，中心点往往是县域交通的汇合点，县城位于中心位置便于商业贸易。泰顺县域在1958年公路修成以前，没有形成商业腹地覆盖全县绝大部分地区的商业中心，最大的商业中心百丈口的商业腹地除抗战时的短暂时间之外大都局限于飞云江流域，而罗阳只是飞云江流域的第二商业中心。泰顺南部主要与福鼎县城桐山发生货物往来，罗阳不仅商业

---

①熊相：《泰顺县建置沿革记》，见吴明哲编：《温州历代碑刻二集》下，上海社会科学院出版社2006年版，第1201页。

上对它们的影响力有限，文化上也缺乏吸引力。[①]除水系和移民的原因之外，县城偏居一隅无疑是主要的原因之一。显然，统治者基于政治原因而不是基于经济原因选定县城，妨碍了泰顺境内形成强大的商业中心，不利于区域经济的发展。在县城位置的确定上，反映了在地方利益和国家利益发生冲突时，往往是国家利益首先得到考虑。

第三节　人群与文化

泰顺县位于浙江省的最南部、温州市的西面，过了县界便是福建省。今天的泰顺，正以其独特的地域文化而引人注目。这些地域文化，包括古代兴建的廊桥，我国这种样式的廊桥主要分布在浙江丽水以南、福建闽江以北，而以泰顺最多；兼有南北方特点的明清民居，传统的石砌古道，高超的传统砌石技术，风行数百年的提线木偶，几乎村村都有的旧家谱、祠堂，山乡仍然可见的传统的生活习俗，以及当地人不得不讲的外地人难懂的多种多样的方言。

泰顺是浙江和福建两省最后开发的几个县之一，原先生活在本地的越族以及来自浙南闽北各地的移民完成了泰顺的开发，形成了既是浙闽文化的有机组成部分但又具有自己特色的地域文化。要了解泰顺地域文化的形成，必须要了解浙闽开发的状况，而研究这样一个独具特色的县，或许有助于了解区域开发与地域文化的形成机制。

①吴松弟、刘杰主编：《走入中国的传统农村：浙江泰顺县历史文化的国际考察与研究》，第二章第七节、第八节（均吴松弟撰），齐鲁书社2009年版。

一、各地对泰顺的移民

自秦汉以来，中国南方各区域开发的一个强大的动力，来自北方人口以及他们携带的比较先进的经济文化的南迁。受此影响，南方开发大致体现出自北向南推进的趋势。在浙闽两省，浙江的开发要早于福建，而在浙江，如将清代的温州、处州、台州三府算作浙南的话，则浙南的开发又要晚于浙江的其他地区。浙南福建长期地广人稀，此后的开发主要是在外来移民的迁入下实现的。

今温州市的沿海各县永嘉、瑞安、平阳、乐清在公元4世纪的东晋都已建立，而山区县份泰顺、文成和海岛县洞头要到公元15世纪以后才陆续建立，比平原各县建县整整晚了一千多年。当然，这不是说建县以前泰顺无人居住，但县的建立往往可以看作区域开发完成或接近完成的一个标志。说泰顺完成开发的时间比沿海平原整整晚了一千多年，一点都不为过。由于这一原因，自宋代开始，来自福建、浙江等地的移民，陆续向泰顺山区迁移。明代邓茂七、叶宗留为首的矿工的迁入，明清时期福建主要种植番薯、烟草、蓝靛，烧炭、土纸制造的人群的迁移，更使外地对泰顺的移民达到高潮。明景泰三年（1452）泰顺及相邻几县同时建县，表明外地对浙南闽北山区的移民仍在深入进行中。到了19世纪70年代的清代同治、光绪年间，泰顺县已出现人多田少的现象，每年外出做工的工匠人数甚多。

1998年完成编纂并出版的《泰顺县志》第四编第二章第二节和第三章第一节，依据全县家谱和户口册，记载了全县人口达千人以上且有谱牒可稽的汉族和畲族的55个姓的迁移源流。对比我们在泰顺县20余个村庄的访谈和家谱调查，笔者认为新修县志的这些记载并非无根之谈，可以作为研究泰顺移民的基本资料。现依此制成表5.1和表5.2，用来反映泰顺历史上的移民迁入情况。

表5.1　移民始迁祖迁入泰顺的时间

迁入时间	唐代	五代	宋代	元代	明代	（建县前）	（建县后）	清代	（清初和康熙）
迁入数量	11	3	15	6	42	（25）	（17）	61	（44）
占138位的百分比	8	2.2	10.9	4.3	30.4	（18.1）	（12.3）	44.2	（31.9）

注：已知迁入时代的始迁祖为138位。

表5.2　移民始迁祖的迁出地

迁出地	北方	浙北	处州府	温州府	福宁府	汀州府	泉州府和兴化府
始迁祖数量	2	8	39	44	23	14	4
占134位的百分比	1.5	6.0	29.1	32.8	17.2	10.4	3.0

注：已知迁入时代的始迁祖为134位。

据表5.1，泰顺县的56个主要姓氏已知迁入时间的138个始迁祖中，78个在明景泰建县以后迁入县内，占了56.5%。换言之，泰顺县的绝大部分的姓氏，无论汉族还是畲族，都是在建县以后迁入的，在泰顺建县以前迁入的只占较小的部分。当然，我们不能说今天的泰顺人的祖先，绝大部分都是明代建县以后才迁入，因为占全县人口三分之一的林、陈、吴、夏、王、张六姓的大部分始迁祖，早在唐宋时代便已迁入泰顺，而人口分别在5000～9999人的包、翁、蔡、周、董、陶、郑、毛、胡、蓝、雷、刘、叶、黄、赖、李、徐等姓，除赖、雷、蓝三姓以外，绝大部分的始迁祖都在建县以前迁入。估计建县以前迁入泰顺的各姓的后代占了全县现有人口的三分之二左右。

在上述始迁祖中，唐、五代、宋迁入的共29姓，占了已知迁入时间的138个始迁祖的21%。这些最早迁入泰顺的始迁祖，奠定了泰顺文化的基础。

泰顺移民具有按水系分布的特点。泰顺全县的水系，北部属于飞云江水系，南部分别属于交溪（在福建福安入海）、沙埕港（在福建福鼎县入海）以及鳌江（在浙江平阳县入海）三个水系。唐五代是外地对泰顺移民的第一个阶段，主要分布在北部的飞云江流域，并且是靠近今天的文成县的地方。宋元是外地对泰顺移民的第二个阶段，除了继续分布在北部的飞云江流域，南部靠近福建的流域已成为移民的主要迁入地。明朝初期至建县以前是外地对泰顺移民的第三个阶段，移民主要来自泰顺北面的处州府，迁入人数之多超过了以前的任何一个时期，尤其是今天县城罗阳镇。明景泰三年（1452）建县直到明亡是外地对泰顺移民的第四个阶段，移民人数有所减少，但到了第五个阶段即清朝初年直到康熙末年，迁入的移民数量再次大增，分别来自温州南部的平阳县（其地包括1981年分置的苍南县），闽东北各县，处州府邻近县，还有闽西南的客家和畲族。此后外地移民的迁入仍在进行中，但规模已显著减少，以今天讲闽南语的漳泉人居多。

二、闽越后裔、外地移民与浙南闽北廊桥分布区文化的共同性

沿着四条河流溯源开发的浙江、福建以及其他地方的移民，必然塑造出复杂而又多样的泰顺地域文化。然而，我们还必须清楚这种复杂性和多样性建立在古老的闽越文化的基础上，外地移民出发地的文化虽然各有个性却又都有着源于闽越文化的共性。在秦始皇统一中国以前，浙江钱塘江以南的地区和福建、广东主要是越人的生活区域。秦统一以

后，浙江的北部地区与苏南、皖南东部同属于一个政区，称为会稽郡，而清代的浙南三府和福建省同属一个政区，称为闽中郡。汉武帝时期，朝廷将浙南福建的越人的一部分迁徙到江淮之间。尽管文献缺乏明确记载，估计迁走的应该是居住在东瓯国和闽越国两国的首都的越人的上层及周围的居民，居住在山区的越人应该留在当地。三国时期，今天的浙江、福建、江西、皖南的山区仍为越人（当时称山越）所控制，乃至杭州市及其附近的平原县也不例外，直接威胁着孙吴政权的安宁。在远离孙吴统治中心的浙南福建，山越更应该是当地居民的主要部分。甚至到了唐代的前期，人们还说今天的福建漳州一带“左衽居椎髻之半，可耕乃火田之余”；汀州更是“山都、木客丛萃其中”，可见福建南部的人口中非汉民族仍占相当的比重。在浙南福建一带，闽越文化无疑是后来文化发展的基础。

自三国两晋以来，随着北方汉族的逐步南下，浙南福建的闽越文化逐渐受到冲击和融合。然而，这一片区域的外来移民大多采用零散的渐进式的迁移，只是不断补充当地的人口，而没有出现外来移民突然成为人口的重要部分甚至主体部分的情景。而且，浙南福建的各个地区受到外来文化的冲击和融合的步伐未必一致，较晚开发的地区往往保存着比较完整的闽越文化。泰顺、寿宁、景宁、云和、宣平诸县是浙闽最后开发的地区，应该保存着比其他地区更多的闽越文化。就此而言，浙南闽北诸县之间的人口流动，在很大的程度上就是闽越文化的区域流动。泰顺和浙南闽北的其他县在廊桥、民居、生活习俗等方面如果说具有一定的共同性的话，无疑是文化同源的结果。

笔者曾陪同日本学者滨岛敦俊教授和美国学者包弼德教授，在浙江北部的湖州、嘉兴两市的十余县和金华市所属各县进行十余年的考察，又因从小生活在泰顺、瑞安，对浙南的文化有亲身感受，对浙江南北的文化差异有一定的认识，此外在福建的十余县也进行过短期考察。笔者深感浙南和闽北两个区域的文化尽管有差异，但共同性大于差异性，滨海平原以外的地方尤其如此，多处显示出不同于浙江其他地区的特点。

例如，越人素以“尚鬼好祀”而著名，所谓的“鬼”是已亡故的祖先，造一个气派的坟墓和大办丧事是浙南福建的习俗，而那种状如靠背椅子的坟墓也常见于浙南闽北，浙江的其他地区并不多见。泰顺语言五花八门，当地人如不讲普通话便无法交流，而讲得最多的语言，莫过于蛮讲话和罗阳话，前者据说接近闽东北方言，而后者则接近于处州方言。福建泉州以表演木偶戏而闻名全国，而泰顺的木偶戏也是当地百姓喜闻乐见的传统表演形式。另据廊桥研究者的调查，类似泰顺这样的不用钉铆，采用别压穿插方式搭接而成的廊桥，基本上分布在北至清代的处州府境，南到福建闽江以北地区，仍不出古闽越文化的空间范围。因此，笔者曾提出，浙江文化大致可分成三个区域，金衢盆地构成浙中文化区，盆地以北是浙北文化区，以南是浙南文化区；浙北文化区与同处于太湖流域的江苏、上海相关地区共同构成江南文化区，浙中文化区是浙北文化区和浙南文化区的过渡地带，双方的分界线在钱塘江、瓯江两大水系的分水岭。[①]当然，无论是泰顺还是浙南闽北的其他县，由于受北方和非闽越地区的移民和文化的影响，原生态的闽越文化早已面目全非。然而，在泰顺这种明代才完成开发的偏远山区，原生态的闽越文化究竟什么时候才变得面目全非的，却是值得讨论的问题。唐五代是外地对泰顺移民的初始阶段，移民人数相当有限，又主要分布在北部飞云江流域接近县界的区域，其他区域的移民甚少。在这一时期，有限的外地移民的数量未必超过原先的越族土著居民，因此他们的文化未必会压倒土著的闽越文化。要到宋代尤其是南宋，泰顺出现《分疆录》所说的“自宋以来生齿日繁，文化渐盛，科甲肇兴，人才辈出”这种汉族特有的文化现象，表明外来的汉文化才被当地人视为主流。

然而，外来文化成为主流，并不意味着土著的闽越文化完全消失。就泰顺乃至浙南福建的情况来看，汉文化成为主流主要体现在经济生

---

①吴松弟：《交通道路和俞源的兴衰》，为邹伟平、俞松发著《走进俞源》作序，中国文联出版社2002年版。

活、思想文化和教育方面，在生活习俗、地方信仰、风俗习惯等方面未必会体现的那么充分。何况，明代以来泰顺的外地移民，不是来自浙南闽北的邻近县，就是来自闽西南的畲族和客家人，他们带入泰顺的文化仍然是在土著的闽越文化的基础上吸纳部分异质文化形成的地域文化，其形式和内容与泰顺地域文化有很多的相同之处。说泰顺保存着比较古老的闽越文化，说当地自唐宋便已存在的文化及其表现形式未必都起源于浙南闽北以外的地区，显然是合情合理的推测。

三、泰顺传统文化的显著特点

相对稳定中的逐渐变化无疑是泰顺传统文化的一个显著特点。由于相对稳定，泰顺源远流长的地域文化才显得独特和完整；由于吸收了外来移民的文化，泰顺文化又具有一定程度的五方杂陈的特点。然而，这种五方杂陈，杂陈的是处州府、温州府、福宁府、汀州府，以及泉州府等植根在古闽越文化基础上的地域文化。它们的差异性是因吸收异质文化的程度和时间的不同而造成的，下层百姓的社会生活方面中真正来自北方以及闽越以外地区的文化未必很多。以浙南闽北的土著文化为主，同时又部分吸收闽越其他地区和北方、浙北的文化，应是泰顺传统地域文化构成的基本特点。

毫无疑问，外来移民创造了五彩缤纷的泰顺地域文化。然而，我们不能忽略在历史文献中并没有留下太多痕迹的古老的土著居民越人，泰顺地域文化的复杂性和多样性其实建立在古老的闽越文化的基础上。

常言道："十里不同风，百里不同俗。"在泰顺这种深山茂林、溪谷巨涧分隔的山区，县域内各小区域间的交通往来远不如平原地区那样方便和频繁，必然加强了内部区域文化的差异性。这种地理条件，使得四面八方迁入的移民所携带的家乡的文化，在泰顺得以长期保留以来。此外，泰顺既位于浙江和福建两省毗邻地带，又居沿海和内陆相交之地，南北向有跨越浙闽两省的交通道路，东西向有浙闽边山区横贯沿海的道路。这种地跨浙闽、连接山海的地理位置，也会使泰顺地域文化具有兼具浙闽、横跨山海的特色。

语言和地方信仰两项，常被视为体现中国区域文化差异的主要内容。泰顺文化之所以区分于其他区域，并体现出内部的差异，主要表现在方言和地方信仰上。

泰顺是多方言区。有人说温州方言差异之大，可称全国之最，温州话之难懂，闻名全国。而泰顺方言差异之大和难懂，可能又居温州之最。《分疆录》卷2“方言”，曾用一大段话，说明泰顺移民与方言的关系。大意是：泰顺县城罗阳在建县时迁入的人大多来自处州府，所以现在的方言接近丽水、松阳、遂昌等县，城郊外面的方言则接近福建话。一都靠近景宁县，方言就接近景宁。二都和三都靠近青田和瑞安，方言就夹杂着青田话和瑞安话。东南各个乡都讲福建话，靠近各县边界的乡尤其如此，南边和北边的方言的差别如同秦国和越国的差别那么大。另外，康熙、雍正年间以后又有很多汀州人进山种植蓝靛，家族聚居在一起，于是现在还讲汀州话。乾隆以后又有很多平阳北港的人进山耕种，其中有的家庭都是清初从福建兴化府、泉州府迁来的人，因此又讲泉州话。泰顺地方不过二百里，而方言如此复杂多样，远远超过别的县，所以特意详细说明。

除了《分疆录》分析的外地移民迁入和邻近县影响的原因，本县土著所讲的独特的蛮讲话，也是泰顺方言复杂多样的一个重要原因。

泰顺为吴语和闽语的交界区，境内方言可分北、南二区。

北区属吴语系统，包括属丽衢片的罗阳话、司前话和属温州片的百丈口话、莒江话。罗阳话和司前话是丽水话在处州府以南的延伸，使用者主要是明清时期从处州府的景宁、云和等县迁入的移民的后裔。罗阳话为县城和周围的仙稔、鹤巢等地居民的主要语言。司前话语音与罗阳话稍有差别，主要分布在靠近景宁县的黄桥、竹垟、里光、司前、黄坑以及洪口等乡。百丈口话属于文成瓯语，讲百丈口话的居民大多是文成县移民的后裔，主要分布在百丈镇和峰门乡。莒江话虽然也属于吴语温州片，但语音和词汇与罗阳话、司前话很接近，使用者主要分布在东北部的岩上、包垟、莒江、新浦、翁山、联云等乡。近年来，由于修建珊溪水库，讲百丈口话和讲莒江话的居民大多迁徙到泰顺其他地方甚至温州等地，县内讲百丈口话和讲莒江话的人口有较大的减少。

南区属闽语系统，包括属于闽南话的彭溪话和属于闽东话的蛮讲话。1998年全县有近3万人讲彭溪话，主要分布在东南角的彭溪镇和峰文、月湖、富垟、九峰、秀涧、五里牌以及垟溪、后章、章成等乡。他们大多是明清之际从福建的泉州和漳州迁入苍南，清代再从苍南迁入泰顺的移民的后裔。彭溪话与苍南一带的闽南话连成一片，称浙南闽语。蛮讲话是泰顺的一种土著话，一说“蛮讲”是“闽讲”的谐音，为全县使用者最多的方言。1998年全县约有18万人讲蛮讲话，主要分布在中部和南部地区，以及西北角的岭北、碑排等乡。作为全县使用最多的方言，蛮讲话不断影响着周围的方言，同时也受周围方言的影响，从而形成自己的语言特色。

除了闽语和吴语两大方言系统，泰顺还有一些人讲属于客家话系统的畲话和汀州话。畲话是畲族的语言，明清时期畲族和客家人从福建汀州一带迁入泰顺。畲族和讲汀州话的居民具有“大集中，小分散”的特色，泰顺的南部和北部都有分布。

在县内的许多地方，往往几种不同的方言区交错在一起。为了交际需要，许多人不得不学会两种方言，还有的人会说三种或四种方言。因此，在这些地区就形成“双方言”或“多方言”并举的局面。为了克服方言庞杂造成的交际的不便，人们不得不学讲普通话，普通话的普及程度较高，成为不同方言区人们的交际语言。

对于古代东南山区的乡民而言，地方神灵的地位可能超过佛教、道教的神祇，而首先信仰的地方神自然是家乡的地方神。一旦举家迁到新的地方时，只要可能，他们都愿意继续供奉家乡的地方神，为之修建庙宇，从而导致这一地方神崇拜流传到新的地方。由于外地移民在泰顺境内大致具有依迁出地的不同而按流域分布的特点，泰顺县内的地方神信仰的空间分布，常有与移民分布大体一致之处。

在泰顺北部讲罗阳话、司前话的各乡的民众，祖先大多从旧处州府迁入，在这一区域马仙姑是重要的地方神。马仙姑传说源出景宁，在旧处州府众多的地方神中影响最大，供奉马仙姑的庙宇称马仙宫或马仙祠。除了北部地区，南部的龟湖镇也是马仙姑信众较多的地方。据当地族谱，龟伏的大姓王姓、叶姓都于明初从处州迁来，明初因采矿而进入龟湖的处州矿工估计人数不少，此后当地人多崇拜马仙姑，龟湖的马仙宫被认为是泰顺全县最灵的。现龟湖人已主要讲蛮讲话，但马仙姑崇拜依然如故。

在北部的畲族村落以及三魁庵前等地，人们还崇拜传自景宁汤坑的汤夫人。据说汤夫人是景宁汤坑人，后得道成仙。泰顺畲族的祖先在从闽西南北迁浙江之初，大多先居住在旧处州府境，几代之后再迁入泰顺。泰顺畲族信仰汤夫人或许与此有关。

泰顺南部地区多见顺天圣母庙，或称临水宫、栖霞宫，奉祀福建女神陈十四（即陈靖姑）。陈十四崇拜源于福建，后通过各种途径传入泰顺，其流传是宋代以来福建移民迁入泰顺的结果。现崇拜陈十四的信众大多讲蛮讲话和彭溪话，前者被认为属于闽东语系，后者则属于闽南语系。

在泰顺中部以蛮讲话为主的筱村地区，除上述信仰之外，当地特有的神明崇拜——陶二公、徐三公较为流行，并以此为中心形成了独特的民俗活动。

随着时间的演进，泰顺各地方神的崇拜地域，早已超出最初信仰的地域，而进入与移民甚至方言没有关系的地方。《分疆录》卷3“建置·寺宇”便记载，马仙姑、汤夫人、陈十四三位女神，已经“各乡皆有”，各乡农民遇大旱祷雨便要祭祀。

地方神信仰属于风俗的范围，而泰顺各地的风俗，甚至饮食方面，各地区都存在一定的差异。如同方言、地方信仰，这些差异有时也与移民的分布有关。

由于迁入时间较晚，且具有一定的规模，历史上对现代泰顺文化影响最大的移民，无疑是明清时期迁入的移民。明清时期迁入泰顺的移民，主要来自南面的福建各地和北面的旧处州府，因此泰顺在明清乃至后世方言、地方信仰与风俗的差异，主要表现为南部和北部的差异。泰顺县内的这种文化差异的形成，除移民这一重要因素之外，另有多方面的地理因素的作用：河流流往东、东南和西南三个不同的方向；县内没有较大的盆地；县城罗阳偏在西北一隅，未能成为全县的经济文化中心，而其他乡镇同样未能扮演这一角色，等等。受上述因素影响，泰顺南部的货物基本运往福建的福鼎县城桐山港甚至福州，北部的货物基本上通过飞云江运往温州，而货物输入也同样如此。经济联系往南北两个方向倾斜，自然加强了两个部分对外文化联系的单向性。《分疆录》"凡例"说，"邑在闽括之交，风俗不无庞杂"，即风俗主要受到福建和旧处州府的影响。

笔者通过十余年来在浙北、浙中和浙南的考察，以及在泰顺、瑞安的生活经历，对浙江的文化差异有一定的认识。另外，泰顺与福建北部仅一山之隔，与闽北各县的贸易、文化方面的交往甚多，而双方的通婚也相当多。从小的耳濡目染以及后来在闽东北、闽西南和闽南的游历，使笔者也获得对两省文化的一些感性认识。浙南和闽北两个区域的文化尽管有差异，但共同性大于差异性，山区尤其如此，另一方面浙南又多处显示出不同于浙江其他地区的特点。

例如，浙南山区历史上多行二次葬，直到今天依然如此。[①]而浙北基本上无二次葬，丧事不如浙南铺张，坟墓多是外形圆圆的土包形状。金华市和衢州市所在的金衢盆地两种坟墓样式兼而有之，土包形状以盆地居多，椅子形状多分布在南部山区。

浙江各地区的民间信仰存在明显的空间差异，可分成北部的杭嘉

---

①《分疆录》卷2"舆地·风俗"将这种等死者的尸体腐烂之后，再将骨殖捡出，纳入骸瓶中的二次葬的做法，直接称为"闽俗"。

湖宁绍、南部的温台处和中部的金衢严三个分区。南部以女神崇拜为突出，而且地方神信仰主要自福建传来，例如陈十四夫人、马仙姑，当然也有区域的土产，如平水大王。[①]

基于上述认识，笔者以为泰顺在浙江省属于浙南文化区，但由于居浙闽交界处，北、南两部分受两地的移民的影响，泰顺成为浙南文化区和福建北部文化区的过渡带。泰顺的南、北两大区域，分别与闽北和旧处州府人群的语言相近，地方信仰相近，地域相近，文化差异不大，可以将南部视为福建文化区的最北部分，北部视为浙江文化区的最南部分。

第四节 晚清民国泰顺一位村居士人的生活史

写于1928年3月的《上洪八八老人纪事》，为晚清民国泰顺一位村居士人黄世表留给子孙的一份逐年纪事录。复旦大学历史地理研究所吴松弟教授2006—2007年率泰顺历史文化国际考察队在此地考察时所获，共26页，由作者手书而成，本无名，姑命名之。《纪事》的主体部分为作者本人的逐年纪事录“事迹，并谈治乱丰歉”，此后还包括“民国无主”、“寇匪诗”、名胜、寇匪、外来事物传入时间、祥异、“双对歌”、“八句诗”、“训子孙言”、花销、族产、物价、杂记、世系等几节，内容十分丰富，展现了生活在清末民初泰顺山区的农人生活。

泰顺是浙江南部的一个山区县，县内以山区地形为主，县治罗阳镇。按照水系可将泰顺县分为北部飞云江流域及南部仕阳溪流域等几个部分，上洪村位于泰顺县中部的下洪乡，处于洪溪的上游，故称“上洪”，洪溪由东南流向西北最终汇入飞云江。

“上洪八八老人”名黄世表（1841—1929），字子行，号慎庭，自号

①朱海滨：《浙江历史文化地理研究》，复旦大学博士论文，1998年。

双桃先生，《纪事》写成的第二年即1929年去世。根据《上洪黄氏贵房宗谱》追溯，黄氏先祖于南宋初年迁至上洪，至世表一辈已是第23代。世表一家有父母兄弟共6人，世表生子3人，孙辈7人。世表一生曾从事多种职业，包括牧牛、耕田、教读、做釉、采石等，其身份应当是一位从事过多种职业的晚清民国村居士人。

黄世表出生于道光二十一年（1841），正是鸦片战争打响的第二年，卒于南京国民政府成立之初的1929年，可以说他的大部分时间都生活在动荡的年代。国家如此，位居深山区的泰顺也不太平。黄世表在他的纪事中，对于生活艰辛、世事纷乱，有很多体现，“哀吾生之不特，见天下两朝，遇寇四次，土匪有数次”，便是他对自己不幸遭遇的次数统计。

在这份《纪事》中，黄世表的角色有三。首先，身为黄氏族人，需要守业持家，延续宗族，修造谱牒，训诫子孙。这一角色，黄世表得心应手，行文中无不表现出对于这一身份的认可。其次，身为地方士人，面对乡间匪患纷扰，黄世表无力顾及，颇为无奈，只能在《纪事》中花许多篇幅详细记录地方遭遇匪患的种种。再次，身为前清贡元，科举虽废，黄世表仍执着功名。对于晚清民国的大变局，他抱持着执着的忠君思想，单纯地认为清朝灭亡是由于基督教的传播，期盼圣主明君的出现能够恢复“唐禹之盛世”。而对于知识界的变动，黄世表只字未提，而希望天下仍能“遵周公之礼，孔子之训”。《纪事》中所表现出的三重身份主宰了黄世表的个人生活，也折射出浙南乡村士人乱世下无处安放的精神世界。

黄世表这份自述，刻画了动荡时代村居士人的三重身份。

首先，作为黄氏族人的黄世表。逐年纪事中对于家庭事务着墨最多，黄世表一生的轨迹主要以家庭事务为主。他儿时牧牛，成年后开始耕田，父亲去世哥哥专心耕田，于是这位黄家二哥未及弱冠，已开始掌家并照顾母亲和两位弟弟。24岁娶妻，27岁生子，这对于今天乡村中的很多人来说已经算是很晚了。开始学做泰顺当地的一种红釉酒。37岁建房，捐一个功名并经营家业，39岁四兄弟分家。一直活到89岁去世。

《纪事》中专列一节以记录重大的家庭事务，包括租谷、屋宇、坟茔、功名、婚姻、捐缘、赈欠、勤赖、争讼、寿筵等事务的花销。

表 5.3 黄世表年表

时年	年龄	事迹
1841年		出生
1852或1853年	12、13岁	牧牛
1858年	18岁	耕田
1859年	19岁	入学，掌家
1864年	24岁	娶妻
1867年	27岁	辍学，做粬，生子
1872年	32岁	修谱
1877年	37岁	建房，次子出生
1879年	39岁	分家
1880年	40岁	三子出生
1884年	44岁	妻子去世，续弦
1888年	48岁	为父亲修坟
1892年	52岁	长子去世
1900年	60岁	长孙出生
1904年	64岁	为自己建坟
1906年	66岁	修谱
1907年	67岁	继妻亡

续表

时年	年龄	事迹
1908年	68岁	加贡元
1910年	70岁	建房
1911年	71岁	孙出生
1918年	78岁	长孙娶媳
1922年	82岁	曾孙出生
1929年	89岁	去世

对于自己黄氏族人的身份，世表非常认同。他在19岁掌家之后的首要职责在于守业持家，其自述当时艰苦之状：“余家法尚未闻极，不知何如之调停。弟又年幼，母又目昏，家务缠余一身，生计艰难，实为狼狈。”当时家中田地约30亩，4兄弟需要成立家庭诞育子孙，家庭生存压力比较大。经过黄世表的苦心经营，在他39岁分家时，家庭已有田地120亩，四兄弟分家后也大概维持了每家30亩的水平，可见在维持家庭经济水平方面世表比较成功。他对此相当骄傲，“予诸事谨慎，自首任家政以来，苦其心志，劳其筋骨，守分安业，不走规外，勤俭治家，以和睦族，自奉节俭，量亦宽洪”。同时，他先后两次娶妻，生子3人，孙7人，并两次参与修造谱牒。

除守业持家、延续宗族的责任之外，作为黄氏族人的世表也肩负训诫子孙的职责，故《纪事》中专列一节“训子孙言”，以传授自己的处世哲学。他规劝子孙“素位而行，切勿乱思”“处事忠厚，乡邻和睦，居身质朴，教子义方”“勤俭可爱，怠惰可恶”等言论，都表达了他维持安定、本分的人生追求。

其次，作为地方人士的黄世表。虽然还算不上乡贤或精英，但黄世表具有“地方人士”的自觉。在《纪事》中，世表记录了地方名胜如上洪庵、大宗祠、地主宫、文昌阁、观音阁、南峰寺、泗州院等的修建年代、人物。同时，黄世表对于“天下大危，泰顺更甚”十分担忧，故记录了泰顺县历代寇匪的状况，如明初沙寇、明末清初海寇及民国的土匪。对于匪患问题，他也有自己的思考，“此时土匪太多，各处作耗流劫，各处抢夺，无处不有矣。使东有将，南有兵，西有师，北有卒，再提乡勇以咸集，击鼓其镗，踊跃用兵，四围擒剿捉拿，无不铲除消灭也”。黄世表认为政府应当多派兵，同时组织乡勇。另外，还记录了番薯、麦豆、海布、煤油、牛痘、洋火、时钟等外来事物传入泰顺的时间。并略微记录了地方祥异事件以及1928年泰顺当地的物价。

黄世表之所以在个人的自述中记录地方史与地方风物，有意识地模仿地方志的体例，是因为他在撰写过程中自觉承担了地方史撰写者的义务。例如上交洋曾氏举家从福建避祸而来，是泰顺当地不同寻常的一件事，所以在黄世表的记录中也有反映，“交洋曾家下南同安县人，嘉庆十九年来此，兄弟四人带一万银来，大丘坪（曾氏），二十三年来”。而正是因为有了黄世表这样有“地方人士”自觉的人，才为我们整理泰顺县的历史提供了依据。

表5.4　外来物产传入泰顺时间

物产	传入时间
番薯	海南番子为粮，乾隆末到此
麦豆	嘉庆初到此
煤油	同治中到此
献西护	光绪中到此
种牛痘	光绪初起，前并未有
洋火	同治初到此
时辰钟	英国造，咸丰初到此

再次，作为前清士人的黄世表于1877年捐了生员，1905年科举虽然已废，但1909年世表仍捐了贡生的功名，可见他对于士人身份的执着。《纪事》写于1928年，但是世表一直保持着朴素的忠君思想，认为民国天下大乱，地方寇匪丛生是由于没有帝王。《纪事》中专列一节“民国无主”便表达了这种思想：“盖天下有日，而民有王。天无日，而万物不能生；民无王，而百姓不能安。不患贫而患不安，是无君无臣所以不安矣。自生民以来，有国者，未曾无君。有家者，未曾无主。蜂有君臣，蚁有父子。如何人无王也？昔无王，晋有石言，齐有夜呼。今无王，此生寇，彼生匪，朝朝可考，件件可稽也。革故鼎新之际，革命尚未成功之秋，尤立君，而安天下治民众。一人定国，国治，而后天下平矣。”对于乱世动荡，世表认为是基督教传入所造成的，希望天下“遵周公之礼，孔子之训”恢复唐禹盛世。

黄世表以88岁高龄写下一部《纪事》，其读者是谁？黄世表一定认为自己一生算是成功，值得一写，所以他的读者首先是子孙族人。由于记录地方风物，保留地方历史，所以这份《纪事》也是写给乡里人士的。在《纪事》中表现出黄氏族人、地方人士、前清士人的三重身份，在自然人的身份之外，黄世表也是社会人，处在家族、乡里、国家的多重关系中。虽然他的三重身份不一定都得到了外界的认可，比如他的功名是捐来的，他也不是地方志的撰写者，但是他有一种地方人、知识人的自觉。

当今人往往强调自己的家庭身份、职业身份，但是黄世表的自述中却弱化职业身份，而强调个人与宗族、地方及国家的关系。这一方面与他所设定的读者对象有关，另一方面也与当时地方自治程度比较高有关，公共事务、公共空间由绅士、乡老、族正共同管理。由于泰顺地方自治的程度比较高，地方多有如黄世表老人一般的多重身份的社会人的存在，所以才保留了今天泰顺的古迹与文化，如果希望这些文化保留传承下去，要鼓励人的多重身份，而不是只强调家庭身份或是职业身份。

第六章

区域经济空间循环的脉络

在前述各章讨论的各经济区域的市场化、外向化、工业化，以及小区域经济地理的基础上，我们需要理解经济地理内在的脉络，即区域性经济单元作为一个空间单元是如何实现自我循环的。我们知道，在经济开放度不断提高的世界中，区域内要素的流动将会越来越显而易见。当历史进入近代，伴随着区域经济资源的流动，经济生产及社会再生产的过程，既是一个价值生产的过程，也是一个价值空间循环的过程。

空间经济成长的差异，在区域经济相对异质的情况下，更多的是源于自然或非经济的影响要素；在区域经济相对同质的时候，更多的是源于区域内部的关联性、生产要素的流动性以及市场运行的特征，从而出现加速或减速运动。随着生产技术的进步，自然条件的影响逐渐减弱，但是分工与交换的发展，使得社会关系对于经济的影响逐渐增强。众所周知，资本与劳动力等生产要素会流向报酬最高的地区，因为这些地区生产要素稀缺，故而，早期的移民理论是建立在剩余劳动力、固定“外生”增长率、创造工作机会的基础上。但是同时，市场发育的滞后，无疑不利于地方贸易与产业的发展。地方货币的紊乱、税收的无章，乃至高压将会极大地抬高交易成本。

第一节　区域内的经济联系与分割：对长三角地区的讨论

不断增加的城市人口、人口迁移、专业化生产是发展不可或缺的因素，这是以往地区经济变迁的经验，也是当前正在经历的变迁。晚清至民国时期，长三角地区与世界市场联系逐渐紧密，更多地参与世界分工，促成了近代农村外向化、商品化农业与手工业的发展，促成了城市工业的发展，加速了人口从农业向工商业的迁移，加速了专业化分工与城市的发展，这成为近代长三角地区经济地理变迁的主要脉络。

一、晚清时期区域内的联系与分割

至晚清末期，长江三角洲地区形成了以上海为龙头的发达的港口体系，其他港口的国内外贸易大多要通过上海的转口来完成，宁波、镇江两大港口分居南北，是长江三角洲南北两翼地区重要的物资集运中心。以口岸城市为脉络，重新塑造了近代长三角地区经济地理的大格局。主要表现在两个方面：一是区域内部经济流通的通道改变；二是形成了以口岸为中心的流通体系。

（一）区域内部经济联系通道的改变

清中叶海禁放开后，尽管海运业带动了上海城市经济的发展，但国内各省与江浙地区的商品交换，仍汇聚苏州进行。在长江三角洲区域性内河航运网络中，以及长江与南北大运河航线上，苏州才是枢纽城市。上海跟长江以及南北运河航路之贯通，主要依托南部河道，先连通苏州，而后才在苏州经运河而达长江。经海路运抵上海港的南北货物，也多以苏州为销售地。在鸦片战争以前，沿运河及驿道的扬州—南京—苏州—杭州—宁波一线，一直是经济繁荣、密度高、物资人员交流频繁的地带。区域商品的集散以这些沿线城市为中心，通过内河及道路交通线路联结，从而形成了以扬州—南京—苏州—杭州—宁波为顶点的“之”字形城镇发展轴。

开埠前的上海，在长江口的苏松太区域经济中的地位，基本上可以视为苏州的一个外港，在东南沿海航运业之中的地位甚至还不及福州、厦门和宁波。尽管上海港本身区位优越，邻近出口丝、茶产区，背倚富庶的江南地区，但是在传统经济时代，长三角地区交通的枢纽是内河与运河，上海被排斥在商业与交通的边缘线上。

晚清开埠通商后，上海逐渐取代广州成为中国对外贸易的首要港口。随着1860年以后长江轮运业的发展，一部分长江帆船，特别是长途贩运粮食的船舶多顺江东下抵沪集散，不再由苏州中转。与此同时，由于太平天国运动，大运河沿岸原先繁华的市镇遭受毁灭性的打击，江浙地区大批乡镇财主避难上海，携带大量的财物资金，这些传统资金转化为近代工商资本，从而为上海超过苏州而跃居长三角地区的经济中心打下了原始积累的基础，加速了上海取代苏州成为长三角地区经济中心的过程。

及至1895年以后，内河轮运业的发展以及沪宁、沪杭铁路的相继修通，传统以苏州为中心的商品集散体系被以上海等通商口岸为中心的流通体系所取代，通商口岸与周边腹地间的人、财、物的聚集效应与辐射效应在新式交通方式的作用下不断得到加强，从而保证了上海作为江南地区经济中心的崛起。南京、镇江、苏州、杭州等城市是长三角地区新式交通线路的重要目的地、对外开放的通商口岸，也是首先从新式交通方式中获益的城市；并且，由于近代轮船取代传统航船，以上各个城市的内河商港腹地不但没有收缩，反较原来有些拓展。孤立地看，新式交通的出现使得这些城市也得到进一步发展，但是相对于上海的发展来说，这些城市的地位却进一步下降。伴随着开埠通商及新式交通的兴起，近代工业也缓慢地发展起来。这些近代企业绝大部分建立在通商口岸或连接通商口岸的新式交通沿线地区，主要是长江沿线、沪宁沿线、沪杭沿线以及杭甬沿线。

由于对外开放，使得沿海沿长江航道、口岸城市获得更高的外部市场准入度，并通过联系国内外市场，成为新的区域中心与经济走廊。至此，原有的以扬州—南京—苏州—杭州—宁波为顶点的“之”字形城镇发展轴线逐渐被以沿江—沪宁—沪杭—杭甬为轴线的“Σ”形空间结构取代，随着长江三角洲地区内部经济联系通道的改变，区域经济地理大格局为之改变。

（二）以通商口岸为脉络的流通体系

近代中国最早大规模的要素流通是买办商业，一般被形象表述为“广搜各地物产，统办环球制品”，从而将国内生产物变成了商品，并通过流通促进生产的扩大，这就是近代海关贸易报表中不断增多的进出口商品名录、不断扩大的市场来源地与销售地，以及不断增长的农产品、原材料、手工业制品的出口，以及相应的机制品的进口。

晚清长三角地区开放的通商口岸有上海、宁波、镇江、南京、苏州、杭州，形成了以上海为龙头的流通体系，成为区域内外物资交流的通道，上海逐渐成为区域经济活动中心以及长三角地区的门户。

根据各口岸1900年以后较为系统、完整的进出口货值的统计数据，可以获得晚清长三角地区市场流通体系的情形。从图6.1中可以看出，1900—1911年，在长三角地区各口岸中，上海港占有绝对的优势地位，贸易额占长三角地区的58.98%—71.30%；其次为镇江，贸易额占长三角地区的8.49%—17.08%；除1909年杭州的进出口贸易额超过宁波外，大部分年份宁波居于第三位；其次为杭州、南京、苏州。

由于进出口贸易额并不能很好地反映不同口岸的贸易规模的大小及变化，现根据1900—1911年长三角地区各通商口岸中外进出口船舶艘数、吨位统计，来观察长三角地区要素市场的结构。

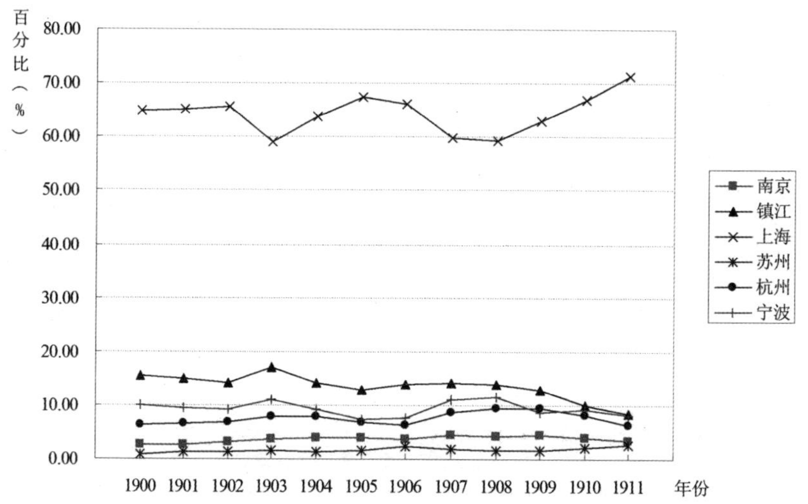

图6.1 长三角地区各口岸贸易额占比（1900—1911年）

资料来源：《最近三十四年来中国通商口岸对外贸易统计（中部）》，第三表乙，1935年版，第168页。

1900—1911年，上海的进出口船舶吨位呈平稳发展趋势；镇江在最初几年有较快增长，而后趋于平稳；南京也呈现较快的增长趋势；宁波则在1906年以后平稳增长；苏州和杭州的进出口船舶吨位较小（图6.2）。总体上看，在进出口船舶吨位方面，上海港仍然占有绝对优势，1900—1911年进出口吨位占长三角地区的51.01%—58.54%，其次为镇江、南京、宁波、杭州与苏州。1900—1911年，虽然大部分口岸的进出口船舶吨位都呈增长趋势，但反映在比例变化上，却有所不同。其中，上海所占比例有所波动，但总体变化不大，宁波、杭州所占比例比较稳定，南京有所上升，镇江则有所下降，而苏州则在1904—1906年变化较大，其余年份基本稳定，这反映了南京港的相对地位呈上升趋势，而镇江港的相对地位则处于下降趋势。

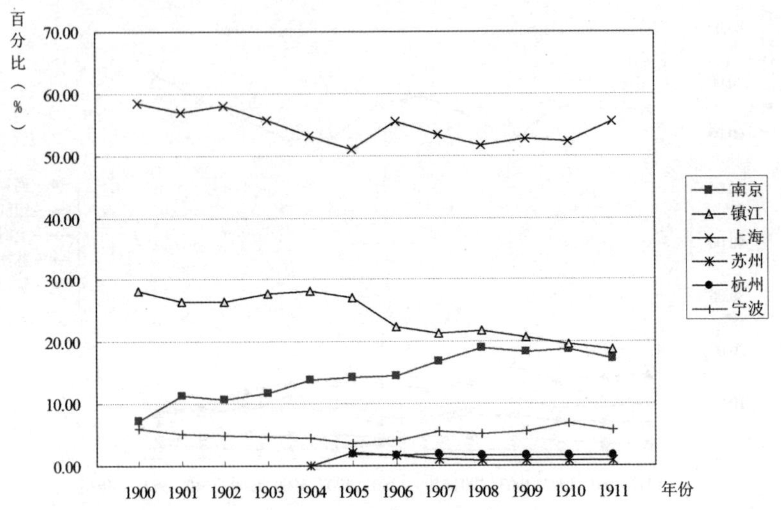

图6.2 长三角地区各口岸船舶吨位占比（1900—1911年）

资料来源：中国第二历史档案馆、中国海关总署办公厅编：《中国旧海关史料（1859—1948）》，京华出版社2001年版。

通过以上分析可以发现，在晚清长三角地区开埠的五个口岸中，除了上海港占有绝对优势，其余港口中，以镇江港最为突出，宁波港虽然开埠较早，但由于所处区域交通闭塞，腹地范围有限，其港口优势并未得到发挥。

表6.1 长三角地区各口岸货物中转率（%）（1900—1905年）

年份	芜湖	南京	镇江	上海	苏州	杭州	宁波
1900	0.28	0.43	0.94	59.88	0.23	0.31	1.21
1901	0.28	0.22	0.53	60.32	0.43	0.16	1.00

续表

年份	芜湖	南京	镇江	上海	苏州	杭州	宁波
1902	0.18	0.24	0.53	59.91	0.67	0.11	0.99
1903	0.39	0.22	0.56	66.17	0.58	0.09	1.23
1904	0.14	1.31	0.57	64.08	0.51	0.07	1.18
1905	0.05	0.24	0.32	60.14	0.15	0.12	1.54

资料来源：中国第二历史档案馆、中国海关总署办公厅编：《中国旧海关史料（1859—1948）》，京华出版社2001年版。

据表6.1，晚清时期，长三角地区各口岸货物中转率基本上比较稳定，在所选取的1900—1905年中，上海的中转率大约60%，其他口岸都比较低，仅仅宁波与南京部分年份保持1%—2%。

原因比较易见，因为商品首先会集中在上海，内地需要时再从上海转运，通过内陆水道或大运河两三天就可以到镇江，“从那里装轮船沿长江上驶到汉口及中途城市，那样就能避开从上海绕道长江到镇江的远程危险航道”①。

①李必樟编译：《上海近代贸易经济发展概况：1854—1898年英国驻上海领事贸易报告汇编》，上海社会科学院出版社1993年版，第69页。

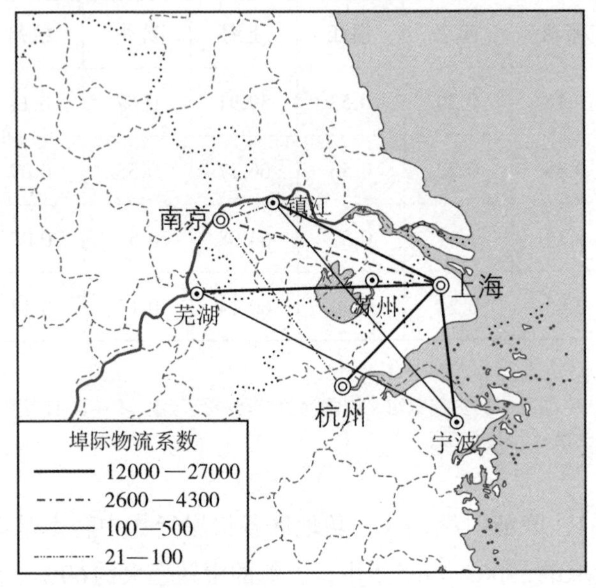

图6.3　长三角地区各口岸间物流系数（晚清时期）

资料来源：谭其骧主编：《中国历史地图集》第八册，中国地图出版社1987年版；中国第二历史档案馆、中国海关总署办公厅编：《中国旧海关史料（1859—1948）》，京华出版社2001年版。

从图6.3中可以看出近代开埠以后，区域经济要素流动通道的改变，形成了以上海为中心，上海—杭州、上海—宁波、上海—镇江、上海—芜湖为轴心的要素流动线路，与之前经验描述中发现的“Σ”字形结构转变是一致的。特别需要说明的是，由于晚清时期农业经济仍然占显著的主导地位，区域之间的分割是广泛存在的，是常态。点线轴的联系才是近代早期经济地理变迁的显著特征，这种空间形态也暗示着近代早期还处在发展的最开始阶段。

二、民国时期区域内的联系与分割

经济增长是不平衡的，试图在空间上均衡分配经济活动的意图，只会阻碍经济增长，但是可通过增强经济联系，促进远离经济机会的人口收益更多的财富，同时实现不平衡增长与相对平等的发展。与晚清阶段相比，民国时期长三角地区经济联系的强度增加、通道增多、回路结构更加明显。我们首先关注民国时期市场流通体系的新变化。

（一）以通商口岸城市为中心的流通体系

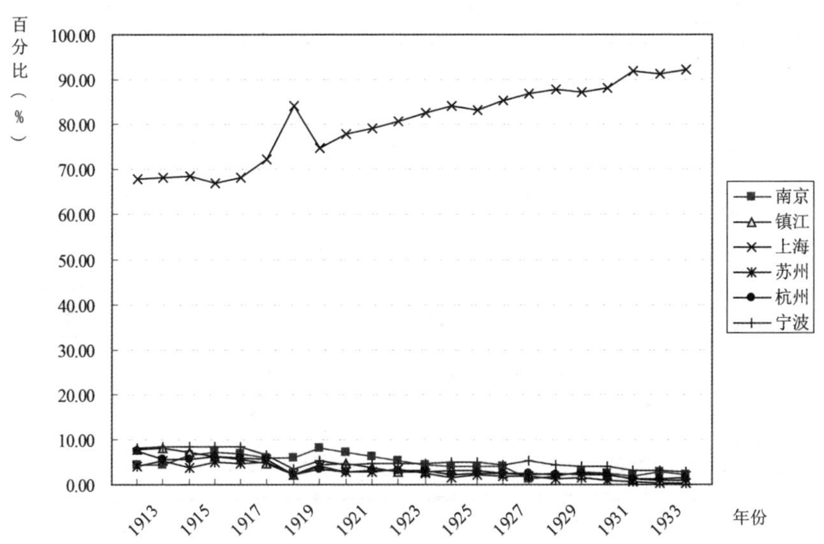

图6.4　长三角地区各口岸贸易额占比（1913—1933年）

资料来源：《最近三十四年来中国通商口岸对外贸易统计（中部）》，第三表乙，1935年版，第168页。

由图6.4可见，1913—1933年，在长三角地区各口岸中，上海港的贸易额所占比例不断攀升，占绝对的优势地位，贸易额占长三角的比例由1913年的68.04%增长至1933年的92.30%。宁波港的进出口贸易额所占比例除了1918—1922年低于南京港，其他年份均位居第二位。南京港的进出口贸易额所占比例除1912—1914年以及1927年、1928年低于镇江港、杭州港，其余年份均在镇江、杭州之上。镇江和杭州的进出口贸易额所占比例基本持平，镇江略强；苏州港则次之。

从时间变化来看，上海的贸易额所占比例总体上呈上升趋势，南京则是先升后降，镇江、杭州在总体上呈下降趋势，宁波、苏州则在波动中下降。与晚清时期相比，在进出口贸易额所占比例方面，民国时期南京和宁波的贸易地位有所提升，而镇江则呈现衰落趋势。

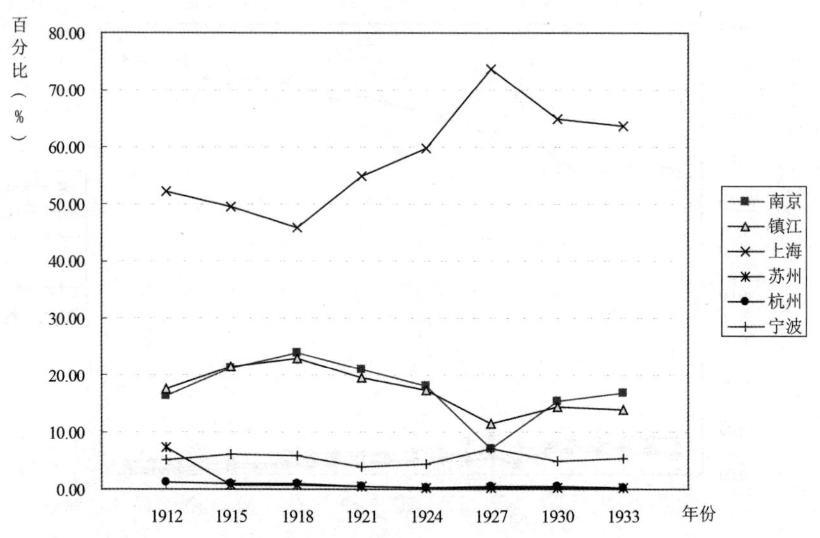

图6.5　长三角地区各口岸船舶吨位占比（1912—1933年）

资料来源：中国第二历史档案馆、中国海关总署办公厅编：《中国旧海关史料（1859—1948）》，京华出版社2001年版。

由图6.5可见，从1912—1933年长三角地区各口岸船舶吨位所占比例看，上海占有绝对优势，占比最高达73.73%；其次为南京和镇江，分别为23.79%、23.00%；再次为宁波，占比为6.99%；苏州和杭州所占比例较小，大部分年份不到1%。从进出口吨位所占比例的变化趋势看，上海所占比例虽有波动，但总体呈增加趋势；南京和镇江则是先增后减；宁波则相对稳定；苏州和杭州占比例较小，总体上呈下降趋势。与晚清时期相比，在进出口船舶吨位所占比例方面，镇江的地位呈现相对衰落。

上海的绝对优势还反映在与其他口岸的埠际贸易上。由表6.2可见，1936年，由南京、镇江、苏州、杭州、宁波输往上海的贸易值占各该口岸输出总值的百分比分别为53.3%、44.5%、100.0%、92.3%、93.1%，由上海输往南京、镇江、苏州、杭州、宁波的贸易值占各该口岸输入总值的百分比分别为59.5%、30.1%、97.0%、99.8%、84.9%。这说明在当时，长三角地区的货物流通已经完全形成唯上海是流的局面，其他口岸均以上海作为总汇枢纽，土产大都运往上海出口，外货亦由上海购入，尤其是苏州、杭州、宁波，进出口贸易货值几乎全来自上海，完全成为上海的附属口岸。通过这些口岸的中转，使得上海与广大的腹地连接起来，作为原料产地与商品市场。

表6.2　长三角地区各口岸埠际贸易占比(%)(1936年)

		芜湖	南京	镇江	上海	苏州	宁波	杭州
苏州	运往	—	—	—	100.0	—	—	—
杭州	来自	*	—	—	99.8	—	*	—
苏州	来自	2.8	—	—	97.0	—	—	—
宁波	运往	0.1	*	*	93.1	—	—	*
杭州	运往	—	—	—	92.3	—	*	—

续表

		芜湖	南京	镇江	上海	苏州	宁波	杭州
芜湖	来自	0.4	1.9	0.5	85.5	—	*	—
宁波	来自	0.4	2.1	1.3	84.9	—	—	*
南京	来自	8.1	—	*	59.5	—	*	—
南京	运往	3.4	—	3.5	53.3	—	2.4	—
镇江	运往	2.6	*	—	44.5	—	4.0	—
镇江	来自	4.2	7.9	—	30.1	—	0.1	—
芜湖	运往	0.4	2.7	1.1	23.2	0.3	0.2	*
上海	来自	1.2	1.7	0.6	*	0.1	3.5	2.6
上海	运往	4.6	1.0	0.4	*	0.5	3.0	2.1

资料来源：郑友揆、韩启桐：《中国埠际贸易统计（1936—1940）》，中国科学院1951年版，第14～15、24～25页。

注：*为不及0.05%者。

表6.3　长三角地区各口岸货物中转率（%）（1914—1919年）

年份	芜湖	南京	镇江	上海	苏州	杭州	宁波
1914	0.66	0.99	2.54	58.28	0.02	0.19	1.58
1915	0.62	1.79	4.54	62.11	0.01	0.22	2.79
1916	0.28	3.91	4.54	57.90	0.02	0.89	1.95
1917	0.28	0.43	0.94	59.88	0.31	1.21	2.05
1918	0.28	0.22	0.53	60.32	0.16	1.00	1.71
1919	0.18	0.24	0.53	59.56	0.11	0.99	1.56

资料来源：谭其骧主编：《中国历史地图集》第八册，中国地图出版社1987年版；中国第二历史档案馆、中国海关总署办公厅编：《中国旧海关史料（1859—1948）》，京华出版社2001年版。

表6.3与表6.1相比，虽然绝对中转数量增加较多，但与晚清相比变化仍然不是很显著，民国初期上海的货物中转率略有下降，仍在60%左右，其他城市都有所上升，其中以镇江、南京表现比较明显，由不足1%增加到2%—5%。

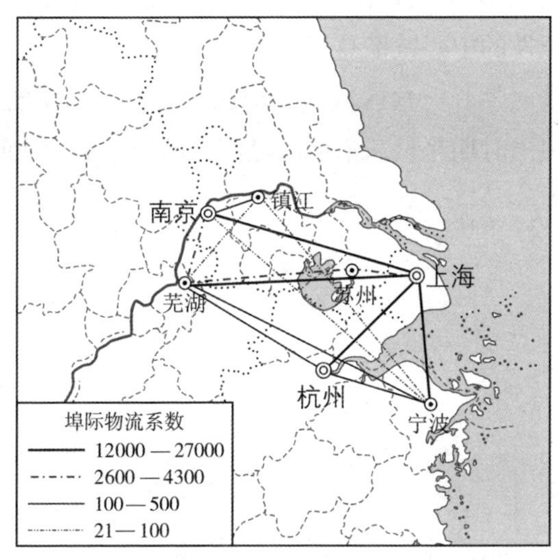

图6.6　长三角地区各口岸间物流系数（民国时期）

资料来源：谭其骧主编：《中国历史地图集》第八册，中国地图出版社1987年版；中国第二历史档案馆、中国海关总署办公厅编：《中国旧海关史料（1859—1948）》，京华出版社2001年版。

据图6.6可以观察出长三角口岸之间联系通道与强度的变化，再与图6.3比较，可以看出晚清到民国期间长三角地区各口岸间物流量的增长与变化。就空间的联系通道而言，虽然主要的物流通道没有显著的变化，但民国时期各口岸之间的回路联系增强，出现网络化联系的趋向。这暗示着民国时期经济建设与地方产业的发展，以及产业内贸易的增强。

（二）长三角地区的空间分异

长三角地区的资源分布相对而言还是比较分散，民国时期产业发展颇有进展，促成了区域要素的流动，空间经济自然演化的趋向，形成了区域性资源的网络化流动。

长三角地区口岸与中心城市之间形成了多重的相互对应结构，在上海中心之下，无锡、苏州、杭州等江南城镇成为次一级区域中心，形成了区域的双核空间结构。彼此之间的差别主要体现在作用力与反作用力的强度上，区域性的中心城市具有较高的空间作用力。

在考察晚清时期长三角区域的经济联系时，我们发现还没有形成明显区内分割。民国时期是长三角地区经济空间分异的形成时期。

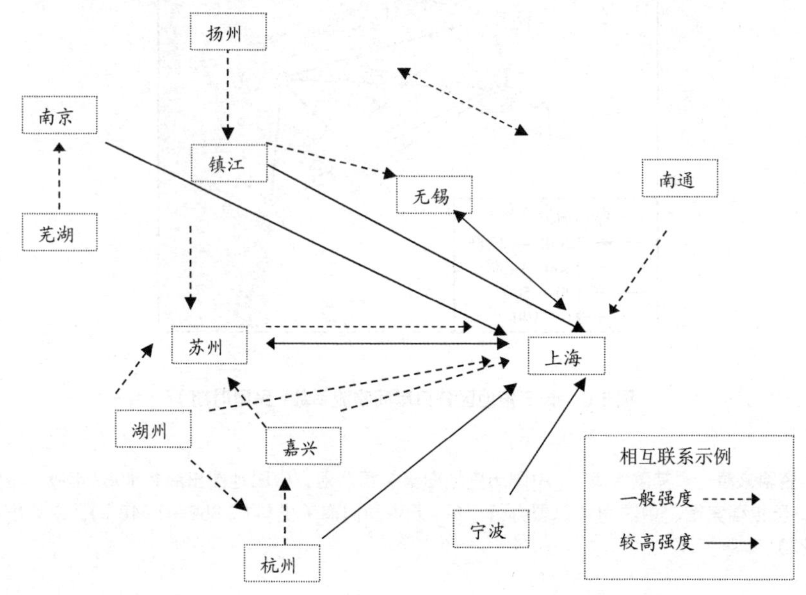

图6.7　基于要素流动的空间双核结构（民国时期）

经济地理学与区域经济学中的“经济区”，是指在一定的地理空间范围内，由一组经济活动相互关联、组合而形成的，专业化地域生产、市场交换统一的经济地域单元。一般认为，经济区是社会生产地域分工发展到资本主义阶段以后的表现形式。划分经济区常用的四项指标为：区域性、综合性、专业化、中心城市，其中，内在联系、中心城市、交通要道都是综合经济区划的重要原则，基本的尺度就是商品、资金、资源、人才市场形成的网络，划分经济区是明晰区域内部商品与要素流动的一个路径。

按照以上所述的经济区划分标准，结合文字描述与统计数据，探讨、划分区域内部的空间分异，精确到县一级。划分的基本步骤如下：（1）根据城镇关系和各地的商业、金融与工业情形，确定各亚区域的中心城市；（2）通过《中国通邮地方物产志》中各县市之间的源汇（Origin–Destination）数据，计算各县市之间物流的来源地与输出地，确定各县市出产货物及行销路线，确定各县市经济主要从属于哪一个城市与区域；（3）参考《工商半月刊》和《实业志》（江苏、浙江篇）以及安徽部分县的实业调查，核实根据《中国通邮地方物产志》计算的数据是否符合经验观察的事实。根据以上的数据统计与经验证实，进行分形聚类处理，可分为以下次区：

表6.4　长三角地区次级经济带（民国时期）

次区	等级	中心城市	所属各县（核心部分）	所属各县（边缘部分）
沪锡经济带	一级	上海、无锡	上海县、宝山、金山、奉贤、松江、青浦、嘉定、太仓、昆山、海门、常熟、吴县、吴江、无锡、江阴、武进、宜兴、溧阳、金坛	川沙、南汇、崇明、启东
宁镇扬地区	二级	南京、镇江、扬州	江宁、丹阳、来安、全椒、句容、溧水、高淳、江浦、六合、仪征、扬中、江都、丹徒、盱眙	凤阳、怀远、寿县、凤台、淮阴、淮安、滁县、天长、高邮、宝应、嘉山、泗县

续表

次区	等级	中心城市	所属各县(核心部分)	所属各县(边缘部分)
通泰地区	三级	南通、泰州	南通、如皋、靖江、泰兴、泰县	兴化、东台
嘉兴湖州地区	三级	嘉兴、湖州	嘉善、平湖、海盐、海宁、桐乡、德清、长兴、吴兴	武康、安吉、孝丰
杭州地区	二级	杭州、绍兴	崇德、於潜、临安、余杭、萧山、富阳、昌化、新登、诸暨、上虞、新昌、嵊县	广德、郎溪、歙县、休宁、祁门、黟县、绩溪、金华、兰溪、东阳、义乌、永康、武义、汤溪、龙游、衢县、建德、淳安、桐庐、遂安、寿昌、分水
宁波地区	二级	宁波	鄞县、慈溪、奉化、镇海、象山、南田、定海、余姚、宁海	黄岩、天台、仙居、临海
芜湖地区	二级	芜湖	当涂、和县、繁昌、合肥、庐江、无为、巢县	宣城、宁国、铜陵、南陵

民国时期长江三角洲地区次一级亚区的界限不是非常明显，这一模糊的空间分异与区域内部联系通道的变化是一致的，至少显示出如下信息：(1)以上海为中心包括无锡、苏州的小三角洲地区，区内要素流动高，经济联系密切，形成了一定程度的集中趋势，并向周围地区延伸，例如长江口北岸、嘉兴湖州地区、绍兴地区；(2)杭州地区、宁镇扬地区、南通泰州地区、宁波地区，甚至包括芜湖地区都成为沪锡中心区的外围。

第二节 区域内要素流动的轮廓

近代中国处于全球化浪潮第一波，其中显著的特征是贸易壁垒小，更多受制于资源禀赋，产业与服务分工不明显，产业间的贸易值微小。由于近代中国基本处于经济增长的起点阶段，较少地受制于产业的细化、国际投资、政策环境等方面的影响，这种简约的经济环境，比较适合验证区域要素的流动。

一、要素流动的方向

随着全国市场的区域化，南北大区域之间的传统商路逐渐衰落，新形成的经济区之间的商业相对比较脆弱。例如，湘赣之间保持较大宗的只有粤盐北济湘南、赣南以及广东上岸的外国洋货北运至湘潭分销，由湘潭集中装箱的各地丝茶再运广东放洋出海。1936年7月粤汉铁路的正式开通，湘米运粤将湘中南市场区重叠进珠江市场网络。据1932年江西陶务局的调查，各地运销的陶瓷共计573万元，其中到广东、香港的共70余万元。在近代中国，因为船运是将商品运往国内外市场最经济的方式，沿海与可以通航的流域是经济高密度区，随着技术的进步与通信交通成本的下降，重新塑造经济密度的走势。

广州开埠以前，整个珠江流域的要素市场流动已经形成了一个网络结构，但还是基于次区域系统的松散联合体，每个系统与相邻系统之间只有些脆弱的联系。20世纪20年代以来，随着广州、香港等珠江三角洲一些大城市的崛起，城市现代化水平的提高，及广西城镇商业市场网络发展的日趋成熟，这种情况有了很大的变化。伴随着国际贸易和海运交通的发展，沿海港口城市快速地成长，尤其是河口三角洲地区，往往成为现代经济生长的中心，拉动了流域经济的持续发展。珠江三角洲地区大中城市对珠江中上游地区的吸引力和辐射力得到大大提高，流域内各地区城市之间的经济联系日益密切、广泛，并越来越显示出城市之间的互动作用。

如图6.8所示，经济大危机之前，香港的进出口贸易指数整体上呈持续有效的增长。另外，如前所述，近代香港是粤桂外贸与金融之枢纽，故而，近代时期，华南地区的要素流通整体上持续有效，不断扩大。

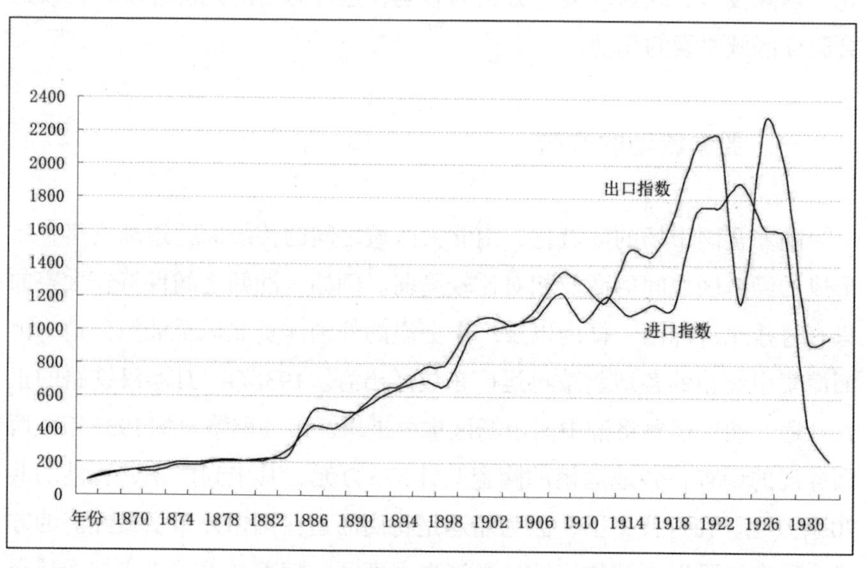

图6.8　近代香港进出口指数（1868—1933）

资料来源：《中国对香港贸易之观察》，载《商业月报》1936年第16卷第4期。

表 6.5 华南各口岸对其他口岸的依存度(1894—1904 年)

	口岸	(对该口岸)依存度		依存度		依存度		依存度	
洋货进口	汕头	香港	93.39					国外	6.61
	广州	香港	98.22					国外	1.78
	江门	香港	99.35	澳门	0.65			国外	0.00
	三水	香港	99.71	澳门	0.29			国外	0.00
	梧州	香港	99.41					国内	0.59
	琼州	香港	90.62					国外	9.38
	北海	香港	99.03					国外	0.97
土货进口	汕头	琼州	0.29	北海	0.01			区外	99.70
	广州	汕头	0.14	梧州	0.30			区外	99.56
	江门	梧州	99.52	三水	0.48			区外	0.00
	三水	梧州	94.07	肇庆	5.92			区外	0.01
	梧州	广州	8.89	三水	78.77	肇庆	3.31	区外	9.03
	琼州	汕头	56.19	北海	43.81			区外	0.00
	北海	琼州	99.73	汕头	0.19			区外	0.08
土货出口	汕头	国外	33.35	香港	11.90			区外	21.45
		国内	66.65	广州	0.07	琼州	0.04	区外	66.54
	广州	国外	87.71	香港	87.71			区外	0.00
		国内	12.29	梧州	0.06			区外	12.23

续表

	口岸	（对该口岸）依存度	依存度	依存度	依存度
土货出口	江门	国外 93.19	香港 91.20	澳门 1.99	区外 0.00
		国内 6.81	梧州 0.21		区外 6.60
	三水	国外 76.46	香港 72.04	澳门 4.42	区外 0.00
		国内 23.54	梧州 22.81	肇庆 0.7	区外 0.03
	梧州	国外 93.74	香港 93.74		区外 0.00
		国内 6.26	广州 1.91	三水 3.64	区外 0.01
	琼州	国外 95.96	香港 93.78		区外 2.18
		国内 4.07	汕头 2.47	北海 1.59	区外 0.01
	北海	国外 99.87	香港 97.95		区外 1.92
		国内 0.13	汕头 0.11	琼州 0.02	区外 0.00

资料来源：中国第二历史档案馆、中国海关总署办公厅编：《中国旧海关史料（1859—1948）》，京华出版社2001年版。

注：其中梧州对肇庆0.7的土货出口依存度未标识。

据表6.5，就进口洋货而言，华南各口岸高度依存香港，就进口土货而言，仅汕头、琼州口岸不依赖于本区域的口岸；就出口土货而言，仅汕头对国内口岸的土货出口具有独立性。韦恩（Wayne）的港口经济学提供了一个货运出口的供应链分析，如图6.9所示。在近代华南地区，各开埠口岸正如图中的港口A、B、C等，其对外航线的联系主要是单一地面向港口D，即香港。对于广州、梧州、北海等口岸而言，进口洋货依附于香港，而出口土货几乎全部供给香港，或由香港转运内地及域外国家。

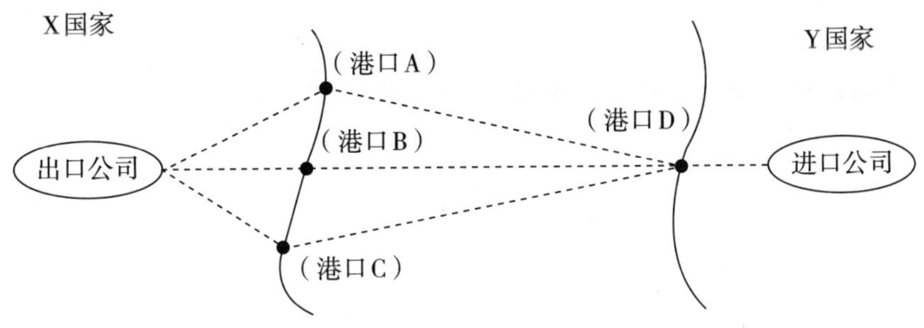

图6.9 港口出口货运供应链图

资料来源： Wayne K. Talley. *Port Economics*. Routledge Press 2009. p81.

导致港口区位空间格局发生变化的要素，首先是交通网络扩张从而提高腹地交通便利程度，其次是"龙头"港的产生和港口序列的形成过程，一般表现为区域内部要素流动方向的变化。

表6.6 华南地区口岸间贸易依存度(1936年)

贸易通道	依存度	贸易通道	依存度	贸易通道	依存度	贸易通道	依存度
梧州南宁	65.69	广州琼州	31.87	琼州江门	5.44	汕头南宁	0.50
梧州三水	47.59	广州北海	18.83	广州梧州	3.45	梧州北海	0.37
		广州汕头	13.02	广州南宁	2.65	梧州江门	0.23
		汕头江门	14.23	汕头梧州	2.28	梧州琼州	0.06
		北海江门	12.94	南宁三水	2.25	广州江门	0*
				汕头琼州	2.17	广州三水	0*
				汕头北海	1.38	江门三水	0*

续表

贸易通道	依存度	贸易通道	依存度	贸易通道	依存度	贸易通道	依存度
				琼州北海	1.16	琼州三水	0
						琼州南宁	0
						北海三水	0
						江门南宁	0
						汕头三水	0
						北海南宁	0

资料来源：中国第二历史档案馆、中国海关总署办公厅编：《中国旧海关史料（1859—1948）》，京华出版社2001年版。

注：*表示值为零是基于地理临近没有的原因，而非真实为零。

表6.6列举了1936年华南地区口岸间贸易依存度分类，第一列区间是［47，66］共2组，第二列区间为［12，32］共5组，第三列区间为［1，5.5］共8组，第四列区间为［0，0.5］共13组。显示出当时中国各口岸之间，除了区域内临近的主要口岸，例如梧州南宁、梧州三水，或者区域内部次级通道，例如广州琼州、广州北海、广州汕头等，其他通道相互之间的依存度依然不高。

要素流通中除海关贸易外，另有一个可以参考的指标是海外侨汇。广东侨汇额度在战前约国币3亿元，截至1949年的统计，华侨在广东共创办企业2万多家，投资总额为3.86亿银圆，约占同期华侨投资国内企业总额的55%。在近代广东的民族资本中，侨资约占40%，[①]侨资一般

①林金枝：《近代华侨投资国内企业的几个问题》，载《近代史研究》1980年第1期；《近代华侨投资国内企业概论》，厦门大学出版社1988年版，第60页。

投资银号、百货店、杂货店、房地产、酒楼饭店等。侨汇与生丝是近代广东的支柱经济。1934年侨汇相对较少，大约为最近几年年均值的73.78%，海关贸易报告中纷纷认为，这是地方经济困顿、进口洋货减少的主要原因之一（尤其是江门、拱北、汕头关）。

根据林家劲等整理的数据，广东侨汇占全国侨汇总额的80%—85%，1914—1948年广东年均侨汇额为6684.29万美元，1938年高达15300万美元。①据统计，1862—1949年，全国华侨投资企业数为25510家，广东华侨投资企业占有21268家（83.37%）。②

二、要素流动的脉络

由于区域内部或区域之间的禀赋差异，促成了要素向收益更高的地点流动，重新组成新的地方生产结构，形成更有效率的生产，以最少的投入获得最大的收益。一般而言，自然资源的分布相对而言比较分散，民国时期各地产业发展颇有进展，故而促成了区域要素的流动。经济发展以及空间经济自然演化的趋向，一般会促进区域性资源的网络化流动。无论是经验事实，还是区域的集聚扩散理论，已经在这方面积累了一些常识性的认知。简言之，合理的空间分布能够使生产要素获得更优的配置。由于网络具有开放性，网络本身一直处于解构与重构之中，也是有流动性的。

“过去广西交通之重心在水运，水运之枢纽在东南，故……省内各种农林工业产品，以受交通之限制，不法北运长沙流域，只能以粤港为尾闾。因广西江河，除湘江而外，大抵（东）南流，货物运输，顺流则易，逆水则难，而灵渠湘江复水浅流急，不适于较大规模之货运。……是以广西农林工业产品，销路有限，与长江流域之广大市场，殆相隔

①林家劲等：《近代广东侨汇研究》，中山大学出版社1999年版，第101页。
②林金枝：《近代华侨投资国内企业概论》，厦门大学出版社1988年版，第41页。

绝，各业盛衰，几全为粤港市场所左右。”[①]苍梧戎圩、平南大乌、桂平江口是广西三大圩市，桂东南地区，民谚称之为“无东（广东人）不成市，有烟则有东”“以广东人为多，握商业之实权”。

1920年以前，广西各县每年向广东都城、德庆、禅城、禄步、广利、三水、西南、鹤山、九江、江门、佛山、广州、顺德和香港等地销出的大米，多达三四百万石。除此之外，牛、猪、鸡、鸭及副产品和牛皮、猪鬃等开始成为大宗输粤产品。自桂输粤土特产的品种增加，著名的有：南宁的爆竹、铜器、刨丝烟，桂林的梳篦、毛笔、纸扇，梧州的藤器，玉林的土布，桂平的竹器、桂皮，龙州的尖刀，宾阳的陶瓷器、纸伞，隆山、那马的砂纸，隆安的草席，忻城的土锦和永淳的腌头菜，邕宁、崇善、奉议的白糖，田阳、凭祥、德保的八角，恩阳、恩隆、靖西、天保、奉议的茴香等。

当时从广东输入广西的产品，除了外国工业品，还有大量从上海、江浙等地转运到广东的工业产品，以及广东省传统的手工业、农副业产品和渔盐产品，例如：棉纱、棉布、燃料、面粉、白糖、纸烟、火柴、剪口铁、汽车等。

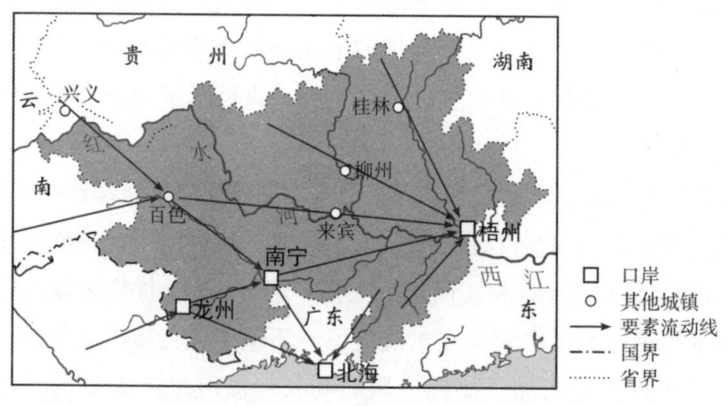

图6.10　广西土货的集聚与流动

---

①张先辰：《广西经济地理》，文化供应社1941年版，第215～216页。

资料来源：丁文江等编：《中华民国新地图》，申报馆1934年。转引自方书生：《华南近代经济地理》，华东师范大学出版社2015年版，第290页。

图6.10示意了近代广西土货集聚与流动的路线与趋势。

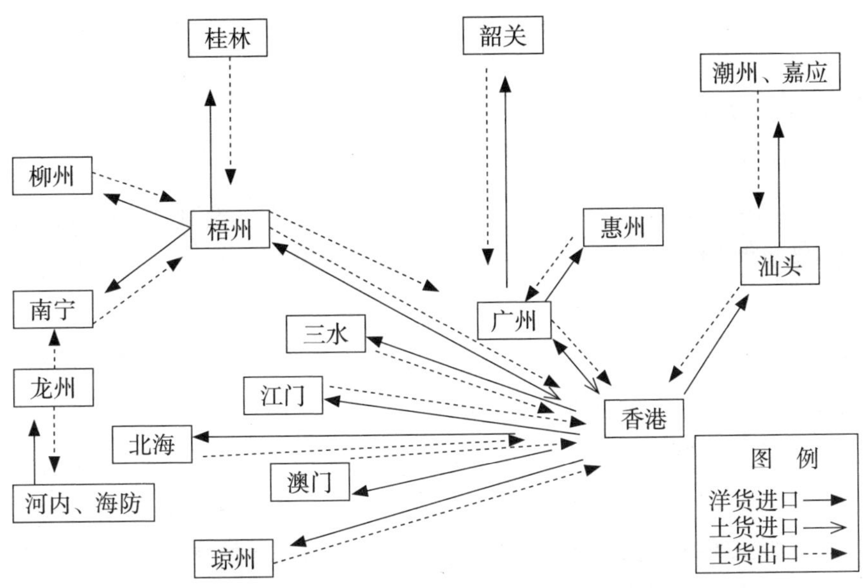

图6.11　基于进出口商品的来源与去向的空间示意

资料来源：中国第二历史档案馆、中国海关总署办公厅编：《中国旧海关史料（1859—1948）》，京华出版社2001年版。

图6.11表达了华南地区港埠之间、港埠与内地中心城市之间的关系。香港居于绝对的中心位置，其他商埠作为一个特定区域的中心，形成了以香港为港口，特定形态的外围—中心、中心—港口结构。口岸与中心城市之间形成了多重的相互对应结构，在香港中心之下，广州、梧州等城镇成为次一级区域中心，形成了区域的双核空间结构。彼此之间的差别主要体现在作用力与反作用力的强度上，区域性的中心城市具有

较高的空间作用力。

内在的张力缘于香港的边缘优势，各港埠与香港的直接商业贸易，并非仅仅出于税收、交通的资源优势，更重要的是利用香港的金融汇兑、贸易转口优势。只要系统的中心不曾位移，就能保持一定的稳定性，这是粤港澳近代关系沉浮的主轴，也是近代华南次级区域空间结构变化的一条主线，不仅直接影响到各港埠腹地的空间格局，甚至直接预示了三层腹地结构的空间变迁形态和演进方式。

1911年通车的广九铁路有助于密切粤港关系，体现了香港中心对于广州的拉动。广州位于珠江三角洲的顶水点，自然的禀赋和经济区位决定了广州应该是珠江水系的经济中心，但是，潜在的禀赋必须获得适宜的开发才能显示出来。20世纪20年代以后国民政府对于产业发展的规范，以及腹地经济的发展，才最终确立了华南省港中心。显然，在粤港双核结构形成以前，当地有多种替代途径，如图6.11所示，华南沿海、珠江沿线的港埠纷纷投向香港中心。

当港粤、港澳、港江（门）、港梧（州）这样的区域结构形成后，带动了各自腹地经济的发展。事实上这些“中心地”同样具有边缘的效应，这样又形成了次一级的区域结构。当广州、江门等港埠中心和内地中层市场中心，形成一个个次一级的双核空间结构，这样就将来自外部的经济能量传入一个个中层中心，组成了一种内在的腹地空间结构，把地理上所谓的相对和绝对的经济区位的预设，充分地展示出来。这是一种地理形态上的中心外围结构，是一种经济理性与商业规范、政策干预与民众选择的共同结局，几乎每个港埠都以其中一条或数条轴线来优化空间组合，展现了一幅要素流通空间脉络图。

当区域经济相对封闭时，距离与密度是决定区域市场潜力的主要因素；当区域实行对外开放以后，与国际市场的距离或国际市场的准入变得重要，边境或沿海地区常常获得来自区位优势的经济利益。贸易模式的改变通常会改变区域的市场潜力，之前处于优势地位的地区，随着与外部市场距离的拉大，失去了领先地位。

通过以上广东、广西两省近代地区经济地理变迁的图解，可见要素流动脉络的变化。由于开放与融入世界经济体系，使得香港（广州）等沿海沿长江航道的口岸城市获得更高的外部市场准入度，并通过联系国内外市场，成为新的区域中心与经济走廊。原有的韶关—佛山—广州、梧州—佛山—广州“V”字形城镇发展轴线逐渐被香港（广州）—梧州、三水、汕头、北海（琼州）的“¥”字形空间结构取代。由于农业经济仍然占显著的主导地位，区域之间的分割是广泛存在的，是常态，点线轴的联系才是近代经济地理变迁的显著特征，这种空间形态也暗示着近代还处在发展的开始阶段。

经济密度的空间变化也反映了这一特征，在晚清华南地区尚未对外开放贸易前，区域处在以农业经济为主的发展阶段，人口主要分散在农村，即使最大的城市（例如广州）规模也比较有限，城市居住区一般是城市城墙之内的街坊，这类城市一般毗邻交通要道，提供剩余农产品的交换。晚清开埠以后，快速增长的对外贸易，带动了乡村手工业化后的分工，商业与贸易迅速带来了城市的发展，尤其是以香港（广州）为首的口岸城市。

在地区经济的发展过程中，自然出现从毗邻区向密集区的溢出效应与过程，一个地区整体的要素增长率与毗邻地区的经济密度呈现正相关。通过溢出效应，毗邻地区的需求增长会促进整体要素生产率的更快增长。粤港得益于毗邻优势，信息、人才等资源优势，成为中心。资本与劳动力等生产要素会流向报酬最高的地区，因为这些地区生产要素稀缺。为了实现规模经济，需要在一个经济板块聚集人口与资源，相对大量的人口不仅提供制造业生产所需要的人口，也提供了消费品市场，当从自然资源向工业转变的过程中，人口自然集中到沿海地区，沿海城市成为地区制造业增长的发动机，首先从国内市场中获益，然后快速转向面向区域市场与世界市场的进出口。

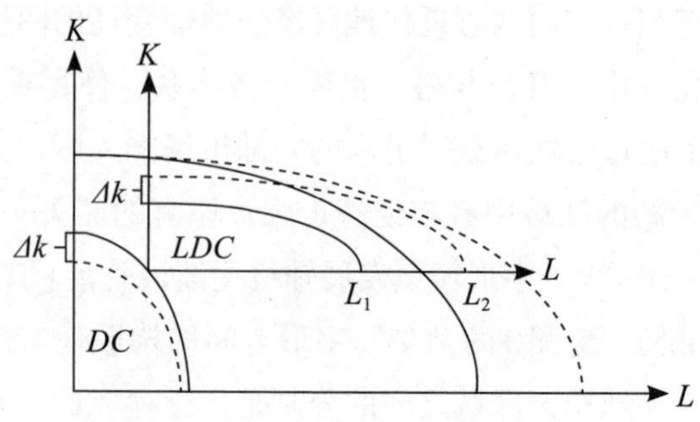

图6.12　要素流通机制图解

如图6.12，由于要素在流动中改变了区域资源的配置，激发了闲置的要素，能够提高边际生产效率，故而，部门与部门之间、区域与区域之间的要素流动，能够促进经济增长。在图中，区域先发展地区表示为*DC*，区域后发展地区表示为*LDC*，初始情形为实线部分，区域生产可能性曲线是先发展地区与后发展地区可能性生产曲线的总和。如果要素从先发展地区流入后发展地区的量为Δk，激发后发展地区的剩余劳动力，则后发展地区劳动力从L_1增加到L_2。反映到区域生产可能曲线中，资本端没有变化，但劳动端向外扩展，总的生产可能性曲线扩张。于是，通过要素流动激发剩余要素，使其投入生产过程中，从而提高要素的总产出量。

沿着张敏、顾朝林对要素流动的空间类型与重心的观察与计算的思路，[①]加入时间与区域空间资源配置的要素，存在以下三种要素空间流动模式，分别代表不同的空间尺度与空间类型。如果加入演化发展的思路，结合以上对华南地区经济地理变迁过程的计算与分析，可以看出：1.香港—广州之间是区域的“I极核交互型”，已经形成；2.香港（广州）—汕头、三水、北海、琼州等属于次区域的“II核心边缘集散型”，

①张敏、顾朝林：《近期中国省际经济社会要素流动的空间特征》，载《地理研究》2002年第3期。

正在萌芽状态，还没有形成；3.香港（广州）—江门、三水、惠州等属于更小地理尺度的“III邻域渗透型”，正在形成中；4.香港（广州）对小珠三角地区逐渐开始的经济辐射属于中心“IV溢出型”，还没有形成。

故而，可以将区域内部要素流动图论为以下三种模式（图6.13）：

第一,（Ⅰ）“点”—“点”辐射式,（Ⅱ）“点”—“线”交互式；第二,（Ⅲ）“点”—“线”辐射式,（Ⅳ）“点”—“面”交互式；第三,（Ⅴ）“点”—“线”—“面”辐射式,（Ⅵ）“点”—“线”—“面”交互式。

流动类型	模式（1）	……	模式（n）
辐射式	“点”—“点”（Ⅰ）	“点”—“线”（Ⅲ）	“点”—“线”—“面”（Ⅴ）
（图论）	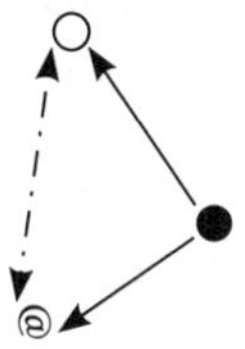	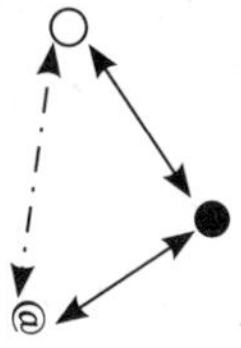	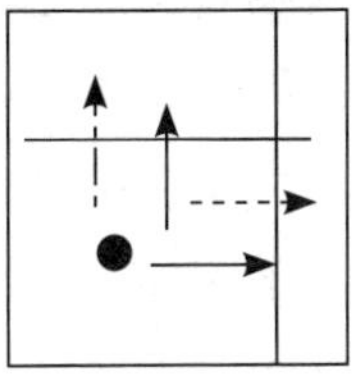
示例	香港—汕头、琼州、北海……	香港—三水、梧州……	香港（广州）—梧州、南宁
交互式	“点”—“线”（Ⅱ）	“点”—“面”（Ⅳ）	“点”—“线”—“面”（Ⅵ）
（图论）	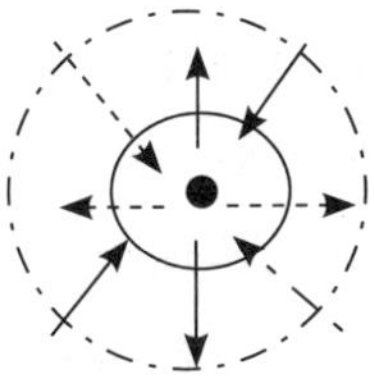	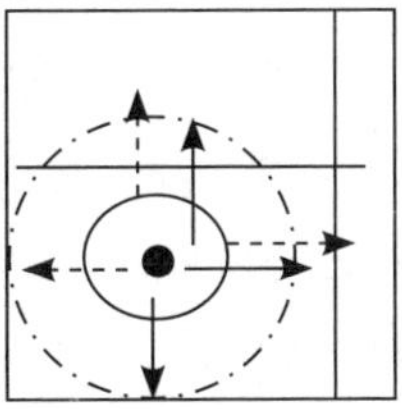	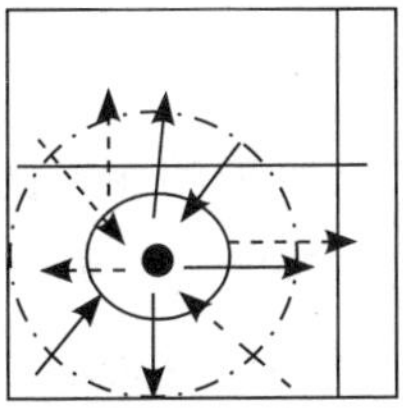
示例	香港—广州	香港—广州、江门	香港—广州、梧州、三水
空间模式	双核型	核心—边缘型	领域渗透或溢出型

图6.13　要素流动空间模式示意

该类型的要素空间流动模式，仅在于近代中国已经形成“地域化经济”的地区①普遍存在，其他区域仅出现其中某一种或数种情形，基于空间扩散与传导引发的经济增长，仅在近代中国的局部先发地区存在。

第三节　区域内要素流动的度量

在贸易引力模型中，有两个制约因素：一是贸易伙伴的距离；二是贸易体以国内生产总值界定的经济规模。因为贸易额随距离衰减，随国内生产总值递增，所以贸易总是发生在毗邻地区或经济规模较大的地区。尽管随着交通运输成本的下降，距离对于贸易额的影响减弱，但这一基本制约要素依然存在。珠江三角洲与韩江三角洲地区，由于国内生产总值的大幅度提高，经济板块形成。不断自我强化的进出口贸易，形成了一定的经济效益，包括良好的港口设施、集装箱运输、航运设备，借助较高的经济密度，区域经济体能够突破障碍，进行远距离贸易。

一、模型与解释框架

区域内部或区域之间生产要素流动网络，是指在市场机制作用下，基于要素价值的比较优势，采用互补、创新等方式，基于内在的自适应性和自主决策能力的要素主体所构成的一个网络状的组织模式。

已有的研究表明，外部经济性、比较优势、交易成本、空间集聚、社会资本网络等共同构成了要素网络流动的内在动力，现代经济地理学在这些方面已经积累了较多的案例研究与机制分析。聂锐、高伟认为，

①迈克尔·斯多珀用经济学的术语如此定义：“地域化的经济是由依赖地域特定资源的经济活动构成的，这种‘资源’可以是仅出自某一个地方的特殊要素，或者更复杂一点，只能从某种特定的组织内部或企业、市场关系中获得要素，包括地理邻近性，或者说地理临近的关系比其他方式能够更有效地产生这种特殊要素。”

已有的研究未能将产业要素与产业网络结构结合起来，结合网络研究的进展，构建了一个区际要素流动网络的分析框架。①将节点、连线、网络结构分别与区域、要素流动、要素流动的空间结构对应起来，寻找区际要素流动的整体结构，以及区域要素流动的一般规律。

以下结合近代中国要素相对简要的特征，重新给予界定。

（1）生产要素：从时空关系的角度，将区域的生产要素形态，界定为一个个具有适应性与自主决策能力的主体所构成的网络。生产要素的表现形式：原材料、基础设施、人力资源、信息资源、财务资源、知识资源等。生产要素在资本追逐经济利益最大化的原则下实现区际的流动，最直观的表现形式为区域内部或区域之间的商品的流动。

（2）生产要素流动网络的主体：从微观的角度是个人、群体，然后扩大到企业、组织、部分，再延伸到城市，甚至是区域，包括所有参与生产要素流动的载体。在特定情形下，要素流动网络的主体，就形成了要素流动的节点。不同的节点的地位是不同的，在该网络中的权重也是不同的。

（3）要素流动性与网络：由于区域内部或区域之间的禀赋差异，促成了要素向收益更高的地点流动，重新组成新的地方生产结构，形成更有效率的生产，以最少的投入，获得最大的收益。无论是经验事实，还是区域的集聚扩散理论，已经在这方面积累了很多常识性的认知。简言之，合理的空间分布能够使生产要素获得更优的配置。节点之间的要素流动，就形成了区内或区际的动态网络。

根据哈堪森（Hakansson）的观点，网络应该包括三个基本的组成要素：行为主体、链接关系和网络中流动的资源。由于真实世界的复杂性，使得现实世界中的网络结构与拓扑分析上的结构，有着很大的差异性，这里拟将基于地理空间的网络进行分析，以求更贴近实情。

根据聂锐、高伟构建的要素流动的网络模型，要素系统是由其中的要素主体以及它们之间的要素流动关系构成的。如果将要素主体记为节

①聂锐、高伟：《区际生产要素流动的网络模型研究》，载《财经研究》2008年第7期。

点，它们之间的要素流动关系，则视为节点间的连边，则一个要素系统G可用一个有序四元组表示：

$G=(V, E, F, R)$

其中：$V=\{v_1, v_2, \cdots, v_n\}$ 为节点集，V中元素v称为节点（Vertex或Node），表示要素主体的集合；

$E=\{e_{ij}\}$ 为边集，且E中的每条边都与V中的一对节点(v_i, v_j)对应。E中元素称之为边（Edge或Link），表示要素主体之间的要素流动关系；

$F=\{f_1, f_2, \cdots, f_n\}$ 为要素集合，其中的元素是指网络中流动的要素（Factor）；

$R=\{r_1, r_2, \cdots, r_n\}$ 为区域集合，其中的元素是指区域（Region）。

如此，可以给出如下一些定义作为对其特征的度量指标：

（1）度（Degree）：节点的度是节点连边的数量，$K_i=\sum e_{ij}$，如果网络是有向的，节点的度就分为两种，出度$K_i^{out}=\sum e_{ij}$和入度$K_i^{in}=\sum e_{ij}$，因此$K_i=K_i^{in}+K_i^{out}$。网络的最基本的特征就是其度的分布$P(k)$，在有向网络中，需要考虑两种度分布，即$P(k_i^{in})$和$P(k_i^{out})$。

（2）影响力：节点在系统中的重要程度，它等于节点度与系统总度数的比值，记为$v_i(t_i)=K_i(t)/\sum K_j(t)$。

（3）边权：节点与其一邻居间的链接强度，在系统的拓扑结构上表示两节点间连边的粗细程度。两节点在t 时刻的边权值记为：$L_{ij}(t)=\eta_i(t)\eta_j(t)/\sum\eta_i(t)\eta_j(t)$。即节点间要素流动规模越大，两节点的连边越粗。

（4）最短路径：在生产要素流动中，最短路径在网络中对于要素的流动是一个重要的指标。节点间最大的距离成为网络的直径，测量路径长度一般采用平均最短路径的概念：$L=\frac{1}{N(N-1)}\sum_{i,j\in n}d_{ij}$。

（5）群聚系数：相邻节点间存在关系的比重，即与该节点直接相邻的节点间实际存在的边数目占最大可能存在的边数目的比例，实际上它反映了系统在此节点上的点密度。节点的群聚系数可记为：

$C_i=2\ e_i\ /\ k_i\ (k_i-1)$，式中$k_i$表示节点$i$的度，$e_i$表示节点$i$的邻接点之间实际存在的边数。并且，可进一步地分析加权的群聚系数，用以刻画系统中各处联系强度的分布情况：

$$C_i^w=\frac{1}{s_i\ (k_i-1)}\sum_{j,h}\frac{l_{ij}+l_{ih}}{2}\delta_{ij}\delta_{ih}\delta_{jh}\text{，其中}\delta_{jh}=\begin{cases}1\ j\text{，}h\text{之间存在要素流动}\\0\ j\text{，}h\text{之间不存在要素流动}\end{cases}$$

二、数据与文献验证

此外，将晚清口岸之间的海关埠际贸易数据整理后，可以发现华南地区贸易通道的强度与等级，表6.7计算了口岸城市之间的要素流动系数。

表6.7　晚清华南区内要素流动

	边	路径（千米）	方向	系数		边	路径（千米）	方向	系数
一类	广州香港	188	*至香港	100.00	二类	香港梧州	384	至梧州	18.29
	江门香港	152	至香港	30.58		香港琼州	539	*至琼州	8.71
	香港汕头	385	至汕头	28.71		香港北海	559	至北海	8.22
						香港三水	178	至三水	5.81
	边	路径（千米）	方向	系数		边	路径（千米）		系数
三类	三水梧州	216	至梧州	1.36	四类	广州江门	88		0.00
	梧州广州	255	*至广州	0.30		江门三水	99		0.00
	琼州汕头	881	*至汕头	0.22		广州三水	75		0.00
	琼州北海	235	*至北海	0.14		广州琼州	622		0.00
	汕头广州	613	至广州	0.08		广州北海	871		0.00

续表

	边	路径（千米）	方向	系数		边	路径（千米）		系数
	梧州江门	358	*至江门	0.02		汕头江门	568		0.00
	北海汕头	1598	至汕头	0.00		汕头梧州	839		0.00
						汕头三水	638		0.00
三类					四类	琼州江门	544		0.00
						琼州梧州	1007		0.00
						琼州三水	737		0.00
						梧州北海	1203		0.00
						江门北海	940		0.00
						北海三水	1031		0.00

资料来源：中国第二历史档案馆、中国海关总署办公厅编：《中国旧海关史料（1859—1948）》，京华出版社2001年版。

注：*为流出地与流入地之间的差异小于等于50%。

将表6.7的数据投影到地图上，[①]从图6.14中，可以看出近代开埠以后，区域经济要素流动通道的改变，形成了以香港、广州为中心，香港、广州—汕头，香港、广州—琼州，香港、广州—北海，香港、广州—梧州为轴心的要素流动线路，与之前经验描述中发现的“Σ”字形结构转变是一致的。特别需要说明的是，由于晚清农业经济仍然占显著的主导地位，区域之间的分割是广泛存在的，是常态，点线轴的联系才是近代早期经济地理变迁的显著特征，这种空间形态也暗示着近代早期还处在发展的最开始阶段。

① 由于非口岸城市数据的不足，地图上出现了明显的空白之处，但这些区域属于中心城市的边缘腹地，并不影响比较分析。

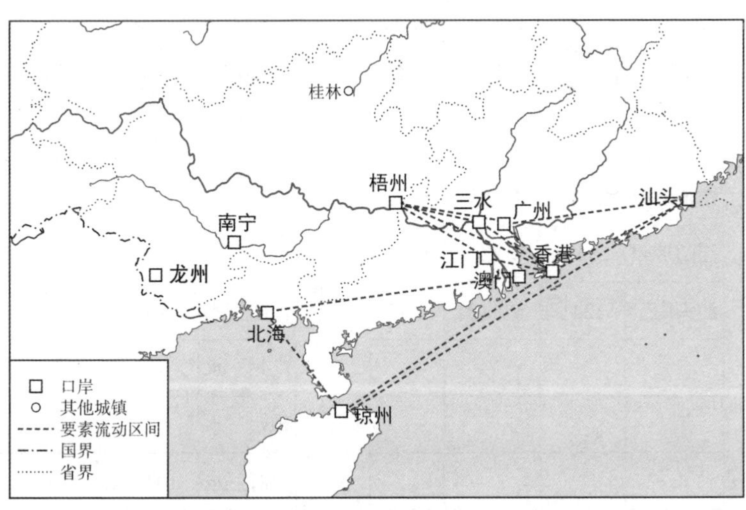

图6.14　华南口岸间的要素流动（晚清时期）

资料来源：谭其骧主编：《中国历史地图集》第八册，中国地图出版社1987年版。转引自方书生：《华南近代经济地理》，华东师范大学出版社2015年版，第298页。

表6.8　华南区内要素流动（1936年）

	边	路径（千米）	方向	系数		边	路径（千米）	方向	系数
一类	广州汕头	613	至汕头	100.00	二类	汕头琼州	881	至琼州	5.12
	广州琼州	622	至琼州	60.77		北海江门	940	至江门	4.32
	梧州南宁	455	至南宁	60.14		梧州汕头	839	至汕头	3.10
	广州北海	871	至北海	22.97		广州南宁	667	*至南宁	1.98
	广州梧州	255	至梧州	11.25		江门汕头	568	*至汕头	1.09
三类	汕头北海	1598	*至北海	0.95	四类	梧州琼州	1007	至琼州	0.07
	三水梧州	216	*至梧州	0.68		三水南宁	592	至南宁	0.02

续表

	边	路径（千米）	方向	系数		边	路径（千米）	方向	系数
三类	北海琼州	235	*至琼州	0.45	四类	江门梧州	358	至梧州	0.01
	梧州北海	1203	至北海	0.30		汕头三水	638	至三水	0.01
	江门琼州	544	至琼州	0.25		广州江门	88		0
	汕头南宁	1241	至汕头	0.17		江门三水	99		0
						广州三水	75		0
						琼州三水	737		0
						北海三水	1031		0
						北海南宁	274		0

资料来源：郑友揆、韩启桐：《中国埠际贸易统计（1936—1940）》，中国科学院1951年版。
注：*为流出地与流入地之间的差异小于等于50%。

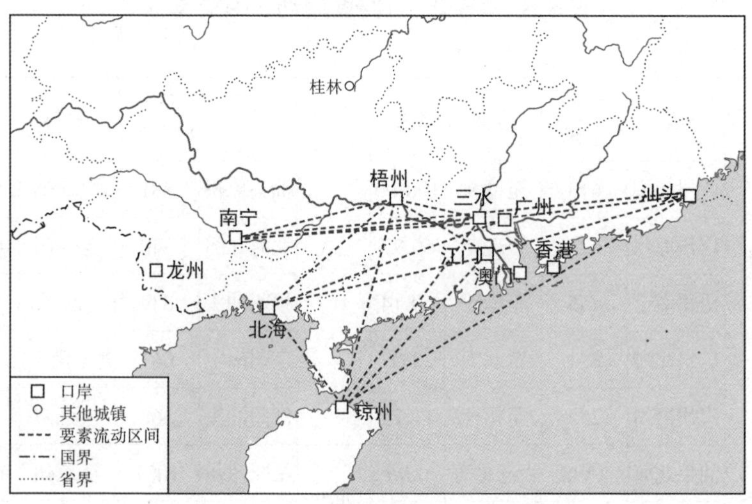

图6.15　华南口岸间的要素流动（民国时期）

资料来源：丁文江等编：《中华民国新地图》，申报馆1934年。转引自方书生：《华南近代经济地理》，华东师范大学出版社2015年版，第299页。

表6.8、图6.15采用1936年的埠际贸易数量，来观察近代华南地区口岸之间联系通道与强度的变化，与图6.14的比较可以看出，晚清到民国期间，华南地区口岸间的物流量有所增长。就空间的联系通道而言，虽然主要的物流通道没有显著的变化，但民国时期各口岸之间的回路联系增强，出现网络化联系的趋向。这暗示着民国时期经济建设与地方产业的发展，以及产业内贸易的增强。

交通运输基础设施的位置与质量、运输的可得性可以极大地影响到两个地区的经济距离。在近代中国，因为船运是将商品运往国内外市场最经济的方式，沿海与可以通航的流域是经济高密度区，随着技术的进步与通信交通成本的下降，重新塑造经济密度的走势。交通基础设施的改变对于培育地方经济意义重大。

轮船取代帆船导致运营成本增加，在节省时间方面，除了上述的减少挂靠港口，另一办法则是减少在港时间，增加航行时间，这又对港口的货物集中能力和货物存储的能力提出更高的要求。为了提高经济效益，轮船都在减少途中靠岸的次数，而且都集中于少数大商埠以承接航运业务。先把货物卸于上海港，再通过固定而廉价的区域航线船只转运。

公路运输多半为军事需要服务，传统的人畜力运输工具仍然是城乡运输的重要力量。因为“地方大量笨重货物多利用轮船装载。客运方面以铁路迅速、正确之优点，有独占之势”。上海、广州、武汉、南京等沿海沿江城市，通火车之后，铁路货运量在货运总量中大致在20%—30%之间。一战结束后，外轮卷土重来，恢复了在中国沿海沿江的航运，但此时中国民营小轮航运业已经初步具备与外国轮运势力抗衡和竞争的能力，改变了外国轮运势力独占和垄断的局面。民国时期，随着铁路、公路的修建及商品流通结构的变化，港口的兴衰也有了明显的差异。

统一的经济地区将会促进劳动力的自由流动、资本市场的一体化、服务业的自由贸易，并且通过政治上的一体化获取经济上的一体化，降低边界效应，缩减边界直至边界消失。拥有一套高效的、完备的商品与生产要素市场体系，次级区域的变化不会影响到整体的经济发展。克服距离与分割导致的困难，劳动力的流动可以实现，经济活动的地理空间分布不均衡并不影响经济的发展。

图6.14、图6.15的变化表明，随着时间的演进，区域内部的经济分割减少、经济联系增强、经济距离缩短、经济密度提升，区域内更多次一级的城市出现，并在经济流通体系中占有更重要的地位。同时，伴随着区内独立有序的经济流通系统的形成，地方化经济系统萌生，新的经济秩序逐渐形成。在前近代，中国长距离跨区域贸易一度比较活跃，但基于地方区域，跨部门、高度依存的贸易经济一直未曾出现。

第四节　区域内要素流动的规制

在提及近代广西商业未能发展之时，一般认为，可能有这几个方面的原因：地理偏僻，交通不发达，历来经济落后，外贸商业的基础薄弱，经济基础对于商业发展的推力不足；广西内战频繁，人们生活贫苦，商业企业即使建立起来，也大都倒闭，一旦遇到变故则情况更惨；新桂系初期在桂的统治，忙于巩固政权，顾不及外贸商业，[①]大约囊括了要素流动中的经济与非经济原因。

①杨乃良：《民国时期广西经济建设研究》，崇文书局2003年版，第122~123页。

一、一般性经济因素

王亚南在论及近代中国贸易市场发展的情况时指出：由于帝国主义的瓜分形成了不同的地区与外国联系的紧密甚至比彼此之间结成的市场要密切许多。[①]其实，商人从芜湖买米经上海运到广州需要20天，但是东南亚的米谷只要一个星期就能到达广州。当市场畅通之际，自然采用更经济的流通方式。

影响市场流通方式与区域物流的原因主要为自由通行与税率，这也是中英战后谈判的要点。1842年后海关洋货进口的税收大约5%（基本是从价税），中国成为世界上进口税率最低的国家之一。除了正税，洋货进入中国腹地，需要另外交纳2.5%的子口税，就可以自由转入非开放口岸或内地任何地方，也就是说洋货进入中国沿海、沿江的口岸收取5%从价税，进入内地收取7.5%。《南京条约》的一个宗旨就是实现在华“贸易通商无碍”。改变了以前国内商品流通“逢关纳税、过卡抽厘”的弊端，改善了要素商品市场的流畅度。在土货出口方面，实行同样的税收方法。

以伦敦亚细亚火油有限公司为例，该公司总行1902年成立，香港公司1904年成立，广州公司1906年成立。其中，伦敦为一级公司，上海、香港为二级公司，广州为三级公司。20世纪30年代亚细亚的汽油业务已经超过煤油。亚细亚火油在华南的分公司有广州（拥有三个水油仓）、梧州（兼管南宁分行）、江门、湛江、海口。各分公司也划定区域，域内委托代理推广到乡村。

华南公司中以广州最大，销售区域包括东江、西江、北江与珠江三角洲，除了广州市内的代理，在东江的东莞、增城、石龙、惠阳、河源、老隆、和平设有代理，东江临近香港的稔山、淡水、樟木头直接由香

①王亚南：《中国半封建半殖民地经济形态研究》，人民出版社1957年版，第254页。

港管理；在西江的三水、西南、四会、广利、肇庆、罗定、都城、八步、芦苞设有代理；在北江的新街、高圹、清远、英德、曲江、南雄、连县设有代理；在珠江三角洲的佛山、陈村、大良、九江、大沥、官窑、襄水、官山设有代理。这些代理上的销售范围不一，其中三角洲与东西北江中下的代理商都限于本地，甚至是附近的墟镇，偏远的北江上游等地的代理商一般管理数县的区域。大抵是沿江而上，逐渐扩展到内地的末梢。

梧州分公司管理整个广西省，主要代理有梧州、贵县、桂林、柳州等。梧州分公司监管下的南宁分公司，所代理的范围是左右江流域之上的百色、龙州等处。黔桂公路修成之时，梧州分公司在贵阳与独山设有代理，销售管理范围扩大到贵州全省。

江门分公司属下的代理有江门、赤坎、台山、阳江、小杭。大抵是富庶的四邑（新宁、开平、新会、恩平）与中山县。

湛江分公司，以前称之为广州湾分公司，管理下四府的高州、廉州、雷州等地。

海口分公司负责整个海南岛的销售。

汕头分公司的代理大抵为汕头、潮安、庵埠、兴宁、梅县、大埔等地。

广州沦陷后，太平洋战争之前，亚细亚香港分公司在中国内地组织代理，由香港提货，经过阳江、湛江一带运货到广西梧州。另外在越南河内设立办事处，在凉山、同登设站，汽车运入广西境内，待这条线路不通时，再经由滇缅路，直到1942年10月。

1945年后，华南华北合并，贝壳集团中国总公司设于上海，广州便隶属于上海，但货物仍由香港供应，广州公司分管理范围扩大到江门与梧州。湛江、海口仍属于香港。汕头曾分别归属于广州与上海。①

随着商品的流通与市场的扩大，一些关键点的城市逐渐成为区域的中心城市与市场的枢纽。但是，我们知道，单纯的商业活动只能改变物

①胡毓芬：《回忆广州亚细亚火油公司》，载《工商经济史料丛刊》1987年第4辑。

质财富的空间配置，并不能创造出新的物质财富。布罗代尔把贸易区分为两种不同类型：一种是低级形式，如集市、店铺和商贩等；另一种是高级形式，如交易会和交易所等。低级形式的市场交易活动通常是与地方性的、自给自足的经济相联系，只能成为生产活动与消费活动的一种中介，而不能改变该地区要素的稀缺性与基本的资源禀赋。被布罗代尔称之为高级的市场贸易方式，超越了地方的界限而日益演变成为全球性的贸易行为，能改变该地区要素的稀缺性与基本的资源禀赋。近代华南地区的流通空间显示，区域商品与要素的流动已经促成了地方化经济与产业内贸易的形成。

晚清以来，国内出现了技术救国、制度革新等思潮，通过引进国外的近代工业、交通与技术等，形成外资、国有、民营多种形式的工业企业，对区域空间结构的演变产生了重大影响，主要表现为现代交通运输业的发展，以及实业建设与现代工业的成长，改变了传统农业经济时代的低效率，使得区域经济空间变动加快。

就经济性因素而言，近代对外开放口岸，尤其是对于非沿海的地区，开放口岸有利于获取联系国外市场的通道，同时会推动地区基础设施的投资与改良。华南地区近代流通与生产的空间显示，口岸商埠与内地的双向互动促成了近代经济的成长：一是口岸城市的外部市场准入度高，带动了区域要素流通的增长，并形成地方化经济；二是粤港口岸与沿江、沿海经济轴，与内部市场联系密切，借助资源禀赋、地方消费市场与劳动力、与粤港的毗邻地缘、工业资本投入等优势，形成“现代”的功能性城市。正如道格拉斯·诺斯所说，发展方向的扭转，往往要借助于外部效应，引入外生变量或依靠政权本身的变化。随着外部资本主义的介入，华南地区前近代以内生演化力量为主的发展模式被打破，逐渐演化为以外力为主导的发展模式，推动了该地区流通与生产空间的扩张与经济的成长，形成了以口岸城市为导向，具有一定层级的空间发展“阶梯”，但这一结构本身还处在失衡的状态之中。

二、超经济的设定

19世纪中叶之前，当外国商船来广州通商时，首先需要到黄埔领取入口证，然后才准驶进广州，因此，黄埔港外的香港岛、澳门半岛、伶仃洋岛屿，就成了外国商船寄舶的地点，此为城市发展与要素流动上一个最明显的超经济制约因素。

对于要素流动而言，第一项超经济的因素即为市场准入。西方资本主义国家的商人与中国内地的商人，即那些熟悉、控制着初级市场的商人之间言语不同，因此相互之间很少交易，西方资本主义国家的一些商人或其他人企图深入内地以熟悉初级市场，但也是遭到抵制。于是外国势力面对着中国商人的势力和中国市场的惯例，通过极其有限的渠道，如买办中介或外交渠道来介入中国经济，如果他们想对中国市场条件做出更多的把握，还得等待那些想在中国扩大市场影响力的中国商社进行具体的研究之后。[①]外国洋行的分行常把大部分棉织品运到广州等商埠，但位于较小通商口岸（它们是大贸易区的城市市场）的这些分行甚至不能与中心一级的中国销售商发生长期直接的联系，当然更不提与中间市场或集市市场发生联系了。“不仅出口商品，来自国外的进口品，中国人也具有垄断的地位。在靠行会组织垄断地将商品买进卖出方面，对内地市场的影响方面，自由包租沿岸交易的外国船只的能力方面，无论哪一方面，外国洋行都不可能攻破中国商人，这一点已经成为明确的事实。”[②]

其次，附加于市场之上的税负，往往制约要素的流动。雷州、钦州、廉州、郁林（今玉林）、博白、陆川一带，商品的流向与税收密切相

①［日］滨下武志：《近代中国的国际契机——朝贡贸易体系与近代亚洲经济圈》，中国社会科学出版社1999年版，第218页

②［日］滨下武志：《近代中国的国际契机——朝贡贸易体系与近代亚洲经济圈》，中国社会科学出版社1999年版，第218页。

关。1898年法国租界广州湾，税收轻微，而该地除北海关，尚且有多处厘金税局。

再次，非经济的管制或破坏一般会阻碍正常的要素流动。例如，广西龙州为边疆水陆重镇，商民富庶。“乃昔年左江财赋之区，兵荼后十室九空，乡市类皆凋敝。此地遭乱以来，船只稀少，亦未经奏明开设厘金。自徐任事以来，广揽旁搜，大开利薮，凡龙属边卡，如平而水口两关，及哥村汎坳，分设厘卡三座；又在州街水陆要口设立船埠，派官亲赵廷元充当委员；私设公局，派劣绅苏成春等充当司事。见船见货，逐款抽厘，违者加十倍罚。按月解回府署需用，每年所获何止万金。迨左江道周星誉委员清查，徐则谓去年业已停抽。而官亲司事仍勒收如故。臣每一公出，则有商民纷纷叩马投缴私厘票数十百张，哀怨之声哗然在道”。1872年有言论建议将澳门改为各国通商之埠，或改为香港、上海租界那样的商埠，虽然因为“特恐香港之商贾闻之有不悦，盖虑其贸易之道，澳之盛则港之衰也”，但这也是澳门近代经济迟迟未能发展的原因之所在。

三、简评：次区域的流动与循环

与全球化第一阶段的晚清时期不同，及至民国时期，经济的发展及其空间形态出现了很多新的变化。从全球的大环境来看，由于海路运输成本的持续下降，来自国外的商业竞争日益加剧，促成了贸易保护政策的兴起。政府对于资本的控制程度提高，政策目标对经济的影响逐渐增大，世界性的经济民族主义已经影响到华南地区，并在20世纪30年代达到顶点。大萧条影响了资源的跨区域流动，加剧了世界区域之间的经济壁垒，这也是重商主义时代到工业化时代的一个共同的特征。这一现象使得本地区的经济地理变革出现了一些新的特征：经济联系更加有效率，经济活动进一步集中，产业上下游关联效应增强，次区域经济发展空间分异形成。

由于对外开放，使得沿海沿江航道、口岸城市获得更高的外部市场准入度，并通过联系国内外市场，成为新的区域中心与经济走廊。

在近代华南地区，香港（广州）的相对优势不断强化，但是由于区内交通与自然禀赋的关系，城市与市镇之间形成了有效的联通机制，促成了区域性亚中心的形成，同时，由于蓬勃发展的市镇经济，促成了空间交易的成本的下降。特别需要说明的是，由于晚清农业经济仍然占显著的主导地位，区域之间的分割是广泛存在的，且呈现常态化，点、线、轴的联系才是近代早期经济地理变迁的显著特征，这种空间形态也暗示着近代早期还处在发展的最开始阶段。

开放与一体化有利于获取联系市场的通道，同时会推动地区基础设施的投资与改良。随着开放，沿海地区市场潜力与增长速度大幅度上升，内陆地区的人口与制造业活动出现一定程度的衰落。对于商品贸易而言，距离包括时间成本、货币成本，交通运输基础设施的位置、质量、时间可达性，可以极大地影响到地区之间的经济距离。包括政策在内的人为壁垒同样可以增加距离，地方保护主义政策可以导致地方分割。

第七章
近代经济地理格局的形成与变迁

第一节　近代经济地理格局的形成与表现

根据主要地区近代经济变迁的结果，重要城市的作用以及区域内部的联系，中国的近代经济地理格局，大致在20世纪的二三十年代已经形成，从而基本上改变了全国大部分地区原来的经济地理格局。

一、中国近代经济地理的八个表现

第一，全国和地区间的物流轴主要指向口岸城市和近代交通中心。鸦片战争之前，我国各地的商品交换一般限于府、县等范围相对较小的区域，作为各级行政区域中心的城市因聚集了官僚、军队以及他们的家属和服务人员，并有一定的官营手工业者，成为区域内的人口中心和消费中心，大小区域内部的物流主要流向这种城市。由于统治者将各地搜刮来的财富集中到首都，并且首都也是全国人口最多，消费能力最强的城市，物流往往以首都为主要流向。

鸦片战争以后发生的进出口贸易，绝大部分通过沿海海关进行，沿边和内地海关所占比重甚低。

各区域内部的物资流动，首先流向区域内沿海沿江的口岸城市，或者虽非口岸，但在近代港口—腹地的贸易网络中居转运枢纽地位的交通中心城市，这两类城市和各地之间的物流构成区域内规模最大的物流轴。那些既非口岸，又非交通中心的城市，无论其原先的行政中心的级别有多高，在区域物流方面的重要性一般说来已不如以上两类城市。

第二，全国交通布局的重大改变。近代以前，就全国而言，基于政治的需要，连接首都的主要交通路线是全国最重要的交通线，自隋代以后将首都与南方连接起来的大运河尤其重要。在各区域，通往行政中心所在城市的道路是区域内最重要的道路，其重要性仅次于通往首都的道路。到了近代，随着沿海沿江港口城市的兴起与全国、区域内物流指向的改变，交通布局发生了重大变化。

中国的新式交通，无论轮船、主要公路还是航空，大多或以港口城市为起讫点，或与通往港口城市的道路相连接。由于发生这种重大变化，近代以前以首都和各省省会为中心的交通体系，便转化为以港口城市或省会为中心的新格局。如果说港口和海运、河运主要分布在东部沿海是自然条件使之然的话，铁路、公路、航空以东部为发达，除东部平原广布、人口密集、经济发达这些原因之外，以港口城市为指向，将港口城市和其腹地连接起来，无疑是决定新式交通建设的主要因素。

第三，现代工业主要分布在东部沿海。依据《中国近代经济地理》第一卷《绪论和全国概况》的近代工矿业章的论述，可以看出，尽管煤铁工业有靠近矿山的先天约束，而20世纪20年代以来棉纺织业也有分散化的趋势，但现代工业偏集于东部狭长的沿海地带，辽阔的中西部普遍薄弱，却是不容忽视的现象。在沿海地带的主要工业城市中，一半以上都是通商口岸，非通商口岸主要是东北和华北利用本地矿山资源发展起来的矿业城市或重工业城市。

第四，沿海沿江沿铁路成为城市主要分布地带。我国的城市分布历来呈不均衡状态。鸦片战争之前，城市主要分布在经济发达的东南沿海、江浙地区、长江沿线和大运河沿线，其余地区城市数量较少。近代以来，由于沿海沿江口岸城市的迅速发展和新式轮船、公路尤其是铁路运输的兴起，城市主要分布在东部沿海省份的特点更加突出。

进出口贸易和新式交通以及矿业的发展，使得那些位于港口连接腹地的重要道路上的近代交通中心以及重要矿山，成为城市的另一个分布地带。

第五，区域经济中心由传统的行政中心城市转移到口岸城市和交通中心城市。我国传统的行政中心城市，因在一定的区域内拥有较优的地理位置和较好的农业基础而得到发展，又因消费人口众多成为区域内的商业中心。而近代兴起的口岸城市、交通枢纽城市与矿业城市，相当多的原先既非较高级别的行政中心城市，也非工商业城市，有的甚至只是乡镇渔村。这些城市都是在开埠通商之后才发展为重要的经济城市的。有的新兴城市由于发展速度超过原先的行政中心城市，成长为区域内的经济中心，有的经济地位甚至超越长期以来集行政中心与经济中心于一体的传统城市。

第六，形成近代经济区。在20世纪的头20年，以沿海主要口岸城市或城市群为中心，以它们的腹地为空间范围，口岸城市与其腹地通过主要交通道路保持密切联系的六大经济区，实际上已经形成。沿海口岸城市与其他地区的人员和贸易往来、资金流动、技术和信息传播，成为各经济区内经济联系的主要形式。

第七，香港和上海成为中国近代经济发展的两只领头羊。经过长期的发展，近代沿海沿江的各个通商口岸在经济规律的作用下，通过埠际贸易已形成井然有序、等级分明的港口贸易体系。在这一体系中，上海、香港两个全国性的港口位居第一级，广州、厦门、宁波、汉口、重庆、青岛、天津、大连等规模较大的重要的区域性港口位居第二级，其他规模较小的区域性港口位居第三级甚至第四级。

第八，中国大的区域经济差异从南北差异为主转化为东西差异为主。《中国近代经济地理》第一卷《绪论和全国概况》多处论述了近代中国大体上形成“西部不如中部，中部不如东部”这种明显的区域经济差距。自唐中叶中国经济重心南移以后，中国的大的区域经济差距主要是南北差距，经济发展水平上表现为南方优于北方，此外东部又优于西部。因此，中国大的区域经济差距，经过近代的变迁，已从南北差距为主、东西差距为次，变为东西差距为主、南北差距为次。这种巨变，是近代生产力性质不同于古代生产力，地理环境的作用也有所不同的反映。

二、口岸—腹地与经济空间

2008年笔者在研究港口城市及其腹地时，感到我国城市及以其为中心的区域经济的发展，除受到“口岸—腹地”的影响之外，还受到多种区域的影响，因此有必要提出“经济空间”这一概念，并以上海为例，加以说明。[①]

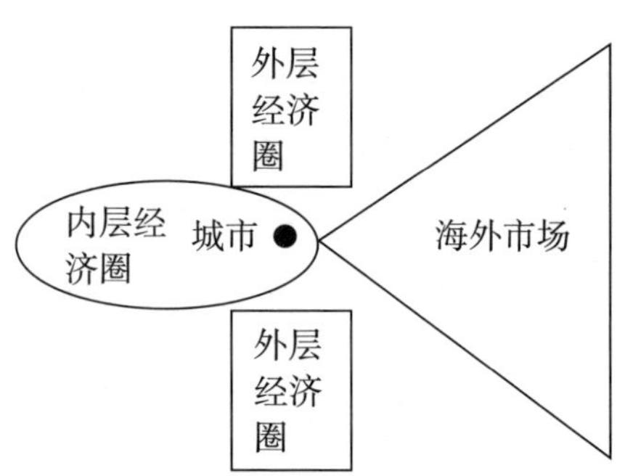

图7.1　城市经济空间的三个层次

“经济空间”包括三个层次。第一个层次是位于中心城市背后的区域即经济腹地，它是城市生产资料和生活资料的重要供应者，是为城市的进出口贸易提供出口物资、消费进口物资的主要区域，同时与城市保

①吴松弟：《经济空间与城市的发展——以上海为例》，载《云南大学学报（社会科学版）》2007年第5期。

持着密切的经济关系。依据与中心城市的空间距离，可以将之称为内层经济圈。第二个层次是在中心城市的腹地之外，与该城市发生较多经济往来的另外一些城市以及它们的腹地，可以称之为外层经济圈。第三个层次是与中心城市发生贸易往来的国家与海外地区，不妨称之为海外市场。

本节讨论经济空间，主要从分析经中心城市进出，覆盖国内外两大市场的出口货物的主要来源地区与进口货物的主要销售地区入手。对于市场经济的发展而言，无论是近代还是现代，只有货畅其流，城市商业和贸易才会繁荣；只有货畅其流，本地的产品大有销路，工业才会发展；只有货畅其流，城市经济的其他方面才会同时繁荣。中国近代的经济发展，首先体现在进出口驱动下的贸易方面，而工业的发展则要晚得多，上海同样如此。上海近代走的是以港兴商、以商兴市的发展道路，繁荣的进出口贸易是上海得以迅速发展的主要动力。而作为中心城市的上海，和经其输出入货物的广大的腹地以及其他贸易区域，经济上保持着互动的关系，上海的发展同样对与其发生贸易关系的区域产生重要的影响。上海的经济空间，在很大的程度上就是城市的贸易范围。

明清以来至1949年，上海的经济空间的变化大致经历了三个阶段，对上海的发展产生重要的影响。明和清前期，长江三角洲的经济中心和贸易中心长期以来是苏州、杭州。苏州尤为繁盛，大运河将苏州和杭州乃至大小不等的江南市镇连在一起。鸦片战争以前，上海在长江三角洲不过是一个普通的县城，苏杭之间的水路交通和贯穿我国南北的交通大动脉大运河都不经过上海，上海在长江三角洲内部的交通体系中并不占有优越的位置。从区位上看，上海拥有襟江靠海的地理位置，然而明前期严格限制私人对外贸易，仅仅通过市舶司保持规模有限的官方贸易，而明代设于长江三角洲的市舶司基本上设在宁波，上海不是官方许可的贸易港，上海附近的私人贸易港并不多。晚明清初以上海县城为主的松江府一带是全国最重要的土布贸易中心，但上海土布的销售范围缺乏地域上的相连，并非地理学意义上的经济腹地，而主要依靠上海县城吐纳商品的腹地大致局限在县内以及邻县的某些相邻地方。上海的内层经济圈如此狭小，更不用说外层经济圈和海外市场。

清政府收复台湾后不久解除禁海令，中国的海上贸易出现蓬勃发展的局面，上海的进出口贸易开始得到发展。人称“海船南载于（上海）吴淞，而北卸于天津，两地为出口入口之总汇，实海运成始成终之枢要”。史学界根据中外文献记载，大多认为在1843年开埠以前，上海已经是我国沿海第一贸易大港。尽管如此，1843年开埠以前来到上海的欧洲、南洋、日本的贸易量相对有限，上海的海上贸易主要是与我国沿海港口城市之间的国内贸易。而且，无论是与长江流域还是与沿海各省的航运往来，上海往往是作为苏州的外港发挥着作用。①在这种情况下，上海的经济空间无论是内层经济圈还是外层经济圈，尚未得到较大扩张。乾隆以后朝廷只允许广州一口通商，更使上海的进出口贸易几乎就是中国沿海的国内贸易。

上海开埠通商，打开了全新的国外市场。长江三角洲巨大的经济能量，上海优越的区位位置和适宜的社会环境，使得上海在开埠以后的进出口贸易的发展速度远远快于其他口岸。10余年的时间，原经由广州出口的生丝、茶叶，几乎全部改由上海输出。长江三角洲是中国主要的产丝区域，附近山区也盛产出口茶叶，上海开埠以后出口生丝和出口茶叶大多经上海外运，表明长江三角洲及周围地区已成为上海的经济腹地。1862年以来，镇江、南京、九江、汉口、重庆等长江港口城市相继开埠通商，意味着长江中游开始成为上海的经济腹地，1891年重庆开埠以后长江上游也成为上海的腹地。长江流域的汉口、镇江、九江、芜湖诸港，浙江的宁波、温州诸港，是与上海经济关系最密切的城市，在1864—1904年，它们占了上海洋货转运国内值的平均65.2%，土货进口值的平均68.6%。1862年以来，烟台、牛庄、天津等北方口岸相继开

①戴鞍钢：《港口·城市·腹地——上海与长江流域经济关系的历史考察（1843—1913）》，复旦大学出版社1998年版，第8～16页。

埠通商，与上海的埠际贸易很快得到发展，1864—1904年这些口岸占了上海洋货转运国内值的30.8%，土货进口值的14.6%。当时只有福建、广东、广西等口岸的进出口贸易主要依赖香港进行，其余大多通过上海中转。

通过与长江流域和沿海地带的繁忙的经济往来，上海建立起广阔的经济空间。其内层经济圈是作为上海直接经济腹地的长江流域，而外层经济圈是那些在进出口贸易上对上海中转具有一定依赖性的北方沿海的口岸腹地和浙东宁波、浙南温州等口岸的腹地。通过与这些城市的经济往来，上海将自己的经济影响送达长江流域以及沿海除上海以外的北方、南方（除福建、广东、广西、台湾以外）的广大地区。上海面对的海外市场，从以前的主要是东亚、东南亚各国，扩展到包括欧洲、美洲、亚洲、澳洲各国的广阔市场。上海的内层经济圈、外层经济圈和海外市场的极大拓展，为上海构筑出空前广大的经济空间。没有经济空间的极大的拓展，上海近代的勃兴是难以想象的。

三、变动不居：经济地理格局形成后的变迁

本节所说的近代经济地理格局，论述时有两个前提，第一个前提是论述时间限定在20世纪的二三十年代，第二个前提是论述空间指全国的大部分地区，尤其是中国人口主体汉族居住的部分地区。

任何时段的经济地理格局，都是变动不居的，不消说生产力发展较快的近代，更不消说迅速变迁的现代，甚至生产力发展较慢的古代也同样如此。中国古代经济的重心本在秦岭—淮河以北的北方地区，唐代安史之乱以后北方战乱、南方相对和平，和平局面有利于人口增长和经济发展，全国经济重心逐渐向秦岭—淮河以南的南方转移。北宋统一南北，但此后的经济水平和发展速度仍然是南胜于北的趋势，在宋金对峙、宋蒙（元）对峙时期这一趋势得到加强。人口数量和人口密度是影响区域经济地理的重要因素，北宋初的著籍户口中南方已占全国总户数

的60%以上，此后南方占比不断上升，北方持续下降，到元至元二十七年（1290）全国总户数1319.6万户，其中南方1184.8万户，占了全国总户数的89.8%，由此导致全国经济地理格局的改变。如果要探讨古代人口地理，哪个学者都要惊叹不同时期不同地区差异之大和影响之深。

近代经济地理变迁之迅速，更是难以想象。我们根据为口岸提供出口货物、消费进口货物来确定某一个口岸的腹地的范围，任何时候都只能讲清属于某个时期的状况，而不能简单认为这一时期代表了一个漫长的时期，毕竟时间和空间两项中任何一项的变动，都会导致某个口岸城市的腹地范围的变迁。

今西藏地区与外界的经济联系，在亚东开埠前主要经由江卡（今西藏芒康县）入川商路。1894年4月1日亚东开埠通商，由于五年内对进口货物概不征税，经由亚东输入的洋货充斥西藏市场，还远销到青海、云南、西康一带。西藏最大宗的出口物资——羊毛的输出则大部归入大吉岭、加尔各答的英国商人之手。

而发生在长江中游的汉口的口岸—腹地，则由属于长江流域改为属于珠江流域。这一改变形成的经济影响，不仅事关长江流域的城市与区域，也事关珠江流域的城市与区域。

近代以前，上海、汉口两地的经济联系不多，产品的出口，上海通过海运抵广州，而汉口通过湖南洞庭湖或江西鄱阳湖经陆路达广州，汉口的鸦片及洋货全从广州运来。1861年开埠以后汉口商品的出口和洋货的进口不再走原来的纵向的陆路路线，而是南下改走横向的长江路线，汉口出口货物很大程度上经过上海中转。1906年京汉铁路全线通车，汉口成为南北铁路交通的枢纽。到了20世纪30年代，上海的埠际进出口贸易中汉口始终居各埠的第一位，申汉两地联系密切，既有进出口贸易的商品对流，又有资本的互相楔入和人才的互为渗透。经济上互动明显，上海在中国保持经济的领先地位，汉口也扶摇直上。

在京广铁路和陇海铁路修成之后，汉口开始感受到原来的横向客货受纵向分流的不利影响。1934年的《汉口商业月刊》评论道："陇海通达西安，陕甘之宝藏流入徐海；郑州握四方交通之枢纽，中州之贸迁遂不一其途；（粤汉路）株韶接轨，三湘货物南入百粤。”20世纪50年代以来长江航运日益萎缩，铁路在运输中所占比重不断上升，但武汉与上海之间一向缺少便捷的东西向铁路，于是武汉及其所在的长江中游地区最终脱离上海的口岸—腹地系统，纳入广州、香港的口岸—腹地系统。①

无论从哪一个方面讲，“口岸—腹地”中的“口岸”，并非仅仅是货物装卸的码头，而是它所在的港口城市的门户枢纽，是直接关系到城市及其所在地区的兴衰的关键因素。其中，以上海为中心的口岸—腹地系统，在我国各口岸—腹地系统中占有特别重要的地位。

上海的近代城市发展史早已说明以港兴商、以港兴市是其发展之路，而城市的发展又带动了周边区域。政府支持上海利用洋山港解决上海的深水码头问题，不惜花费巨大代价，初看只是解决上海深水港的货物装卸问题，实际目的是要千方百计保住上海在长三角（进而是中国）的经济中心地位，一旦这个地位动摇，其不利影响无法估量。换言之，以洋山深水港的兴建为标志，上海国际航运中心的建设进入以上海为中心、苏浙为两翼，共同组成、整体推进的新阶段，旨在提高我国港口在国际航运业的地位，全面适应未来发展的需要。

第二节　近代中国经济地理的遗产

梁启超说近代中国是一个过渡时代，在《过渡时代论》中，如是言之：“故今日中国之现状，实如驾一扁舟，初离海岸线，而放于中流，即俗语所谓两头不到岸之时也。”《剑桥中国晚清史》的封面上标明

① 吴松弟：《经济空间与城市的发展——以上海为例》，载《云南大学学报（社会科学版）》2007年第5期。

“1800—1911”，以19、20世纪之交的晚清作为近代的界标，理由是清王朝历史重心由亚洲腹地(满蒙新藏)，推向本土与沿海。

一、近代经济地理的内在惯性

近代中国处在转折的时期，在经济领域，最显著的转折是从传统的农业经济文明转入现代工商业经济文明。与西方现代经济的形成相比，现代意义上的中国经济起源于何处？熟悉中国历史的人们均知道，因为开埠通商，近代中国被动地卷入全球贸易与生产体系，启动了沿海沿江地区的商业与工业，开始了其经济现代化的历程，并形成了近代经济地理格局。基于市场而形成的近代经济地理格局，必然具有内在的惯性和合理性，自身不会出现有悖于经济规律的逆转，长期的经济地理内在的规律与逻辑一直隐而不现地活跃着。

表7.1 “泛珠三角”地区陆上八省区际联系(1985与2001年)

(以铁路行政区域间货物来源地的比例为参照指数)

	≥10%		5%—10%		2%—5%		
	2001	1985	2001	1985	2001	1985	1985—2001
广东[a]	a[27] c[17]	a[41] c[10]	b、g、 f、h	f、l、b	k、d、i	k、d、r	对外联系更加多元化，与西南诸省的联系加强
广西[b]	b[32] a[12] f[11]	b[42] a[10]	g、h、c	f、c、l	j、i、l、 k	r、k、j	与西南诸省的联系大幅度加强
湖南[c]	c[34] a[29]	c[57]	b	a、r、l	d、j、k、 e、f	k、b、f	南下粤桂的趋势加强，北上豫晋的趋势减弱

续表

	≥10%		5%—10%		2%—5%		
	2001	1985	2001	1985	2001	1985	1985—2001
江西[d]	d[38] j[17] e[12]	d[61]	a、c	m、r	b、k、m	e、s、j、c	对外联系多元化，与闽浙赣的联系不断强化
福建[e]	e[53] j[11]	e[48] d[11]	c	s、m、r	d、a、d、l、k	n、q、j	与浙江的联系加强，与内陆皖赣的联系减弱
贵州[f]	b[32] f[30] a[13]	f[52] h[12]		a、c	c、h、i、g	k、g、b	与广西、广东的联系大大增强，与四川、湖南的联系减弱
云南[g]	g[43] b[10]	g[68]	h、a	h	f、d、l、n、o、j	a、f、k、c	从以四川为主转向东南沿海，尤其是广西
四川[h]	h[50]	h[69]	k	f	g、i、b、a、f、p、q、l	a、k、g	与沿海方向的广西、广东联系增强

资料来源：《中国交通年鉴》(1985、2001年)，中国交通年鉴社1985年版、2001年版。

注：[ ]中的数据为百分比。重庆[i]，浙江[j]，湖北[k]，河南[l]，上海[m]，山东[n]，河北[o]，陕西[p]，江苏[q]、山西[r]、安徽[s]。

表7.1反映的是泛珠江三角洲陆上八省以铁路方式流通的物资流动，根据铁路的线路位置，表现本省优先的原则，形成了以粤湘为轴心，西南、东南诸省为两翼，西南向心力较强，东南离心力较弱的格局。就表中的数据而言，第一，以广东为首的中国南方铁路枢纽中心，对域外物资的依存度以湖南为最高，其次是西南四省，最后才是鄂赣闽三省。第二，湖南、广西、贵州等省对广东的依存度高于广东对其反向依存度，向心趋向明显。第三，西南四省为泛珠三角地区的西翼，

广东对贵州、云南、四川等省的拉动需要通过广西来传递，且存在着距离衰减的现象。第四，江西省在南方铁路网络中，优先选择浙闽；福建省依赖海运沟通广东省，赣闽两省为泛珠三角地区的东翼，向心力较弱。

因此，泛珠江三角洲未来的经济发展空间，一方面是以广州为中心的陆上交通网络的构建，实现运输费用最小化；另一方面是以沿海为轴心的经济带（从表面上看正在不断地削弱珠三角中心，实际上这是在打造区域经济扩散新一轮的次级中心）。珠三角地区面临的是如何通过网络与结构的优势，实现区域空间的整合，成为这一区域经济网络中的金融与信息枢纽。

当时的情形表明“9+2”模式还基本处于探索阶段，现代交通的便捷，使得腹地的空间可以部分地超越自然地理的限制，但是，空间和区位、距离递减效应这一潜在的规律，有着显著的内在制约性，如今广东珠三角地区和粤北、粤东、南路中部的“马太效应”与“三明治”现象，应该促使人们思考，在腹地范围扩展的过程中，如何兼顾广泛性与集约性的原则。按照传统的解释，在二元经济结构依然存在的情况下，中心城市和边缘的互动关系，难以取得实质性的进展。虽然这已经远远不是一个经济或地理的问题，但是近代以来的经验一直在提示我们，经济的空间性与生产的空间性一直是发展中所无法回避的问题。

在农业经济时代，土地是最主要的生产要素，土地相关的自然资源禀赋，河流等交通区位是经济成长最重要的动力，也是经济发展空间差异的指南，经济活动基本均衡地分布在各个地区范围内。但是，在进入工业经济社会之后，资本与劳动力等要素的重要性上升，对于自然资源禀赋与初始经济区位的指向性降低，资本与劳动力的空间流动与聚集，形成了近代华南地区中心城市的消长与经济发展的空间差异。到了后工业化与信息时代，资本与劳动力等传统要素依然在发挥作用，同时，信息、制度等要素共同组成全要素增长方式。传统工业经济成长要素相对重要性下降，信息、知识、制度等新要素成为新的空间优势。

在城市化的早期阶段，农业或资源型产品具有支配地位，经济密度不高，经济发展的动力主要是企业、工厂的内部经济，提高经济密度，政策不应该干涉经济的地理布局；在城市化的中期阶段，城市内部、城市与城市之间的经济联系增强，同行业的企业与工厂在同一个地方获得共享生产投入与知识溢出的优势，经济发展的动力促成地方化经济的成长；在城市化的高级阶段，处于后工业时代，城市化经济形成，城市功能凸现，需要维持城市的和谐稳定，需要解决密度、距离、分割问题。

改革开放以来的华南地区，随着国内外市场的开放、人口流动，规模经济出现。地理位置、优惠的要素价格刺激了深圳以及其他地区的早期增长，充足的土地供应、廉价的劳动力，毗邻香港的优越地理位置吸引了资金、人才、技术的集中，以及交通运输成本的下降、中间产品与差别产品生产领域的规模经济、产业内产业间的聚集效应（包括外部规模经济，例如知识溢出、毗邻生产资源与出口贸易所带来的物流成本的降低），推动了经济的增长。

表7.2　近代以来的沿海与内地的政策得分

时段	次区域	面临的显著挑战	政策指向（理论值/实际值）			
			基础制度（不考虑空间因素）	基础设施建设（考虑空间因素）	激励措施（具有空间针对性）	政策分值
近代早期（晚清）	沿海沿江（毗邻国际市场）	经济发展密度一般、与外部市场联系便捷	0/0	0/0	0/+1	+1
	内地（远离世界市场）	经济发展密度很低、距离外部市场较远、经济规模弱小、尚未城市化	0/0	0/−1	0/−1	−2

续表

时段	次区域	面临的显著挑战	政策指向（理论值/实际值）			
			基础制度（不考虑空间因素）	基础设施建设（考虑空间因素）	激励措施（具有空间针对性）	政策分值
近代后期（民国）	沿海地带（毗邻国际市场）	经济发展密度较高、与外部市场联系密切、市场分割现象降低	0/0	0/+1	0/+1	+2
	内地（远离世界市场）	经济发展密度较低、距离外部市场较远、经济规模弱小、尚未城市化	0/0	0/0	0/−1	−1
新中国成立后至改革开放前期	沿海地带（远离国际市场）	经济发展密度相对降低、与外部市场联系降低、市场分割现象严重	0/−1	0/0	0/−1	−2
	内地（远离世界市场）	经济发展密度相对上升、经济规模相对增强、开始城市化	0/−1	0/+1	0/+1	+1
改革开放深入阶段	沿海地带（毗邻国际市场）	经济发展密度较高、与外部市场联系密切、市场分割现象降低	0/0	0/+1	0/+1	+2
	内地（靠近世界市场）	经济发展密度相对上升、经济规模相对增强、初步城市化	0/0	0/+1	0/0	+1

如果关注近代以来沿海与内地差异的演变，在时间层面上划分为四个时段（晚清、民国、改革前、改革后），在空间层面上划分为两个片段（沿海、内地），分别评估经济发展进程中所获得政策分值。评估的得分主要在三个方面：（1）不考虑空间因素的基础制度，譬如私有产权、自由竞争等普适性的制度供给；（2）考虑到空间要素的基础设施建设，譬如交通改良、通信进步等方面；（3）具有空间激励性的措施，譬如开发

开放边境、设立保护区等方面。从这三个方面考量，沿海地区在晚清、民国、改革前、改革后这四个时段，分别得分为：+1、+2、-2、+2；内陆地区在这四个时段，分别得分为：-2、-1、+1、+1。就空间资源配置的合理性而言，目前所承接的为民国时期，为最优状态。20世纪30年代末完成的经济地理变迁，在1978年后继续完成，并还在进行中。只是当前进程的头绪较多，不似近代第一次全球化时那么清晰简单。

在任一区域的层面上，区内不同地方的经济发展水平总是会呈现高低起伏、各不相同，区别仅仅是差距的大小，这就像一片星罗棋布的湖泊区，各湖各泊的水位不尽相同，水流的自然力量倾向于熨平差距，但是堤坝的存在一般会增加差距。如果说区域内、跨区域的交换与分工，尤其是基于自我增长机制下的分工，虽然在某种程度上会增强空间经济的非均衡性，内在的机制会修复不断扩大的失衡，这是开放经济下的自然趋势。相反地，堤坝式的管制也许会熨平差异，也许会增强差距。

二、近代中国经济地理对现代经济地理的影响

我们认为，现代经济地理建立在近代经济地理的基础上，如果只了解现代状况而不知近代，可说不知“来龙”，难知“去脉”。毕竟时代变了，但山河依旧，而且传统政治、文化也在发挥着作用。我们不妨将近代经济地理称作“中国经济地理的近代时段”，用以反映经济地理现象的连续性和沿袭性。这种近代时段的研究，至少有两个方面的意义：

第一，依据近代的经验和事实，可以从较长的时段，理解中国经济地理演变的长期规律与特征，探寻中国经济地理有别于别国的特色及其成因。

第二，通过长时段、大跨度视角研究得出的结论，能够为现代经济地理学研究和解决现实问题提供历史借鉴和思路，也为政府在制订区域经济规划和城市发展规划时提供参考，借以提高科学性和效率。

近代是传统中国向现代中国过渡的阶段，我们时常发现当前的经

济地理现象与近代中国有某些程度的相似性，而正在发展完善中的市场机制与近代中国原始市场机制又是一脉相承的，构成一个完整的演化序列，主要原因是其内在机理的一致性。总结近代以来中国经济地理的演化及其机制，能够为现代地理学界和政府部门提供重要的参考作用。因此，我们在研究过程中，在依据资料进行认真求证的基础上，从近代的角度比较现实，从现实的角度探究事物发展的轨迹，力图对一些问题形成自己的见解。以下再试举数例：

（一）塑造中国经济地理的空间结构并无大变

自卷入全球化经济以来，大规模的国际贸易便成为中国经济的题中应有之义，而海上运输和沿海口岸则使沿海城市地带在国家经济发展中占据了优势，在可预见的未来，这种状况难以改变。我国是面积广袤的海陆国家，沿海地带仅占国土面积的小部分，广大内陆地区的国际贸易以及与国内沿海地带的经济往来都需要首先通过水陆空交通工具到达沿海口岸地带，才能前往国外和本国的沿海地区。由于我国地势西高东低的原因，主要的大河多自西向东注入大海，平原多在东部，高原沙漠山地多在中西部。

在农业经济时代，国际贸易在中国的国民经济中只有较小的比重。由于地势、地貌和河流流向的原因，东西向的交通向以长江、珠江及黄河一些河段的自西部顺流向东部沿海的水上交通为重要，经济水平较高地区多在沿海地带，沟通海外各国的海上交通大多以沿海城市为起讫点。区域经济虽然存在中不如东、西不如中的东西向差异，但仍然以南北差异为主。近代，中国国门洞开，海外贸易、工商经济、海上交通、口岸城市日益重要，而东西向的经济差异代替南北向的经济差异成为主要的区域差异，本著强调的“口岸—腹地”的模式，遂成为全国范围内经济变迁空间进程的主要支配力量。除非交通运输工具和方式发生了革命性的变化，或者运输物资的轻量化方面发生革命性的变化，否则，目前的“口岸—腹地”模式还将长期存在。

综上所述，近代时段的中国经济地理，受大规模的国际贸易、运输工具、口岸分布和山河格局的影响，早已呈现规律性的特点，即主要始于沿海沿江（加上少量的沿边）地带，再从口岸地带往广大的腹地延伸。这种点（口岸城市）—线（交通路线）—面（腹地）的关系，便结成近代经济地理的基本骨架。时至今日，由其所决定的经济地理格局，依然存在。2001年北京大学周一星教授提出中国大陆对外经济联系区，我们将其和20世纪30年代的经济区相比较，发现两者相似度很高，显然今天的中国经济相当大程度上还没有摆脱近代的格局。

陆大道院士发表的一篇重要文章提出，“中国宏观区域经济正在形成以沿海大城市群为枢纽区，以其广阔的内陆为腹地的‘沿海—腹地’型的大经济合作区。这是中国经济发展的区域大格局。这种大经济合作区的合作对象主要是当今世界上的近200个国家和地区。这样的大格局将使中国及其主要区域更大程度地融入国际经济体系，促进综合国力大幅度增长”。①

笔者理解，陆院士所说的“以沿海大城市群为枢纽区”，此“沿海大城市群”即京津冀、长三角、珠三角三大城市群，这些沿海大城市群与其广大的内陆腹地构成了“沿海—腹地”型的大经济合作区。如果这一理解正确，则近代的口岸—腹地与今天的沿海—腹地，在空间结构上有较大的相似性。不过，近代的口岸—腹地是以沿海口岸及其腹地构成的经济联系区，而今天的沿海—腹地是以沿海大城市群为枢纽区，以其广阔的内陆为腹地，以当今世界上的近200个国家和地区为主要合作对象的大经济合作区。我们期待着这一宏伟的规划在中华大地上成为现实。

（二）海洋—沿海地带—腹地研究应三位一体

就全国现代经济成长的地理方向而言，除了自东向西这一主要方向，还存在着由边向内这一次要方向。“自东向西”反映了海洋—港口城市—腹地的前进方向。“由边向内”反映了海洋—陆地口岸城市—腹

①陆大道：《变化发展中的中国人文与经济地理学》，载《地理科学》2017年第5期。

地的前进方向，前者的海洋是中国大陆东侧的海洋，后者的海洋属于越南、泰国、缅甸、印度、巴基斯坦、俄罗斯等国家，这些国家通往双方的陆地口岸将自己的影响伸入中国的边境地区。近些年围绕着航道、海洋资源、海洋岛屿的争夺日渐激烈，海洋是通向中国大陆的前沿，沿海地带既联结海洋又联结腹地，腹地是国土的主要部分。在当今的经济发展战略、海洋研究和地缘格局的研究中，我们有必要扩大自身视野，将海洋—沿海地带—腹地三位一体进行研究，并制定相应的国土开发和保护国土安全的措施。

（三）对外经济联系的主要方向和区域经济差异不易改变

中国当前的东、中、西三大区域的差异，实际是中国的全球化、现代化主要始于东部再向西拓展的空间进程的产物，由于地理、历史和经济基础的原因，必然形成东中西的区域差异。在可以预计的未来，中国对外经济联系主要通过沿海地带，中国的经济重心地带仍然在东部沿海，这种格局在相当长的时间内还将存在。我们相信在政府的“一带一路”倡议、西部大开发等重大经济战略的指引下，西部的经济发展必将加速，与中部、东部的经济差距将会缩小。但这种差距要完全消除，需要相当长的时间，对此相关方面要有充分的思想准备，并且对东部沿海在“一带一路”、西部大开发中的经济基础和前进基地的作用也要有明确的认识，才能制定效率更高的区域经济政策。

（四）加速区域经济发展要科学选择对外联系的方向

选择哪一个方向作为自己区域对外联系的主要方向，是事关区域发展速度的重要问题。近代的事实表明，同一流域在经济合作的基础上早已形成区域之间的联系和彼此的关系，而在其中担任经济中心的大多是单个或两个以上的港口城市。如果这种方向和角色改变，可能会产生较大的甚至是不利的影响。例如，近代上海以整个长江流域作为自己腹地，长江中上游地区与国际、国内的经济文化的联系主要通过上海。此后随着京广铁路联通和改革开放以来京九、枝柳、南昆等铁路通车，长江上游、中游对外经济联系多方向的格局不断加强，上海在其中的地位明显下降。

中央政府一再强调中部塌陷、西部落后的面貌要尽快改变，提出发展长江经济带这一重要决策，值此之际，我们是否需要探讨长江上游、中游弃东奔南对这些区域以及上海所产生的正反面影响，并从交通、经济等方面采取必要的措施，以加强东中西的横向合作？

第三节　近代经济地理与当前的长江经济带建设

长江经济带东起上海，西至云南，涉及沿江9省市（青、藏除外）的43个地市，是长江流域最发达的地区，也是全国高密度的经济走廊之一。按照2016年3月中共中央政治局审议通过的《长江经济带发展规划纲要》，确立了长江经济带“一轴、两翼、三极、多点”的发展新格局。“一轴”是以长江黄金水道为依托，发挥上海、武汉、重庆的核心作用，“两翼”分别指沪瑞（上海—云南瑞丽）和沪蓉（上海—成都）南北两大运输通道，“三极”指的是长江三角洲、长江中游和成渝三个城市群，“多点”是指发挥三大城市群以外地级城市的支撑作用。建设长江经济带，将促进东部、中部和西部三大区域的经济发展，具有重要的战略意义。

中央关于长江经济带的空间范围的说明，与九卷本《中国近代经济地理》的研究表明的上海在近代的口岸—腹地的范围基本相当。到了20世纪的二三十年代，这一区域出现以上海为龙头，以长江为龙身，包括长江下游、长江中游、长江上游三大区域组成的长江经济区。我们将长江经济带目前的状况与民国时期长江经济带的状况进行对比，不由地感叹长江流域的经济地理格局已发生相当大的改变，确实到了振兴、发展的重要关头。如果对此不予以清楚的认识，不尽快解决亟待解决的困难和问题，长江经济带的建设可能难以取得较快的进展。

要认识长江经济带的现状，必须对其形成与变迁有个初步的认识。1843年上海开埠以后的数十年间，长江沿岸的镇江、南京、九江、芜湖、汉口、沙市、岳阳、长沙、宜昌、重庆、万县，东南沿海的宁波、温州以及苏州、杭州，北方沿海的天津、烟台、营口等地，都设为口岸。上海在自身发展为中国最大的进出口贸易中心的同时，通过与长江流域和南北方沿海城市的中转贸易，逐渐发展为全国外贸的转运中心。凡长江流域诸港口、北方各港口和浙江港口的货物外运或进口货物内运，大多要经过上海中转。自20世纪初开始，经上海的转运占全国进口总值的比重开始持续下降，到1930年降至最低值15.9%。但由于自身工业迅速发展对国外原料、燃料及机器等商品的大量需求，以及国内口岸对上海自身工业制成品的需求，上海内贸埠际直运在全国内贸中所占的较高比重使其还能够维持全国外贸中心的地位。

通过与长江流域和沿海地带的繁忙的经济往来，上海建立起广阔的经济空间。然而，作为上海经济空间最重要部分的长江中游的口岸—腹地，到了20世纪的二三十年代，却因京广铁路和陇海铁路的建成而有较大萎缩。20世纪50年代以来长江航运日益萎缩，铁路在运输中所占比重不断上升，而武汉与上海之间一向缺少便捷的东西向铁路，于是武汉及包括湖北、湖南两省在内的长江中游地区最终脱离上海，纳入广州、香港的口岸—腹地。

20世纪七八十年代以来，随着四川、重庆通往广西、广东的铁路和高速公路的加快建设，由于客货经广西、广东南向入海，比经长江或以上海等东部沿海城市为终点的东向铁路节省更多的时间，位居长江上游的四川、重庆、贵州两省一市区际联系的主要方向都不再是上海，而是广东或广西。换言之，民国时代属于上海口岸—腹地的长江上游的部分，也脱离上海，纳入广州、香港的口岸—腹地。

如果将眼光放到长江下游的长三角地区，1995年至2003年的数据表明，在上海的进口、出口总值中，绝大部分来自上海本地以及相邻的江浙两省，只有很少一部分来自其他省市。而另一份资料表明，上海口岸的出口集装箱中，上海市和非上海市箱源之比约为49∶51，非上海市箱源主要来自江苏和浙江，尤以苏锡常与杭嘉湖两大地区为集中。将水运交通和铁路交通体现的区际联系，和近代几乎全部来自长江流域和浙江省的情况相比，上海的口岸—腹地已经严重萎缩，估计已退缩到以长江三角洲为中心的区域。上海对长江三角洲的依赖性相当大，长江三角洲的经济发展成为上海经济发展的必要前提。同理，上海的发展也是长江三角洲繁荣的重要前提。

以上所述，既表明了近代经济地理格局自20世纪二三十年代大致形成之后便未停止变迁，而且这一变迁一直持续下来。实际上，随着高铁和高速公路建设的加速进展，时下正在形成新的经济地理格局，这一格局最终将是何种状态，值得经济地理学家研究。

就长江经济带的现状而言，上海作为龙头积极投入经济的建设，既为振兴中部和西部做出自己的贡献，也要为城市和长江三角洲的未来做出必要的努力。我们难以想象，腹地萎缩的上海，如何才能保住中国经济中心的地位？如何才能促进长江中游和上游的发展？基于目前的状况，将自己的口岸—腹地重新恢复到鼎盛时期的范围，显然是做不到了。

2014年9月12日，国务院印发《关于依托黄金水道推动长江经济带发展的指导意见》，指出长江是货运量位居全球内河第一的黄金水道，在区域发展总体格局中具有重要战略地位。依托黄金水道推动长江经济带发展，打造中国经济新支撑带，有利于挖掘中上游广阔腹地蕴含的巨大的内需潜力，促进经济增长空间从沿海向沿江内陆拓展；有利于优化沿江产业结构和城镇化布局，推动我国经济提质增效升级；有利于形成上中下游优势互补、协作互动格局，缩小东中西地区发展差距；有利于建设陆海双向对外开放新走廊，培育国际经济合作竞争新优势；有利于保护长江生态环境，引领全国生态文明建设。

这份《意见》指出生态环境状况形势严峻、长江水道存在瓶颈制约、区域发展不平衡问题突出、产业转型升级任务艰巨、区域合作机制尚不健全等，是长江经济带发展面临的诸多亟待解决的困难和问题。

《意见》提出了七项重点任务：一是提升长江黄金水道功能，二是建设综合立体交通走廊，三是创新驱动促进产业转型升级，四是全面推进新型城镇化，五是培育全方位对外开放新优势，六是建设绿色生态廊道，七是创新区域协调发展体制机制。并认为发挥上海、武汉、重庆等超大城市和南京、杭州、成都等特大城市的引领作用，发挥合肥、南昌、长沙、贵阳、昆明等大城市对地区发展的带动作用。

以上提出的诸问题，一些是近代早已存在但又长期没有得到很好解决的重大问题。例如，生态环境恶化是长期以来滥砍滥伐、森林破坏、水土流失的结果，区域发展不平衡的表现更多。

例如，建立在现代交通运输基础上的武汉，对湖北城镇现代化发挥了积极作用，或许由于它的吸聚力和辐射力过于强大，又一定程度上抑制了腹地内城镇的发展。武汉周围的城镇规模都很小，难以发展，而有的老城镇甚至销声匿迹。即使距离稍远的鄂南地区，武汉强大的吸聚力也使得其商务江河日下。

不仅如此，甚至在东起九江，西到重庆，北起郑州，南止长沙的武汉经济腹地内都没有大城市出现。在武汉经济辐射力最强的由武汉、荆州、襄阳构成的大三角区内，除一些较大的市镇之外，连一座商业城市都没有。这一现象启示我们，如果从整个长江流域的经济发展着眼，在必要控制武汉城市人口的增加和市区的扩大，尤其在企业结构配置、城市功能的设计上，要有明确的职能分工观念，改变传统的大而全追求，以利于在武汉的外围培育既与武汉经济功能互补，又能各自发挥作用的大中城市。

影响城市发展的因素颇多，除城市的区位位置和经济实力之外，城市通往各地的交通状况和各城市的经济实力对比的变化也是重要的因素。

上海与作为其腹地内长江中游经济圈的中心城市武汉经济关系的疏远，就是交通格局改变的结果。20世纪50年代以来长江航运日益萎缩，铁路在运输中所占比重不断上升，但武汉与上海之间一向缺少便捷的东西向铁路。从上海出发，无论向北走徐州、郑州，往南走杭州、株洲，都要拐一个大弯，耗时10余个小时。直到经合肥、寿春通往武汉的高铁建成，乘动车才减为五六个小时。

导致武汉经济发展缓慢的另一个原因，可能是其从上海内层经济圈的腹心部分，改属于广州、香港内层经济圈的边缘部分。从武汉前往上海，其距离只是前往广州直线距离的一半，而上海所属的长江三角洲面积5万平方公里，却又是珠江三角洲面积的四五倍。空间的远近必定会影响来自沿海城市——中国现代化的窗口和辐射源地辐射力的强弱；从空间范围的大小和区域经济能量上看，长江三角洲无论在近代还是在当代，都要大于珠江三角洲，经济能量的高低必然影响其对别的地区的辐射力度。如果武汉将上海及其所在的长江三角洲同时也作为自己经济联系的主要方向，城市和区域现代化的速度当会大大加快。就此而言，加快建设沿江铁路大通道，加速开发长江航运，对于武汉以及中部地区的经济发展，无疑具有重要意义，并会大大加速西部的发展。

上海居于中国黄金海岸线的中点，万里长江的出海口，所在的长江三角洲自唐后期以来便是中国的经济重心所在。优越的区位位置，良好的经济基础，城市和所在地区深厚的人文底蕴，是上海继续发展的良好前提。上海作为中国最大的经济中心，未来的继续繁荣不仅事关长江三角洲的发展，也关系到中国的发展。然而，上海经济空间的萎缩与经济发展的腹地要求不相符合。我们固然不能以近代的情况相衡量，以为上海的内层经济空间应该包括全部长江流域和浙江，但事实上目前的长江三角洲及其附近区域这一内层经济圈未免太过狭小了。上海的航运业、工商业、金融业要获得较大的发展，并进一步提高自己在中国与东亚经济中的地位，就有必要扩大自己的经济空间，进一步加强与相关城市和区域的经济关系。这种经济空间的扩大，主要途径是扩大经济辐射力，通过加强区际交通联系和区域经济合作，使相关区域以上海为区际联系的主要方向。有关部门对此需要有所认识和有所准备。

参考文献

一、中文著作

《嘉定县志》，万历二十年刊本。

《泰顺县志》，崇祯六年刻本。

《隆德县志》，康熙二年刻本。

《咸宁县志》，康熙七年刊本。

《泰顺县志》，雍正七年刻本。

《南汇县志》，光绪五年刻本。

《松江府续志》，光绪十年刻本。

《束鹿乡土志》，光绪三十一年修，民国二十七年铅印本。

《上海乡土志》，光绪三十三年铅印本。

《上海县续志》，民国七年刻本。

《杭州府志》，民国十五年刊本。

《胶澳志》，民国十七年铅印本。

张其昀：《中国经济地理》，商务印书馆1930年版。

林竞：《西北丛编》，神州国光社1931年版。

张宗文编著：《东北地理大纲》，中华人地舆图学社1933年版。

顾执中、陆诒：《到青海去》，商务印书馆1934年版。

铁道部业务司商务科编：《陇海铁路西兰线陕西段经济调查报告书》，1935年。

廖兆骏：《绥远志略》，正中书局1937年版。

《中华最新形势图》，世界舆地学社1937年版。

杜重远：《盛世才与新新疆》，生活书店1938年版。

张先辰：《广西经济地理》，文化供应社1941年版。

许公武：《青海志略》，1945年铅印本。

周惠连编著：《东北九省地理要览》，宇宙书局1946年版。

王亚南：《中国半封建半殖民地经济形态研究》，人民出版社1957年版。

李文治编：《中国近代农业史资料》第一辑，生活·读书·新知三联书店1957年版。

中国人民大学工业经济系编著：《北京工业史料》，北京出版社1960年版。

姚贤镐编：《中国近代对外贸易史资料（1840—1895）》，中华书局1962年版。

宓汝成：《帝国主义与中国铁路（1847—1949）》，上海人民出版社1980年版。

邹依仁：《旧上海人口变迁的研究》，上海人民出版社1980年版。

冀朝鼎：《中国历史上的基本经济区与水利事业的发展》，中国社会科学出版社1981年版。

许道夫编：《中国近代农业生产及贸易统计资料》，上海人民出版社1983年版。

汪敬虞：《十九世纪西方资本主义对中国的经济侵略》，人民出版社1983年版。

聂宝璋编：《中国近代航运史资料》第一辑，上海人民出版社1983年版。

沈斌华：《内蒙古经济发展史札记》，内蒙古人民出版社1983年版。

谷书堂：《天津经济概况》，天津人民出版社1984年版。

吴承明：《中国资本主义与国内市场》，中国社会科学出版社1985年版。

徐雪筠等译编：《上海近代社会经济发展概况（1882—1931）：<海关十年报告>译编》，上海社会科学院出版社1985年版。

樊百川：《中国轮船航运业的兴起》，四川人民出版社1985年版。

李华彬主编:《天津港史》,人民交通出版社1986年版。

[日]中国驻屯军司令部:《天津志》,侯振彤中译本名为《二十世纪初的天津概况》,1986年版。

王彦威纂辑,王亮编,王敬立校:《清季外交史料》,书目文献出版社1987年版。

广东省档案馆编:《民国时期广东省政府档案史料选编》,广东省档案馆1987年版。

王玲:《北京与周围城市关系史》,燕山出版社1988年版。

林金枝:《近代华侨投资国内企业概论》,厦门大学出版社1988年版。

张后铨主编:《招商局史》近代部分,人民交通出版社1988年版。

柳诒徵编著:《中国文化史》上册,中国大百科全书出版社1988年版。

姚公鹤:《上海闲话》,上海古籍出版社1989年版。

张富全:《辽宁近代经济史》,中国财政经济出版社1989年版。

饶任坤、陈仁华编:《太平天国在广西调查资料全编》,广西人民出版社1989年版。

茅伯科:《上海港史》,人民交通出版社1990年版。

本溪市地方志编纂办公室编:《本溪市志》,新华出版社1991年版。

杜恂诚:《民族资本主义与旧中国政府(1840—1937)》,上海社会科学院出版社1991年版。

费成康:《中国租界史》,上海社会科学院出版社1991年版。

陆允昌编:《苏州洋关史料(1896—1945)》,南京大学出版社1991年版。

况浩林:《中国近代少数民族经济史稿》,民族出版社1992年版。

李必樟编译:《上海近代贸易经济发展概况:1854—1898年英国驻上海领事贸易报告汇编》,上海社会科学院出版社1993年版。

章开沅、罗福惠主编:《比较中的审视:中国早期现代化研究》,浙江人民出版社1993年版。

吴弘明翻译：《津海关年报档案汇编（1865—1911）》，天津社会科学院历史所1993年版。

罗澍伟主编：《近代天津城市史》，中国社会科学出版社1993年版。

皮明庥主编：《近代武汉城市史》，中国社会科学出版社1993年版。

韦胜章主编：《内蒙古公路交通史》，人民交通出版社1993年版。

厉声：《新疆对苏（俄）贸易史（1600—1990）》，新疆人民出版社1993年版。

余绳武、刘存宽：《十九世纪的香港》，中华书局1994年版。

何一民：《中国城市史纲》，四川大学出版社1994年版。

孙敬之主编：《中国经济地理概论》，商务印书馆1994年版。

彭泽益编：《中国工商行会史料集》，中华书局1995年版。

从翰香主编：《近代冀鲁豫乡村》，中国社会科学出版社1995年版。

卢明辉、刘衍坤：《旅蒙商——17世纪至20世纪中原与蒙古地区的贸易关系》，中国商业出版社1995年版。

广州市地方志编纂委员会办公室、广州海关志编纂委员会编译：《近代广州口岸经济社会概况——粤海关报告汇集》，暨南大学出版社1995年版。

无锡市地方志编纂委员会编：《无锡市志》，江苏人民出版社1995年版。

营口港史编委会编：《营口港史》（古、近、现代部分），人民交通出版社1995年版。

陈桦：《清代区域社会经济研究》，中国人民大学出版社1996年版。

韩光辉：《北京历史人口地理》，北京大学出版社1996年版。

张忠民：《前近代中国社会的商人资本与社会再生产》，上海社会科学院出版社1996年版。

梁钊、陈甲优主编：《珠江流域经济社会发展概论》，广东人民出版社1997年版。

［法］布罗代尔：《资本主义的动力》，生活·读书·新知三联书店1997年版。

许檀：《明清时期山东商品经济的发展》，中国社会科学出版社1998

年版。

戴鞍钢:《港口·城市·腹地——上海与长江流域经济关系的历史考察(1843—1913)》,复旦大学出版社1998年版。

隗瀛涛主编:《中国近代不同类型城市综合研究》,四川大学出版社1998年版。

张仲礼主编:《中国现代城市:企业·社会·空间》,上海社会科学院出版1998年版。

刘佛丁主编:《中国近代经济发展史》,高等教育出版社1999年版。

熊月之:《上海通史》,上海人民出版社1999年版。

钟文典主编:《广西通史》第二册,广西人民出版社1999年版。

[日]滨下武志:《近代中国的国际契机——朝贡贸易体系与近代亚洲经济圈》,中国社会科学出版社1999年版。

中国社会科学院民族研究所、中国藏学研究中心社会经济所合编:《西藏的商业与手工业调查研究》,中国藏学出版社2000年版。

叶裕民:《中国区域开发论》,中国轻工业出版社2000年版。

中国第二历史档案馆、中国海关总署办公厅编:《中国旧海关史料(1859—1948)》,京华出版社2001年版。

李学昌主编:《20世纪南汇农村社会变迁》,华东师范大学出版社2001年版。

虞晓波:《比较与审视——"南通模式"与"无锡模式"研究》,安徽教育出版社2001年版。

严中平主编:《中国近代经济史(1840—1894)》,人民出版社2001年版。

邹逸麟主编:《中国历史人文地理》,科学出版社2001年版。

侯杨方:《中国人口史》第六卷,复旦大学出版社2001年版。

张朋园:《湖南现代化的早期进展(1860—1916)》,岳麓书社2002年版。

陈诗启:《中国近代海关史》,人民出版社2002年版。

聂宝璋、朱荫贵编:《中国近代航运史资料》第二辑,中国社会科学出版社2002年版。

周振鹤:《中国历史文化区域研究》,复旦大学出版社2002年版。

庄林德、张京祥编著:《中国城市发展与建设史》,东南大学出版社2002年版。

张利民等:《近代环渤海地区经济与社会研究》,天津社会科学院出版2003年版。

黄纯艳:《宋代海外贸易》,社会科学文献出版社2003年版。

许涤新、吴承明主编:《中国资本主义发展史》,人民出版社2003年版。

陕西师范大学西北历史环境与经济社会发展研究中心编:《历史环境与文明演进——2004年历史地理国际学术研讨会论文集》,商务印书馆2005年版。

复旦大学历史地理研究中心主编:《港口—腹地和中国现代化进程》,齐鲁书社2005年版。

吴小凤:《明清广西商品经济史研究》,民族出版社2005年版。

宋仲福主编:《西北通史》,兰州大学出版社2005年版。

[日]藤田昌久等:《空间经济学——城市、区域与国际贸易》,中国人民大学出版社2005年版。

周松青:《上海地方自治研究(1905—1927)》,上海社会科学院出版社2005年版。

陈国栋:《东亚海域一千年——历史上的海洋中国与对外贸易》,山东画报出版社2006年版。

戴鞍钢:《发展与落差——近代中国东西部经济发展进程比较研究》,复旦大学出版社2006年版。

何朝晖:《明代县政研究》,北京大学出版社2006年版。

吴松弟主编:《中国百年经济拼图——港口城市及其腹地与中国现代化》,山东画报出版社2006年版。

彭南生:《半工业化——近代中国乡村手工业的发展与社会变迁》,中华书局2007年版。

［加］特弗雷·J.巴恩斯等主编:《经济地理学读本》,商务印书馆2007年版。

樊如森:《天津与北方经济现代化(1860—1937)》,东方出版中心2007年版。

张仲礼:《近代上海城市研究》,上海文艺出版社2008年版。

［美］埃里克·谢泼德等主编:《经济地理学指南》,商务印书馆2009年版。

吴松弟、刘杰主编:《走入中国的传统农村:浙江泰顺县历史文化的国际考察(2006—2007)》,齐鲁书社2009年版。

［日］滨下武志著,王玉茹等译:《中国、东亚与全球经济:区域和历史的视角》,社会科学文献出版社2009年版。

吴松弟等:《港口—腹地与北方的经济变迁(1840—1949)》,浙江大学出版社2011年版。

苏基朗:《刺桐梦华录:近世前期闽南的市场经济》,浙江大学出版社2012年版。

吴松弟、樊如森主编:《近代中国北方经济地理格局的演变》,人民出版社2013年版。

吴松弟主编:《中国近代经济地理》第一卷,华东师范大学出版社2015年版。

方书生:《华南近代经济地理》,华东师范大学出版社2015年版。

方书生:《长江三角洲经济区演进与绩效研究(1842—2012)》,上海社会科学院出版社2016年版。

张伟然等:《历史与现代的对接:中国历史地理学最新研究进展》,商务印书馆2016年版。

张永帅:《空间视角下的近代云南口岸贸易研究(1889—1937)》,中国社会科学出版社2017年版。

二、中文论文

李大钊:《由经济上解释中国近代思想变动的原因》，载《新青年》1920年第7卷第2号。

黄菩生:《清代广东贸易及其在中国经济史上之意义》，载《岭南学报》1934年第4期。

陆亭林:《青海省皮毛事业之研究》，载《拓荒》1935年第1期。

胡焕庸:《中国商业地理大纲》，载《地理学报》1936年第2期。

沈汝生:《中国都市之分布》，载《地理学报》1937年第4卷第1期。

葆真:《陕西棉业概况》，载《陕行汇刊》1941年第5期。

宋国荃:《陕西省工业建设之演进》，载《陕行汇刊》1943年第2期。

云章:《抗战以来之陕西工业概述》，载《陕行汇刊》1944年第1期。

屈秉基:《陕西金融业之现状及其展望》，载《陕行汇刊》1944年第1期。

傅衣凌:《关于中国封建社会后期经济发展的若干问题的考察》，载《历史研究》1963年第4期。

林金枝:《近代华侨投资国内企业的几个问题》，载《近代史研究》1980年第1期。

林隆:《中国第一个机器毛纺织厂的历史沿革》，载《历史教学》1983年第3期。

叶显恩:《略论珠江三角洲的农业商业化》，载《中国社会经济史研究》1986年第2期。

林满红:《贸易与清末台湾的经济社会变迁：1860—1895》，载《食货月刊》复刊第9卷第4期。

黄启臣:《明清时期两广的商业贸易》，载《中国社会经济史研究》1989年第4期。

罗澍伟:《一座筑有城垣的无城垣城市——天津城市成长的历史透视》，载《城市史研究》1989年第1辑。

皮明庥:《洋务运动与中国城市化、城市近代化》，载《文史哲》

1992年第5期。

姚洪卓：《走向世界的天津与近代天津对外贸易》，载《天津社会科学》1994年第2期。

张忠民：《“小生产，大流通”——前近代中国社会再生产的基本模式》，载《中国经济史研究》1996年第2期。

何一民：《试析近代中国大城市崛起的主要条件》，载《西南民族学院学报（哲学社会科学版）》1998年第6期。

李加林：《河口港城市形态演变的分析研究——兼论宁波城市形态的历史演变及发展》，载《人文地理》1998年第6期。

虞浩旭：《试论唐宋元时期明州港的瓷器外销及地位》，载《景德镇陶瓷》1999年第4期。

李金明：《十六世纪中国海外贸易的发展与漳州月港的崛起》，载《南洋问题研究》1999年第4期。

曲晓范、周春英：《近代辽河航运业的衰落与沿岸早期城镇带的变迁》，载《东北师范大学学报（哲学社会科学版）》1999年第4期。

许檀：《明清时期城乡市场网络体系的形成及意义》，载《中国社会科学》2000年第3期。

吴松弟：《明清时期我国最大沿海贸易港的北移趋势与上海港的崛起》，载《复旦学报（社会科学版）》2001年第6期。

王日根、李娜：《试论明清东南沿海海洋经济模式的演迁》，载《社会科学辑刊》2001年第6期。

樊如森：《天津开埠后的皮毛运销系统》，载《中国历史地理论丛》2001年第1期。

樊如森：《西北近代经济外向化中的天津因素》，载《复旦学报（社会科学版）》2001年第6期。

周一星、张莉：《中国大陆口岸城市外向型腹地研究》，载《地理科学》2001年第6期。

戴鞍钢：《中国资本主义发展道路再考察——以棉纺织业为中心》，载《复旦学报（社会科学版）》2001年第5期。

胡雪梅：《东北大豆出口贸易与近代中国东北开发》，载《北方文物》2002年第3期。

张敏、顾朝林：《近期中国省际经济社会要素流动的空间特征》，载《地理研究》2002年第3期。

阎希娟：《民国时期西安交通运输状况初探》，载《中国历史地理论丛》2002年第1期。

樊如森：《清末至民国时期京、津的粮食供应》，载《中国农史》2003年第2期。

樊如森：《论近代中国北方外向型经济的兴起》，载《史学月刊》2003年第6期。

姚永超：《大连港的中转贸易（1907—1931）》，载《中国历史地理论丛》2004年第1期。

吴松弟：《港口—腹地和中国现代化的空间进程》，载《河北学刊》2004年第3期。

王建军、陈钊：《民国时期陕西棉麦良种改进的成就与经验》，载《西北大学学报（哲学社会科学版）》2004年第1期。

戴鞍钢：《近代中国西部内陆边疆通商口岸论析》，载《复旦学报（社会科学版）》2005年第4期。

江沛、熊亚平：《铁路与石家庄城市的崛起：1905—1937年》，载《近代史研究》2005年3期。

樊如森：《论北方在近代上海经济发展中的作用》，载《城市史研究》2005年第23辑。

吴松弟：《港口—腹地和中国现代化空间进程研究概说》，载《浙江学刊》2006年第5期。

樊如森：《民国时期西北地区市场体系的构建》，载《中国经济史研究》2006年第3期。

吴松弟：《市的兴起与近代中国区域经济的不平衡发展》，载《云南大学学报（社会科学版）》2006年第5期。

樊如森：《天津——近代北方经济的龙头》，载《中国历史地理论丛》2006年第2期。

王列辉:《近代“双岸城市”的形成、特点及机制分析》,载《城市史研究》2006年第24辑。

樊如森:《从上海与北方关系的演变看环渤海经济崛起》,载《史学月刊》2007年第6期。

樊如森:《环渤海经济区与近代北方的崛起》,载《史林》2007年第1期。

吴松弟:《经济空间与城市的发展——以上海为例》,载《云南大学学报(社会科学版)》2007年第5期。

韦国友、陈炜:《近代珠江流域区域经济发展进程中的分工与互补——以两广为中心的考察》,载《广西民族研究》2008年第4期。

郭艳茹:《明代海外贸易管制中的寻租、暴力冲突与国家权力流失:一个产权经济学的视角》,载《世界经济》2008年第2期。

聂锐、高伟:《区际生产要素流动的网络模型研究》,载《财经研究》2008年第7期。

樊如森:《陕西抗战时期经济发展述评》,载《云南大学学报(社会科学版)》2009年第5期。

吴松弟:《中国近代经济地理格局形成的机制与表现》,载《史学月刊》2009年第8期。

张伟然、梁志平:《竞争与互补:两个毗邻单岸城市的关系——以宋代鄂、汉阳为例》,载《历史地理》2009年第23辑。

樊如森:《近代华北经济地理格局的演变》,载《史学月刊》2010年第9期。

樊如森、杨敬敏:《清代民国西北牧区的商业变革与内地商人》,载《历史地理》2011年第25辑。

水海刚:《中国近代通商口岸城市的外部市场研究:以近代福州为例》,载《厦门大学学报(哲学社会科学版)》2011年第2期。

张利民:《简析近代环渤海地区经济中心重组的政治因素》,载《天津社会科学》2012年第5期。

陈支平：《明清港口变迁史的重新解读——以泉州沿海港口为例》，载《中国经济史研究》2012年第2期。

樊如森、吴焕良：《近代中日贸易述评》，载《史学月刊》2012年第6期。

方书生：《近代中国的经济增长：基于长江三角洲的验证》，载《上海经济研究》2012年第9期。

方书生：《口岸贸易与经济地理：怎样理解近代中国经济》，载《安徽史学》2013年第4期。

方书生：《中国旧海关数据与经济史研究》，载《上海经济研究》2016年第4期。

陆大道：《变化发展中的中国人文与经济地理学》，载《地理科学》2017年第5期。

朱海滨：《浙江历史文化地理研究》，复旦大学博士学位论文，1998年。

陈为忠：《山东港口与腹地研究（1860—1937）》，复旦大学硕士学位论文，2003年。

毛立坤：《香港的埠际贸易（1843—1937）》，复旦大学博士学位论文，2006年。

三、外文资料

Jack M. Potter. *Capitalism and the Chinese Peasant: Social and Economic Change in a Hong Kong Village*. University of California Press, 1968.

H. R. Clark. *Community, Trade and Network: Southern Fujian Province from the Third to Thirteenth Century*. Cambridge University Press, 1991.

G. L. Clark, M. P. Feldman, M.S. Gertler. *The Oxford Handbook of Economic Geography*. Oxford University Press, 2003.